Zu diesem Buch

»Was der Kroetz da unter dem Titel ›Chiemgauer Gschichten‹ zusammengefaßt hat, sind keine dürren Gesprächsprotokolle, sondern lebendige Schilderungen proletarischer Lebensläufe, die der Kroetz so wiedergibt, wie sie ihm erzählt wurden: mit allen Ungereimtheiten und Widerhaken. Seine Gesprächspartner sind hauptsächlich junge Leute, fast alle kommen aus kinderreichen Familien: sechs daheim sind hier nicht die Ausnahme, sondern die Regel. Selbstverständlich deshalb, daß die Startbedingungen für diese Jungen und Mädchen denkbar ungünstig sind. Um so erstaunlicher und beeindruckender, daß die meisten von ihnen sich nicht gedankenlos anpassen und unterordnen und mit den Wölfen heulen ... « (Monika Sperr in »Nürnberger Nachrichten«).

Franz Xaver Kroetz, geboren am 25. Februar 1946 in München als Sohn eines Steueramtmanns und im niederbayerischen Simbach aufgewachsen, brach mit fünfzehn Jahren die Wirtschaftsoberschule ab. Er nahm Schauspielunterricht (und fiel bei der Abschlußprüfung durch), später noch einmal am Wiener Reinhardt-Seminar (bis zum Rausschmiß). Er war als Arbeiter und Kraftfahrer tätig und spielte kleine Bühnenrollen an Heimatbühnen und in Rainer Werner Fassbinders »antitheater«. 1971 gelang ihm mit »Wildwechsel« – später von Fassbinder zu Kroetz' Unmut verfilmt – der Durchbruch als Dramatiker. Seither hat er über dreißig Volksstücke geschrieben, unter ihnen »Heimarbeit«, »Stallerhof«, »Oberösterreich«, »Nest«, »Wunschkonzert«, »Lieber Fritz«, »Sterntaler«, »Mensch Meier« und »Wer durchs Laub geht«, die im Milieu sogenannter kleiner Leute spielen und ursprünglich vor allem deren Sprachlosigkeit und mangelndes Bewußtsein zum Thema hatten. Später fand er zu seinem Realismus in der »Dialektik zwischen Verzweiflung und Kämpfen, Resignation und Weitermachen, zwischen Stillstand und Entwicklung«. Kroetz, der auch inszenierte und mehrere Fernsehspiele schrieb, wurde zu einem der meistgespielten deutschen Gegenwartsdramatiker und erhielt mehrere Preise. Er engagierte sich für die DKP und kandidierte mehrfach bei Wahlen, ging inzwischen aber auf Distanz zur Partei. Franz Xaver Kroetz lebt im niederbayerischen Kirchberg bei Altenmarkt.

Franz Xaver Kroetz

Chiemgauer Gschichten

Bayrische Menschen
erzählen ...

rororo

Rowohlt

Veröffentlicht im Rowohlt Taschenbuch Verlag GmbH,
Reinbek bei Hamburg, August 1981

Umschlagentwurf Manfred Waller
(Foto: Isolde Ohlbaum)
Gesamtherstellung Clausen & Bosse, Leck
Printed in Germany
780-ISBN 3 499 14789 0

Inhalt

Vorwort

Fünf Fragen an Kroetz

Über das Unternehmen, die *Chiemgauer Gschichten* erzählen zu lassen und niederzuschreiben, hab ich des öfteren mit Freunden und Kollegen gesprochen.
Als die Frage auftrat, ein Vorwort für das Buch zu schreiben, kam ich auf die Idee, bei einem dieser Gespräche das Tonband mitlaufen zu lassen und meinen Gesprächsbeitrag dann als ein »statt«-Vorwort zu verwenden.
Es würde mir widerstreben, wenn ich jetzt auf diese lebendige Sache ein akademisch getrimmtes Vorwort draufpappen sollte.

1. *Deutet sich mit diesem Buch ein Wechsel an, vom Stückeschreiber zum Reporter?*

»Den Plan, das Buch zu machen, hatte ich seit ca. zwei Jahren. Ausgegangen bin ich davon, daß mein persönlicher Erfahrungsbereich sich ausgeweitet hat, weil ich eine ganze Menge Menschen kennengelernt hab, die doch ziemlich anders sind als die Menschen in meinen Stücken.
Pause
Zum Beispiel sind die Bauern, die hier im Chiemgau leben, soweit ich es überschauen kann, wirklich anders als die Bauern im *Stallerhof.* Damit mein ich nicht, daß nun so ein Stück wie der *Stallerhof* nicht stimmen würde. Ich mein nur, und drum wollt ich das Buch machen, daß vieles eben auch »ganz anders« ist, und dieses »ganz anders« sein wollte ich unbedingt darstellen.
Vor allem gehts dabei um die Frage nach der positiven Utopie. Dem wollt ich auf den Grund kommen. In meinen Stücken versuch ich das seit geraumer Zeit – was auch nicht gegen die alten Stücke sprechen soll – und da geht es langsam vorwärts.
Warum? In der Kunst, glaub ich, haben grad die wirklich fort-

schrittlichen Autoren große Schwierigkeiten mit dem Positiven. Wie schafft man es, daß man die erfundene Wirklichkeit im Werk nicht nur und von Haus aus negativ ausgehen läßt. Der Hang zum Resignativen ist ja groß. Vielleicht – ja, ich mein sogar sicher – ist er berechtigt. Er ist auch ein wichtiger Teil des wirklichen Realismus: der nicht recht erfreulichen Wahrheit der Wirklichkeit ins Auge zu sehen. Es ist doch so: die Boulevard-Autoren tun sich leicht mit ihrer »positiven Utopie«. Die finden immer eine, weil sie keine Realisten sind, sondern Schmieranten der Wirklichkeit. Die Skepsis ist ein wichtiges Merkmal des Realismus, davon bin ich überzeugt. Aber sie ist eben, und auch davon bin ich längst überzeugt, nur *ein Teil* der Wirklichkeit. Der andere Teil ist in der Tat das Positive, das »Vorankommen mit den Dingen«, das Fertigwerden mit den Schwierigkeiten, die List und Schläue, mit der Brecht seine Figuren großenteils ausgestattet hat.
Ich meine die Dialektik zwischen Verzweiflung und Kämpfen, Resignation und Weitermachen, zwischen Stillstand und Entwicklung, die ist erst der vollkommene Realismus. Und er müßte zumindest annäherungsmäßig zu erreichen sein. Die Autoren, die sich ernsthaft mit Wirklichkeit auseinandersetzen, sind ja nicht humorloser als die Boulevard-Autoren, sie sind fraglos bloß sensibler.
Über die Wirklichkeit zu schreiben, heißt auch, einen hohen Grad an Neutralität herzustellen. Die klassenmäßige Zuversicht und die persönliche Angst sind zwar auch eine Realität und eine Dialektik, aber sie taugen nicht allein für ein literarisches Lebenswerk. Erst ein hoher Grad an Neutralität der zu gestaltenden Wirklichkeit gegenüber schafft die Voraussetzung einer wirklich klassenmäßigen Auseinandersetzung mit dieser Wirklichkeit. Die Suche nach der positiven Utopie ist also nicht ein neuer Formalismus, in den sich gescheiterte Autoren werfen, sondern ist eine zutiefst inhaltliche Überlebens-Frage des Schreibers.
Pause
Ich hab grad in der letzten Zeit festgestellt, daß es einen Unterschied gibt zwischen den Menschen, die ich in meinen neueren Stücken darstelle und die ich weiter darstellen will, und den Menschen, mit denen ich jetzt hier auf dem Land zusammenleb – (wobei ich zwar Land sag, aber auch z. B. Traunreut, eine Kleinstadt, mein.) Freilich gibts hier eine ganze Menge Menschen, die mit meinen Stücken *Wildwechsel* oder *Hartnäckig* zuverlässig und richtig beschrieben sind, aber das sind nicht alle. Es gibt einen andern Teil, der ziemlich be-

wußt ist, ja Klassenbewußtsein hat, sich einsetzt, was anderes als Ziel hat als einen Jaguar. Und das hat mich immer mehr fasziniert.

Ich muß sagen, mit solchen Menschen bin ich auch erst richtig hier auf dem Land zusammengetroffen. (Also, ich persönlich zusammengetroffen. Ich will nicht sagen, der Fortschritt sei auf dem Land. *Ich* hab ihn hier besser kennengelernt.) In der Stadt war ich hauptsächlich von meinen Erlebnissen geprägt, als ich selber noch als einfacher Arbeiter tätig war. Und die Arbeiterschaft, die ich da kennengelernt hab, war eben doch sehr kleinbürgerlich.

Und als ich dann erfolgreich wurde, kam ich ja vor allem in Theater-Kreise, ins Intellektuellen-Milieu. Ich hab zwar versucht, ich selbst zu bleiben, nicht einen neuen Lebensstil anzufangen, und mein Eintritt in die DKP hat mich ja vor den Verführungen der Schickeria und Hofnarr-Rolle bewahrt durch die Furcht, die man vor Kommunisten hat, aber geprägt haben mich die neuen Lebensumstände eben doch. Und so ist mein Kontakt zu dem »kleinen Mann« erst wieder hier auf dem Land möglich geworden. Weil hier ja gar keine Auswahlmöglichkeit vorhanden ist. Hier kann man sich nicht Freunde suchen, die Schauspieler oder Schriftsteller oder ähnliches sind, die gibts hier gar nicht. Hier muß man sich mit den Nachbarn verständigen, die Bauern sind, oder mit den Menschen in der nächsten kleinen Stadt, die Kleinbürger und Proleten sind, und daß ich da natürlich die Proleten gewählt hab, ist klar. Kleinbürger kenn ich genug. Man bleibt auf dem Land einsam oder man muß sich auseinandersetzen mit denen, die da sind. Das ist eine gute Kur und eine gute Lehre für Fett ansetzende Literaten. In einer großen Stadt kann man auch viel leichter anonym bleiben. In einer ländlichen Umgebung muß man sich stellen. Das bewirkt, daß man sich und andere kennenlernt. Sehr wichtig fürs Schreiben ...

Ich hab mich für die Auseinandersetzung entschieden. Ich meine, eines ist klar: Hier hatte ich meine ersten Kontakte zur Bevölkerung über die Parteiorganisation und über die SDAJ. Das bringt natürlich eine Vorauswahl mit sich. Aber um die war ich dankbar. Ich wollte ja weiterkommen mit meinem Schreiben, nicht durch einen Ortswechsel gezwungen werden, wieder beim *Wildwechsel* anzufangen.

So hab ich jedenfalls eine ganze Menge Menschen kennengelernt, die mich fasziniert haben. Mein Menschenbild war einfach, bevor ich hier herauszog, beschränkter. Wie auch immer und warum, das ist für mich eine Tatsache. Zuerst dachte ich: Mensch, wenn du jetzt aufs Land ziehst, wer weiß, was das für Folgen hat ... Tatsächlich kann man in München mühelos ein Literaten-Leben führen, auf dem Land kann man es nicht, wenn man nicht einsam bleiben will.

Und da ich schon gespürt hatte, daß ich mich einfach weiterentwikkeln muß, wenn ich weiter ehrlich arbeiten will als Schriftsteller, hab ich mich in die neue Umgebung hineingestürzt. Man kann nicht »Hofsänger der Verzweifelten« sein. Man kann verzweifelt sein, anfangs. Gut. Aber dann muß man diesem Zustand Erfahrungen hinzufügen, und wenn die positiv sind, muß man sich der neuen Lage stellen.

Und dann ist es für einen Stückeschreiber ja auch beunruhigend, wenn er immer mehr Menschen kennenlernt, die in seinen Stücken gar nicht vorkommen. Da muß man sich was überlegen.

Und da die Frage der positiven Utopie sowieso so unüberwindlich vor mir stand, kam ich auf die Idee: Warum fragst du die Leute, die du meinst, nicht einfach mal, wie das alles bei ihnen gelaufen ist, wie sie den gewissen Sprung geschafft haben, wie das in deren Leben gegangen war, daß sie halt letztlich doch nicht Stimmvieh für Strauß wurden, sondern – mal mehr und mal weniger – bewußte Bürger mit Einsicht in ihre Lage und ihre Interessen. Das hat mich interessiert und das war der Kern für das Buch. Laß dir doch mal von der Wirklichkeit helfen, dachte ich, wenn die Fiktion schon so nachhaltig versagt oder besser die Phantasie! Frag doch mal die Leute!

Die Zeit hat mich auch irgendwie gedrängt. Ich hatte neue Erfahrungen und hab die in meine Stücke nicht so schnell einbringen können. Ich wollt aber, weil ich es wichtig find, fortschrittlichere Verhaltensweisen darstellen. Wenn ich die Figuren, die die neuen positiven Erfahrungen abdecken, noch nicht erfinden konnte, wenn sie aber da waren in der Wirklichkeit: einfach mal ran!

Da muß man natürlich ein bißl die Eitelkeit des Künstlers abwerfen, man muß wieder mehr zum »Arbeiter werden«, man muß die Ästhetik neu formulieren, der man sich verpflichtet fühlt, und man muß sich auch eingestehen, daß man was *probiert*. Andererseits kann man in der Kunst auch nur das darstellen, was man besonders gut kennt. Und ich kannte wohl von dem, was ich darstellen wollte, zu wenig. Vielleicht, dachte ich, nützt es mir auch für spätere Stücke, wenn ich jetzt schnell und ohne Dünkel lerne. Das hab ich mit dem Buch probiert.

Ich war nicht so dumm, daß ich gemeint hab: Die Wirklichkeit liefert mir ein Rezept, wie man – am besten – Kommunist wird! Das hab ich nicht erwartet, aber ich hab Hilfen erwartet. Wer das Buch genau liest, der wird feststellen, daß die Wirklichkeit eine ganze Menge Fragen in dieser Richtung erstaunlicherweise auch nicht hat beantworten können. Aber Hilfen hat sie gegeben.
Als ich mit der Arbeit richtig angefangen hatte, war es meine Absicht, ein Gegengewicht zu meinen Stücken zu schaffen, eine Ergänzung. Drum hab ich die Arbeit an dem Buch auch immer als eine literarische verstanden, ich kam mir nie wie eine Sekretärin vor, die Tonbänder abschreibt.«

2. *Wie steht es mit der Auswahl, die du doch hast treffen müssen?*

»Der Obergedanke war: fortschrittliche Menschen fragen. Die andern kenn ich. Dabei sind gar nicht alle in dem Buch wirklich fortschrittlich, da gehts ja, wenn man genau hinschaut, auch wieder ganz schön dialektisch zu. Und das war mir recht. Ich wollte ja nicht einseitig verfahren: Zehn makellose Menschen erzählen ... Hätt mich nicht interessiert. Da ist die Kunst längst dran: einseitige, persilweiße linke Schöngeister gibt es. Aus Papier. Das hat mich nicht interessiert. Das hätt ich haben können. Wollt ich aber nicht.
Ich wollt ja mit dem Buch auch einen Teil der Landschaft, der Menschenlandschaft einfangen, in der ich jetzt leb. Und was da an Darstellung dann rauskommen sollte, das sollte auch allgemeingültig sein. Also keine Vorbilder oder so, sondern Menschen, mit denen man sich leicht identifizieren kann, und die eben doch, alle zusammen, so ein Panorama darüber ergeben: wie denn das geht, daß wer sich Gedanken macht ...
Ich hab zum Beispiel auch das Gespräch mit den beiden jungen Fließbandarbeiterinnen reingenommen. Die sind bestimmt nicht sehr ›fortschrittlich‹, aber es scheint mir wichtig, auch deren Position innerhalb des gesamten Buches zu dokumentieren, und ich find, daß das eins der wichtigsten Gespräche geworden ist, weil man da verfolgen kann, wies nicht geht.
Recht viel Auswahl hats nicht gegeben, weil die, wo im Buch sind, sind auch die, die ich gut kenn. Da hats bloß die Auswahl gegeben, möglichst die typischsten unterzubringen im Buch, und typisch hieß für mich: widersprüchlich *und* fortschrittlich.«

3. *Wie authentisch ist das Ganze?*

»Zuerst wollt ich alles offen machen, also mit Bildern der einzelnen Gesprächspartner, mit den wirklichen Namen, Orten und so. Als ich aber immer weiter drin war in der Arbeit, hab ich gemerkt, daß man das nicht verantworten kann, daß das nicht geht. Fast alle erzählen von sich und ihrem Leben so, daß ich meine, ich müßt mir Vorwürfe machen, wenn so ein Buch dann in einem solchen kleinen Ort auftauchen würde. Zum Teil haben die Partner gesagt: ›Machs ruhig unter meinem Namen . . .‹ Aber ich hab das Gefühl gehabt, die wissen nicht, auf was sie sich da einlassen. Ich kenn durch meinen Beruf die Wirkung von Öffentlichkeit. Wer das nicht kennt, kann das nicht abschätzen. Ich glaub, da muß ich gar nicht viel sagen, wers Buch liest, merkts selber. Drum gibts zuerst mal den Schutz der Anonymität: Ich hab fast alles verändert, was an Firmen, an Namen, an Orten und so vorkommt.
Zweitens is es auch ein Schutz für mich selber. Ich hab die Sache ja schreiben müssen. Klar wollt ich vor allem dokumentieren, aber ich bin auch ein lebendiger Schriftsteller. Und ich wollt ja solche Haltungen, solche Gebärden, solche Lebensläufe wirklich plastisch darstellen, deutlich machen, unterhaltsam machen, lesbar machen. Ich hab am Inhalt geklebt, aber nicht immer alles abschreiben können. Das kürzeste Gespräch hat 4 Stunden gedauert, das längste 10. Klar, da kann man, und wenn man sich noch so viel Platz nimmt, nur einen kleineren Teil bringen. Schon das Streichen ist ja eine Veränderung, zwar eine notwendige, aber eben doch eine. Das ist schon mal eine Verantwortung. Dann gibts natürlich auch Fäden, die sich über eine Stunde hinziehen, Anläufe, was zu erklären von den Betreffenden etc. Da muß man dann abwägen: Ist dieses ›Stottern‹ jetzt ein wichtiger Teil dieses Erklärens, vielleicht des Menschen, oder hab ich bloß so blöd gefragt, daß er nicht wußte, was ich mein, oder ist *wichtig*, daß er mich nicht verstanden hat. Kann er sich nicht ausdrücken, weil er grade an Erdnüssen knabbert, oder weil ers nicht parat hat.
Da gibts also viele Probleme, da gibts auch viele Dinge, die sicher nur annäherungsweise gelungen sind. Schon die Satzzeichen, wenn man die Sache ernst nimmt, sind ein Problem.
Ich hab versucht, inhaltlich so treu wie möglich zu sein, wobei nicht jedes Komma stimmt, aber hoffentlich jeder Satz. Ich habs jedenfalls so versucht.

Über lange Strecken konnte man natürlich auch einfach abschreiben, da wars leicht. Aber sicher gabs auch Probleme. Jedenfalls war es eine besonders schwere schriftstellerische Arbeit. Schwerer als ein Stück zu schreiben: der Kürze, der Plastizität und der Kraft gerecht werden, die jedes Gespräch haben sollte, und dem Menschen, der erzählte, vollste Gerechtigkeit widerfahren zu lassen.
Ich hab auch versucht, die Sache exemplarisch zu machen und nicht als *Bildzeitungs*-Journalismus: Irgendeine Frau Meier ist nicht interessant, sondern bloß die aus Hinterhugelhapfing, die nachweislich ihrem Mann ein Beil aufs Haupt gesetzt hat...
Das Buch hat nur einen Sinn, wenn es mir gelungen ist, eine gewisse Allgemeingültigkeit – d. h. nämlich eine Nachvollziehbarkeit – zu erreichen, und wenn das gelungen ist, ist vollkommen egal, wer das nun wirklich ist, der das und das gesagt hat.
Gültig ist ja nicht das, was irgend jemand, der bestimmbar ist, tatsächlich gesagt hat, sondern gültig ist, als Dokument, was allgemein nachvollziehbar ist.
Wenn in einem Theaterstück irgend etwas besonders ›Seltenes‹ vorkommt, dann ist es nicht deshalb schon realistisch, weil der Autor beweisen kann, daß es das wirklich gegeben hat. Seltenes ist sehr oft bloß journalistische Sensation. Sie hat mit Beschreibung der Wirklichkeit wenig zu tun, mit Realismus gar nichts. Bei dem Handwerk der Schauspielerei gibts eine Unterscheidung zwischen dem ›Privaten‹ und dem ›Persönlichen‹. Das erstere wäre die journalistische Sensation, die nichts über die Wirklichkeit aussagen muß, das zweite ist das Gültige im Zeichen des Realismus.
Ich versuchte, mich für den Realismus zu entscheiden.«

4. *Was hast du denn nun persönlich gelernt mit dem Buch?*

»Zur Zeit steht die Frage: Artikulieren die Schriftsteller – und vor allem die linken, die ja darauf bestehen, daß sie... – wirklich das, was die Menschen denken und fühlen?
Mir wird von links (E. A. Rauter) und von rechts (P. Handke) zum Beispiel vorgeworfen, ich sei ja längst ein Formalist. Zwei recht extreme Positionen kommen zum gleichen Ergebnis. Da kann man dann streiten. Klüger ist man nach einem solchen Streit nicht. Es gibt viele Behauptungen und keine Beweise. Nicht mal die Begriffe sind einheitlich definiert.
Im Kern gehts aber um die Frage: Wie bringts ein Schriftsteller fer-

tig, wenn er aufgehört hat, ein › normaler Mensch‹ zu sein, weil er erfolgreich geworden ist, die Nabelschnur zu denen, ›auf dies ankommt‹ (Horvath), zu halten und nicht reißen zu lassen.
Ein Problem. Auch für kommunistische Schriftsteller. Weil auch ein Schriftsteller, der mit Leib und Seele Kommunist ist, nicht ewig Arbeiter bleibt, obwohl er – wie ich – länger als drei Monate in einer Fabrik gearbeitet hat, es »sogar« zum Lagermeister gebracht hat.
Das ist wirklich eine zentrale Frage: Wie kann man diese Nabelschnur erhalten, oder erneuern, wenn sie mal reißt. Ganghofer hatte es leicht: Er ›sprach‹ für seine Leser, und das waren (und sind) Millionen. Für wen spricht, also schreibt, ein linker Dichter, der viel weniger Leser hat? Da kann man also viel streiten.
Ich selber bin von solchen Vorwürfen getroffen. Sie kommen ja von Seiten, die ich – jede für sich – schätze.
Frage also: Wie lange kennt man Menschen noch wirklich, wenn man schon länger anders lebt wie sie? Wenn man sich nur noch erinnern kann.
Da gibts dann zum Beweis dieser Art von Authentizität, die Auseinandersetzungen, wo der eine triumphierend darauf hinweist, daß sein Vater Bergmann war, und damit den andern vernichten will, dessen Vater nur Buchhalter war, während der dritte meint, er habe in den Semesterferien in einer Fabrik gearbeitet und der vierte seine Authentizität daraus saugt, daß er eine Verkäuferin als Freundin hat.
Natürlich, das ist alles Unsinn. Aber was kann man tun?
Zurückgehen in eine Fabrik? Untertauchen als Arbeiter? Sich verstellen? Es wäre zumindest für mich nicht das gleiche wie früher: Damals hatte ich es nötig, heute hab ich es nicht mehr nötig. Und Verstellung mag gut sein, wenn man Industriereportagen macht wie Günter Wallraff. Aber wenn man an die Menschen rankommen will?! Ich glaube nicht, daß ich mich so gut verstellen könnte, daß die andern sich öffnen würden. Die würden es merken.
Das hätte keinen Sinn.
Ich hab, nachdem dieses Buch nun fertig ist, das Gefühl, daß die Rolle des Dokumentaristen geeignet ist, aus dem Schlamassel mit der ›Entfremdung von den Menschen durch die Beschäftigung mit der Kunst‹ herauszukommen.
Das ist bisher die wichtigste Erfahrung für mich. Dieses Buch hat mich intensiv belehrt über Wirklichkeit, über Haltungen, Denken und Fühlen. Ich weiß wieder mehr.

Innerhalb der Diskussion, wer denn von den Dichtern noch am nähesten dran sei an den arbeitenden Menschen (die nicht Auflagenhöhe als Nähe manipulieren können), scheint mir die Arbeit als Dokumentarist sehr hilfreich.
Ich empfehle sie.«

5. *Zum Verfahren des Befragens ...*

»Es gibt kein Verfahren. Ich hab probiert, mit den Leuten zu reden. Und wenn sie geredet haben, hab ich sie reden lassen und zugehört. Das war ja der Sinn der Sache.
Ich hab versucht, Manipulation zu verhindern. Ich hatte kein Konzept, keinen roten Faden. Das ging bis zur Selbstverleugnung: Wenn eines der Mädchen vom Fließband sagt, in der DDR gäbs keine Pommes frites, hab ich zwar versucht zu erklären, daß ich persönlich schon des öftern dort welche gegessen hätte (mehr als mir lieb war), aber als das Mädchen dann drauf insistierte, daß es keine Pommes frites gäb in der DDR, da hab ich geschwiegen. Weil ich mir gesagt hab: Ich dokumentier eben auch, wie der tägliche Antikommunismus völlige Wahnsinnsbilder produziert, die aber geglaubt werden, weil sie schon verinnerlicht sind. Das ghört dann eben zu diesem Menschen leider dazu.
Ein anderes Beispiel: Gleich im ersten Gespräch sprechen die Schnellers davon, daß sie mit dem Geld sehr schlecht zurechtkommen ... Ich stell aber andererseits fest, daß sie mir im Gespräch falsche Preise nennen für Lebensmittel. Das hätte man nun korrigieren können. Ich habs stehengelassen, weil ich es wichtig find. Sie sagen, sie rechneten mit jedem Pfennig, wissen aber nicht, wo die Mark bleibt. Das schien mir wichtig.
Also die Gespräche sind sozusagen brühwarm, nicht zensiert, nicht korrigiert, live.
Es gibt natürlich in der Mehrzahl Gespräche, bei denen ich mich mit dem Partner verstanden habe, da hab ich nicht schweigen müssen. Die waren die schönsten. Aber wenns nicht so war, hab ich nicht versucht, meinen ›Senf‹ unbedingt unterzubringen. Ich wollt ja nicht mich darstellen, sondern die andern. Und wenn ein Mensch sich irrt, sagt das ja was aus über ihn, oft mehr, als wenn er was weiß.
Wenn man sich gut verstanden hat, hab ich natürlich auch probiert,

mich selber einzubringen, ganz offen zu sein, damits nicht eine blöde Abfragerei wird. Aber das geht bloß, wenn man den andern nicht ›stört‹. Es ist einige Male gutgegangen. Die andern Male hab ich halt den Mund gehalten.

Pause

Ein paar Sachen gibts allerdings öfter: z. B. ›drei Wünsche‹, die die Gesprächspartner sich als frei vorstellen sollten; oder einen kleinen Test, der mir bei einem Gespräch mal eingefallen ist und der dann wiederkam. Er lautet: Stellen Sie sich eine Straße, rechts einen Zaun, links ein Wasser vor. Auf dem Weg oder Straße begegnet Ihnen ein Bär? Was tun Sie? Dann finden Sie einen Schlüssel und eine Vase. Wie schaun die Sachen aus?!

Der Test soll Auskunft geben darüber, wie sich jemand seinen Lebensweg vorstellt (Straße), wie weit er von seiner gewünschten Zukunft sich weg fühlt (Zaun), wies um sein Unbewußtes steht (Wasser), wie er Gefahren begegnen kann (Bär), wie er zur Kunst oder Häuslichkeit steht (Schlüssel) und wie zum andern Geschlecht, also seine Sensibilität (Vase). Mich hat dabei mehr interessiert, welche Phantasie der Betreffende entwickeln kann, wenn er was beschreiben soll, als solche psychologischen Sachen, von denen ich nichts verstehe. Es ist nachzulesen, wie es ausging . . .

Aber auch dieser ›Test‹ war ein Zufallsprodukt. Absicht war, von den Menschen möglichst viel zu erfahren, vor allem, warum sie anders wurden als so viele, und wie man das macht.«

Die Schnellers »Schlechter, als es uns jetzt geht, kann es uns gar nimmer gehn ...«

Vorspiel

FRANZ Warts ihr heuer im Urlaub?
PETER Nein.
FRANZ *zeigt auf einen Prospekt* Weil ich da grad les: »Urlaub in Gran Canaria« ...
PETER Ja, die Urlaubsreisen ... *nickt* Ich mein, Urlaub is recht und gut – *kleine Pause* kost aber halt immer viel Geld.
FRANZ Wieso? »Zwei Wochen schon ab 626 Mark!«, steht da ...
PETER Ja das schon, aber – is das für zu zweit oder für einen?
FRANZ Für einen.
PETER Ebn.
Pause
FRANZ *sieht ein Buch* »Angélique«. *lacht* Hast das schon gelesen?
PETER und UTE Nein.
FRANZ Hast mein Buch »Weitere Aussichten« schon gelesen, das ich dir das letzte Mal geschenkt hab?
PETER Angefangen ... Mit dem »Unfall« hab ich jetzt angefangen, das is jetzt das erste.
Pause
UTE Von der »Angélique« hab ich sogar zwei Bücher!
PETER Ja, da hats gleich zwei Bücher.
FRANZ *schaut* Zweimal das gleiche?
UTE *lacht* Ich bin nämlich Mitglied worden vom Christlichen Bildungskreis, und da hab ich meine Mutter und meine Schwester gleich als Mitglieder geworben auch, und da hab ich ein Kaffee-Service –
PETER Ein schönes, das muß man sagen!
UTE Ein besonders schönes Kaffee-Service und zwei »Angéliques« bekommen von denen.
FRANZ Und warum bist du ausgerechnet zum Christlichen Bildungskreis gegangen? Gibts denn da nix anders?

UTE Wenn ich aber ein Kaffeeservice brauch ... Und das is praktisch: Da muß man bloß alle Vierteljahr was bestellen, und wenn man es vergißt, dann schickens dir eben was, was sie meinen, daß du es möchst.

PETER Die ham Bücher, Schallplatten, Kassetten und so ...

FRANZ Und was kostet das?

UTE Du sollst halt im Vierteljahr für mindestens 15 Mark was abnehmen.

FRANZ 60 Mark im Jahr.

PETER Genau. Und etwas brauchen kann man ja eigentlich immer ...

UTE Mir bestimmt!

Pause Peter zündet sich eine Zigarette nach der andern an ...

FRANZ Sag mal, wieviel rauchts ihr eigentlich am Tag?

PETER Zwei denk ich. Weiß nicht genau.

FRANZ Jeder zwei Schachteln?

UTE Ja, aber da is auch der Abend dabei, wo man nicht arbeitet und Zeit hat.

PETER Unter Tag komm ich auf bloß sieben Zigaretten. Das is von mir errechnet.

FRANZ Das heißt aber auch, am Abend über 30?

PETER Das kommt auch darauf an, wie lang das Fernsehen dauert. Wenn ein Krimi kommt um halber elfe, dann schau ich mir den schon noch an. Also wenn er vielversprechend is. Ich geh viel auf den Titel – da seh ich schon, ob er was taugt, der Film, oder nicht. Das kann ich beurteilen ...

UTE *lacht hinterfotzig* Du kannst urteilen ...

PETER Genau.

UTE Sicher, sicher! Du meinst nämlich immer, da kommt ein guter Film, der is nämlich mit viele nackerte Weiber drin, denkt er sich, und dann sitzt er da und is sauer, weil dann nämlich gar keine nackerten Weiber drin vorkommen. Wenn nämlich in der Zeitung so richtig ordinär ein Film beschrieben wird, als wenn es ein Sexfilm wär, dann sagt er: »Heut is ein interessanter Film, den schau ich an!« Dabei is es dann gar kein Sexfilm ... Könnt mich amüsieren über ihn, wenn er sauer is!

FRANZ Bist nicht zufrieden mit deiner Frau?

PETER Doch freilich ... Aber hin und wieder will man eben was sehen, als Mann; das is ganz natürlich. Aber was Gscheites oder gar nix!

FRANZ Aber deine Frau is doch bildhübsch?!

PETER Ja, verstehst denn das nicht? Am Abend, beim Fernsehen möcht ich etwas sehen, was Gscheites, sonst brauch ich ja gar nicht hinschauen ...

FRANZ *lacht*

Zur Sache

FRANZ Was mich zu euch führt, das is, daß ihr zu mir das letzte Mal gsagt habts: »Mir wählen DKP, weil schlechter als es uns jetz geht, kanns uns eh nicht mehr gehen ...«

PETER *nickt*

Pause

FRANZ Was steckt denn da dahinter? Ihr habts eine schöne Wohnung –

UTE Schön is schon da herin, sicher! Hat aber auch einen Haufen Geld gekostet die Einrichtung ...

FRANZ Trotzdem. Ihr habts ein Auto – also auf den ersten Blick, ehrlich gesagt, scheint euch nicht viel zu fehlen ...

PETER Schau her, die Sach is so: Mir ham vor zwei Jahr geheiratet und mit Null angefangen.

FRANZ Ganz mit Null? Ham die Eltern zum Beispiel ...

UTE Ja das is so bei mir, das kann ich nicht verlangen, die Mutti hat neun Kinder, da müßt ja ein jedes etwas kriegen.

FRANZ Das wievielte bist denn du?

UTE Das wievielte bin ich denn?

PETER Das dritte bist.

UTE Ja, genau, das dritte bin ich. *kleine Pause, denkt nach* Ich bin überhaupts nicht das dritte, weil ich das vierte bin.

PETER *schaut*

FRANZ Du bist jetzt zwanzig, gell?

UTE *ist noch mit dem Problem beschäftigt* Moment, das ham mir gleich. Ich hab also einen Bruder, der is 27 geworden, hab eine Schwester mit 25, hab eine Schwester, die wird 22, ich werd heuer 21, dann kommt der Bruder, der heuer 19 wird, dann kommt eine Schwester, die wird heuer 17, dann kommt ein Bruder, der wird heuer 13, dann kommt eine Schwester, die wird heuer 12, und dann kommt ein Bruder, der wird heuer 8. Und wenn man rechnen kann, dann bin ich die vierte.

PETER *schluckt*

FRANZ *lacht*

FRANZ Neun Kinder und in diesen kurzen Abständen ... *schüttelt den Kopf*

UTE Ja, die Mutti hat zweimal geheiratet, weil ich nämlich aus Aachen bin. Und dann sind mir auf Urlaub gewesen bei meiner Oma, und da sollt mein Bruder schwimmen lernen. Und mein Vater hat ein steifes Genick gehabt, weil er in der Zeche gearbeitet hat ... Und mein Bruder is in einen Strudel hineingekommen, und mein Vater is nachgesprungen samt dem Gewand und den hats hinuntergezogen dann. Der hat nämlich auch nicht schwimmen können ...

Pause

Und dann hat die Mama, weil sie nicht anders gekonnt hat, sechs Kinder waren damals ja auch schon da, wieder heiraten müssen. Ich war da 6, wie das war. Und mir Kinder ham ihr gsagt, sie soll wieder heiraten, weil das magst ja als Kind auch nicht, daß in der Schul verzähln, daß man keinen Vater hat. Da hats dann an eine Zeitung geschrieben und dann hats halt so Fotos bekommen und dann hats uns gefragt, was für einen daß mir wollen täten von die Fotos. Und dann ham mir auf einen getippt, das war dann der Österreicher, und den hats dann geheiratet, und der hat eben schon hier in der Gegend gwohnt, und so sind mir dann herkommen.

FRANZ Und von dem hats dann noch einmal drei Kinder bekommen.

UTE Viere hätts gekriegt, aber beim letzten, das wär jetzt drei Jahr, da hat sie Blutleere im Kopf gekriegt, die Mama, und da is es dann um Leben und Tod gestanden bei ihr.

FRANZ *kommt nicht recht mit* Blutleere?!

UTE Das hats schon von früher ghabt, die Mama, weil nämlich ihre Mutter sie einmal als Kind mit einem Knüppel auf den Kopf gehaut hat, und davon hat sie sich bis heut nicht erholt, da hat sie nämlich immer Blut verloren. Also nicht aus dem Loch, weil des is ja wieder zugewachsen, Gott sei Dank, aber irgendwie aus dem Mund und Nasn ... Das weiß ich auch nicht so genau, und inzwischen hat es sich ja auch geben.

FRANZ Is das Kind abgetrieben worden?

UTE Genau.

FRANZ War das damals schon legal, gabs das schon?

UTE Das weiß ich nicht, aber der Arzt hats gsagt, weil sonst wär sie ja auch draufgegangen, gell ... Und ich mein: Was soll dann der Stiefvater allein mit so viel Kindern?
Pause

FRANZ Genau. Wo hat dein leiblicher Vater denn als Bergmann gearbeitet?

UTE In der Karl-Alexander-Zeche in Aachen. Und mit sieben bin ich dann nach Bayern gekommen eben und bin praktisch da zur Schul gangen.

FRANZ Deine Mutti is dann mit Sack und Pack und den sechs Kinder da herunter gezogen zum neuen Vater?

UTE Des war so: Bei uns, wennst halt die Wäsch rausgehängt hast, dann war sie dreckig. Und das hat dem Papa wahrscheinlich nicht gepaßt, wie er oben war zum Kennenlernen und so ... Und das Essen hat ihm auch nicht geschmeckt. Und drum sind mir herunter gezogen dann. Der is nämlich Konditor, mein Stiefvater. Der hat Konditor glernt, aber er arbeitet jetzt in der B.-Bahn-Baumaschinen-Fabrik, weil des derpackt er nicht mehr mit dem Konditor.

PETER Die wo die Gleise verlegen, solche Maschinen sind das, wo die herstellen.

FRANZ Und dort is er angelernter Arbeiter?

UTE Angelernt is er, genau, als Schleifer.

FRANZ Und die sind alle noch da, die Kinder, in Trostberg.

UTE Nein, die wohnen nimmer da, sondern wohnen jetz in Traunreut. Da sinds nämlich umzogn, weil wir ham gleich über dem Tanzcafé gwohnt beim Schwapplhuber. Und des war so ein fieser Kerl! Der is morgens um siebene kommen und wollt das Umbauen anfangen, wo mir Ferien ghabt ham. Alle ham nix gwußt, die Mama is im Bett glegn, da is er ankommen, der Hund, mit seine Arbeiter und schreit: »I mechd ofanga, etza! Und es schleichds eich!« Ja, da hats viel so Sachn gebn ... Da ham mir bei dem so einen Boden ghabt mit so große Rillen drin, da hat die Mama immer einen Haufen Geld verloren drin und es nimmer außerbracht. Ja, und des hat er umbaut. Und da sind mir zuerst ins alte Gfängnis zogen – eine wunderschöne Wohnung! *lacht* ... Ja und dann hätten mir in Obing eine Wohnung kriegt, aber da is dann eine Lehrerfamilie einzogn, und mir ham dumm gschaut. Dann ham mir in Altenmarkt gwohnt, und dann in Bruch, und dann sind mir ebn auf Traunreut kommen.

Pause
Drei sind verheiratet, der Herbert, die Kathi und ich. Und die andern san noch daheim. Zwischendurch is ein Teil weggekommen, und dann is die Schwester wieder zurückgekommen mit einem Kind . . .
Also das Kleinste, was jetzt daheim is, das Enkelkind nämlich, das wird heuer vier Jahre alt.
FRANZ Ein lediges Kind?
UTE Von meiner Schwester, jawohl.

Dem Peter sein Werdegang

PETER Also bei mir war des alles ein bißl anders. Ich bin in Schlesien auf die Welt gekommen, und dann ham mir da das aufgeben müssen.
Pause
Ja, ich bin jetzt 32. Wie ich eineinhalb Jahr alt war, sind mir da her gekommen, und da waren mir dann sieben Jahr. Und dann sind mir vier Kilometer fort gekommen, und da waren mir auch sieben Jahr. Und ich hab nur noch einen Brudern, und der is eineinhalb Jahr älter wie ich.
Pause
Und dann sind wir halt nach Trostberg kommen, da waren mir auch zehn Jahr, und dann sind mir halt hierher gezogen nach Traunreut.
FRANZ Was hast denn du glernt?
PETER Ich hab Schweitzer glernt. Schweitzer in Stein an der Traun. Hab ich also Kuhmelker glernt.
FRANZ *schaut dumm*
PETER Als Schweitzer lernt man halt das Kuhmelken. Damals hats ja noch keine Melkmaschine gebn, also mit der bloßen Hand melken. Und dann kommt ja die Viehzucht dazu, gell, was man nämlich für ein Futter gibt wegen der Kraft, und daß ein Haufen Milch da is, wo ein Geld bringt. Das is das wichtigste, weil das schon immer wichtig war. Und dann die Käserei und der Butter . . .
Pause
Da hab ich zweieinhalb Jahr glernt, und dann hätt ich noch ein halbes Jahr ghabt. Aber dann hab ich die Lehr ned abgeschlos-

sen. Aber da kann man sogar eine Meisterprüfung machen in dem Beruf. Hab ich aber nicht.

FRANZ Wo hast denn da glernt?

PETER In Stein an der Traun, also Schloßgut Stein an der Traun, wo die Brauerei auch hat. Ja, und nach zweieinhalb Jahr bin ich da ausgetreten, weils mich da mißhandelt haben die Gsellen, weils mich nämlich so gschlagen ham, daß mir nicht mehr gefallen hat und mich die Mama auch gar nicht mehr hinglassen hätt.

Pause

Da bin ich nämlich hin und wieder mit einem blauen Aug heimkomm'en. *nickt* Gar nicht schön nämlich.

kleine Pause

Da hab ich auch noch Schul ghabt als Lehrling. Alle Woch hätt ich einen Tag Schul ghabt, aber sie ham mich eh nur alle vierzehn Tag gehen lassen, weils zu wenig Geld ghabt ham für Arbeitskräfte. Da hab ich am Schultag vor der Schul arbeiten müssen und nach der Schul dann auch wieder. Bin ich um viere aufgestanden und um siebene hab ich zur Schul müssen, weil die um acht angangen is und um drei nachmittag fertig war. Hams von mir verlangt, daß ich um Punkt viere wieder dort sein muß. Und da hab ich ein Moped ghabt und ein Platten. Ich hab kein Flickzeug dabei ghabt auch nicht, und bis des dann repariert war, war es schon sechse. Dann hab ich sogar Hunger ghabt und bin in eine Wirtschaft gangen, und da hab ich dann Freund gfunden und bin hokken bliebn und natürlich nicht mehr zurück zum Gut, also spät in der Nacht erst, wo keine Arbeit mehr war und alles schlaft. Ja, und am nächsten Morgen dann in der Früh hab ich solche Schläg kriegt, daß ich ein paar Tag später immer noch blaue Augn ghabt hab und eine nasse Nasn. Und die paar Tag später war nämlich ein Sonntag, und da bin ich heim zur Mama, und die hat es gsehn und mich nimmer hin lassen zum Schloßgut Stein an der Traun.

Pause

Ja, und dann hab ich in der Heimarbeit da daheim dann Kerzenhalter gmacht.

FRANZ Kerzen gehalten oder Kerzenhalter gemacht?

UTE *lacht laut*

FRANZ *lacht*

PETER *weiß nicht genau, ob er lachen soll, geht der Sache noch einmal auf den Grund* Ich hab in Heimarbeit Kerzenhalter verfertigt, also wo die

Kerzen draufstehen – die müssen ja wo stehen, sonst fallen sie um – Ständer ...

UTE *Lacht – wie sagt man? – anzüglich*

PETER Ihr Mistviecher! *lacht*

Lachpause

FRANZ Was is eigentlich mit deine Eltern, Peter, die sind also Flüchtling gwesen.

PETER Ja. Der Vater und die Mutter, die sind geschieden. Und der Bruder von mir und ich sind bei der Mama aufgewachsen. Unterstützung ham mir auch keine gekriegt von ihm. Der hat nämlich dann noch einmal geheiratet, und da hat er jetzt auch schon vier Kinder wieder. Der is in Dengling, da hat er eine andere geheiratet, da braucht er ja auch ein Geld dafür. Drum hat er meine Mama nicht unterstützt, und die hat nie ein Geld gehabt. Zuerst hat sie immer Fürsorge gekriegt, und dann hats eine Heimarbeit gekriegt, und dann hats einmal in Wirsching in der Fabrik gearbeitet, weil von meim Vater ham mir höchstens einmal 25 Mark im Monat gekriegt. In der Fabrik hat sie auch nicht viel verdient, aber sie hat ebn damit auskommen müssen. Heut kann man von der Fürsorge besser lebn wie damals.

UTE Genau. Hier im Haus hat eine gwohnt von der Fürsorge. Die hat eine Wohnung habt, die war schöner wie unsere, gell, Peter?

PETER *nickt*

UTE Ich sag nur: Möbel! – Die hat pfennigschöne Möbeln ghabt, aber nie einen Strich gearbeitet. Die is trotzdem zu was kommen ...

Pause

Gerecht is das nicht, weil da kann ich mich ja auch hinsetzen und von der Fürsorge lebn, wenn das gerecht is.

PETER Bei uns daheim hat ja dann auch schon mein älterer Bruder was verdient, und dann hab ich auch was verdient später, und dann hat man es ebn alles zamgschmissen, aber wie ich vor zwei Jahr gheiratet hab, hab ich keinen Pfennig Geld ghabt. Jetz hab ich aber was vergessen ... Vorher bin ich noch auf München gangen zum Siemens. Und dann bei einer Firma mit Rohrleitungen für den Heizungsbau.

FRANZ War es nicht verlockend, in München zu bleiben?

PETER Also, 74 war halt die schlechte Zeit. Da hams mich dann ausgstellt. Da war ich beim Heizungsbau schon, und dann hab ich fast ein Jahr gstempelt. Also 74 ham mir noch gheirat, und dann 75 hams mich ausgestellt an Ostern. Und dann hab ich ebn gstempelt.

Pause

Des hab ich schon gsagt. Ja, und dann hab ich heuer im Januar in Traunstein angfangen, bei der Alpen Fertigbau. Da werdn Fertighäuser hergstellt, des sind so Raumzellen. Hast schon was ghört von Isopanhäusern?

FRANZ *schüttelt den Kopf*

PETER Kennst dich nicht aus in der Technik. Schaumstoff! Ein extra Gebiet. Da machens Wände mit dem Schaumstoff, und das nennt man Raumzellen. Die kommen auf den Beton drauf fix und fertig. Da is das ganze elektrische Licht schon drin oder die Lüftung und die Heizung, das is alles drin und das Sanitäre auch. Und ich stell Röhren fürs Sanitäre zam im Lager für den Schaumstoff.

Pause

Ja, und jetzt bin ich ebn verheirat . . .

Ute

FRANZ Du bist mit acht Jahr ind Schul kommen, warum? Weilst zu dumm warst? *lacht*

UTE *lacht* Überhaupts ned, aber weil ich im Oktober geborn bin! *lacht*

FRANZ Warum bist ned im Frühjahr aufd Welt kumma?

UTE *lacht* Des hats früher ned gebn. Wenn ich bis Mitte September ned aufd Welt komm, komm ich von Haus aus erst mit sieben in die Schul. Und dann bin ich noch mit einem Loch im Herz aufd Welt kommen, war schwach und hab ned turnen dürfen, nix tun dürfen, jetzt bin ich ein Jahr zruckgstellt worden und mit achte ind Schul kommen.

FRANZ Du hast keine Lehre gmacht, weilst gleich ein Geld verdienen hast wollen?

UTE Ebn, in der Lehr hätt ich vielleicht 125 Mark verdient und so vielleicht sechshundert.

FRANZ Du hast dir gsagt, ich scheiß auf den Beruf, ich will ein Geld?!

UTE Meine Eltern warn auch dagegn, daß ich in eine Lehr geh. Da hab ich zuerst in der Schuhfabrik angfangen, beim Meindl in Altenmarkt, und da hats mir halt ned gfallen, dann hab ich einen Blauen hineinghaut und dann hams mich kündigt –

FRANZ Was hastn da gmacht in der Schuhfabrik?
UTE Leder zugstanzt.
FRANZ Wie bistn auf des kommen?
UTE Nebn mir is eine ind Schul gangen, weil de auch Kinder ghabt ham, und der ihr Schwester hat ihr gsagt, daß der Meindl welche sucht, und da sind dann mehrer hingangen von der Schul und ich auch. Und da hab ich verdient vier Mark fünfzig oder sechzig, mehr ned. Und da hats mir ned gfalln, und ich hab blau gmacht, und sie ham kündigt, und dann hab ich beim Pakter und Scherer angfangt in Obing. Damenoberbekleidung.
FRANZ Was hast da gmacht?
UTE Genäht. Ärmel, Seitennähte genäht, Futter eingenäht. Und dann hab ich Rachitis kriegt durch das viele Sitzn oder falsche Ernährung, hams gsagt. Dann sind mir umzogn auf Bruch, und da hab ich dann eine Zeitlang nix garbeit –
FRANZ Was hat die Mutter gsagt?
UTE Nix.
FRANZ Und der Vater, also der Stiefvater?
UTE Der hat gmeitert: »Du laßt dich von uns ernährn, schau dir um a Arbeit, sunst wirst rausgschmissen!« Dann hab ich wieder gsucht, und dann hab ich in Traunstein angfangt beim Pakter und Scherer, also beim gleichen, bloß in Traunstein. Und da hab ich ned einmal ein Monat garbeit, und dann hams Urlaub ghabt, und dann hab ich ned gwußt, wanns wieder anfangen –
FRANZ Warum hast dich ned erkundigt?
UTE Mei ebn. Und dann hab ich erst von die andern erfahrn, daß schon wieder angfangt ham. Und dann hat der Chef gsagt, sowas kann man nicht brauchn und mich gekündigt.
FRANZ Is das für dich verständlich?
UTE Das is verständlich, so was kann man nicht gebrauchn, wenns zu spät kommt ind Arbeit. Sicher. Ich tät auch keinen solchen nehmen.
PETER Ja, sie hat ja in vierzig Berufe garbeit.
UTE In vierzig?
PETER Ja, obs jetzt vierzig san, aber viel!
UTE Vierzig sinds ned. Pakter und Scherer zweimal.
PETER Fang gleich beim Anfang an: Meindl.
UTE Meindl, Pakter und Scherer zweimal, Schokoladenfabrik Piding, Reichenhall, da war ich eine Ladenhilfe, und dann?
PETER Kluge!

UTE Kluge, Bekleidungsfabrik Kluge, Benito, Greiml ...
FRANZ Was war das?
UTE Bedienung, des war italienisch, Pizzeria in Laufen, schön, da hab ich gut verdient. Greiml, das is auch eine Bedienung –
PETER Das is keine Bedienung der Greiml, das is ein Gasthof.
UTE Dann am Chiemsee, Bedienung, dann beim John, die machn so Gummizeug.
FRANZ Was hast da gmacht?
UTE Bälle bespritzt.
alle lachen
FRANZ Was?
UTE Bälle bespritzt. Also die Bälle, die sind weiß, und da gibts so eine Farbpistoln, da wird ein Muster naufgspritzt so mit Nitro. Er hat gsagt, das is ned gfährlich, der Chef, weil das auch die Kinder in Mund nehmen die Bälle, gell. Aber des Nitro, da hab ich eine Uhr vom Peter zum Geburtstag kriegt voriges Jahr, und die hab ich umghabt einmal. Jetzt hat des Nitro gleich alles aufgfressen, und ich hab einen Ausschlag kriegt.
FRANZ Die Uhr ist kaputtgangen, und du?
UTE Ich bin ganz. *lacht* Mehr hab ich ned ghabt, Stellen. Doch beim Wolfram war ich dann, Unterwäsche, Pullovers und so Zeug, und jetzt bin ich beim Krenz in Traunstein. Das is ein Textilveredelungsbetrieb. Also die Stoffe, die kommen in Rohfarbe zu uns, und da werdn sie dann gefärbt und gereinigt, und ich muß die Ware anschaun, obs sauber gmacht worden is und so. Die kommen erst zu uns die Stoffe, und dann kommen sie erst in die Färberei, da werdns gefärbt die Stoffe und dann in so eine Maschine zum Reinigen, dann werdn sie getrocknet und imprägniert werdn sie dann. Dann krieg sie ich zum Anschaun, obs wirklich sauber gmacht is und obs keine Fehler drin habn, weil dann kommens wieder zurück zu demjenigen, von dem der Fehler is, dann muß er ihn reparieren, dann kommt es noch einmal zu mir und wird durchgschaut. Meistens haun die Stoffe dann nicht mehr hin, weils nie das gleiche einsetzn, und dann kriegns ebn die Zuschneiderein und so, und wenns denen dann ned gfallt, dann krieg es ich wieder zrück und muß den Kopf hinhalten, weil ichs ned richtig angschaut hab. *lacht* So is ebn.
FRANZ Wie kennzeichnest denn die Fehler?
UTE Ja, da ham mir dann einen Zwicker, und dann kommen so Stoffetzerl, die muß ich mir selber zuschneidn von irgendeim al-

ten Stoff, der wo wirklich nimmer zu gebrauchn is, da schneid ich Fleckerl außer so kleine, und die tu ich einizwicken, und dann kommt der jenige zruck, von dem der Fehler is, und der muß den Fehler dann bißl repariern, daß man ihn einigermaßen hernehmen kann, aber meistens kann man das ned bei dem Plüschzeug und so.

FRANZ Was verdienst denn da?

UTE Also das weiß ich jetz noch nicht, das muß ich noch abwarten, am zweiten gibts die Abrechnung. Da muß ich jetz abwarten, was ich Stundenlohn drauf hab. Die einen sagn mit sechs Mark dreißig wird man eingestellt, und eine sagt, die wo schon drei Jahr da is, die Fraun, wo jetzt erst eingestellt sind, ham gleich sechs Mark fünfzig.

PETER Das muß man erst abwartn, was tatsächlich is.

FRANZ Warum hats da ned vorher gfragt?

PETER Des hats.

UTE Hab ich, und da hats gheißn sechs fünfzig. Aber die ein sagn, das hams zu mir auch gsagt, und dann warns doch bloß sechs dreißig, aber ebn, die Fraun wo jetzt neu anfangen, heißts, kriegns wirklich. Da krieg ich siebenhundert Mark, wenn ich wirklich viel raus krieg, siebenhundert kann sein, ja, ja.

PETER Hoffentlich.

UTE Und wenn ich das Kind aufd Welt bracht hätt, das wär im Dezember aufd Welt kommen vorigs Jahr, aber es is ned aufd Welt kommen, weil im vierten Monat – ich bin bestrahlt worden – wegen Gebärmutterknick, das hat aber mein Arzt gwußt, daß ich schwanger bin, der Hausarzt, und im vierten Monat is Kind gstorbn. Dann hätt ich aber nicht mehr arbeiten können, weil zu seiner Mama hätt man es nicht tun können, weils noch arbeit, und zu meiner nicht, weils eh zuviel Kinder hat, wo keiner grufen hat, gell, und wohin dann?

FRANZ In die Krippe.

UTE Gibts ja keine.

FRANZ Und das stimmt?

UTE Ja, es gibt einen privaten Pflegeplatz, da zahlst aber dreihundert Mark.

FRANZ In Traunreut gibts keine Krippe?

UTE Nein, es gibt einen Kindergarten, und da kann man erst mit vier Jahr hin . . .

FRANZ Staatlich gibts doch eine Krippe überall?

PETER In München schon, aber nicht in Traunreut. Da bei uns mußt dir eine Pflegestelle suchn, selber, und die kost ebn dreihundert Mark, und wozu braucht es dann ein Kind, wenn es unerschwinglich is?

UTE Und nehmen tuns die Kinder sowieso erst bei uns, wenns drei Jahr alt sind, in die privatn Quartiere, weils dann sauber sind, wegn der Arbeit, was verständlich is.

FRANZ Und der Kindergarten?

UTE Um achte mußt sie hineinbringen, um zwölfe holn und um eins wieder hineinbringen, und um viere wieder holn, da könnens gleich daheim bleibn. Weil es nämlich ein Zweischichtenkindergarten is und nur selten vorkommt, daß beide Schichten beansprucht werden, gibts die ungebührliche Mittagszeit, wo das Kind verschwinden muß. Und wenn man auswärts arbeit wie mir, weil man im Ort nix kriegt –

FRANZ Ihr zwei jetzt in Traunstein, das sind –

UTE Das is weit –

PETER Schmarrn, des sind genau 16 Kilometer einfach ...

UTE Das sag ich doch. Da kann man kein Kind habn heut bei die Verhältnisse, da geht es nicht, wär ein Schmarrn, weil es nicht geht.

Die drei Wünsche

PETER Schuldenfrei. Schulden auf dem Geld – ah, Geld auf dem Konto!

UTE Genau, erstens einmal schuldenfrei, Geld auf der Bank und ein Kind.

Gleichberechtigung

PETER Sie redt ja in dem Fall vom Haushalt, und die Schuldn müssn sowieso weg. Die muß ja ich abzahln, und die müssn ja weg. Es geht darum, daß einer so viel verdient, daß er tatsächlich einen Haushalt führen kann. Und wenn man sich anschaut, Kartoffeln und so, es gibt ja genug Sachn, die wo so gstiegn sind, daß man sie sich nimmer leistn kann. Und da muß einer einfach zweitausend Mark verdienen im heutign Lebensstandard. Man braucht ja ein

Gwand auch, und Schuh sind auch gleich aberglatscht, im Jahr brauchst mindestens zwei Paar Schuh, man braucht eine Arbeitskleidung auch, kriegst ja nicht immer über die Firma. Sonst gehts danebn.

FRANZ Und warum gehts bei euch danebn? Seids ihr zfaul oder zdumm?

PETER Nein, mir sind, also zu faul bin ich auf kein Fall, zdumm glaub ich auch noch ned, vielleicht daß ich zwenig ind Schul gangen bin und die übrige Intelligenz hab.

FRANZ Und warum meint ihr, gehts euch dann nicht zumindest so gut, daß ihr die zweitausend Mark voll und leicht verdient, die ihr braucht?

UTE Warum? Des is der Verdienst. Die Frauen machen oft schwerere Arbeit wie die Männer, und was schaut raus? Wie schwer daß ich oft heb, schwerer als ich selber bin. Verdien aber weitaus weniger, als wie Männer, wo nix zum tun ham und kein Hebn bei der Arbeit und Männer sind und siebn Mark Stundnlohn ham. Da werdn die Stoffe reingfahrn mit dem Wagn, und so lassn sies durchgehn, und ich muß alles auspackn und hinhebn, und da wiegt der Stoff dann fünfzig Kilo und die Stang zwanzig Kilo, und wo bleib ich mit mein Gwicht? Wo ich grad fünfzig Kilo hab, das sind zwanzig Kilo mehr wie ich wieg. Da sieht mans ja, da redns allerweil von der Gleichberechtigung, wo is die?

FRANZ Gibts bloß Fraun in deiner Abteilung?

UTE Nein, Männer gibts, wo leichtere Arbeit ham, und verdienen siebn und acht Mark Stundnlohn.

PETER Des ist ja eigentlich auch nicht richtig.

FRANZ Möchtest du eigentlich lieber ein Mann sein?

UTE Ja, sicher, erstens weil ich mehr verdien, und zweitens braucht man dann auch den Haushalt nicht allein führen, wie eine Frau.

FRANZ Hilft er dir nicht?

UTE Doch schon ... Aber mit was für einem Gesicht, da hängt ihm die Zunge bis zum großen Zeh herunter. Jetzt hab ich mir in den kleinen Finger geschnitten, hab nicht abwaschen können. Wie er gemeutert hat, daß er abends hat abwaschen müssen ...

Pause

Ja, beim Krenz, in Traunstein, wo ich jetzt arbeite, würde ich gerne bleiben, weil die Arbeit gefällt mir wirklich. Mit dem schweren Heben, des macht mir nichts mehr, weil ichs jetzt doch schon gewohnt bin auch. Aber es ist so: Beim Herrn Krenz ist hauptsächlich Schichtarbeit, und ich bin aus Traunreut, ich kann keine Schichtarbeit machen. Und da hat er gesagt, der Lübkes, der mich eingestellt hat, solang sich die anderen Frauen nicht beschweren, da lassen wirs, aber wenn sich die anderen Frauen beschweren, muß er mich entlassen. Weil um zehn kann ich nicht mehr nach Traunreut fahren, weil ich kann von meinem Mann nicht verlangen, daß er alle Tage hin- und herfährt und holt mich um zehn.

FRANZ Ja, gibts denn da keinen Bus oder so was?

UTE Um zehn fährt kein Bus nicht mehr und ein Zug auch nicht, und deswegen hab ich halt Angst mit der Arbeit.

Liebe auf den ersten Blick – und dann?

FRANZ Wie habt ihr euch denn kennengelernt?

UTE Ja, kennengelernt! Da bin ich mit meiner Schwester in die Eisdiele gegangen, und er ist dringesessen, hat damals eine rote Samtjacke angehabt, also so ein Feincordsakko, Sonnenbrille aufgehabt, und damals ist für mich einer aufgekommen, der Ulli Martin. Und da hat meine Schwester gesagt, schau, Ute, der schaut aus wie der Ulli Martin, und wennst ihn du nicht nimmst, dann heirat ich ihn. Ja, und da hab ich ihm immer nachspioniert, still und heimlich, ja, und er hat immer einen Freund getroffen, mit dem ist er spazierengefahrn, immer, und dann hat er mich gefragt, ob ich mitgeh. Hab ich gesagt, nein, und die Mama hat gesagt, wenn er was will, soll er zu uns kommen, und dann bin ich mitm Radl wieder abgehaut, wie er aufgestanden ist. Und einmal hab ich fortgehen dürfen, weil er ist im Park gesessen, und wir haben damals zum Park rüberschaun können, und da hat meine Schwester gesagt, schau Mama, des ist der Ute ihr Freund! Naja, da hat sie zuerst noch ein bißchen gemeutert, die Mama, und dann ham wir fortgehen dürfen. Ja . . . da hab ich ihn kennengelernt, hab dann das alles ausgekundschaftet mit meinen Schwestern, wo er wohnt und wie alt daß er ist, und sie sagt, zweiunddreißig Jahr alt ist er, er sagt zu mir achtundzwanzig, ich dacht, mich trifft der Herzschlag!

PETER Ja, ja, so ists.

UTE Ja, ich weiß nicht, ob er mich damals für interessant gefunden hat, denn ich war damals recht mollig, da hat er gemeint, ich such einen Papa, daß ich in andere Umstände bin, und so ...

Ehe

FRANZ Warum heiratet man eigentlich?

UTE Ja, kann man schon sagen, von meiner Hinsicht nach als Frau, stellt man sichs schön vor, der Mann ist da, liest die Zeitung, und dann kommen die Kinderlein, lieb und schön und brav. Ich habs mir halt damals schon viel schöner vorgestellt ... ehrlich gesagt. Ich bin zwar nicht enttäuscht, mein Gott, aber ...

PETER Ja, ich würd halt denken, damit man eine Familie gründet.

UTE Ja, so hab ich mir das ja auch immer vorgestellt.

PETER Also damitst einen Stammhalter hast, weil den braucht man ja auch.

UTE Stammhalter! Du wolltest immer eine Tochter ham, des ist doch kein Stammhalter!

PETER Ja, ein Kind ist sowieso ein ...

UTE Ein halbes Kind.

PETER Da stehst auf einem Fuß. Zwei Kinder ist natürlich wichtig.

UTE Kann man heute noch grad ernähren, zwei Kinder, kann man heute noch grad durchbringen, bei dem Lebensstandard.

PETER Nein, kannst nicht mehr.

UTE Kannst heut nicht mal mehr, bei dem Milupa, kaufst heut des fertige Miluvil, oder das Milupazeug, des kostet dreizehn, vierzehn, fünfzehn Mark. Das reicht für drei Tage, und dann braucht man schon wieder ein neues. Weil, da sind wir uns doch mal ehrlich, die sind sich doch alle zu faul, daß die wie früher kochen, einen Haferschleim ...

FRANZ Glaubts ihr, wäre alles geregelt, wenn ihr tausend Mark mehr im Monat kriegen würdet?

PETER Des wäre gerechtfertigt dann. Also angenommen, ich verdien allein tausend Mark mehr im Monat, dann könnt ich mir schon ein Kind anschaffen. Dann braucht sie nicht arbeiten. Weil, wenn sie ein Kind hat oder zwei, dann gings auch nicht ...

UTE Dann geh ich sowieso nicht mehr arbeiten.

PETER Dann kann sie ja sowieso nicht mehr arbeiten gehen. Aber der Lohn ist von Haus aus zu wenig, und die Steuern sind einfach so und so schon zu hoch. Nicht von der Krankenkasse oder von der Altersversicherung her, weil die muß ja sein, gell, ich mag ja auch einmal eine Rente ham, wenn ich so alt bin, aber die Steuern sind einfach zu hoch, schon einmal einfach so, und die Firma schüttet dir zuwenig Lohn aus. Man muß immer von dem Standpunkt ausgehen, also früher hat man sich im Monat eintausend Zweipfünder kaufen können.

Pause

FRANZ *staunt*

PETER Gell, zwei Pfund Brot ham früher, sagn mir, also ganz früher, wies ich noch in Erinnerung hab, 65 Pfennig kost. Da hat man sich tausend Weckn kaufen können im Monat, so viel hättst allerweil verdienen müssen. Heut kosten zwei Pfund Brot zwei Mark zehne, da mußt du praktisch zweitausendeinhundert Mark verdienen, um denselben Lebensstandard zu erreichen als wie früher. *überlegt* Ja, genau, das geht tatsächlich immer so hin, es is scho so, tausend Kilo Brot sollst in eim Monat kaufn können von deim Lohn, so viel muß man verdienen, um immer durchzukommen. Früher is des so gwen, und heit muß des auch so sein. Also rein aufd Hand vorausgesetzt, von die Steuern kann man ja kein Brot ned kaufn. Wär des brutto, dann kriegt man auch grad noch 1400 außer, was zwenig is. So is des, a ganz einfache Rechnung, wo nimmer aufgeht.

FRANZ Is des ein alter Spruch?

PETER Des is von mir selber, da bin ich drauf kommen, des Brot muß sich immer nachm Verdienst richtn, tuts aber nimmer, nix geht mehr nachm Verdienst, sondern steigt einfach. Wenn du des nachrechnest, misserst bei deim Geld aufs selbe komma. Früher is vielleicht die Kartoffel des billigste gwen, heit is des teuerste, und wenn man vom Kartoffel ausgeht, dann mußt heut ja zehnmal soviel verdienen. Früher hat vielleicht a Kilo Kartoffel a Fünferl oder a Zehnerl kost, also in der Zeit, wos Brot so viel kost hat wie gsagt, und heit kost ein Kilo Kartoffel zwei Mark.

FRANZ Stimmt das?

PETER Freile. 's Pfund a Mark, wennst as offn kaufst. Außer es gibt amal a Gschäft, die wo a Sonderangebot ham, oder fünf Kilo sind a bißl billiger, weil des bereits eine Menge is.

Ute kommt aus der Küche

Ute, was kost ein Pfund Kartoffel?

UTE Zwei Mark, *überlegt* Ein Pfund? Eine Mark fünfzig?

PETER Dann is ja noch schlimmer.

UTE Ich weiß ned genau, mir ham schon lang keine mehr kauft, weils uns zu teuer sind.

FRANZ Ich hab jetzt schon ein paarmal angfangt und wollt mit euch über, na ja, private Sachn reden. Ich find es prima, daß ihr immer – sozusagen gegn mein Willn – auf die ökonomische Frage selber zurückkommts. Ich denk mir, so manches andere junge Ehepaar tät mir lieber was über die Beischlafgewohnheitn verzähln, als darüber, was es verdient.

PETER Ja, ja, aber du bist ja ned von der NEUEN REVUE, gell mit die nackerten Ehepaare.

UTE Furchtbar und schiach.

PETER Aber genau.

FRANZ Ja. Trotzdem: wenn man richtigerweise alles auf die ökonomische Frage zurückführt, das tun ebn bewußte Leut, dann könnt man aber von einem NEUE REVUE-Leser, und die Leser will ich schon *lacht,* die Frage hörn: »Ja warum hams denn dann ned wen gheirat mit mehr Geld?« Was sagts Ihr da? Also gell: Ich mein nicht, daß das eine vernünftige Frage is, aber was täts ihr antworten? Oder ganz einfach: Weilts euch ebn gern ghabt habts.

UTE Ja, sympathisch ham mir uns gleich gfunden, also ich weiß ned, ob er auch.

PETER Ja, sonst hätt ich dich ja wahrscheinlich auch ned angschaut.

UTE Mein Gott, er war mein erster Freund und die erste Liebe. Ich bin bis jetzt ned unzfriedn gwesn mit ihm.

PETER Wenn ich halt tausend Mark mehrer verdienen tät, also auf die Hand, versteht sich, dann tät sie nimmer arbeiten müssen, und man tät sich ein und zwei Kinder anschaffen können, dann wär es besser. Aber wenn ich bei meim Verdienst jetzt bleib, und recht viel wird er ja nicht steign, da is die Frau einfach gezwungen, daß sie auch arbeitet.

FRANZ Hast keine Angst, daß sie irgendwann sagt: ich will nimmer mit dir, leck mich am Arsch?

PETER Sowas nimmts ja gar ned in Mund, wie ich meine Frau kenn mir gegenüber.

UTE Danke für die Rosen.

PETER Auch Dornen ham sie.

FRANZ Und du, Peter?

PETER Ja, hie und da hat man vielleicht schon den Gedankn, daß man denkt, hätt man sich vielleicht um eine andere gschaut ebn auf finanzielle Hinsicht. Aber es is ebn unser Unglück, daß bei ihr mit der Arbeit oft ned hinhaut. Des is ja grad unser Unglück, damit ich nicht hochkomm, gell. Zum Beispiel von die Schulden runter. Sie fangt einmal an in einer Firma, und da wirds dann nach einer Woch oder vierzehn Tag wieder kündigt oder auch ab und zu nach sechs Wochn. Ich mach mir Kopfzerbrechn, warum kündigt man sie? Entweder tut sie zu wenig oder hat ihren Schnabel zu weit auf. Solche Gedankn mach ich mir schon öfter, aber ich denk mir, hätt ich mir nach einer andern umgschaut, die hat wieder einen andern Fehler, und da kann ich nicht ja und nicht nein sagn.

FRANZ Und du?

UTE Freilich, andere Mütter ham auch schöne Söhne, aber mein Gott, er hat die Schuldn zwecks mir aufgnommen, dieser Ansicht bin ich, und ich weiß, ich hab damals das Arbeiten nicht im Sinn ghabt wie ein junges Mädchen. Jetzt seh ich es ein, ich muß bei ihm bleibn, weil ich kann ihn jetzt nicht sitzn lassn allein mit dem Haufn Schuldn. Weil das wär eine Unverschämtheit von mir.

FRANZ Du bleibst doch ned bei ihm wegn die Schuldn bloß?

PETER *schaut*

UTE Bei ihm hab ich das Gefühl, daß er mich einmal sitzn laßt, bei ihm hab ich das.

PETER Und warum?

UTE Weil du weißt, gleich nachdem wir verheirat warn, is ein Brief kommen von einer früheren Freundin von dir. Das sag ich jetzt! Hats geschriebn, ob er glücklich is mit mir! *nickt* Und anstatt, daß er zu ihr gangen wär, hat er mich hingschickt. Ich hätt es nämlich richtig gfundn, daß er selber hingangen wär.

PETER Dann hätt ich dich ja anlügn können.

UTE Wärn mir gemeinsam hin, und du hättst gsagt: »Tina, jetzt paß auf, so was tust ned noch mal!« – In dem Brief is nämlich gstandn, daß er ihr eine Karte gschriebn hat, das leugnet er ab, und sie leugnet auch alles ab. Was tu ich jetzt? Jetzt bin ich ewig in dem Mißtrauen! Und jetzt, wo ich es sag, strahlt er wieder über das ganze Gsicht.

PETER Weilst mich du immer so anschaust . . .

UTE Mein Mann, der is nämlich so, der mag Frauen, die wo eine tolle Figur ham, auf Mini gehn, wo wirklich superkurz gehn, wo man gleich alles sieht, wo man den Arsch voll sieht. Da war in der Pizzeria eine Bedienung gwen, die is so gangen. Da hat er sich gebückt, daß er die Unterhosn sieht von ihr, und aus dem Grund, ich kann mir ned helfen, hab ich ein ewiges Mißtrauen zu dem Mann.

PETER In dem Fall derfert ich ja auch ein Mißtraun ham.

UTE Sicher: Wie du mir, so ich dir!

PETER Dich ham ja auch ein Haufn angsponnen!

UTE Sicher! Und bin jetzt auch so wie du warst und spinns auch an.

PETER Ja, aber mir machts ja nix aus, ich bin ja ned eifersüchtig.

UTE Aber ich bins!

PETER Des is dein Pech wiederum.

UTE Ja mein Gott. Das sind solche Sachn, wo du ned kapierst.

PETER Ich weiß ja ganz genau, daß ich es ned tu, aber du weißt es ned.

UTE Du weißt es ganz genau, daßd es ned tun sollst, wennst es tan hast, dann fallt es dir ein.

PETER Ich hab ja noch gar nix tan.

FRANZ Jetzt komm ich doch zur NEUEN REVUE: Habts euch schon betrogen?

UTE Ich bin der Ansicht, er hat mich schon betrogen.

PETER So a Schmarrn.

FRANZ Bist du der Ansicht, daß sie dich betrogen hat?

PETER Des bin ich ned. Nein, nein!

FRANZ Wie kommst denn da drauf, Ute?

UTE Wegn dem Brief! Er war damals viel aus am Wochnend und hat ihr eine Postkarte geschriebn! Da muß eine Frau doch einfach Mißtrauen kriegn. Er war ja immer auswärts, und mir ham uns vorher ja auch bloß am Wochnende gsehn.

PETER Wie mir gheirat ham, da war ich noch ein halberts Jahr auswärts, aber ned wegn dem Vergnügn, sondern wegn der Arbeit.

FRANZ Also ihr seids Wähler unserer Partei, *lacht* da will ich natürlich was Gutes von euch schreibn, deshalb: Sei mal ehrlich, du bist doch eine blöde Ziege mit der Postkartengschicht?

UTE Ich bin ehrlich. Aber in dem Brief stand, daß er ihr vorher eine Karte geschriebn hat, an die Berufsschule hin. Tut man so was? Und er leugnet das ab und sie, daß den Brief gschriebn hat. Das sind Tatsachn.

PETER Ich hab auch ned gschriebn. In der Schul, die kennen ja Eifersucht, und da werdns dir höchstwahrscheinlich eins ausgwischt ham. Die Kartn hams ja auch ned ghabt, komisch! Und deswegn hab ich gsagt: »Geh du selber hin und erkundig dich!«

UTE Ich bin hingangen mit dem Brief und hab gsagt, ich will die Schrift mit einem von ihre Schulhefter vergleichn, da hats gsagt, daß sie alle Hefter in der Schul hat abgebn müssen. Ich weiß es zuverläßlich, daß man in der Berufsschul nie ein Heft abgebn muß.

sehr große Pause

Was hättst jetzt du tan, wenn ich so einen Brief kriegt hätt?

PETER Ich hätt es dir sogar glaubt, daß du des ned gschriebn hast.

UTE Dann soll das halt alles ein Blödsinn sein von mir, aber ich bin ebn dieser Ansicht, jeder Mensch hat Fehler.

FRANZ Peter, hast du nie das Gefühl, daß deine Frau mit einem Abteilungsleiter . . . daß du weniger wert bist? Ich hab Minderwertigkeitskomplexe ghabt, wie ich Hilfsarbeiter, Schauspieler, Lagermeister war. Erst später hab ich gelernt, daß arbeiten, je weiter »unten« daß man es tun muß, um so mehr Kraft verlangt und menschliche Werte. Dort, wo ich nicht zeign kann, was eigentlich in mir steckt, was ich kann, dort, wo praktisch acht Stund Arbeit acht Stund gstohlenes Lebn sind, dort wird die schwerste Arbeit verrichtet. Nicht beim Schriftsteller Kroetz. Ein Dichter oder ein Chef kann ein jeder sein, aber ein Arbeiter? Mir nennen das Klassenbewußtsein, habts ihr das?

PETER Ich kann mir ned in die eigene Taschn hineinlügn, ich kann ned sagn: Ich verdien zweitausendfünfhundert Mark im Monat aufd Hand, wenns ned glangt, weil ichs tatsächlich ned verdien! Aber um anzugebn, das brauch ich nicht, ich bin tatsächlich ein so ein Typ. Ich sag die Wahrheit. Es gibt ja zwar solcherne und überhaupt, dann die Minderwertigkeitsdinger, ich hab ja vielleicht einen Sprachfehler, aber der interessiert mich auch weniger, weil, ich kann es ja sowieso ned ändern in dem Fall.

FRANZ Na ja . . .

UTE Wenn er ein bißl antrunken is, merkt man es.

PETER Sagn mir einmal so: Wenn einer Abteilungsleiter is, der hat ja auch noch einen über sich. Man kann sogar Chef sein, wenn ich heut einen großen Konzern hab, sicher bin ich da der Höhere, hab aber auch ned alles zum sagen, da gibts den Betriebsrat oder so was dann. Firmensichtlich, du hast immer einen, der wo über dir steht. Nach wie vor. Und wenn einer intelligent genug is, warum soll er dann den Job ned habn über mir?

FRANZ Bist du weniger intelligent?

PETER Ich bin halt ned viel ind Schul gangen in dem Fall, weil ich halt ned studiert hab. Ich bin ein normaler Arbeiter, auf deutsch gsagt, und ich bin ned einmal ein Facharbeiter, weil ich kein Beruf ausglernt hab. So is das. Und die ander Frage is ... Jetz kann ich mich nimmer ... Da war noch eine Frag ... Kurz Gedächtnis hab ich. Also Minderwertigkeitskomplexe hab ich gwiß ned in bezug auf die Firma oder die Frau, des weiß ich gwiß. Ich hab früher gnua Fraun ghabt, von dem abgsehn. Wo ich mich früher sicher depperter angstellt hab wie heut, sagn mir einmal so.

UTE Depperter wie heut kannst dich damals auch ned angstellt habn.

PETER Meinst?! – Na ja.

Pause

PETER *erholt sich* ...

FRANZ Also ich erzähl ja immer auch von mir, damit es ned bloß eine blöde Abfragerei is, sondern ein wirkliches Gespräch. Drum: Ich bin oft nicht mit mir zufrieden, früher ned, wie ich noch nix war, und heut ned.

PETER Mit dir selber ned zufrieden? So was gibts überall.

Pause

UTE Es is grad so, ob der eine mit sich selber was anzufangen weiß oder ned. Eine gewisse Intelligenz die hat ein jeder, ob das jetzt ein Sonderschüler is oder ob das ein Gymnasiast is, es is nur die Frage, ob einer was damit anzufangen weiß. Nur auf ganz allein das kommt es an.

FRANZ Und wie lernt man das?

UTE Indem man sich sagt: Das probierst du einmal, wenns ned hinhaut, kannst es ned, und wenns hinhaut, hast es! Der andere weiß ned, wie er es anfangen soll mit sich, und traut sich nicht drüber, aber habn tun alle was. Wenns ned hinhaut wie bei mir, wie ich bedient hab, gell, drei Teller, vier Teller, ich hab mich am Anfang auch ned traut und gsagt: »Das kann ich nicht.« Und dann hab ich es probiert und mir gsagt, des is mir wurscht, wenn er runterfallt und hin is, dann zahl ich ihn ebn und – ich habs können. Das is nur, weil sich die meisten nicht drübertraun einfach. Denn können tut ein jeder ein gewissen Teil, hat ein jeder eine Intelligenz, aber der traut sich selber ned drüber. Oder er hat was probiert, und es is nix wordn, so wie bei uns zwei mit dem Kochen, wenn er immer meitert und meitert *schimpft,* dann trau ich mich nimmer drüber zum Kochen und mach richtig Fehler erst.

PETER Kochen is wieder was anders. Kochen wär normal eine Voraussetzung, daß es eine Frau kann.

UTE Schon, aber den Pfannerkuchn hast mir gleich hintergschmissn, daßd die ganze Wand vollgmacht hast.

PETER De hab ich aber auch wieder ausgweißt vorige Woch.

UTE Aber was hast erreicht? Ich trau mich jetzt keine Pfannenkuchen mehr machen. Weil ich Angst hab, du macht es wieder!

PETER Man muß schon ein Talent habn.

UTE Aber wenn einer was anfangt? Wenn er mich in Ruh lassn hätt, hätt ich es eingsehn und es nächstes Mal besser gmacht. Des gleiche is: Ich hab noch nie Dampfnudl gmacht, noch nie, wo ich früher können hab. Weil ich mich ned trau!

große Pause

Fremd gehn

UTE Wenn er mich betrügt, dann soll er mirs gleich sagen, weil das wär schon schlimm.

FRANZ Warum ist das so schlimm?

UTE Ich weiß auch nicht, wie ich das zerlegen soll, noch. Das ist für mich ein Zeichen, daß es nicht die wahre Liebe ist, zu mir, was er immer sagt. Ich find das Betrügen einfach für einen Skandal! Ich tät mich sofort scheiden lassen. Wenn er mich einmal betrügt. Wenn er mich einmal betrügt, dann betrügt er mich immer wieder, das ist meine Einstellung!

FRANZ *schaut . . .*

UTE Angenommen, wir ham dann mal ne Auseinandersetzung, dann sagt er, leck mich am Arsch, ich geh zu der anderen und lass mich scheiden. Ja, was tu ich dann?

FRANZ Dann nimmst dir auch wen andern.

UTE Ich will aber keinen anderen. Wenn man verheiratet ist, dann macht man das nicht mehr. Man soll sich vor der Hochzeit genau überlegen, bleib ich immer bei der und betrüg ich sie nie oder betrüg ich sie!? Wenn er mich betrügt, braucht er erst gar nicht zu heiraten.

FRANZ Aber wenn es so geht, daß er in der Früh neben irgend jemanden aufwacht, weil er blau war, und sagt: »Aha? Grüß Gott! Ich bin verheiratet, auf Wiedersehen.« Was ist dann?

UTE Ich mein, es kommt drauf an, wer Schuld hat, sie oder er ...

Bilanz

PETER Wie wir geheiratet ham, ham wir zehntausend Mark Kredit aufgenommen, vor zwei Jahren, da war die Frau arbeitslos, hats auch kein Stempelgeld gekriegt, wie lang warst du arbeitslos?

UTE Vier, fünf Wochen!

PETER Des langt glaub ich gar nicht. Ja – ist egal jetzt. Ja, und wo du dann angefangen hast, wie lang warst du da bei der Firma?

UTE Beim Scherer war ich nicht einmal eine Woche, beim Kluge war ich eineinhalb Monate.

PETER Ja, und dann hats wieder ein bißchen gedauert, bis wieder eine Arbeit gekriegt hat, also Lohn von ihr ist praktisch nichts eingegangen. Hab ich alles selbst verdienen müssen. Da wo wir dann geheiratet haben, da hab ich zwei Monate so noch gearbeitet auf Montage, sagen wir ein viertel Jahr, und dann bin ich gekündigt worden. Dann hab ich aber noch viertausend Mark zusätzlich gebraucht, und so ist halt des, was ich abgezahlt hab, wieder draufgegangen. Sind die zehntausend Mark geblieben. Und dann bin ich arbeitslos geworden, und sie hat noch nichts verdient, und ich hab im Monat Arbeitslosengeld 890 Mark gekriegt ...

UTE Ich hab damals noch gestempelt ...

PETER Du hast doch damals noch kein Stempelgeld gekriegt, erst später.

UTE Im November hab ich schon wieder das Arbeiten angefangen. Stempelgeld hab ich vom Juli weg gekriegt.

PETER Ja, im Juli, des ist ja was anderes. Im November hast angfangen, und wie lang hast du beim Kluge gearbeitet?

UTE Vom 24. November bis zum zweiten Februar, da bin ich entlassen worden.

PETER Ich hab auf jeden Fall in der Zeit gestempelt gehabt, und da hab ich in der Woche 210 Mark gekriegt. Und da ists jetzt besonders schlecht gegangen: Miete 300 Mark. Kredittilgung 500 Mark, 200 Mark für die Versicherung, Unfall, Hausrat, ja das Auto ist zwar erst später dazugekommen, aber das hätten wir normal auch kaufen müssen, des hab ich in dem Fall nicht berechnet, des verrechnen wir gleich von ihren Zwischeneinarbeiten weg . . .

Ute Des hab ja ich gezahlt!

Peter Freilich, dafür hast ja du auch kein Geld heimgebracht. Also 200 Mark für Auto und Versicherung und so, dann vierzig Mark für Waschmittel, auch die Reinigung ist da nicht dabei, und dann dreißig Mark für Brot im Monat, des brauch ma, dann zehn Mark für Butter, 15 Mark für Kleiderreinigung, chemisch, 80 Mark für Sprit, 150 Mark für Fleisch, 5 Mark für Würze, 320 Mark für Zigaretten, geht zwar viel herunter, aber die sind so teuer. Ja, am Tag brauchen wir vier Schachteln, zu zweit . . . 5 Mark für Bratfett, für wenn man was in der Pfanne rausbraten will, 100 Mark Vergnügen, für die Wirtschaft, wenn man fortgehen will, mal, 60 Mark Getränke während der Arbeit, 140 für Essen während der Arbeit, 10 Mark für des Haustier, die Katze,wo wir haben. Dann komm ich schon auf 1965 Mark. Dabei können wir uns davon noch keine Kleidung kaufen, der Strom ist auch noch nicht dabei, der kostet auch noch mal 40 Mark, des sind dann schon 2005 Mark, dann. Und wenn mal was kaputtgeht, eine Bürste oder so, oder wenn mal was zur Reparatur muß, das ist auch noch nicht dabei. Fernsehgebühren sind auch noch nicht dabei, des sind auch noch mal 10 Mark fünfzig. Das hab ich ja noch nicht mal alles aufgeführt, und das übersteigt es schon. Zeitungen kommen freilich auch noch dazu, jeden Tag sowieso eine TZ, dann der Christliche Bildungskreis . . . Ja, so ists. Man siehts an den Kartoffeln, die kann man ja nicht kaufen, weil die EG oder was da schuld ist, ich weiß nicht genau, wer da . . . die SPD treibt einfach die Preise hoch, künstlich, kann man sagen. Die heutige Wirtschaft ist nur die Preise künstlich hochtreiben! Und die Lohnsteuern, sagen wir, du verdienst immer noch ein bißchen mehr, aber am Ende, da bleibt dir nichts, weilst alles an die Steuern und die Versicherung zahlst. Des ist die Sauerei. Da muß sich was ändern.

Ute Sicher muß sich was ändern.

Peter Ja, ja, so ists auch, kaum zu glauben, aber wahr.

Franz Erzähl doch einmal so einen »Tagesverbrauch«, weil, es is schon gut, wenn man das genau erklärt . . .

Peter Ich brauch am Tag ein Frühstück, dann vier Wurstsemmeln für zwei Mark, möchte drei oder vier halbe Bier, die kosten ungefähr drei Mark. Sie braucht sechs Mark fürs Mittagessen und auch noch Getränke, auf die Nacht möchten wir was Gutes haben, des kostet fünf Mark, wegen dem Fleisch. Wenn ich arbeite, brauch ich eh immer mehr zum Essen. Ich arbeit ja körperlich schwer. Die Sache ist aso: Angenommen, ich stemple und krieg in der Woche 250 Mark, also bloß angenommen, dann brauchert ich in der Woche nicht jeden Tag ein Fleisch, weil da hab ich keinen solchen Kalorienverschleiß. Aber ich arbeite schwer alle Tag, und mich hungert auch, wenn ich heimkomme, und ich brauch was Kräftiges und ein Fleisch auch. Also der Aufwand ist ums Doppelte höher wie sonst. Ja, aber wirklich ums Doppelte höher, weils Fleisch kostet einfach, s'Kilo Rindfleisch kostet heut einfach 25 Mark...

Terrorismus, Gewalt – Diplomatie?

FRANZ Also ich muß das ja nicht recht unterstreichen, aber... Ich hab keine Sympathie für z. B. die sogenannte »Rote Armee Fraktion« oder ähnliche Dinger. Aber man kann das ja nicht so ganz ausklammern, weils ja da war. Und ich find, daß ihr besonders geeignet seids, da eine Frage zu beantworten. Wenn ich das richtig verstanden hab, dann ham die Leut ja gmeint – vielleicht aus subjektiv ehrlichen Motiven und mit schrecklichen Folgen für die gesamte Linke bei uns –, daß ein Teil des »Volkes«, oder wie man da sagen soll, an irgendeinem Punkt mitmacht. Das Volk hat natürlich nicht mitgmacht, okay! Aber ihr, mit eurer Aussage, daß es euch eben so beschissen geht, das habts ja auch mit Zahlen inzwischen belegt, ihr müßtets doch vom Volk sozusagen am nähesten dran sein am Wehren, am Gewalt verüben etc. Wenns überhaupt Sympathisanten von den Anarchisten geben sollt außerhalb einer gewissen Intellektuellenszene, auf die wir ja jetzt nicht eingehen müssen, dann müßten das doch Leut sein, die einfach nicht zurechtkommen, auf keinen grünen Zweig, vor allem finanziell sich nicht hinaussehen. Bei euch is das wohl so, deshalb die Frage: Wie stehts ihr zur Gewalt? Zu solchen Aktionen?

PETER Ich mag bestimmt keinen erschießn, sagen mir einmal so. Also mit dene Sachen, mit denen möcht ich ja normal sowieso nix zu tun haben. Und die Baader-Meinhof, also die ghören für mich unter den Tisch, find ich, das is nämlich ein Terror, die Sachen, so is das. Angenommen, es heißt da: Der oder der ghört abgemurkst, z. B. nur. Kraß! – Aber genausogut kann ich diejenige Person sein, denk ich mir. Angenommen, jetzt sagt nämlich der andere, nicht er, sondern ich ghör abgemurkst, was mach ich dann? Genauso mag ich nicht, daß ich abgemurkst werd, und für ihn gilt das gleiche, daß ich ihn nicht abmurks. Das mein ich.

Pause

Zum Beispiel dem Chef, also dem Brötchengeber, eins auswischen, direkt. Bestimmt nicht! – Dafür kann ich ja wieder aufhören, wenns mir nicht gefallt! Auf dem Standpunkt steh ich. So is die Frage nämlich. Ich mein, ich kann keinem Gewalt antun. Ich mag es nämlich gar nicht.

FRANZ Ja, ich hab mir das auch gedacht, daß du so antwortest.

kleine Pause

Trotzdem, so ganz sicher bin ich mir nicht, wie du das sagst. Ich wunder mich zum Beispiel oft darüber, wie aggressiv Menschen eigentlich sein können. Einerseits ... Nimm meinetwegen das Oktoberfest, was da alles passiert. Wenn da jemand deiner Frau blöd kommt, sie vielleicht mal irgendwo antatscht oder so, dann kann es Mord und Totschlag geben bei vielen. Da geht ihnen sofort das Messer auf im Sack, bei den Dingen. Also auch bei noch kleineren Sachen, Parkplatz wird eim vor der Nasn weggeschnappt, da hats doch schon Blutbäder gegeben bei sowas. Also ich find, es is eine irre Aggressivität eigentlich da in vielen Menschen – ich glaub, eben weil sie an sich mit andern Dingen unzufrieden sind, reagieren sie sich da ab. Da platzt es dann. Aber bei den eigentlichen Dingen, die ihr Leben machen, sind sie unheimlich geduldig. Wie is das denn mit eurer dauernden finanziellen Misere, weil halt euer Lohn nicht langt, obwohlts ihr arbeitets. Oder mit die ganzen Gschäftemacher an jeder Ecke, die dich übers Ohr hauen, wennst einen Plattenspieler, ein Auto oder was kaufst. Also, ich bin sicher nicht für so individuellen Terror, das is klar, aber es wundert mich schon, daß sich so viele Menschen so wahnsinnig viel gefallen lassen, was sie und ihr Leben und ihre Familie und ihre Kinder ruiniert ... Nimm die Million Arbeitslosen! Aus dem nichtigsten Anlaß steht jeden Tag in der Zeitung, daß was passiert, aber die Aggression richtet sich fast immer gegen einen selbst oder einen Kollegen, fast nie gegen das System! Verstehst du, was ich mein, was mich da wundert, auch wenn ich schon Erklärungen hab. *lacht*

Ihr bekommt doch zum Beispiel nicht deshalb zu wenig Lohn, weil ihr zu wenig produziert, sondern weils in einer gewissen Gesellschaft wie der unsern eben für gewisse Arbeiten zu wenig Lohn gibt. Festgesetzt.

Pause

PETER Also ich hab das radikal aufgefaßt, gell, an die Wand oder so. Das geht ja nicht.

FRANZ *nickt, lacht*

PETER Aber man kann eine Firma ja auch so ablösen und den Chef in die Rente schicken. In Ordnung so was! Für das is es dann dem Staat sein Besitz, praktisch. Aber wenn man alles klein hackt zuvor, das is auch nix. Man kann das ja anders regeln, tät ich schon sagen. Weil die wo alles zamhauen, die baun es bestimmt ned wieder auf, sondern der Arbeiter baut es wieder auf.

FRANZ Siehe Kriege . . .

PETER Genau.

Pause

UTE Also wenn es einen Sinn hat, das Kämpfen, weil es gar keinen Ausweg mehr gibt, anders, dann tät ich schon mitmachen. Aber jetz noch ned.

PETER Ich frag mich halt das eine: Warum kann man das politisch nicht so erreichen, sagen mir. In einer andern Form. Diplomatie, mein ich schon. Am besten wär eben eine Freiwilligkeit, wo sagt: »Der braucht es, drum gebn mir es ihm.« *nickt*

FRANZ Meinst du, daß du in deiner Firma jemals zu deinem Recht kommst? Glaubst du, daß der Herr Chef jemals die Löhne so »gerecht« aufteilt, unter einer SPD/FDP-Regierung oder CDU/CSU, daß du das bekommst, was du brauchst?

PETER Ja, es kommt drauf an, ob er gleich über mir steht. Aber so sind ja angenommen noch zehn über mir. Ich mein, so überschaut der Chef des gar nicht, abgesehen davon, daß ich eh im Akkord arbeit und des von Haus aus besser bezahlt wird. Aber normal, wenn er des übersehen könnte, daß das so und so ist, tät er des und des zulegen. Bin ich überzeugt davon.

FRANZ Du meinst also, daß du zuwenig Lohn kriegst, ist ein Mißverständnis vom Chef. Um das zu verbessern, muß man nicht das System ändern . . .

PETER Doch, sicher das System ändern. Sicher kann das richtig sein.

Pause

Sagen wir so. Ich nimm jetzt eine Firma, ich geh jetzt auf brutale Art vor. Hab jetzt ich die Firma angenommen ein Jahr, dann kommt wieder ein anderer und machts genauso wie ich, und so wird des ja wahrscheinlich immer sein . . .

UTE Ja, dann mußt halt mit Brutalität oder wie auch immer versuchen, daß du dir die Firma behältst. Mit Brutalität!

PETER Ja, aber dann brauch ich ja wieder eine gewisse Abwehr auch, wiederum. Man muß es ja auch verteidigen, wiederum, wenn mans hat.

FRANZ Ja, du kannst natürlich auch eine eigene Firma aufmachen wollen, aber das nützt ja nichts, dann sind halt die unter dir die Deppen. Das ändert ja am System nichts.

UTE Ja genau. Systematisch kann man nirgends vorgehen, jetzt geh du zum Chef und sag: »Der Mindestsatz der wäre so und soviel!« – Den bekommst du einfach nicht! Du mußt brutal sein: »Entweder jetzt krieg ich den Satz oder ich geh!« Dann soll er sich so einen Arbeiter suchen, wie du bist!

PETER Ja, ich kann ja immer kündigen, wenns mir nicht mehr paßt. Aber deswegen tu ich ihm ja auch nicht weh, der stellt wen anderen ein, und für den ist es dasselbe wie mit mir.

UTE Aber ob der andere so gut ist, wie du arbeitest . . . Das ist ein Risiko, was der Chef eingeht.

PETER Ja, das ist ein Risiko, aber es gibt immer welche, wo dich wieder überbieten auch. Mußt ja so denken: Früher, vor hundert Jahr, da hams gesagt, jetzt baun wir da ein Haus, hams Steine in die Hand genommen, hams hundert hingetragen am Tag. Vielleicht. Da hat einer gesagt, ich trag hundertzwanzig hin, dann hör ich eher auf. Kanns ja auch gegeben haben, und dann wird der Chef gesagt haben: »Nein. Kannst gehen, das geht nicht.« Und der andere ist vielleicht gegangen.

FRANZ *schüttelt den Kopf* . . .

PETER Und dann kommt dann einer, der trägt wirklich noch fünf Steine mehr wie der andere, der wo gegangen ist. Es gibt ja den Fall noch auch!

UTE Ja, alles gut und schön, er trägt fünf Steine mehr wie du, aber er macht sich dann kaputt und ist eher hin wie du.

PETER Das tät ich auch wieder nicht sagen, es kommt ja dann auf die körperliche Verfassung auch wieder drauf an, ob der eine des verkraftet, ob der über die Kräfte arbeitet oder nicht. Ich kann mich natürlich aufarbeiten auch . . .

Pause

UTE Ich sag mir also: Zum Leben gehört eine Brutalität dazu, daß du dich durchsetzt. Ja. Weil anders bist unterm Hund. Bist beschissen! Bei mir ist des so, ich mach halt die Leut nicht so brutal fertig, mit einem Knüppel oder so, ich mach sie halt seelisch kaputt. Ja – des ist die beste Brutalität, was man hat. Seelisch einen kaputtmachen, weil dann . . . des geht nicht mit Schlägen . . .

FRANZ Wie machst des?

UTE Wie? Des kann der Peter genauso, einen seelisch kaputtmachen.

PETER Ich? Was?

UTE Wenn wir eine Zeit kriegen, angenommen, ich hab einen Fehler gemacht, einen großen sogar, dann redt er mit mir nichts, dann bin ich seelisch kaputt! Ich mach die Leut auch seelisch kaputt, nicht mit Revolver und Knüppel und so Zeug. Des bringt mir nichts ein! Gut, die kriegen die Schläge, dann liegens im Krankenhaus, von mir aus vierzehn Wochen. Dann kommens raus, ist alles wieder vergessen, oder? Die Leut gehören seelisch kaputtgemacht. Geh, ich habs doch gesehen, daheim, wie uns die Mama geschlagen hat, gut, die hat uns geschlagen, des hat uns halt weh getan. Morgen ist des vergessen, morgen bin ich genauso frech. Das ist doch so. Heut. Schaus doch an, die Ursel, Schwester von mir, was hat die schon Schläge gekriegt! Und ist immer noch so ein frecher Krüppel geworden . . .

Zwei Jugendvertreter der Hans und der Schorsch

Der Hans, 20, Werkzeugmacher

HANS Also, ich heiß Hans und bin zwanzig. Mei Vater is 68, der is also Rentner und war vorher Arbeiter beim Siemens. Mei Muatta war lang Hausfrau, weil mir ja sechs Kinder sind, und die is jetzt auch beim Siemens. Am Band. Mei Vatta war ned bei der Gewerkschaft, aber mei Muatta hab ich selber aufnehma kennna. Mei älteste Schwester is verheirat, oane is Bedienung. Mei älterer Bruada, der is 22, der hod Schreina glernt. Na kimm i, i hob beim Siemens Werkzeugmacher glernt, und da bine no. Na kummt a kloanara Bruada, der lernt no, auch beim Siemens, Maschinenschlosser. Der is scho organisiert, der is wia i im zwoatn Lehrjahr zur Gwerkschaft ganga. Der werd achtzehn sei. Und dann kimmt mei jingsta Bruada, des is nachad da letzte, der kummt erst aus der Schul, der is in der 9. Klass. Mecht in der Richtung Elektronik was lerna, bei der SKW bewirbt er sich. Aber der kannt auch noch weiter aufd Schul gehn, weil er in die Notn unbandig guad is. Dahoam sind mir noch zu dritt mit mir. Mir ham eine Vier-Zimmer-Wohnung, des is eine Eigentumswohnung, die hat der Vatta kafft, und da hab ich ein Zimmer und die andern zwoa Briader mitnand oans. –
Ich verdien jetzt um die zwölfhundert netto. Zwoahundert gib ich aber daheim her. A Auto hab ich auch, aber das zahl ich noch ab. Irgendwann geh ich schon einmal von daheim weg, aber jetzt gfallts mir noch, und bloß damit ich weggeh, geh ich nicht, weil das ein Schmarrn is.

FRANZ Und heiraten einmal?

HANS Da hab ich mir noch keine Gedankn drüber gmacht. Jetzt überhaupt, das tät mich höchstens bremsen in der Jugendarbeit, die ich jetzt mach. Frau, Kinder, das tät mich ehrlich stören zur Zeit.

FRANZ Na ja, bist ja auch noch jung.

HANS Genau.

FRANZ Du bist gewerkschaftlich sehr aktiv, Jugendvertreter, SPD-Mitglied. Wie kommt man dazu, daß man, sagen wir mal, nicht gleichgültig oder schlicht blöd bleibt oder is, sondern daß es eben beim einen oder andern doch einen Punkt gibt, wo er sagt: »Ich tu was.« Das is es, was mich in meinen letzten Theaterstükken am meisten interessiert: Wo und wie ist der Punkt, wo sich der einzelne von der Masse der – sagn mir es so grob – $^2/_3$-CSU-Wähler trennt, denken anfangt und andere Schlüsse zieht, egal, ob er dann bei der SPD landet oder bei meiner Partei.

HANS Für mich is das eine lange Gschicht. Ich bin im September eingestellt wordn, und im Mai warn Jugendvertreterwahlen. Ich hab null Dunst ghabt, ich hab ja praktisch von der Gewerkschaft nix ghört ghabt. Aber mir ham uns halt denkt: Also wenn da so Wahlen sind, da müssen mir zumindest ein von unserm Lehrjahr hineinbringen. Dann wär ich eigentlich schon zur Gwerkschaft gangen, aber da hams mir so zuagsetzt, daß ich extra ned ganga bin. Weil bis auf zwoa, mich und noch ein, warn schon alle drin. Aber im zweitn Lehrjahr bin ich dann doch dazu.

FRANZ Warum?

HANS Ganz ehrlich, weil mir das zu blöd war, daß mich dauernd angredt ham. Da hab ich mir denkt, steigts mir doch am Buckl, ich unterschreib den Wisch, daß eine Ruh is.

FRANZ Also, recht bewußt war das nicht.

HANS Überhaupt ned. Auch wie ich zum ersten Wochenendseminar, also Schulung praktisch von der Gewerkschaft, gangen bin, das war auch bloß Überredung, gell ... Obwohl des natürlich dann schon interessant war, was sind jetzt die Aufgaben von eim Jugendvertreter, was steht wirklich drin im Betriebsverfassunggsetz und so. Mei, dann sind da natürlich aa Weiba dabei, und a Gaudi is aa. Aber des is eigentlich unheimlich langsam ganga, bis ich da wirklich stärka eingstiegn bin nachat.

FRANZ Also ich denk – und schreib – ja auch immer, daß das viele gemeinsame Prozesse sind, aber interessant is doch, daß es bei dir eigentlich darauf beruht, daß halt beim Siemens ein starker Gewerkschaftstrend is und du so praktisch dazukommen bist.

HANS Freile, da is ein unheimlich hoher Organisierungsgrad, gell. Wennst da in irgendeim kleinen Saftladen lernst, wo die Gewerkschaft praktisch null präsent is, nachat is des anders. Mei, es is halt dann ein Jahr verganga und i war so ein bißl dabei, gell, und teilweise zwei Jahr, und dann san wieder Jugendvertreterwahln angstandn, und dann sinds kommen, ob ich mich aufstelln lassn will. Ich denk Scheiße, immer für die andern was tun – bis ich dann doch gsagt hab: »Tu mich auffe auf die Listn, is ja wurscht!« Ich bin damals an 7. Stell kumma, die ersten fünfe kommen bloß rein. I hab da natürlich schon ein bißl Gwerkschaftsarbeit gmacht, und auf die Schulung bin ich auch nimmer bloß wegn die Weiber gfahrn, sondern wegn dem Interesse. *lacht* Ja, und dann is von die gwählten Jugendvertreter wieder einmal einer wegkommen und so, jedenfalls des letzte halbe Jahr bin ich dann nachgruckt. Mei, dann war ich zwar Jugendvertreter, aber da mußt ja auch erst einmal schaun, was so lauft. Aber da wirst dann ebn neizogn, des is ganz klar, und dann hab ich mehr und stärker was tan –

FRANZ Sag einmal, da fallt mir jetzt was Unpassendes ein, aber paß auf. Pascal, so ein französischer Philosoph –

HANS Is schon recht!

FRANZ *lacht* – der soll einmal gsagt habn, zum Glauben gibts drei Wege: Das Denken, die göttliche Intuition und die Gewöhnung, also durch Übung. Ich will erfahren, wie einer wie du zum aktiven Handeln und Denken für sich und seine Klasse kommt, und du sagst: Mei, des war mehr so – ja, ich bin mitzogen worden. Also für mich Fehlanzeige!
Weißt, was ich mein? Das is doch eigentlich ein irrer Gedanke: Gibts auch eine Übung, die dann zur Gwöhnung wird in Sachen Klassenkampf, und kommt das Denkn dann erst später?

HANS Genau, das hätt ich dir auch sagn können.

FRANZ *lacht*

HANS *schaut, dann lacht er auch* Schau, in der Zeit war die DGB-Jugend Traunreut praktisch ned existent, die is einfach den Bach runter gwesn. Und da ham mir uns, drei Jugendvertreter, zamgsetzt – also auch auf Drängen von der Ortsverwaltung – damit man da was macht. Und das is komisch: Da war alles im Arsch, weil die Aufgaben einfach vollkommen durcheinander warn, da war einer, der hat alles gmacht. Und da ham mir alles neu eingeteilt, also die Organisation praktisch neu aufzogen, und das hat mich zum Beispiel dann wahnsinnig interessiert. Das kann ich schwer sagen, das war aber so richtig konkret, und da war was dahinter dann. Und wennst des spürst, daß da was dahinter is, also daßd was bewegn kannst, dann steigst einfach ein, gell. Automatisch. Also ich schon. Jetzt steh ich so stark in der Jugendarbeit, daß ich fast koa Freizeit hob, so hat sich das entwickelt.

FRANZ Was tust denn da alles?

HANS Momentan betreu ich zwei Jugendgruppen, in Traunreut und Trostberg. Die treffen sich halt alle Woch und gell, die kommen nur, wenn was los is. Ned bloß Schulung, da gehts auch zum Schlittschuhlaffa oder zum Bergsteign. Hast ein Programm, kummas, is fad, bist alloa. Und a Programm mit am Sinn, is a Arbad, wenns jede Woch is. Nebn da Betriebsarbeit!

Pause

Und jetz verlier ich halt irgendwann einfach anderthalb Jahr wegn am Barras, also ich hab verweigert, aba weg muaß ich in Ersatzdienst. Dabei wars so wichtig, daß was passiert. In Trostberg des Jugendzentrum meinetwegen. Des is da. Mir ham die Heizung jetzt gricht, an Filmraum wolln mir einrichtn, daß man was herzeign kann – es is alles vorhandn, aber es muß was passiern ... Zur Zeit lauft nur DGB-Jugend da drin und sonst nix. Des san Möglichkeitn, und was passiert? Des is aa Arbeit, daß man sich was ausdenkt, wie so was lauft, was die andern dann an Spaß machn soll.

FRANZ Aber ein Jugendvertreter hat ja im Betrieb auch noch was zu tun.

HANS Genau. Die Jugendlichen betreun. Das hört sich jetz blöd an – was heißt das? Mir ham zum Beispiel jetzt eine Aktion, da sollen bei uns Beurteilungsbögen eingeführt werden für die Jugendlichen. Und mir sagen, die sind zu persönlich, die Bögn, die beurteilen ned die Arbeit, sondern etwas Persönliches. Und da sind mir dagegen. Da sind zum Beispiel so Sachen drin wie: »neigt ständig zu Widerspruch« oder solche Kategorien. Das lehnen mir ab. Aber mir wollen ned bloß ablehnen, mir wollen jetzt einen Alternativvorschlag machen.

Und dann, was tut ein Jugendvertreter noch? Drauf achten, daß die Jugendschutzgsetze einghalten werdn. Das sagt sich auch so leicht – aber glaubst, das kannst buchstabengetreu durchsetzen?! Oder bei der Ausbildung. Mir ham Teilzeichnerinnen. Also die werdn halt um einen Teil von ihrer Ausbildung bschissen, ebn ned technische Zeichner, sondern Teilzeichner. Und als Teilzeichner, wie mir es ham, kannst wirklich bloß beim Siemens arbeiten und sonst nirgends in der Gegend. Die müssen also praktisch ihr Leben lang beim Siemens bleiben, oder sie fangen woanders als Putzfrau an. Das ganze nennt sich aber Berufsausbildung. Für wen, frag ich? Ned für die Arbeiter, sondern fürn Siemens. Weil der braucht so Halbdeppen, die sind aber sonst nirgends anerkannt. Des sand so Probleme. Oder Arbeitskleidung, das is ein altes Problem. Wir möchten, daß jeder Auszubildende von der Firma kostenlos eine Arbeitskleidung gstellt kriegt – passend natürlich zu seim Beruf. Des hams uns auch abgelehnt von der Werksleitung. Jeder hat einen Einheitskittel kriegt, ganz egal, ob er Monteuer oder ebn technischer Zeichner is. Einfach hingeklatscht. Und was is jetzt? Mir ham die Arbeitskleidung wollen, aber ned die, wos jetz gibt. Trotzdem: der Kittel *muß* jetzt getragen werden. Und die Jugendlichen san vielleicht narrisch sauer auf uns. Warum? Weil er ned individuell is. Die Weiber komma sich ohne Figur vor, und andere schwitzn wia die Säu drin, und die meisten paßt er überhaupt ned. Jetz san mir die Blödn. Jetz hoaßts: »Wer den Overall ned anzieht, soll schaun, daß er weiter kommt, draußen wartn genug, die sich alle zehn Finger abschleckn tätn, wenns ihn anziehn könntn, den Overall.« Des is ein Zitat von unserm Fertigungsleiter. Mir ham des ja gar ned wolln, sondern ebn eine sinnvolle Arbeitskleidung je nach Arbeit. Aber da hams gsagt: »Einen oder keinen!« Und jetz verwendns die Scheiße gegn uns. So Sachn gibts ebn. Oder auch einfache Schikanen: daß die Ausbilder aufschreibn, wie oft einer aufs Klo geht, und dem das dann vor die Nasn halten. Mei, de arme Sau sagt dann zu uns: »An dem Tag hab ich Dünnschiß ghabt!« Und der Ausbilder glaubts ned. Beweis es ihm jetzt? Kannst erm höchstens ins Gsicht scheißn, dann weiß er es todsicher.

Die Jusos und der Hans

HANS Wie bin ich eigentlich zu die Jusos kommen? Laß mich einmal nachdenkn. Mei, da hams mich auch neizogn. Da war oana – des is immer des gleiche –, der hat mich gfragt, ob ich amal zum Gruppnabnd kumm. Wia er mich das zehnte Mal gfragt hod, bine hi. Und hab mir denkt, schaust es dir einmal an, das Gspiel. Und seitdem bin ich dabei. Jetz kannst wieder mit deim Philosophn kumma, wennst magst. Aber hauptsächlich mach ich Gewerkschaftsarbeit, Juso bin ich nebenbei. Da hab ich koa Amt ned. Die Gewerkschaftsarbeit is aa des wichtigste. Schau, der Siemens beherrscht doch, wennst es genau nimmst, a ganze Stadt, also Traunreut. Und de Gwerkschaft, mei, des is da Dauma aufm Unternehmer, die SPD is demgegenüber bloß da kloana Finga ... heitzutag zumindest, wie ich es seh. Und hin und wieder denkt man ja auch, gell, des kommt schon vor ... Sogar bei die Werkzeugmacher, und das sind immerhin 200 von die dreitausend Leut.

Pause

Mir stinkt es, wenn Leut zum Beispiel am Band sitzn und nicht wissn, wo es lang geht. Wenn die keine Meinung ham. Das tut weh, wenn die da sind. Alles wegrationalisiert, was ein Mensch is. Des tut mir weh. Weil es mich stört. Ich mecht Leut habn, die zu einer Meinung kommen. De andern sind bloß glücklich, weils nix anders wissn. Und drum wollns nix anders. Aber wenn die vom Band zum Beispiel wissn tätn, daß mei Arbeit als Werkzeugmacher viel interessanter is, dann tätn sie es auch wolln. Ich will es interessant machen, dann denkt der Mensch, weils ihn freut. Und das gfallt mir. Der normale Jugendliche, der kennt ja sein Problem praktisch ned. Da muß man den Jugendlichen ja erst hinstoßen. Wenn er das Problem erkennt, dann tut er hundertprozentig was dagegn.

FRANZ Aber die Gesellschaft bei uns zeichnet sich doch besonders dadurch aus, daß sie Probleme möglichst absorbiert, daß sie die Menschen »problemlos« macht. Sie bauen gegen die wirklichen Probleme sogar Scheinprobleme auf: Liebe, Mundgeruch, »Freiheit« ...

HANS Die Masse wird abgelenkt durch die Freizeitindustrie.

FRANZ Ja, aber das kann doch nur ein Teil sein. Konkret: Welche Probleme gibts?

HANS Mir ham momentan das Hauptproblem, daß bei uns fast ein ganzes Lehrjahr nicht in den Beruf übernommen wird. Aber das is nicht so leicht. Ich probier viel mit denen zu reden, warum das so ist. Ja, dann sagens: »Ihr könnts uns auch nicht helfen.« Freilich kann ich es nicht. Ich hab keine Arbeitsstell, sonst tät ich sie ihnen gebn. »Aber«, sag ich, »überleg doch einmal, *wer* die Arbeitsstellen hat. Der Loderer hat keine, die muß man woanders suchen. Wer baut denn die Facharbeiter ab, wer teilt sie so ein, daß nimmer Facharbeiter, sondern bloß noch Maschinenarbeiter sind?« Oder das Problem mit die Überstunden. Da heißts bei uns immer: »Die sind nur momentan«. Aber momentan werdns zur

Dauer! Und da müssen die einsehen, wo sie machen, daß sie es sind, die andere die Arbeit wegnehmen. Und wenn man so redt, dann kriegn welche ganz radikale Ansichten: »Die oben ghörn alle über den Haufen grennt!« Die ham dann einen Haß auf alles! Das nutzt nix. Und Schimpfen mit die Händ in der Hosntaschn, das nutzt auch nix. Mei, trotzdem mach ich weiter, daß man den einen oder den andern doch gewinnen kann. Man kann nicht sagen, daß die Masse kommt und nachdenkt, das nicht, aber es kristallisieren sich doch immer wieder welche heraus. Und jeder Schritt is ein Erfolg. Und da muß man redn, redn, redn. Und des kost unbandig viel Zeit. Dafür hab ich ja meine Betriebsratsstundn.

FRANZ Brauchst ned arbeiten in der Zeit, is das nicht schöner?

HANS Mei, das gibts auch, Jugendvertreter, die nix tun. Aber wenn man wirklich was tun will, is es schon anstrengend. Allein schon, wie man die Kollegn anspricht, is doch ein Problem. Das kommt doch vor, daß mir was sagn und dann heißts: »Was redts denn ihr wieder so gscheit daher?« Und dann ham die Kollegn sogar eine Wut auf uns. Und ich denk mir: Aua, jetzt hast wieder irgend was gsagt, was die gar nicht mitkriegen. Mußt einfach noch weiter unten anfangen, und das is schwierig, wennst schon weiter obn bist.

FRANZ Is der Jugendvertreter eine Stufe zum Betriebsrat?

HANS Das kann möglich sein.

FRANZ Is das ganze eine »Karriere«!?

HANS Mei, da hab ich schon einige erlebt bei uns in der Organisation, die sind unbandig hinaufkommen und plötzlich hinuntergefallen. Ich mein, das is das riskanteste Gschäft, das man machen kann, wenn man jetzt persönlich damit hochkommen will.

FRANZ Und warum machst du es?

HANS Einfach weil – also wie soll man sagen, warum mach ich das Gschäft – andere, zum Helfen versuchen. Was noch? Probleme auf die Seitn räumen –

FRANZ Was denken die andern? Freun sich die, wennst nie bei der Arbeit bist und dauernd im Betriebsrat? Kannst ihnen die Arbeit dort verständlich machen?

HANS Mei, in meiner Arbeitsgruppn, die maulen schon: »Wo bistn die ganze Zeit? Haxn aufm Tisch drobn im Betriebsrat und saudumm derherredn ...« Das is das Problem schon, daß die nicht wissen, was man tut. Das is aber unbandig viel Arbeit – ich arbeit sogar mehr wie ein anderer. Weil ich in meiner Freizeit auch noch was tu. Wennst das jetzt genau wissen sollst, was der Unterschied is zwischen technischem Zeichner und Teilzeichner. Ausbildungspläne muß man vergleichen, was konkret is der Unterschied? Was is da weniger und warum? Da mußt einfach erst einmal durchschaun, dann kannst was beweisn. Und das braucht Zeit und Hirn. Um die andern vom Betriebsrat überzeugen, daß ein Antrag, den mir Jugendvertreter stelln, gut is, is ned leicht.

Polemik

FRANZ Kann man sagen, die Gewerkschaft is eine Organisation, die den Unternehmer davor schützt, daß er in die Bredouille kommt? Die Gewerkschaft kümmert sich um die Probleme und versucht sie zu lösen. Eigentlich gut für den Unternehmer, er steht nicht plötzlich vor Sachen, die er nicht geahnt hat. Damit – jenseits der Polemik – mein ich: Hat für dich die gewerkschaftliche Arbeit noch einen anderen Aspekt als den – insgesamt – systemschützenden (wie auch ein Bundeskanzler Schmidt die Gewerkschaften lobt), einen problembereinigenden, einen absorbierenden? Ist die wirkliche Gewerkschaftsarbeit nicht auch immer eine systemkritische, ist das nicht Wurzel und letztes Ziel aller Arbeit?

HANS Die Gewerkschaft hat Probleme zu lösen, aus dem Weg zu schaffen. Einerseits. Andererseits muß sie auch Bewußtsein bilden. Mir suchen, ihnen das Bewußtsein beizubringen, daß sie Arbeiter sind und daß sie den Gegner kennen. Und daß sie – krassester Fall – auch einmal sagen: »Jetzt is Ruh. Mir schmeißen den Hammer hin!« Das wär natürlich die ideale Lösung, so ein Bewußtsein, das wär ein toller Erfolg, für die Arbeiter und für mich.

FRANZ Was ist für dich das Grundübel, der Kern der Problematik, von der wir schon Scheibchen kennengelernt haben. Oder gibts kein Grundübel?

HANS Mein Grundübel is, daß die Leut keine Meinung ham. Aufd Nacht hockens beim Fernsehen, oder sind in der Diskothek . . . irgendwas halt. Und aus dem kommt das andere alles, daß ich mich um nix kümmer und mein eigenes Problem gar nimmer kenn, daß sie dasitzn und ihr Vertraun zu sich verkonsumieren, nix mehr machen, keine Ideen haben – nix mehr, gar nix mehr ...

FRANZ Mir ist das alles ein bißl zu nebulös. Hast du als Gewerkschaftler mehr im Köcher als der offizielle DGB?

HANS Daß man praktisch die Urheber kennt und die weg haben will? Aber wie macht man das? Wenn man den einmal weg hat, daß einfach man selber sagen kann, machen mir es so oder so. Rationalisieren, wie es der Arbeiter will. Schau die Mitbestimmung an: Da is der Urheber nicht weg von allem, der is noch da. Der laßt dich ein bißl was mitreden, aber das Urproblem is da. Immer noch, kann man sagen.

FRANZ Du redst mir immer noch zu ... Pack ich den Stier bei den Hörnern. Is nicht meine Partei die, die innerhalb der Gewerkschaft die gewerkschaftlichen Forderungen am uneingeschränktesten und kräftigsten vertritt und an die Gewerkschaften die besten und für den Arbeiter vernünftigsten Lösungen von Problemen heranträgt? Wie kann ein junger, fortschrittlicher Gewerkschaftler eigentlich nicht in der DKP sein? *lacht*

HANS *lacht* Also ich bin keiner, der sagt: DKPler sind für mich abgeschossen, die geltn ned. Freilich, die DKP-Leut kann man sagen, vertreten viele Sachn vom gewerkschaftlichen Standpunkt her am besten. Aber ich denk auch an die Durchsetzungsmöglichkeit – z. B. im Stadtrat, im Parlament ... Ich mein, wenn ich als DKPler auftritt, dann hab ich wenig Chancen, die Aussicht besteht weniger, als wenn ich SPD bin.

FRANZ Also, ich überschreib dieses Kapitel mit »Polemik«, wenn ichs abschreib, weil ich dich einfach ein bißl provozieren muß, damit du aus deine Mauslöcher herauskommst ... Machen die Kommunisten im Betrieb bei dir falsche Politik?

HANS Nein. Das is nicht falsch, was die machen, aber die Durchsetzungsmöglichkeiten, die sehn sie nicht. Da is der A. Ich red oft mit ihm. Ich find, das wär einer von die bestn Betriebsräte, und ich hab ihn auch als Betriebsrat gwählt, aber die Leut, also die andern, sagen einfach: »Das is ein DKP-Mann und den wähln mir ned!« Ich erwähn meine Partei überhaupt ned, also einige wissens, aber sonst – Gewerkschaftsarbeit kannst am besten machen, also mit dem meisten Vertraun von die Arbeiter, wennst die Partei hintnanstellst. Dann hams keine Vorhänge vor sich – aber wennst plötzlich mit einer Verstaatlichung daherkommst, dann fallt der vorher runter. Zack! Aus, sehn nix mehr! Von daher kann man ebn mit der Partei wenig machen, mit keiner. Freilich: Deswegen kann ich so was nicht aus meinem Programm streichen, wenn es mein Ziel is.

FRANZ Is es dein Ziel?

HANS Ja. Aber wie ich hinkomm, is eine andere Sache. Das heißt, ich kann mich auch nicht bloß auf die Leut einstelln, ich muß auch weiterdenkn, das is klar.

FRANZ Wie weit stimmst du mit den Zielen der DKP überein?

HANS Ich kann nicht damit übereinstimmen, wenn sie den Vergleich mit der DDR ziehen. Ich kann nicht sagen: Mir Deutsche möchten es genauso wie die da drübn. Da is die geschichtliche Entwicklung, wo das gar nicht möglich is, daß mir genauso sind wie die da drübn. Und drübn gibts ebn Probleme, und drum kann drübn nicht mein Vorbild sein. Und drum könnt ich die Politik von denen nicht vertreten bei der DKP. Freilich, drüben gibts akzeptable Sachen, das is klar.

FRANZ Laß uns nicht gleich auf die DDR kommen, sondern noch ein bißl da bleiben. Macht die DKP eine astreine Gewerkschaftspolitik nach deiner Meinung?

HANS Ned ganz. Sie übersieht die Wirklichkeit bei uns herüben in der BRD. Sie können – wollen – was und wissn ned ganz was, so kommt es mir vor, streben was an, was vorläufig ned möglich is, ich kann mir vorstellen, da is ebn nix Greifbares, nix momentan.

FRANZ Kennst du unsere Politik aus den Programmen?

HANS Nein, bloß vom Diskutieren. Das is so schwammig, das ganze, kommt mir vor.

FRANZ Aber der A. von der DKP in deim Betrieb, den findst du doch okay.

HANS Das is doch fast eine Ausnahme, so was findt man selten, wie der A. is. Aber trotzdem kommt er ned an bei die Leut. Und da muß man sagen, daß er vielleicht zu politisch einsteigt und deswegn ned ankommt bei die Leut. Wenn ich nicht so politisch einsteig, wenn ich mehr bloß gewerkschaftlich einsteig, dann schaff ich mehr, kann ich mit die Leut eher reden ...

FRANZ Und wenn ich das jetzt zusammenfaß und frag. Wer steht besser hinter dem gewerkschaftlichen Willen, den Forderungen und Zielen? Die SPD oder die DKP?

HANS Die DKP steht mehr hinter Gewerkschaftsforderungen wie die SPD. Das is klar, und da gibts für mich auch keinen Zweifel. Aber es gibt ebn für die DKP keine Durchsetzungsmöglichkeit, und ich versuch es drum in der SPD. Mei, daß man da oft eine auf den Hut kriegt, is klar. Oder daß man da auch gebremst wird in der Arbeit, das kommt mir schon oft so vor. Das is aber ned bloß die Partei, so insgesamt, gell, das wär ungerecht, das is auch vielleicht einfach die Mentalität von alte Genossen, die halt wo sagen: »Mei, um Gods wuin, des kosd ned macha!« Drum kann man ebn ned alles über die SPD machen, was man will. Aber wie es zum Beispiel darum gangen is, daß Jugendliche über 18 ned an Jugendversammlungen teilnehmen können, obwohls in der Ausbildung sind, was Blödsinn is, aber im Betriebsverfassungsgesetz steht, da hab ich natürlich den Antrag über die SPD an den Unterbezirk gstellt, und da sind mir auch durchkommen, da warn alle dafür. Und da brauchst ebn wieder eine Partei im Rücken.

DKP und DDR

FRANZ Kennst du die DDR?

HANS Ich war bloß einmal einen Tag in Berlin. Da kann ich nicht reden.

FRANZ Trotzdem hast du via DDR der DKP gegenüber wenig Sympathien. Das muß doch irgendwoher kommen. Woher?

HANS Das wichtigste Problem is mir der Schießbefehl an der Grenze. Die Mauer und so. Und ich find, man kann drüben den Staat ned so kritisieren, wie man es bei uns kann, find ich. Und so frei sein, so reisen, das is für mich auch wichtig. Und das kann man auch nicht, also ebn bloß in Ostblock. Und wenn ich drüben wär, tät ich bestimmt in den Westen wollen, weil ich neugierig bin. *er lacht* Das tät für mich sicher ein Problem sein.

FRANZ DKP – DDR – Sozialismus – Sowjetunion? Wie stehts mit dieser Assoziationskette. Spielt das für dich eine Rolle?

HANS Spielt schon. Es gibt dort Sachen, die bei uns unmöglich sind. Z. B. die soziale Basis von die Menschen, Frauen, die wegn die Kinder vom Beruf freigstellt werden jahrelang. Das tät bei uns nicht möglich sein. Da is der Profit dagegen. Und Schulbildung, Berufsbildung is dort bestimmt wesentlich besser wie bei uns.
Pause
Aber ich find es eigentlich blöd, wenn man Staaten vergleicht. Das kann man nicht, schon wegn der Geschichte. Es gibt da und dort Vor- und Nachteile. Aber daß ebn der Sohn von einem Arzt

bei uns so blöd sein kann, wie er will, weil er seine Privatschul und seine Nachhilfelehrer hat und es schafft, weil der Papa ebn Doktor is, und der Arbeitersohn, der vielleicht zehnmal so gscheit is, der fallt unter den Tisch, den seine Fähigkeiten werden weggestutzt, das gibt es drüben nimmer, und das is schon gut. Und das kommt von oben. Und ich hab festgestellt, bei uns kann ich als Gewerkschafter meine Möglichkeiten nur außerparlamentarisch durchsetzen. Am besten kann man was in der Gewerkschaft durchsetzen, was die Arbeiter nutzt, am zweitbesten unten in der SPD und gar ned im Parlament. *er lacht* Und dabei sind die Gesetze so wichtig. Was für Gesetze gibts ned noch, wennst die liest, meinst, das kann doch gar nimmer wahr sein, gell, is aber noch so. Die Grundbasis soll ebn ... Es gibt da ja die kleinen Schritte, nimm das neue Betriebsverfassungsgsetz – nicht absolut ideal, aber viel besser wie vorher – oder das Jugendschutzgesetz und so, die soll ebn besser werdn, die Basis für den Arbeiter von gesetzlicher Sicht. Daß die Arbeiter allgemein wieder bißl hebt.

Pause

FRANZ Noch mal zur Grenze BRD und DDR. Dir is das, vornehm ausgedrückt, militärisch zu präsent, was die Genossen da drüben machen?

HANS Ja.

FRANZ Warum machen sie es? Gibts da eine Meinung bei dir?

HANS Der Hintergrund von dem is, von drüben aus gesehn, daß sie versuchen, daß so was, wie bei uns is, so Profitgeier, damit abgeriegelt sind. Einfach brutal durch so eine Mauer, bildlich dargstellt jetzt. Sie versuchen, daß so was nimmer kommt und auch nimmer Fuß fassen kann da drüben. Teilweis gezwungermaßen müssen sie das machen. Kann ich mir vorstelln, wenns jetz die Mauer ned hätten, tätn ihnen die Leut, oder viele jedenfalls, abhauen, wegn dem Lebensstandard, und dann tät das Land absakken. Und irgendwie teilweis is das auch dann berechtigt, die Grenz, aber so berechtigt ebn auch wieder nicht, daß ich sagen kann, ich muß auf die Leut schießn, die jetzt ausse wolln. Das könnt ich nicht vertreten. Nie.

Pause

Aber wenn der Schmidt gsagt hat, wenn jetzt in Italien die Kommunisten hin kommen an die Regierung – hat er doch gsagt so ähnlich –, dann soll die EG sie nicht mehr finanziell unterstützen, das kann ich auch nicht richtig finden als Demokrat, das auch nicht. Wie jetzt der Leber die zwei Generale rausgschmissen hat, da kann ich wieder sagen, das hat er gut gmacht. Solche ghören raus, die wo früher bei die Nazis warn, und ich find, der soll so weitermachen, obwohl er sonst einer von den Rechtesten is.

SPD

FRANZ Welche Politik ist in der SPD die »deine«?

HANS Also der Wehner und die Politik, die der Willi Brandt gmacht hat, also jetzt vielleicht nimmer so ganz, aber früher. Das is eher noch die richtige Politik. Den Peter Glotz hab ich ghört, den find ich auch noch stark. Wen kann man sonst noch sagen? Die rote Heidi hat schon gute Gedanken, aber sie sagt sie vielleicht immer dann, wenn sie sie grad nicht sagen sollt. Der richtige Moment! Wenns zum Zeitpunkt grad falsch is, kann das Richtigste nix wirken. Und die Jusos allgemein? – Mei, in Trostberg zum Beispiel sind die Juso für mich ein hochtrabender Diskutierclub. Von Arbeiter ham die null Dunst. Und ein Arbeiter kann nicht mitdiskutieren, viel zu hoch. Unbandig hoch. Investitionslenkung vor den Latz geknallt. Mein Gott, Schritt für Schritt muß es gehn, was ned möglich is, darf diskutiert werden. Aber nicht zu lang. Die Jusos redn vom Ende schon, vom Schwanz, Sozialismus und so Sachen, aber vergessen zum Beispiel ganz die Arbeit und Politik im Gemeinderat! Das is falsch, wenn ich oben diskutier und unten regiern die andern. Mit ihrer Politik.

Auch eine Gretchenfrage

FRANZ Nimm an, es kommt die Liebe, die ganz große, in Gestalt einer hübschen Erbin eines mittelständischen Betriebs – vielleicht 500 Arbeiter und Angestellte – auf dich zu ...

HANS Ich glaub, daß ich meine Grundeinstellung zum Arbeiter nicht ändern tät. Aber wie ich genau handeln tät, das könnt ich jetzt nicht sagen. Ich glaub, ich wär ebn ein Sozialpartner, blödes Wort – kann man schlecht abschätzn. Ich hab mich auch noch nie damit befaßt, wenn ich Unternehmer wär ... Ich tät sagen, ich bin ebn Arbeiter und was ich sein könnt ... klar, wenn ich als Unternehmersohn geborn wär, wär ich vielleicht auch so ein Profitgeier, aber das bin ich ebn nicht. Heut tät ich, wenn sich was ändern sollt, die grundsätzliche Einstellung zum Arbeiter nicht ändern, glaub ich. Da bin ich sicher.

Wehrdienstverweigern

FRANZ Warum?

HANS Weil ich einfach nicht sagen kann, nur weil einer eine andere Meinung hat, kann ich ihn eiskalt übern Haufen schießen. Das find ich total – kann ich einfach nicht vereinbaren. Zack weg, das find ich für mich als totaler Mord, und das kann ich nicht. Und ein Krieg als solcher hat einem Arbeiter noch nie was genutzt. Im Gegenteil. Nur durch Krieg hat er die eigenen Werte, die er gschaffen hat, vernichtet. Und dann wieder von vorn angfangt. Und wer dadurch reich wordn is, das war ned der Arbeiter, sondern die andern.

FRANZ Wenn jetzt hier alle den Wehrdienst verweigern – täten sich dann die sozialistischen Staaten nicht freuen und rüberkommen? *lacht*

HANS Da bin ich hundertprozentig überzeugt, daß die nicht rüberkommen. Das find ich so eine blöde Vorstellung, wenn mir weniger ham, dann kommen die rüber und kassiern uns. So is doch die Volksmeinung, und ich find das vielleicht so idiotisch, Mensch! Das is ein ewiges Hinaufhetzen, immer weiter, und die, wo die Waffen herstelln, kassieren. MBB zum Beispiel oder Krupp, die wollen die Leut so eine Meinung einprägen und sagen: »Mir müssen auch Waffen haben, damit mir Arbeitsplätze ham!« Wenn ich das hör, steigt mir der Hut. Freilich, wenn ich keine Panzer mehr bau, hab ich freie Arbeitskräfte, aber ich kann ja statt Panzer Straßenbahnen bauen. Ich kann statt Panzer soziale Sachen baun, was den Arbeiter nützt. Und Waffen – was brauch ich denn? Ein paar Atombomben und wusch – weg is alles. Das andere is doch bloß eine Gschäftssach.

FRANZ Spielen religiöse Gründe bei dir eine Rolle? Bist du katholisch.

HANS Bin ich, aber das heißt nix.

Nun das Private

FRANZ Hast du eine feste Freundin?

HANS Momentan nicht.

FRANZ Da mal und dort mal . . .

HANS *lacht*

FRANZ Fragst du vor dem Schlafen, ob eine die Pille nimmt?

HANS Ja, sonst tu ich es gar nicht. Zu riskant! Tät mich stören.

FRANZ Wirklich? Und wenn sie sagt, sie nimmt keine Pille, dann hörst du auf?

HANS Genau.

FRANZ Warum hast du keine Feste?

HANS Mei, ich bin irgendwie wählerisch. Wenn ich mich mit einer Frau unterhalt und die total blöd is, dann stört mich das so, daß ich sie erwürgen könnt. – So stört mich das.

FRANZ *lacht*

HANS Wennst redst und die Frau sagt bloß: »Ja, wirst schon recht haben! Ja, ja, so is es.« Das stört mich so, da werd ich ganz narrisch. Und wenn mich was stört, dann stört es mich gleich so unbandig, daß mich nix mehr halten kann.

FRANZ Wie solls denn weitergehen?

HANS Zukunft. Mei, das schrecklichste wär, wenn ich so ein »ganz normaler Mensch« werdn tät, vorm Fernseher, die Frau bringt die Pantoffeln, das Bier schmeckt, das Hirn hat sich verflüchtigt, der Bauch wachst, und ich bin zufrieden. Im Ernst. Ich will Jugendvertreter bleibn, so lang es geht. Weil wenn ich das nimmer sein könnt, dann wär ich ja nimmer freigstellt, und dann muß man ebn alles außerbetrieblich machen, und das geht ja gar nicht. Das is also wichtig. Ja und dann, wenn das nimmer geht, weil ich fünfundzwanzig bin – also dazwischen muß ich ebn noch den Ersatzdienst machen, das nützt nix, am liebsten tät ich als Kindergärtner gehn, das tät mich wirklich interessieren – dann vielleicht noch einmal auf Schule gehen, also vielleicht auf AKADEMIE DER ARBEIT oder so, gell.

FRANZ Also von deinem Beruf als Werkzeugmacher sprichtst du fast gar nicht. Willst du dich ganz gewerkschaftlich engagieren, also hauptamtlich werden?

HANS Mei, das kann man nicht sagen. Aber jetzt tät ich jedenfalls zur Zeit gern viel lieber mehr Gewerkschaftsarbeit machen, also meine Jugendarbeit, muß aber zwangsweise mehr arbeiten im

Beruf. Aber die Gewerkschaftsarbeit, die is halt wirklich interessant, das is der springende Punkt. Als Werkzeugmacher bist ebn mit totem Material beschäftigt und die Leut leben ... *er lacht*

FRANZ *nickt*

Die drei Wünsche

HANS Als erstes einmal Gsundheit, das wär wichtig. Daß ich noch ziemlich lang meine Arbeit machen kann, also die gewerkschaftliche. Und dann daß die andern ned die aufgedrängte Meinung ham, sondern bewußt werdn.

Angst

HANS Privat keine, aber vor dem Rechtsruck in Deutschland, davor hab ich Angst. Oder wenn ich zum Barras gehn müßt und nicht für den Ersatzdienst anerkannt werdn tät. Auf jemand schießen, davor hätt ich auf Angst, und wenn der bloß zur Übung dasteht ... Sonst kann ich ned sagn, was ich für ein Mensch bin, wenn das einer fragt, sag ich: »Geh und frag meine Kollegn!« Ich kann über mich am allerwenigsten sagen.

Der Schorsch, neunzehn und Starkstromelektriker

FRANZ Was is eigentlich der Unterschied zwischen einem Jugendvertreter und einem Betriebsrat?

SCHORSCH Ein Jugendvertreter kann nur durch den Betriebsrat was machen. Wennst jetzt das Jugendband nimmst – da können mir nur was machen, wenn der Betriebsrat mitspielt, gegen die Werksleitung. Mir Jugendvertreter laufen dagegen Sturm, gell, und die Werksleitung stellt es als eine soziale Sach hin. Das is ihr Lieblingskind, das Jugendband. Und wenn mir was dagegn tun wollen, dann kommen die Schikanen. Mir werden überwacht, wieviel Betriebsratsstunden mir uns nehmen und so. Dabei is vom Gesetz dagegn wenig zu machen. Nimm den Bildungsurlaub, der dir laut Betriebsverfassungsgesetz zusteht als Jugendvertreter, nach dem ersten Mal Gewähltsein vier Wochen und nachm zweiten Mal drei Wochen. Das is schon gesetzlich, aber wennst einfach nicht freigstellt wirst, weils der Betriebsleitung ned paßt und du einen auf den Deckl kriegen sollst?! Da heißts dann, das is zu kurzfristig angemeldet und so. Wennst halt was tust als Jugendvertreter, dann kriegst totale Prügel zwischen die Füß gschmissen, so schaut das ebn aus. Wenn mir was machen, sagns ebn von Haus aus nein. Mir ham Betriebsvereinbarungen. Und wennst ned »brav« bist, dann wern die ebn kündigt. Die sind ja freiwillig. Mit ham eine ghabt, daß auch die Auszubildenden über achtzehn – obwohls ned im Betriebsverfassungsgsetz steht – an Jugendversammlungen teilnehmen dürfen. Innerbetrieblich. Zack, die is jetzt gstrichen, damit mir auflaufen und keinen Kontakt mehr kriegen. Und der Betriebsrat selber pennt bei der Jugendarbeit sowieso, also sind die organisiert, aber keiner kümmert sich drum, mir dürfen ned, und die Alten wollen ned. Betriebsdämmerfrieden eben. Der Jugendvertreter kann was erreichen, wenn der Betriebsrat mitspielt. Wenn ned, is Scheiße.

Jugendband

FRANZ In unsere Gespräche kommt das Jugendband bei Siemens des öftern vor. Sag du einmal genau, was das is.

SCHORSCH Des is eigricht wordn, daß jugendliche Arbeitslose, die also jetzt aus der Schul kommen zum Beispiel, daß die von der Straß weg sind. Und da arbeiten jetzt nur Madeln, weil das eh billige Arbeitskräfte sind, arbeiten da jetzt an dem Jugendband. Das is aber genauso eine Montagelinie wie jede andere mit ein paar neue Richtlinien. Sitzhaltungen und so, Arbeitsplatzgestaltung soll möglichst human sein. Und unter Akkord sinds halt nicht. Bis jetzt kriegns noch gleich viel. Aber nachm Manteltarifvertrag müssen Zeitlöhner nach ihrer Leistung beurteilt werden, und das is der Hammer. Nach drei Monat muß das kommen, dann gibts die unerschiedliche Bezahlung, und dann hast den Unterschied und auch praktisch den Akkord, wennst so willst. Wenn die, wo achtzig Kaffemachinen zambaut am meisten kriegt und die mit fünfzig am wenigsten, dann hast den Akkord. Genau. Ein Unterschied is noch zur normalen Linie, daß ebn eine eine ganze Maschin macht und ned bloß ein paar Handgriff. Aber was soll das? Ein paar Handgriff mehr ersetzn keine Ausbildung. Und natürlich in die Berufsschul müssns noch gehn. Eine ned, die hat sogar die mittlere Reife. So schauts aus mit der Ausbildung. Des sind bei uns insgesamt acht Mädchen und im Leuchtenwerk jetzt genauso viele. Bloß die stellen halt Leuchten her. Und warum das Ganze? Weil es irrsinnig rentabel is. Da kriegt die Firma für die Arbeitsplätz vom Arbeitsamt, also vom Bund, einen Zuschuß, und die Lohnkosten für die Madeln sind auch gering. Die sind 02, das heißt, die kommen auf sechshundertfünfzig Mark aufd Hand zur Zeit. Im Monat. Damit machst natürlich als Betrieb auch schon die Motivation für eine Lehrstell kaputt. Weil wenn eine von denen, wo sich jetzt an das Geld gewöhnt hat, eine Lehrstell kriegen tät, hätts bloß noch zweihundert Mark vielleicht. Das heißt also, du kannst die gar nicht mehr dazu bewegen, daß eine Lehrstell wollen. So is das. Es is ja sogar die Tendenz, daß solche, die irgendwas glernt ham, und da ausglernt ham, dann ebn ihren Beruf gar nimmer ausübn und an irgendein Band gehn. Wenns können. Denn es gibt auch die Frage: Vielleicht kriegt der eine oder andere eine Lehrstell, aber bloß, bis er ausglernt hat. Dann wird der entlassen und nicht übernommen. Der Betrieb nimmt wieder Lehrling, weil die billiger sind. Siehst, so geht das hin und her. Für die Betriebe is es gut, für den Jugendlichen schlecht. Die Qualität am Jugendband is besonders gut. Ein Plus für den Betrieb. Wenn die nun mit achtzehn vom Jugendband wegkommen und an ein richtiges Band, bringen die von Haus aus mehr als jemand, der sich erst einfinden muß. Das heißt also, mit dem Jugendband bildet der Betrieb Bandlehrlinge aus mit staatlicher Unterstützung und vollem Profit, weil die lernen ja keine Arbeit in dem Sinn, sondern die lernen arbeiten, fließbandarbeiten und produzieren vom ersten bis zum letzten Atemzug für die Firma. Zerscht langsam, dafür kriegsn auch wenig, dann mehr. Als Fließbandspezialisten.

Wiest es drehst, der Betrieb sahnt ab, die Leut bleiben auf der Strecke, als fließbanddressierte Affen, wennst willst. Ohne Beruf, Wissen, Überblick. Und dann: Wer ab 15 an einer Linie steht, der kennt ja gar nix anders, wie soll er da einmal was anders wollen? Mit dem kann der Betrieb doch machen, was er will. Wers ned besser weiß, wills ned besser, is doch klar. Wie denn auch? Wie eine wirkliche Arbeit is, wost einen Gedanken entwickeln kannst, wost dich ebn doch irgendwie ausleben kannst, was dir vielleicht auch was bringt und eine Freud macht, das kennen die doch gar

ned. Die wissen bloß von Anfang an: Arbeit, des is der Zwang, ein paar Handgriff möglichst schnell zu machen. Arbeit is, Hirn abschalten und sich auf den Feierabend freuen. Arbeit is, wennst so willst, für die das Gegenteil von Lebn. Aber man muß es tun, daß man lebn kann. Und wennst das mit fünfzehn mitkriegst und nie was anders, *er lacht* das is doch der ideale Industriearbeiter für die Firmen. Dressur für den Profit. Basta. Da is ja keine Entwicklung. Die Berufsschulbildung is da gleich Null – da gibts ja kein Berufsziel, kein Ansporn was zum Lernen, des stört ja bloß am Band. Da sinds ebn nach der Schul sofort als Menschen abgschaltet, an solche Bänder, und das bleibt. Bis aufhörn und heiraten oder ebn aufs Band kippen. Freile sagt der Betrieb: Des is bloß vorübergehend, das Jugendband, zwischendurch, bis die Madeln doch noch eine Lehrstell kriegen. Aber wo sollens die hernehmen und nicht stehln? Vom lieben Gott? Und was kommt auf uns zu? Starke Schuljahrabgäng kommen. Die am Arbeitsamt, die sind doch froh, wenn jemand irgendwie untergebracht is, die vermitteln doch für die paar Lehrstelln neue, die nachkommen. Is doch klar.
Das is ein Abstellgleis, da is ein Puffer am End. Schädel platt, sonst alles gsund. Und das Schlimmste: Wennst das einer von denen sagst, dann meints, du bist ihr den Arbeitsplatz neidig. Die sagt: »Das is schön da, am Band. Geld hab ich sogar mehr wie ein Lehrling und daheim brauch ich mich nimmer blöd anreden lassen, und besser wie rumsitzen is sowieso!« Die wollen gar nimmer weg. Is auch verständlich. Aber daß das so is, daß die Madeln schon um so ein Scheißdreck froh sind, liegt ned an die blödn Madeln, sondern an der aussichtslosen Situation bei der Ausbildung. Das muß man sich vor Augen halten. Wenn der Mensch gar keine Wahl mehr hat, womit er sein Hirn beschäftigen kann, wird er ebn zum Viech. Logo. Und das sind die Qualitäten für den Profit. So dreht sich eins ins andere. Die, wos in der Hand ham, die Misere zum ändern, verdienen an der Misere, also wolln sie es nicht ändern. Die die drin stecken in der Misere bis zum Hals, sind froh, daß das Wasser ned bis zum Dersaufen steigt. Und wo sollns auch die Motivation hernehmen, sogar wenns das wollen täten. Was sehns denn: Bei uns sollen jetzt rund zwanzig Facharbeiter, die also ausglernt haben, entlassen werden nach der Prüfung. Bin ich blöd, arbeit ich als Lehrling für ein Trinkgeld und wenn ich Facharbeiter sein tät und der Kies stimmen tät, dann werd ich

sowieso entlassn?! Und da sollst jetzt mit fünfzehn durchschaun. Wie denn? Daß die zwanzig, die entlassen werdn solln, wenn man nix dagegen tun kann, aber zumindest einen Beruf glernt ham, daß eine ordentliche Arbeitslosenunterstützung kriegen und daß sie das Arbeitsamt ned einfach irgendwo hinstecken kann, das sehn die nicht. Wenn ich kein Beruf hab, muß ich jede Arbeit nehmen, die anliegt. Und wie is es am Jugendband? Das gibts so lang, solang die staatlichen Zuschüß laufen und die Sach Profit bringt. Und wenn nimmer, wird der Laden doch dichtgmacht. Sense. Obwohl so wie ich das anschau, verdienen die an dem Jugendband so viel, daß lieber zwanzig Jugendbänder hätten und dann die wirkliche Linie mit dem Akkord wegrationalisieren, wenn die Auftragslage zumacht. Aber die wirkliche Linie, die is ja für die am Jugendband überhaupt die einzige Chance im Betrieb für über achtzehn – mei, die Katz beißt sich in den Schwanz. Mir reden schon, aber . . . Und die Eltern von denen, die sind doch auch froh, daß die Kinder wenigstens irgendeine Arbeitsstell haben und ein Geld heimbringen. Wenn da eins sagt: »Ich will lieber eine Lehrstell!« Glaubst, daß da die Eltern, »hurra« schrein? So pflanzt sich das ebn alles fort, und die Scheiße wird dichter. Mir ham doch am Anfang argumentiert, daß das Jugendband wieder weg muß. Da hätten uns die Betroffenen am liebsten in Arsch bissen. Is doch klar. Jetzt miassn mir uns was Bessers überlegn.

FRANZ In eine richtige Lehre müssens übernommen werden vom Siemens.

SCHORSCH *nickt* Wunschtraum. – Mir ham eine neue Situation, wenn die achtzehn sind und vom Jugendband in die Fertigung kommen an die Bänder. Dann müssen ja andere, die jetzt da stehn, raus. Ein achtzehnjähriges Madel, das auf Fließband glernt hat, sofort voll anfangt, die entlassens ned, also müssen die ältern Frauen mit vierzig weichen. Dann gibts was. Aber das kommt erst. So zieht eben ein Übel immer einen Schwanz von andere Übel nach, und die Kunst is, den Schwanz dann zurückzuverfolgen bis an sein Ursprung, das Grundübel. Wer kann das, wenn er nie was anders wie die Schwanzspitzn aufn Schädel kriegt hat?! Freilich, die Ältern am Band ham schon einen gewissen Schutz gegen Entlassung, das is klar, da muß der Betriebsrat gfragt werden. Und was sagt der dann bei uns? Wartn mir es ab. Wenn ich zwei hab und nur einen Arbeitsplatz, dann kann der

Betriebsrat sich für einen entscheiden, einen zweiten Arbeitsplatz schaffen für den andern kann er aber nicht. Auch ned mit der sogenannten Mitbestimmung. *er lacht* Mit*ver*stimmung. Und die Werksleitung is ja nicht blöd, die schmeißt ja nicht plötzlich drei Dutzend ausse, das geht ja Schritt für Schritt. Da werdn Plätz, wo durch Rente leer sind, nimmer ersetzt, da werden Leut so lang innerbetrieblich hin und her gschobn, bis aufgebn und selber gehn, da gibts Abfindungen und so. Mit die zwanzig, die jetzt ned übernommen werden sollen nach der Prüfung, da gibts natürlich schon was vom Betriebsrat aus. Aber das is ebn die Taktik: kleine Schritte, ein großer Klacks, kleine Schritte – im Ergebnis werdn ebn Arbeitsstellen abbaut. Die rinnen einfach aus. Wenn die Nachfrage nach der Arbeitskraft stagniert oder nachlaßt und die Arbeitskräfte immer noch mehr werdn, wie mir es ham oder noch kriegen, dann kannst als Gewerkschaftler eigentlich nur noch rabiat werden. Wirkliche Möglichkeiten hast dann wenig. Jetz is für die Betriebe am günstigsten, wenn der Personalstand möglichst niedrig is. Hast viele Aufträge, geht das über die Überstundn, laßt es nach, hast keine Scherereien mit dem Entlassen. Idealvorstellung: Ein Mann produziert den Bedarf für tausend. Bloß: Wenn die tausend nix ham, könnens ihrn Bedarf, des is doch klar, ned decken, also lauft die Produktion auf, also is Krise, weil der Profit nachlaßt, und Krise is, wenn der Profit nachlaßt bei uns. Dann hast Waren und Bedarf, aber keine Kaufkraft. Ergo: noch weniger Arbeitsplätze, noch mehr Arbeitslose, noch mehr Stillstand. Der Kreislauf funktioniert nimmer und bricht zam. Profit is ja keine Konstante ned, gell, die is ja bloß da, wenn der Kreislauf da is, der Kreislauf von Produktion und Absatz. Je schneller sich der Kreisel dreht, um so mehr Profit gibts. Was brauchts also in der Krise? Massenkaufkraftsteigerung. Is doch klar. Zumindest für den Binnenmarkt. Draußen schlagt der Lohn natürlich drauf. Aber da muß er auch irgendwie aufpassn, der Kapitalistel, wenn er in seim Land die Arbeitslosigkeit hat, seine Belegschaft vermindert, ned auf die Kaufkraft angwiesn is, weil er eh exportiert und sein Profit stimmt. Dann kommt es vielleicht vor, daß ihm die von daheim einmal den Laden unter dem Arsch anzünden und ihn auch exportieren, kann sein.

Wenn man es genau nimmt, muß natürlich auch die Kurzarbeit da erwähnt werden. Weil die hilft ihm ja auch, dem Unternehmer, wenn es schwierig wird. Das Risiko hat eigentlich bloß der wo arbeitet: Gehts Gschäft, verdient er was, gehts schlechter, wird rationalisiert und vermindert, gehts noch schlechter, gibts Kurzarbeit, die die Betroffenen eh selber zahlen, also ihren Arbeitsplatz über die Zeit, wos keine Arbeit gibt, aus der eigenen Taschn subventionieren, damit er nicht ganz verlorengeht, geht gar nix mehr und macht den Betrieb pleite, verliert der Unternehmer vielleicht die goldene Uhr, aber der Arbeiter Hemd und Hosn.

Pause

Und wenn man praktisch weiter denkt: Da bist vielleicht Werkzeugmacher und wirst Betriebsrat und dann sitzt im Wirtschaftsausschuß drin mit denen von der Werksleitung, die wo dir in der Materie um drei Meter überlegen sind. Und die Zahlen, wer schaut da durch. Bloß die Abschreibungen. Du wirst eben nunterbuttert, vor der Krise, in der Krise und nach der Krise. Da werd der Arbeiter ebn immer bloß überrascht, von der Wurzel her is er nicht eingeweiht.

Macht es Spaß?

FRANZ Macht dir die Arbeit als Jugendvertreter Spaß oder is das eine unliebsame Pflicht? Befriedigt dich das innerlich? Wie is das?

SCHORSCH Verschieden. Als Jugendvertreter bist du der direkte Vertreter der Interessen von denen, die unter achtzehn sind. Und grad die, also das trau ich mir sagen, das sind die, die am wenigsten Bewußtsein ham von alle Alterschichten. Da is es am schwersten, und wie mir scheint, wird es von Jahr zu Jahr noch schlimmer. Die interessiert weiß der Teufel was, bloß ned ihre eigene Situation. Und das is schwer, da was verändern. Wie sollst Interessen im Betriebsrat vertreten und dann zusammen mit dem Betriebsrat gegen die Werksleitung, wennst gar keine Interessen hast? Mir greifen also selber Probleme auf, damit mir überhaupt welche ham, sonst hätten mir gar keine. Du mußt ja die überhaupt erst einmal aufklären darüber, was und wie Gewerkschaft is, was Jugendvertreter is und was Betriebsrat und was die tun können und was nicht. Und wennst was für die andern machst, dann machst es praktisch allein und ohne sie, weils gar ned das Bewußtsein ham, daß hinter was stehen. Dabei müssen mir uns die Probleme ja ned aus die Finger saugen, es gibt tausend Ausbildungsprobleme. Aber sie begreifen eben ned, daß man gegen die was tun kann, sie sehen ned, daß man was ändern kann oder es versucht, sie schaun bloß, daß sie sich anpassen. Das is ihre Vorstellung. Keiner kommt zu mir und sagt: »Das und das stinkt mir, mach was dagegen.« Ich muß hingehn, wenn ich was hör, und dann geh ich zu denjenigen hin und sag: »Ich hab das oder das ghört, paßt euch denn das? –« Na. »– So, und warum kommst ned und sagst was?« – »Mei . . .« – Schiß wie die Sau hams alle. Das Problem is schon, daß der, wo von irgendwas betroffen is, also wo ihm was auf die Nägel brennt, daß der überhaupt mit dem Jugendvertreter gemeinsam für seine Sorge auftritt. Auf deutsch gsagt: Bei viele derfst froh sein, wenns es dir gestatten, daßd ihnen hilfst.

Pause

Und allein schon, daßd etwas erfahrst! Unter Mittag, wenn der ganze Tisch voll is in der Kantine, das is mei Zeit! *er lacht* Natürlich kristallisieren sich dann auch gewisse raus, gell, die das Wort führen für ein Lehrjahr. Das geht automatisch. Und ich weiß auch, wer schon in der Gewerkschaft is und was gilt und so. Und mit denen muß man dann zamarbeiten, damit die andern vielleicht mitziagn. So Art Vorbilder sind des schon, ja. Und die mußt du unter zack kriegn, damit die dir helfen. Und die Ausbilder, gell, die kenn ich natürlich auch, welche Zicken und Mätzchen jetzt der oder der macht. Das is auch wichtig, daßd sie kennst, deine Pappenheimer. Mir ham ja welche, die reden so saublöd mit die Lehrling daher, das is schon verboten. Und ohne Grund, ebn, einfach so von oben. Oan hamma, also der is ein richtiger Sadist schon. Der is eine direkte Sau, he. Immer die schwächern Leit sucht der raus, und mit dene macht er dann Mätzchen vor der ganzn Gruppn. Der verarscht die also. Der hat einen Schaukasten aufgstellt, gell, da sind bloß Dinger drin, die Mist wordn sind, also Werkstücke, wo daneben gangen sind, mit Namen. Und die andern, gell, die Deppen, die ziehn voll mit dem Ausbilder mit, wenn der ein verarscht. Und morgen sind sie dran, bloß daran denkns ned. Und der wo grad dran is, der is voll zerstört, gell. Oder die Berufsschul, da sind doch dauernd Probleme. Die Lehrer sind oft wirklich nicht qualifiziert, das merkst, wennst mit die Leut redst, die, wo sie ausbilden sollen, aber beweis das einmal, und tu was dagegen?!

Oder die Feilerei, das is ja nervtötend, gell. Das is der Anfang, daß der Jugendliche pariert und die Flausen verliert. Und wennst da ein Stück fünfzig Mal feilst, dann feilst auch die Nacht durch. Is aber Ausbildung, muß sein, aber bis zu welchem Grad – wo is Schikane? Des is alles kompliziert, und wennst bloß den geringsten Erfolg irgendwo siehst, dann hast eine Riesenfreud. In der Berufsschul is noch die Lehrmittelfreiheit ein Problem, weil das immer wieder blockiert wird. Bis vor ein paar Jahr hats ja in der Traunsteiner Berufsschul noch gar keine Lehrmittelfreiheit gebn, mir ham ja alle Bücher selber kaufen müssen, bis auf das für Sozialkunde. Des hat ja erst unser Schuljahr eigentlich durchgsetzt. Da ham mir nämlich Unterlagen wolln, vom Kultusministerium, und dann hams ned geantwortet, und dann ham mir das über die IG-Metall gmacht, und dann hat das Kultusministerium auch gantwortet, daß das ebn normal frei is. Und mit dem Wisch sind mir dann zum Direktor, und der hat uns dann gleich nausgschmissen aus seim Zimmer, gell, aber mir ham dann so einen Druck gmacht, daß mir es durchgsetzt ham. Und das war ebn hauptsächlich eine Siemensklass, also mir, die sich kein einziges Buch kauft ham und so den Unterricht blockiert, und mir ham auch keine 25 Mark für den praktischen Unterricht zahlt. Und dann wolltens uns total zermürben: Ihr kriegts alle einen Zahlungsbefehl und so Krämpf. – Und kommen is nix, weils gwußt ham, daß mir im Recht san. Des war eigentlich ein toller Erfolg damals, weil da alle mittan ham, gell, das war konkret und überschaubar und wennst eh fast kein Geld verdienst ... Aber da brauchts ebn einen ewign Druck an der Berufsschul, sonst hört sich das wieder auf. Und die Lehrer sind auch so: Die arbeiten dann oft mit Bücher, die eben nicht lehrmittelfrei sind, die kann man sich dann kaufen und kommt mit im Unterricht oder man kauft sie nicht und bleibt hinten.

FRANZ Siemens hat einen ziemlichen Ruf als Ausbilder, stimmt der?

SCHORSCH Ja, der stimmt eigentlich schon, damit die Siemenslehrling gut abschneiden. Unsere Lehrling lernen eben schon viel im internen Werkunterricht, was andere auf der Berufsschul erst lernen. Das is leicht, da kommen unsere sauber mit, wenn die eh schon weiter sind. Das macht der Siemens aber ned für die Lehrling, sondern das is zum Zurückführen, daß die Firma eben eine Auswahl hat von die höchsten Ansprüch. Da laufen in einem Lehrjahr 280 Bewerbungen ein und 50 nehmens ungefähr. Da kann ich mir natürlich eine Elitetruppe heranziehen. Und zweitens lauft die ganze Ausbildung unter einem irren Druck, damit du einfach gezwungen bist, daß du lernst, sonst fliegst. Wennst du einmal schlechter bist wie der Durchschnitt, magst das ganze noch einmal machen, so lang bist mindestens auf dem Durchschnitt liegst . . .

FRANZ Also der Druck, daß der junge Mensch was lernt – da bin ich vielleicht altmodisch –, den halt ich zuerst mal nicht für so schrecklich, sondern für notwendig. Stimmt denn das?

SCHORSCH Nein. Der Druck is zu stark, der macht dich kaputt und baut dich nicht auf, das is der Unterschied. Du gehst ebn auf dem Zahnfleisch. Und das nutzt im Endeffekt nix und macht dich bloß fertig. Echt.

Pause

Der Druck is ebn auch so, daßd mit den Leuten sonst gar nix mehr machen kannst. Die kriegn laufend Beurteilungen, jede Zwischenprüfung wird festglegt, Ränge werdn ausgerechnet, also Wettbewerbe so ähnlich. Des is ebn schon kein Druck mehr, des is schon der Terror. Total. Und mit dene Leut kannst nix mehr anfangen sonst. Du wirst vielleicht als Facharbeiter herangezüchtet, aber als Mensch gehst unter.

Mir ham da auch Vergleiche, weil in die Berufsschul auch welche von Burghausen kommen, da is eine Stiftung drunten von Wakker. Das is ein Berufsbildungswerk. Und da lauft die Sache locker. Die lernen genauso. Die ham vielleicht statt Zweier Dreier in die Noten, aber die ham ein Interesse. Denen wird alles so beibracht, daß ihre eigenen Ideen reinbringen können und eine Freud ham. Das is ein Unterschied.

Politisches und Organisatorisches

FRANZ Gibts politisch erkennbare Strömungen unter den Lehrlingen, vielleicht ausm Elternhaus her oder so?

SCHORSCH Nein, überhaupt nicht. Das derf man aber ned verwechseln: Mir ham einen unwahrscheinlich hohen Organisationsgrad, 80 oder 90 Prozent. Aber das is eben nicht identisch mit Bewußtsein. Wenn bei die Tarifverhandlungen was rausspringt, das sehn sie schon ein. Und das is auch ein Ansporn. Aber daß sie auch mitarbeiten, Gewerkschaftsarbeit machen, das is selten, und sehr schwierig zu aktivieren. Das siehst mit die Wochenendschulungen, da is schwer, daßd da wen hinkriegst. Und das wird immer noch schwieriger.

FRANZ Wie hoch is denn die Wahlbeteiligung bei den Jugendvertreterwahlen?

SCHORSCH Die liegt bei 90 Prozent, aber bloß weils während der Arbeitszeit is.

FRANZ Wie funktioniert denn die »Hierarchie« innerhalb des Betriebsrats und der Jugendvertreter, also sagen wir bei einem Antrag?

SCHORSCH Also, mir repräsentieren ja alle im Betrieb, die unter achtzehn sind. Die wählen uns eben auch. Und wenn mir einen Antrag stellen, dann stimmt der Betriebsrat darüber ab, ob der angenommen wird. Und wenn der einmal nicht angnommen wird, dann ham mir noch eine Chance, weil mir ihn eine Woch aussetzen können. Und wenn er dann nicht angenommen wird, dann können mir die Ortsverwaltung einschalten zu dem Antrag. Und dann kriegen sie Muffe, weil mir stellen Anträg, die wo in Ordnung sind, mit Begründungen und so. Und wenn das dann durch is im Betriebsrat, verhandelt der mit der Werksleitung über den Antrag. Da is dann auch ein Jugendvertreter dabei. Das hats aber auch schon geben, gell, daß ein Antrag, der durch war, dann beim Gespräch mit der Werksleitung verreckt is, weil der Betriebsrat plötzlich voll mit der Werksleitung zogen hat und der Jugendvertreter is dagsessn und hat eine in Sack kriegt. Gibts auch.

FRANZ Sag mal die Unterschiede zu Betriebsrat, Vertrauensmann, Jugendvertreter, das weiß bestimmt nicht jeder.

SCHORSCH Betriebsrat bzw. Jugendvertreter werden ebn von alle Belegschaftsmitglieder gwählt, egal obs in der Gewerkschaft sind oder ned – also sowohl die Wählenden als auch die, wo gwählt werden. Und die Vertrauensleut werden bloß von die IG-Metall-Mitglieder gwählt. Und es gibt auch jugendliche Vertrauensmänner. Aber Vertrauenkörperwahlen kann man nicht in der Arbeitszeit machen, die muß man außerhalb vom Betrieb machen oder während der Mittagszeit. De san ja auch im Betriebsverfassungsgsetz ned abgsichert. Des lauft aber bei die Jugendlichen ned richtig. Mir müssen ja schon froh sein, wenn unser Jugendvertreter zu die Vertrauenskörpersitzungen kommen, da müssen mir sie schon hinschlagen, weil da eben das Bewußtsein noch ned da is. De san automatisch drin im Vertrauenskörper, aber die doppelte Funktion, die leisten die ebn ned. Dabei soll ja der Vertrauenskörper eben der Träger der gewerkschaftlichen Kraft sein im Betrieb. Und des is ja wichtig. Wenns einen Streik geben soll, dann darf ja ned der Betriebsrat sagen: Jetzt wird gstreikt, das geht ja mit dem Betriebsverfassungsgesetz ned zam. Des kann und muß der Vertrauensmann machen, der is da ungebunden. Andererseits hat der Vertrauensmann halt keinen Kündigungsschutz wie der Betriebsrat. De san in der Luft. Wenn da einer aktiv wird, dann geht der ebn hops, der Typ. Die Urabstimmung, gell, vor dem Streik, das kann ned der Betriebsrat durchführen, sondern die Vertrauensleut. Oder schon die Stimmung weitergeben, die im Betrieb herrscht vor der Urabstimmung, is auch Sache des Vertrauenskörpers. Und ebn die ganze gewerkschaftliche Organisation im Betrieb. Bei uns is jeder Betriebsrat automatisch im Vertrauenskörper, also wenn er in der IG Metall is, was aber alle san. Aber die ganze Vertrauenskörperarbeit is, obs Junge oder Alte sind, ebn noch sehr vage. Obwohl der Betriebsrat rund zwanzg Mandl sind und der Vertrauenskörper über achtzge – oder vielleicht grad deswegn. Allerdings gibts da auch Überschneidungen, wo ich nimmer genau weiß, wie es is. Ein freigestellter Betriebsrat von uns is Vorsitzender vom Vertrauenskörper. Der darf jetzt als Betriebsrat nicht zum Streik aufrufen, weil er an den Betriebsfrieden gebunden is, aber als Vertrauenskörper schon, also da gibts ebn Überschneidungen, die auch noch nicht ganz geklärt sind. De besten tanzn halt auf zwoa Hochzeitn, und die andern verteiln eh bloß Zeitungen. So is. Für die Betriebsversammlung is dann wieder die Unterstützung vom Betriebsrat durch den Vertrauenskörper wichtig, weil der ebn sein Gwicht schon durch die Zahl hat und die Kontakte, wo er also für irgendein Problem Schützenhilfe aufd Füß stelln kann. Insgesamt is des aber alles schwer, weil die Leut, also die Kollegn sowieso kein Verständnis für unser Arbeit ham. Wenn da du als Jugendvertreter oder Betriebsrat auf Sitzung gehst, hoaßts: »Jetzt haust scho wieder ab?« – »Was duasdn? Saufn und dumm daherredn, und mir müassn dei Arbad macha!« – So hoaßts dann. De sehn überhaupts koan Sinn in unserer Arbeit, viele. Die sehn ihn bloß, wenns sie persönlich angeht, wenns selber in einer Zwicksituation sind, und wenn das bereinigt is, dann hams wieder alles vergessen. Daß unser Arbad aber notwendig is, das frißt selten einer. Des is halt schlecht. Oder wenn ich dann auf Lehrgang geh oder referiern muaß oder auf die Gesamtjugendvertretersitzung, aufd Gesamtbetriebsratsitzung usw. – wennst da mit einem zamarbeitst und der is dauernd allein, der hat dann ebn einen Haß. Das is ganz natürlich, auch wenns blöd is. Da gibts ebn auch zu wenig politische Anschauung, weil die meisten Kollegn, bevor die in eine IG-Metall-Zeitung schaun, lesn die die »Bild«-Zeitung. Ein großes Handikap, daß die dann voll in die Kerbn schlagn, wie sie die »Bild«-Zeitung schreibt. Wie der Druckerstreik war, ja moanst, die Kollegn ham da a gwerkschaftliche Haltung habt, a Solidarität, im Gegenteil, die warn auf der Seitn von der »Bild«-Zeitung. Das is schon schlimm. De san zwar objektiv gegn sich selber, aber des erklärst ihnen erst einmal. Da kannst hinreden wie an einen krankn Gaul, des nutzt gar nix. Also freilich gibts auch Ausnahmen.

FRANZ Also, ein hoher Organisationsgrad ist in keiner Weise geeignet, einen Rückschluß auf das wirkliche Bewußtsein einer Belegschaft zuzulassen? Stimmt das?

SCHORSCH Also, bei uns stimmt es voll. Genau. Mir ham jetzt nächste Woch a Veranstaltung, ebn im Jugendmonat von der IG Metall. In Tacherting. Also die is politisch, aber mit Unterhaltung. Glaubst, mir redn uns das Maul fransert, bloß daß die überhaupt da hingehn. Dabei is da a Rockgruppn, a politischer Liedermacher und Schauspieler mit Brecht und Tucholskytexte. Und wennst da schon Schwierigkeiten hast, daß wer hingeht, da stell ich oft alles in Frage, so sauer bin ich. Da frustriern ebn viele. Die lernen das genau, wie es geht, auf der Gewerkschaftsschulung, und dann kommens in Betrieb und wollen es umsetzen, und dann rennens mit den Schädel voll gegen die Wand, und der Frust bricht aus, daßd dich fragst, gibts des? Und des san oft wirklich die Bestn, die da frustriern.

FRANZ Ich hab ein Stück geschrieben, da nimmt ein Arbeiter am Ende von dem Stück, nachdem er Scheiß gebaut hat, die Gewerkschaft überhaupt erst mal als eine Möglichkeit wahr, sieht sie überhaupt erst mal. Bei dir im Betrieb sind sie zwar fast alle drin, aber sie nutzen es nicht.

SCHORSCH Genau. Die sind ja auch alle irrsinnig schnell mit dem Austreten bei der Hand. Wenn der geringste Scheißdreck is, hoaßts: »Ich tritt aus!« – Weil da is ja gar kein Bewußtsein da, was eine Gewerkschaft überhaupt is. Wie jetzt einer zu mir kommt, der tritt aus, weil er entlassen wird. Den Zusammenhang mußt dir schon einmal vorstelln, der reine Irrsinn. Aber des gibts. Sie sagn: »Ihr könnts mir auch nicht helfen! Ihr tuts nix. Ihr redts bloß blöd daher. Druckts euch von der Arbeit!« – Des is oft wirklich schlimm.

Ein Problem

SCHORSCH Schaug, ich hab ja gsagt, das zwanzge im Frühjahr entlassn werdn soin. Des san Facharbeiter, de nach der Ausbildung ned übernommen werdn. Was moanst, was de sagen: »Raus aus der Gwerkschaft.« Dabei verdanka de ja zumindest die Ausbildung uns. Weil mir san vor die Wahl gestellt gwesn: Mehr Ausbildungsplätz und keine Übernahme von rund der Hälfte oder ebn weniger Ausbildungsplätz, aber garantierte Übernahme auf ein Jahr. Da ham mir uns entschieden für mehr Ausbildungsplätz, weil dann ebn mehr junge Leut zumindest einen Beruf erlernen und ned gleich auf der Straß liegn oder als Hilfsarbeiter gehn müssen. Des ham mir von der Gwerkschaft vorher zu denen auch gsagt. Jetzt hams des vergessn, jetzt hoaßts, mir bringan nix auf die Fiaß, mir san schuld, daß entlassen werden, also raus von der Gwerkschaft. I moan, da kosd ja gar nimmer argumentieren, so saudumm is des, aber es is so.
FRANZ Könnt ihr euch denn nicht dafür einsetzen, daß sie als Facharbeiter übernommen werden?
SCHORSCH Na. Mir warn von der Werksleitung vor die Wahl gstellt: Mir bilden rund 40 aus, aber die Hälfte muß nach der Lehr entlassen werdn, oder ebn bloß die zwanzig, die mir brauchen und übernehmen. Wennts ihr für die Ausbildung der vierzig seids, müßts nach der Lehr mit der Entlassung einverstandn sein. Des ham mir gmacht. – Die Firma argumentiert so: Jetzt im Herbst ham mir Arbeit, des is klar, schon die Werbegschenke und Weihnachten und so. Aber dann? Im Mai 77, das is doch schon bekannt, da ham mir wieder Kurzarbeit, das is doch schon raus. Wer kauft denn den Scheißdreck: Frottiermaschinen, elektrische Eierkocher, Kaffeemaschinen und so einen Schmarrn, Händetrockner . . . Des san doch Güter, die ham die, die es sich leisten

können, schon längst, und die andern brauchen ihr Geld jetzt auf jeden Fall für was anders als an elektrischen Eierkocher! De kaufn mit dem Geld die Eier. Und bei die andern Sachn, wo mir herstelln: Elektroherd, Kühlschrank ebn, der Markt is gesättigt. Mir ham ja vorher schon drüber gredt über die Krise. Jedenfalls: Mir ham hundertprozentig wieder Kurzarbeit, und der Betriebsrat muaß die Entlassungen zustimmen. Wer is schuld? Alle, aber ned die Gwerkschaft, denkt man als Mensch mit Hirn! Von wegen – mir sans! *schüttelt den Kopf* Da schnallst oft ehrlich ab als Gwerkschaftler, da geht dir die Luft einfach aus. Sense.

Pause

Ein anderes Problem: Die Zahlungsmoral von die Gwerkschaftsmitglieder. Lehrling zahln drei Mark. Aber die andern zahln – so stehts in der Satzung – von jeder Mark wos verdienen einen Pfennig. Also wenn einer 1500 hat, eben fünfzehn Mark. Da weiß ich doch einen ganzn Haufen, die ham ihre 2000 und zahlen den Mindestbeitrag von 10 Mark. Da is ebn keine Einsicht dahinter, und wos keine Einsicht gibt, gibts ebn auch keine Zahlungsmoral. Is doch klar. Und wenn ich mir dann so einen vornimm und sag: »Paß auf, du zahlst 10 Mark, aber du miasserst doch des Doppelte zahln laut Satzung!« Dann schaut der, sagt: »Spinnst du. Da geh ich lieber heraus.« Na stehst da . . . Da is noch ein unwahrscheinlich weiter Weg. Weil des ganze Bewußtsein ned da is. Und der Siemens unterstützt des natürlich. Da hams eine sozialpolitische Abteilung. Da geht alles hinten herum mit Betriebsvereinbarungen. Da ein Zuckerl und dort eins und alles freiwillig, damit du als Gwerkschaftler schon von Haus aus unwahrscheinlich schlecht liegst. Weil die sagen doch: Ohne Gwerkschaft gibt die Siemensfamilie gern und freiwillig. Wennts aber mit der Gwerkschaft kommts, schalten mir auf stur, und dann habts weniger! Suchts es euch aus. Die hams doch verstandn, daß sich der Siemensarbeiter ned als Arbeiter, sondern als adliger Arbeiter fühlt. Des is doch. Und der adlige Arbeiter hat im Hirn Dreck und moant, de Vergünstigungen, die er beim Siemens hat, sind die Welt. Derweil is alles zusammen um keinen Deut besser wie in andere vergleichbare Firmen, bloß gschickter gmacht. Mit der sozialen Ader, die sich für den Siemens und Co. als Goldader erweist. Aber da schau durch, noch dazu als adliger Arbeiter.

Scheiße mit einem Wort. Des geht ja bis in Betriebsrat. Da macht das vor keinem halt. Blödheit hat einen unheimlich starken Ansteckungsgrad. Und gegn die Dummheit is ja koa Kraut ned gwachsn. Und wenn einmal – wie es bei uns ja immer wieder passiert – die Betriebsleitung laut und deutlich sagt, daß ihr Zusammenarbeit mit dem Betriebsrat ausgezeichnet is – wenn die das sagt, dann kannst mir doch mit dem betreffenden Betriebsrat schon gestohlen bleiben. Wo soll denn der Arbeiterinteressen durchsetzn, wenn er ausgezeichnet mit der WL arbeitet, frag ich mich? Was heißt denn das konkret? Das heißt, daß der Betriebsrat zu nachgiebig is. Und das stimmt ja auch. Die sehn ja im Unternehmer, wenn er das Siemensschildchen am Hut hat, nimmer den Unternehmer, sondern den Sozialpartner, die fühlen sich doch partnerschaftlich. Und ein Betriebsrat, der sich partnerschaftlich zum Unternehmer fühlt, der hat seinen Sinn verloren. Für den Arbeiter. Natürlich nicht für den Unternehmer. Des is doch einfach: Ein guter Betriebsrat is zu messen an dem Haß, den die Werksleitung auf ihn hat. Is doch klar. Und wenn der Haß eine Liebe is, is der Arbeiter der Arsch, wo auf der Streckn bleibt. Und die eigentliche Scheiße sind die Betriebsvereinbarungen, die eben freiwillig sind und jederzeit zurückgenommen werden können. Die sind doch dazu da, daß der normale Arbeiter die Gwerkschaft als überflüssig anschaut, daß er seinem Unternehmer gegenüber eine Dankbarkeit entwickelt und so. Betriebsvereinbarungen san Gift fürs Klassenbewußtsein. Das is der springende Punkt, und das weiß der Siemens und drum tut er es. Weil, was is gfährlicher für ihn: Da ein paar Pfennig freiwillig mehr und dort ein Erholungsheim und da eine Sonderrentn oder eine klassenbewußte Belegschaft? Da derfst dreimal raten.

FRANZ Genau.

SCHORSCH Genau. Gesetzlich is nix da, und mir müssen über die Betriebsvereinbarungen froh sein. Und hast einen klassenbewußten Standpunkt gegen die Werksleitung, blockt die jede Betriebsvereinbarung ab. Aus. Alles, was der Unternehmer freiwillig gibt, nimmt er an Klassenbewußtsein. Das is die höchste Verzinsung, dies für ein Kapital gibt. Des san ned hundert, des san tausend Prozent.

Pause

FRANZ Gibts eigentlich CSU-Mitglieder im Betriebsrat?

SCHORSCH Ja, da sind ein paar dabei. De san in der IG Metall und in der CSU. Des is auch komisch: Da is einer dabei, der steht eigentlich auf der NPD, aber der macht eine gute Arbeit. Der is total schwarz, aber wenns um seine Leut geht, steht der voll da. Steht teilweise stärker wie ein anderer ...

FRANZ Gibts einen kämpferischen CSU-Arbeitnehmerflügel?

SCHORSCH Gibts schon. Das is komisch, aber das gibts.

Klassenbewußtsein – woher kommtn das?

FRANZ Menschen, die sicher CSU wählen würden, hab ich in vielen meiner Stücke dargestellt. Menschen, die Klassenbewußtsein haben oder es entwickeln, möchte ich gerne darstellen. Probiere es auch. Wenn ich damit dann ankomm, gibts natürlich gleich die Stimmen: Ja, der Kroetz, der will eben so einen Fortschritt, aber die Menschen sind anders. Das is doch nicht repräsentativ. – Du hast Klassenbewußtsein. Woher kommt das bei dir? Du hast ja bestätigt, daß in deinem Betrieb fast niemand Klassenbewußtsein hat. Dem stimm ich ja zu, aber dieses Buch mach ich unter anderm deshalb, weil ich mich gern von der Wirklichkeit belehren lassen möchte. Kommt das vielleicht von deiner Familie?

SCHORSCH Tät ich nicht sagen. Mein Vater is zwar ein alter SPD-ler, aber der argumentiert auch oft schwach. Und sonst in der Familie, mei, die sind eher schwarz. Was ich weiß, hab ich von die Lehrgäng.

FRANZ Du fängst auch schon wieder zu weit oben an. Wie kommt es, daß du überhaupt auf die Lehrgäng gangen bist?

SCHORSCH Ich bin Jugendvertreter... ich hab schon ein bißl eine Ahnung ghabt, sagn mir mal ganz wenig, ich hab also ... Bücher ab und zu über Gewerkschaft und dann in Marx einigschaut ... und dann halt die ganze industrielle Revolution ... was alles gwen is. – Die ganze Gesellschaft, in der mir leben, stell also ich in Frage. Ich hab also das ... sehr stark, ich war sehr stark ein bißl ein Einzelgänger. Mich hat alles ankotzt. – Denkanstöße!

FRANZ Woher?

SCHORSCH Wenn also so – Nachrichten und so, und dann über die Studentenbewegung gelesen, warum das war ... Und dann halt überhaupt, Arbeit und so. Mehrwert und dann halt – wie die kapitalistische Gesellschaft halt aufbaut is. Wie soll ich das erklären?

FRANZ Die andern in deiner Firma haben doch im Prinzip die gleichen Möglichkeiten oder Unmöglichkeiten wie du. Tun aber nix. Warum du?

SCHORSCH Auf dem Standpunkt eben, damit man doch was unternehmen kann gegen das alles ... Damit man so was wie also der Marx oder der Lenin oder so was, damit man also so was schon durchbringen kann. Damit also Kapital und Arbeit ned überwiegend, damit also – damit die Arbeit das Maßgebende is.

FRANZ Das is immer noch zu weit oben. Wie bist zu dem ganzen kommen?

SCHORSCH Das is sehr ... ich bin also, ich bin zur Gewerkschaft gangen und hab nicht gwußt, warum. Ich hab also mein Vater gfragt, soll ich zur Gewerkschaft gehen, ja oder nein?! Und dann hat der gsagt, das is mir gleich. Und dann hab ich mit eim Freund von meiner Schwester gredt, und der hat gsagt »ja«. Der hat mir ein Buch geben ... und im Betrieb is der Jugendvertreter mit dem Aufnahmeschein an mich herangetreten und hat gfragt: »Gehst rein?« Da hab ich ja gsagt.

FRANZ Ein Freund war der erste Anstoß, stimmt denn das?

SCHORSCH Der Freund von meiner Schwester, ja, der war politisch auf Draht.

FRANZ Dramaturgisch wäre das ein unbefriedigendes Motiv. *lacht*

SCHORSCH Stimmt aber.

FRANZ Das is natürlich ein bißl bürgerlicher Scheiß, wenn ich so frag. Aber andererseits is es auch der Punkt ... Denken is bei uns nicht selbstverständlich, drum die fast reaktionäre Frageposition.

Gewissensfrage

FRANZ Du verliebst dich in ein Mädchen, das eine Fabrik erbt. Eine mittlere, nix riesiges. Überschaubar. Sie liebt dich auch. Ihr wollts heiraten. Wird der Schorsch Unternehmer?

SCHORSCH Des is ja sehr schwierig.
Pause
Is mir fast schon so gangen einmal, ned gleich heiraten ... Aber kennenglernt, Vater hat Hoch- und Tiefbau, unheimlich viel Kapital anglegt und so. Bin ich gangen mit der ... die ersten drei Monat is klargangen. Ich hab dann gredt von meiner Arbeit als Jugendvertreter und so. Da is nimmer gangen, weil sie totale Unternehmerposition ergriffen hat durch ihren Vater. Ich hab mitm

Vater von ihrer auch gredt. Kein Weg! »Der is ein Kommunist, laß die Finger von dem!« hat er ihr gsagt . . . Voll abgstempelt.

FRANZ Nimm an, die Liebe is stärker, du heiratest da ein.

SCHORSCH Sehr schwierig.

Pause

Ich glaub . . . ich tät die Position ergreifen – ich tät also die Arbeiter irgendwie gut . . . also mehr, damit also die mehr Vorzüge ham wie in normalen Betrieben. Betriebsversammlung machen, Betriebsrat wählen und so, tät ich ehrlich alles, glaub ich, also schon alles machen. Damit sie sich wirklich nicht beschwern können.

FRANZ Aber kassiern tätst genauso wie der Schwiegervater?

SCHORSCH Des is schwierig. Du bist also in der Gesellschaft – und als Unternehmer bist in einem gewissen Leistungsbetrieb eingliedert, weil sonst kannst deinen Laden dichtmachen. Des is ebn sehr schwierig. Sehr schwierig zum abtscheken.

Pause

Ich tät also schon was – irgendwie Mitbestimmung, die fragen, was mir machen sollen . . .

Pause

FRANZ Kann ich dir für eine Million deine Mitgliedschaft in der Gewerkschaft abkaufen?

SCHORSCH Nie.

FRANZ Sei einmal ganz ehrlich.

SCHORSCH Nein. Das is für mich nimmer möglich. Meine Ansichten umstelln, das is für mich nimmer möglich. Des is aber ganz interessant, wenn jetzt so ein Typ wie ich heirat. Wenn die an Kapital rankommen, wie die handeln, das is schon interessant. Wirklich sicher sind da bloß die DKP-ler, weil die schon so von der Sach überzeugt sind, daß nix anders mehr gibt.

DKP und so

FRANZ Hast du bei der Bundestagswahl DKP gewählt?

SCHORSCH Ja.

FRANZ Du bist nicht Mitglied, du hast sie nur gewählt.

SCHORSCH Ja.

FRANZ Warum hast du DKP gewählt?

SCHORSCH Für mich tät nur SPD oder DKP in Frage kommen. Ich

hab lang überlegt. Ich hab festgstellt, daß mit der SPD ganz genauso – zwar, oder ... genauso in Graben reingeht wie mit der CSU. Vielleicht auf Jahrzehnte verschoben, aber im Grunde genommen is die SPD-Regierung dem kapitalistischen System nicht gewachsen. Und damit eben da konkrete Sachen sind wie Verstaatlichung der Schlüsselindustrien und so weiter ... Und von dem hat sich ja die SPD total entfremdet. Die hats zwar in die Grundsatzprogramme drin stehn, gut und brav. Aber das is total weg.

Pause

Ich find also, daß auch 33, also im ganzen Widerstand, die KPD stark war ...

Pause

Und daß mir heut und zur Zeit die Forderungen von der DKP als Gewerkschaftler näherstehen als die von der SPD, das is eh klar. Und ich glaub, deshalb hab ich hauptsächlich DKP gwählt. Ich war kurz vor der Wahl noch auf einem Lehrgang von der IG Metall, und da hab ich zu einem Referenten, also einem SPD-ler gsagt: »Wenn ich mir deine Lehrgäng anschau, muß ich heimgehn und DKP wähln.« Und da hat er mir ehrlich recht gebn. Weil ebn die richtign Arbeitnehmerinteressen werden nimmer in der SPD gmacht, die werdn in der DKP gmacht.

FRANZ Wie informierst du dich? Liest du die UZ?

SCHORSCH Nein. Na ja, ab und zu.

FRANZ Wie weißt du, was unsere Partei macht und denkt?

SCHORSCH Durch Leut, ich komm mit Genossen von der DKP viel zam. In München viel. Lesn tu ich auch, aber weniger. Gell, ich zieh jetzt meine Gewerkschaftsarbeit der Politik vor, solang ich im Betrieb bin.

FRANZ Wie stehst zur DDR? – Kennst sie?

SCHORSCH In Berlin war ich viermal. Und ich find also, daß die DDR ned alles richtig macht, sonst täts nicht so viel Schwierigkeiten geben. Weil die auch unter gewissem Druck stehen. Ich glaub aber, es is doch besser dort leben, weil sich die in der Hauptsach einig sind. Die ganze Bewußtseinsbildung is doch anders, das find ich sehr wichtig. Genauso wie in China oder so. Das find ich gut von dene Leut. Damit also da das Bewußtsein gelehrt wird. Damit es vorhanden is. Und wenn ich da in USA die Wahlbeteiligung anschau (54 Prozent), dann find ich das zum Kotzen. Und was ebn jetzt in Chile passiert, das kann nicht passiern in einem

Land, wo sozialistisch is, des is bloß im Kapitalismus möglich, daß die Rechtsradikalen dermaßen hinaufkommen.

FRANZ Du hast auch China genannt. Warum hast du DKP gewählt und nicht irgendeine Maoisten-Organisation?

SCHORSCH Ich find, daß man mit der DKP wesentlich mehr anfangen kann. Und daß sich die andern teilweise verrennen. In die Theorie hinein. Damit man die Wirklichkeit nimmer sieht. Reine Theoretiker, die sehen das Lebn ab und zu überhaupts nimmer. Ich war auf einer Veranstaltung von Maoisten, die wollten so Aufklärung machen, daß also der russische Kommunismus alles falsch macht . . . Aber wenn die mit Ziegelsteinen und Schlagprügeln dann aufeinander losgehen, find ich das nicht normal.

FRANZ Hast du das erlebt? Oder bloß ghört?

SCHORSCH In Westberlin war das. Hab mir denkt, schaust einmal hin. Aber das war Terror. War das. Total gegeneinander losgehen, die Leut . . .

Pause

Und vielleicht auch, weil ich vor allem DKP-ler kenn und zu die andern wenig Bezugspunkte hab. Die sind nicht aufm Land. Nix.

FRANZ Es gibt aber doch gute Jungsozialisten. Wie stehts damit?

SCHORSCH Ich weiß nicht. Hab mit dene auch nicht viel zu tun, weil – die wollten mich auch schon haben, glaub aber nicht, daß ich da mitarbeit.

FRANZ Du bist also wirklich für die DKP. Warum trittst du nicht ein?

SCHORSCH Erstens einmal, weil ich wieder auf die Schul gehn will und keine Schwierigkeiten will. Und zweitens: Ich vertritt zwar die Meinungen von der DKP, aber ich weiß, wie Kommunisten bei uns abgstempelt sind. Der kann die besten Vorschläg bringen, der DKP-ler, da heißts: »Der is bei der DKP!«, und der Vorschlag kann so gut sein wie er will, der Typ is weg. Man siehts bei uns im Vertrauenskörper. Der A. ist DKP-ler, krach zack, weg. Die Vorurteile. Die ganze antikommunistische Sach bei uns, die schon vor dem Krieg glaufen is und im Krieg und danach auch wieder. Ich erreich vielleicht mehr, wenn ich die gleiche Meinung vertritt als Nicht-DKP-ler, als wenn ich sie als DKP-ler vertritt. Ich hab bis vor kurzem ganz lange Haar ghabt. War unten durch. Und genauso is mit die DKP-ler. Weil die DKP durch die ganze antikommunistische Werbung unten is.

Kirche und Familie

FRANZ Du bist katholisch. Bist noch in der Kirche?
SCHORSCH Ja.
FRANZ Wie is dein Verhältnis zum lieben Gott?
SCHORSCH Zur Zeit nix. Nix da, is klar. Was heißt klar? Klar is ned, aber ... Ich hab zu meim Vater gsagt: Ich tritt aus der Kirchn aus und zahl die Kirchensteuer ans Rote Kreuz. Da hätt er mir beinah den Kopf heruntergrissen: »Dann schmeiß ich dich hinaus«. Ich wohn noch daheim. Mein Vater is Maschinist in einer Brauerei. Hat Bäcker glernt.
FRANZ Wie alt sind denn die Eltern?
SCHORSCH Der Vater is 53 und die Mutter 45. Und a Schwester hab ich noch. Die hat auch DKP gwählt, die is Zahnarzthelferin.

Weiter auf Schule

SCHORSCH Im nächsten Februar (77) hör ich mit dem Arbeiten auf und geh auf die Berufsaufbauschul. Dann hab ich Fachschulreife. Dann muß ich entweder zwei Jahr Fachoberschul oder drei Jahr Berufsoberschul machen. Und wenn das klappt, will ich Volkswirtschaft, Politologie oder so was studiern. Und wenns geht, möcht ich dann zur Gewerkschaft gehn. Als Referent.
FRANZ Wärs ned besser, wenn Leut wie du im Betrieb bleiben?
SCHORSCH Sicher is Betriebsarbeit wichtig, aber ich möcht gern noch was lernen.
FRANZ Is das gut, wasd da studiern willst?
SCHORSCH Ab und zu is es falsch, was die eim lernen werdn, klar. Da gehts in der BAS schon an, wennst das Fach Geschichte nimmst. Oder den Sozialkundeunterricht. Das wird schwierig, was ich da für eine Stellung beziehn soll. Ich werd schon versuchen, ab und zu was zu sagen, aber nicht so viel, daß die Lehrer auf mich eine Wut ham und ich dann nicht weiterkomm.
FRANZ Bist fertig bist, vergehn runde zehn Jahr. Wie gehts mit dem Geld in der Zeit?
SCHORSCH Ach, ich komm schon irgendwie durch. Ungefähr 200 Mark krieg ich BAFÖG im Monat. Zur Zeit, wo ich was verdien, gib ich was ab. Aber wenn ich aufd Schul geh, muß ich nix abgebn. Die helfen mir, mein Vater is nicht dafür, aber wenn ich

will, kann ich. Und auf der Seitn hab ich jetzt ungefähr 5000 Mark. Gott sei Dank.

FRANZ Wieviel hast denn jetzt netto?

SCHORSCH Elfhundert. Ich brauch vierhundert zur Zeit im Monat. Den Rest leg ich auf die Seitn für nachher. Mit daheim geht es. Da is schon eine Bevormundung, aber ned viel.

FRANZ Kannst eine Freundin mit heimbringen?

SCHORSCH Ja, da ham schon welche übernachtet. Sagns nix, die Eltern. Das is toll. Zwei Jahr halt ich es noch aus. Und wenn ich auf die andere Schul geh, die is eh nicht in Traunstein, sondern dann muß ich nach Altötting oder Regensburg oder München. Dann hab ich auch mehr BAFÖG dann, das geht schon. Ich bin da in der Zwickmühle. Ich kann im Betrieb bleiben, und ich kann von der Gewerkschaft Lehrgäng referieren, das kann ich jetzt schon, und wenn ich das mehr tu, das is auch was. Und dann könnt ich noch auf die AKADEMIE DER ARBEIT gehen zwei Jahr. Dann hätt ich vielleicht die bessere Ausbildung. Bin aber immer im Betrieb sozusagen. Und ich möcht gern Zeit haben, weil ich mir Wissen aneignen will, da hab ich einen Hunger drauf, das is ganz hart. *lacht* Fremdsprachen, Umgang mit Deutsch – was kann ich denn schon? Wenn ich ein Referat schreibn muß, brauch ich doppelt soviel Zeit, wie ich mir vorstell. Das muß anders werden.

Freude und Leid

SCHORSCH In München kenn ich eine Wohngemeinschaft. Sozialarbeiter. Da geh ich gern hin übers Wochenende. Das is zur Zeit das Höchste für mich. Da kann ich meinen ganzen Scheiß vergessn, was da herunten lauft und so, da seh ich Leut, die geben mir wieder Auftrieb. Die sind in gewisser Beziehung alle ein bißl anders wie die Leut, die ich kenn. Da herunten. Da im Ort, die sind doch alle uninteressiert. Politisch und so, was da alles drunter fallt. Nix. Und ich kann ebn zur Zeit ned lebn ohne des. Ich hab nämlich zur Zeit Kontaktschwierigkeiten in der Umgebung. Da herunten sind nämlich zur Zeit alle anders wie ich. Die andern Jugendvertreter zum Beispiel . . . die sind zwar politisch so ungefähr in der Richtung. Ja. Aber in der Freizeit sind die ebn alle anders. Ich weiß nicht, was ich mit denen anfangen soll.

Ich sitz mich ab und zu in ein Zimmer und tu überhaupt nix. Des

is so komisch, he . . . wennst dich da direkt mit dich oder so – Probleme und Gedanken beschäftigst, mit dir . . .
I moan, i habs ned schlecht. Ich kann mir daheim so ungefähr alles rausnehmen, was in die Grenzn liegt. Und die Erziehung war so, daß ich ebn selber jetzt abtschek, was ich will. Ich bin nie geschlagen worden, damit ich also brutal werdn soll . . . Aber so wie ich jetzt bin, also mein Lebenswandel, also die Gwerkschaft, so bin ich nicht erzogn wordn, sondern so, daß ich in die Rille hau wie die andern auch. Weil ebn überhaupt kein Bedürfnis da war. Mein Arbeitsplatz hab ich mir auch selber suchen müssen, da war ich Gott sei Dank schon so weit.
Pause
Für meine Eltern sind mir Spinner, meine Schwester und ich. Ned normal. De is 22 und noch ned verheirat. Unnormal. Und mein Vater sagt zu mir: »Wirst schon sehn, wo das alles hinführt mit dir! Geh doch in die DDR, geh doch ummi!« – wenn ich anfang politisch. Aber wenn ich ihm was klarmach, dann gehts. Er ist ja noch beschissener wie ich in seim Betrieb. Zum 25jährigen Jubiläum hat er ein Feuerzeug kriegt, ein Werbegeschenk. Da war er nieder. Er hat es nicht so geäußert, aber mitgnommen hat es ihn auf jeden Fall. Da hab ich gsagt: »Da siehst doch, was dein Chef für dich übrig hat, da siehst es genau.« Dann muß er mir recht gebn. Er is auch nicht in der Gwerkschaft. Er tät gehn, aber in seim Betrieb sind fast alle CSU-ler, und wenns da erfahren, daß er in der Gwerkschaft is, dann gibts Schwierigkeiten. Er is 53, und wenn der ausgstellt wird, is aus. Der arbeit oft von fünfe in der Früh bis um siebene aufd Nacht! So is das. Aber er traut sich nicht, daß er was sagt. Wenn ich aber sag, bei uns kann man als Arbeiter nix sagen, dann sagt er, daß das nicht stimmt. Jetzt is er einmal druntn gwesn bei meiner Oma, und da war sein Bruder da, des is ein Anti-Gwerkschaftler. CSU-ler, wies im Buch steht. Da hams druntn diskutiert, und dann hams zu ihm sagt, er soll abhaun, weil er ein Kommunist is. Da war er total niedergmacht, wie er heimkommen is. Weils ihn als Kommunisten abstempeln. Und ich hab gsagt: »Schau her, jetzt gehts dir schon so. Und mir gehts genauso.« Da hat er gschaut. Er und ein Kommunist sein! Wo er doch damals gegn die Kommunistn kämpft hat im Krieg. Aber bei die Eltern is ebn so, wenn ich was will, was bewegn will, dann muß ich sie ziehn, nachziehn ebn, wenn es geht. Und das hilft mir ned weiter, das is schlecht.

Und da heraußen is ebn niemand, der mir weiterhelfen kann. Wenn du da heraußen einen gewissen Durchblick hast, dann mußt weg, sonst fallst zurück oder wirst verrückt. Ich muß raus, weil ich halt es nimmer aus. Es war schon einmal schlimmer. Ich hab gmeint, ich kann nimmer. Ich war total weg, auch körperlich. Im April hab ich Musterung ghabt, und da hab ich mich drauf hintrimmt. Ich hab einen schwachen Kreislauf, wenn ich viel rauch oder trink, Herzbeschwerdn und Schweißausbrüche ab und zu . . . Blutdruck 190 ghabt, und wegn der Musterung extra. Zwei Monat vorher. Ich bin ein Dreier wordn. *lacht* Aber danach, wie ich mich wieder derfangen wollt, is mir dreckig gangen vielleicht. Pillen und Doktor und so . . . total weg. Alles verschwommen, total high. In der Früh aufm Bett ghockt 10 Minuten . . . alles sinnlos. Total die Schnecke. Im Betrieb: Du redst und bemühst dich, und die Affn merkn nix. Privat: Warum? Wenn ich die Scheißleut seh: Das muß doch normal jeder fressn, was los is. Total.

Pause

Ich muß unbedingt weg. Aufd Schul, lernen, weiter. Und dann weg von da. München ideal. Regensburg geht noch . . . bloß weg. Ich woaß, daß jetzt losgeht mit meim Hirn, und wenn ich den Absprung ned schaff, war alles umsonst . . .

»An der Linie« Zwei Madeln am Fließband – Marina und Rosi

Vorspiel

Rosi Traunreut is ein Hinterwäldlerkaff.

Marina Aber das Klein-Chigago von Traunstein. Andauernd is da was los: Schießerei, Schlägerei, alles mögliche. Mir sind zum größten Teil in Traunreut, gut die Hälfte, Ausländer. Griechen, Türken, Italiener, Franzosen, alles mögliche. Und ich weiß nicht, ich glaub, die Griechen sind das. Die sind so furchtbar eifersüchtig. Wegn die Weiber gibts halt oft Schwierigkeiten. Und beim W. drin, da hams einmal einen derstochen. Das is so eine kleine Kneipe. Da gehn so ganz die brutalen Typen rein. Und da gibts fast jeden Abend eine Schlägerei.

Rosi Wennst da rein kommst, ein falsches Wort und schon hast eine drin. So reagiern die da.

Marina Genau. Es gibt zwar welche drin, die nicht so gern rumschlägern, aber die werdn dann angepöbelt. Da gibts so welche, im Suff, da stänkern die die ganze Zeit umanand. Ein paar sind dabei, das sind überhaupt Feiglinge, bloß im Suff hams die große Sprache. Oder sie kommen mit der Pistoln und dem Messer daher. Da hab ich auch schon einen Fall erlebt.

Rosi Und der is gar ned so lang her. Die traun sich grad mit der Pistole oder mit dem Messer oder im Suff. Da schreins dann: »Ich bring ihn um, ich bring ihn um, he!« Und dann verzählen sie: »Die sind mal zu fünft auf mich gegangen. Die hab ich alle zamgeschlagen, he!« Und in Wirklichkeit is nix dahinter. – Jetzt gehts, aber früher war direkt eine ganze Clique. Die ham die ganze Gegend unsicher gemacht. Und geklaut. In Schrebergärten, da waren Karnikel und ein Schwein und noch zwei Schafe, die hams einfach klaut und einfach dermurkst. Und derwischt ham sies auch.

Marina Die sind dann halt gsessen, gell. – Mei, wennst sie

brauchst, die Polizei, dann kommts ned, und wennst sie nicht brauchst, dann is sie da.

Die Eltern

FRANZ Rauchts eine?

ROSI Freilich, ich sag immer, Kampf dem Krebs!

MARINA Des is doch wurscht. Da gibts welche, die rauchen ihr ganzes Leben nix und ham ein Raucherbein. Wirklich!

FRANZ Aber ein Hängebusen, der kommt doch vom Rauchen, oder?

wir lachen

MARINA Bei mir ned, da is meiner zu klein.

ROSI Ich hab auch keinen, oder? Obwohl er nicht klein is!

wir lachen

FRANZ Was die Eltern warn und sind, damit gehts los!

ROSI Dann soll sie anfangen, bei mir is das kompliziert.

MARINA Ich bin neunzehn. Tja, mei Vater, gell, da hab ich mich nie interessiert. Der is kaufmännischer Angestellter bei Heidenheim. Wann er geboren is, weiß ich auch nicht. Aber ungefär 52 is er. In Wildstein.

FRANZ Was?

MARINA Der is in Wildstein geboren. Jetzt beißts wieder aus. Eger . . .?! Herrgott zack, in der DDR irgendwo ebn. Seit 17 Jahr sind mir in Traunreut aber. Ich war ein Jahr in Ulm erst, weil der Vater und die Mutter ned ham heiraten können, weil er sich erst scheiden lassen hat müssen, und das hat ein Zeitl dauert. Mei Mutter is Hausfrau, die is in Zwickau geborn. In einer Bäckerei hats glernt. Genau. Jetzt tuts schneidern, nebenbei. Arbeiten kanns ned, wegn die vielen Kinder, weil mir sind daheim 6 Kinder. Jetzt grad nur noch 5, weil mein Bruder wohnt bei seiner Verlobten. Mein Bruder is 22, ich bin ebn 19, meine Schwester is 16, – jetzt muß ich wieder rechnen – die andere is 13, die andere is 11 und die kleinste is 5. Also Maderl fünfe und bloß ein Bub. *lacht*

FRANZ Wie viele ledige Kinder gibts denn da schon?

wir lachen

ROSI Da sinds noch zu jung.

MARINA Was? Das tät ich nicht sagen.

FRANZ Was verdient denn dein Vater?

MARINA Das kann ich nicht genau sagn. Mir wohnen in Miete. Fünf

Zimmer, Küche, Bad und Klo noch. Die Wohnung is eigentlich ziemlich groß. Mir ham früher zu viert in eim Zimmer gschlafen, und mein Bruder hat ein eigenes ghabt. Das hab ich jetzt. Jetzt sind die andern zu dritt und die kleinste schlaft bei der Mutter. Der Papa schlaft nämlich im Wohnzimmer.

FRANZ Im Wohnzimmer, so. Wie hat denn der dann so viel Kinder machen können? Vom Wohnzimmer aus?

wir lachen

MARINA Mei, der geht schon rüber, wenn er was möcht.

großes Gelächter

FRANZ Und die kleinste?

MARINA Die is noch zu klein, weil sie es nicht begreift.

FRANZ Was machen denn die Geschwister?

MARINA Also, die Christa geht jetzt auf die BAS, und die andern zwei gehen in die Volksschule. Aber eigentlich wärn mir sieben, weil ein Bruder is gstorben, das hätt ich beinah vergessen. Und von meiner Mutter is noch ein Bruder in der DDR drüben, und von meinem Vater sind extra noch einmal drei Kinder auch in der DDR drüben. Also praktisch, wenn man es zamzählt, sind mir 10. Ohne den wo gstorben is, aber das geht ja nicht. Also mein Bruder, der wo verlobt is, der is auch von einem andern Vater, wie der in der DDR auch. Aber mir Madl sind jetzt vom jetzigen, gleichen Vatern.

FRANZ Wann und warum sind die Eltern denn weg aus der DDR?

MARINA Weiß ich nicht. Bei meim Vater weiß ich es gar nicht, bei der Mama, glaub ich, war Stunk daheim, und dann is eben gangen. Zerscht nach Berlin.

FRANZ Kennst du den Bruder von drüben?

MARINA Da war ich noch zu klein, da war er einmal da. So persönlich nur von Bildern.

FRANZ Jetzt tät mich interessieren, wies zu Hause zugeht mit den vielen Köpfen, so finanziell.

MARINA Die Miete kost schon fünfhundert.

FRANZ Um so schlimmer. Wenn man zurechtkommen muß . . .

MARINA Mei, im Verhältnis, viel essen tun mir ja nicht, und ich muß auch einhundertfünfzig Mark abgeben. Andere, gell, die essen da Suppe, und dann kommt die Hauptspeise und dann die Nachspeise. Des gibts bei uns nicht. Aber schlecht leben tun wir nicht, das kann ich nicht sagen. Und Schulden gibts auch hie und da. Jetzt hams wieder einen Schrank gekauft, die Eltern – das muß halt alles abgezahlt werden, gell. Schulden kommen schon zam. Aber es geht. Fleisch essn mir auch nicht viel, was recht teuer wär. Die Mutti kriegt 200 Mark ungefähr in der Woch, und damit muß sie eben auskommen, wies das macht, is ihr Sach.

FRANZ Wird damit auchs Bier oder Limo bezahlt und ähnliches?

MARINA Nein, das nicht. Aber die Waschmittel schon und sonst alles. Waschmaschin ham mir auch und einen Fernseher. Aber schwarzweiß und erst seit einem Jahr. Aber ned wegn dem Geld, sondern den kann man ja auch abzahlen, aber der Papa sagt, das is ned gut für die Kinder. Sonntagnachmittag sitzn mir alle halt da, den ganzen Nachmittag und schaun fernsehen. Des regt ihn auf. Dann gibts Stunk. Und wenn er ned da is, wird es ausgenützt. Und unter der Woch, wenn er da is, schaun mir eh selten, weil er geht um neun ins Bett. Da derf ned eingeschalten werden. Wegn der Kleinen, sagt er. Und wenn er uns erwischt, dann muffelt er, und dann verzieht sich ein jeder. Die Mutti geht ind Küch, und ich bin eh meistens auf meim Zimmer, und die andern gehn auch in ihr Zimmer. Dann sitzt er allein da im Wohnzimmer, und dann schalt *er* ihn ein, weil ihm langweilig is. *lacht*

FRANZ Gibts Watschen?

MARINA Jetzt nimmer, obwohl es den Kleineren oft not tät! Mir Großen ham nämlich auch Schläg kriegt. Ned bloß eine Watschn gell, da ham mir so einen Stock selber holn müssn und dann Hose runter und so.

FRANZ Und du meinst, den Kleineren tät das auch hin und wieder not?

MARINA Denen tät es manchmal not, mehr not wie uns, mir sind ja strenger erzogen worden, gell. Da is am Eßtisch nicht gredt worden, und wenn man etwas angstellt hat, dann hats auch gheißen: »Du kriegst kein Essen, ab mit dir ins Bett!« Das war sogar bei meinem Bruder noch schlimmer, weil mein Bruder ja einen andern Vater hat, das hab ich schon gsagt. Und mein Vater kann den deswegn ned so gut leiden, mein ich. Wenn mein Bruder was angstellt ghabt hat, hat er viel mehr Schläg kriegt wie ich, und manchmal hab ich etwas angstellt, und der Papa hat trotzdem mein Bruder ghaut. Da war ich noch zu klein, daß ich es versteh, aber komisch war es auch. Und wenn meine Mutter dann dazwischengangen is, weil der hat ja eine Stund und zwei Stund auch noch auf dem Kind herumghaut, dann hat meine Mutter die Schläg kriegt. Und später, wie mir dann größer warn, sind mir dann alle dazwischengangen, gell, und dann hat er sich nimmer so traut bei die Kleinen, obwohl die saufrech sind. Beim Lernen mit die Kleinen hat die Mutti wegen der vielen Arbeit keine Zeit. Dann sagts: »Gehts zum Papa!« Und wenns dann nicht gleich alles verstanden ham, hat er das Buch gnommen und ihnen naufghaut.

Mein Vater, der versteht uns überhaupt nicht richtig. Das is ein richtiger Egoist, sagen mir einmal. Weil der hat seine Ansichten und was er für richtig halt, das is richtig. Und was mir dann sagen, das interessiert ihn praktisch gar nicht. Nur was er sagt, interessiert ihn. Z. B. beim Rauchen, ich soll es nicht tun, das is nicht gut. Dann sag ich, er hat früher auch graucht, dann sagt er, daß das früher war. Oder wenn mein Bruder zum Saufen gangen is – ich trink ja nicht viel, aber er als Bub –, dann sagt man ihm, daß er früher auch weg is, aber dann sagt er, daß das alles früher war, und versteht es nicht und will es nicht hören, daß es er auch gmacht hat. Aber was ebn für erm früher war, is für uns heut. *lacht* Aber das glaubt er ned. Mir ham jetzt viel Nachtschicht ghabt und sind nachher immer noch weggangen. Dann hat er sich auch beschwert. Aber er hat früher auch nicht alles richtig gmacht, also is klar, daß mir ihm nicht alles glauben. Aber wenn ich jung bin, dann will ich halt leben, will das alles genießen, gell. Das versteht er nicht. Oder mit dem Freund. Da hat mich einer von daheim abgholt, und dann is meine Schwester mit einem vom Jugendheim gangen und der ihre Freundin auch. Und von der Freundin die Eltern sind jetzt zu meinem Vater gangen und ham sich beschwert, daß durch unsern Einfluß mit dene Jugendheimer gehn. Und dann hat er gsagt, daß das kein Wunder is, weil es die Große – also ich – auch mach. Obwohl ich drei Jahr älter bin. Da müßt ich praktisch so lang warten, bis meine Schwester älter is, damit ich mir einen Freund anschaffen kann. Das sind die Ungerechtigkeiten bei uns daheim. Schließlich bin ich ja älter. Das versteht er aber nicht. Meine Mutter eher, mit der kannst eher reden. Weil sie meistens mit uns zam is, und der Vater is in der Arbeit. Drum red ich fast nix mit ihm. Ich will weg. Mir wollen uns zusammen eine Bude suchen. Bei ihr moserns auch dauernd rum. Bloß in Traunreut is das schlecht. Keine Möbeln und nix ham mir, und von daheim kann ich nix mitnehmen, weil wenn ich geh, kriegt ja praktisch die Christa das Zimmer. Und wenn mir uns, die Rosi und ich, ein Zimmer nehmen zu zweit, das is auch nix. Und ein

Appartement is wieder zu teuer ... 900 Mark ... Wohnung wär natürlich ideal. Aber mir ham ja keine Möbeln. In Traunreut is überhaupts schlecht. Ich will weg von Traunreut. Einmal. Wennst da einmal was anstellst, das weiß gleich ein jeder. Ich hab einmal einen Freund ghabt ...

Der große Coup

MARINA ... mit dem bin ich durchgebrannt, und das hat gleich ein jeder gwußt.

FRANZ Wie weit denn durchgebrannt, Hamburg, Paris oder wohin?
sie lacht

MARINA Nein. Da muß ich mit der ganzen Gschichte anfangen. Der war vorher im Gfängnis, der is dann herauskommen, und sein Bruder war auch hier. Die ham zusammen das Ding gedreht, das hab ich erst nachher erfahren. Und dann hams wieder ein Ding gedreht, in eim Lokal eingebrochen, weil der Bruder dort bedient hat. Zu dritt hams das ausgeheckt mit noch einem. Und am Samstag hat er auf mich gwartet, wie ich von der Arbeit kommen bin ... Ob ich mitfahr nach Traunstein? Freilich fahr ich mit, gell! Und der ander hat dann auch noch seine Freundin gholt von Traunreut. Geld hams ja ghabt, gell, ein jeder so vierhundert Mark. Und dann ham mir ausgmacht, daß mir nach Rosenheim fahren, und dann sind mir nach Rosenheim gfahren. Im Hotel geschlafen. Fortgangen ganz groß und am nächsten Tag warn mir wieder in Traunstein, da ham mir dann auch noch einmal im Hotel gschlafen und dann war halt das Geld alle. Und dann ham mir am vierten Tag in eim Dachboden gschlafen und am fünften im Heustadel, und am sechsten Tag sind mir wieder in Traunreut gwesen und sind im Hofbräuhaus gsessen, und dann is mein Vater daherkommen. Ich hab gsagt: »Ich geh nicht mit heim, du drischst mich.« Und wenn der einmal zudrischt, der kann halt nimmer aufhören, das is sein Pech. Und dann hat er heilig versprochen, er drischt mich nicht, und dann bin ich halt doch mit heim, und dann hat er meinen Bruder rausgschmissen, obwohl der gar nix dafür können hat. Der hat bloß gsagt, die Marina kommt wegn dir nimmer heim, und dann hams gschlägert, und dann hat er ihn rausgeschmissen. Der hat schon lang einen Grund gsucht, mein Vater, der hat was gegen mein Bruder, ich weiß auch nicht, was. Die andern ham dann nach ein paar Tag in eim andern Lokal einbrochen, und da ham sies dann erwischt, und dann war es auch aus, weils einsperrt worden sind.

FRANZ In einem Wirtshaus einbrechen stell ich mir zwar leicht vor, aber da schaut doch nicht viel dabei raus?

MARINA Nein, sie ham die Spielautomaten aufgebrochen und das Geld da genommen. Aber was hättens denn machen sollen? Heim hams ned können, weils woanders daheim waren oder nausgschmissen und verhaßt, und jetzt ohne Geld? Und den, der wo mit mir gangen is, den hätt ich sogar beinah so weit ghabt, daß er arbeiten gegangen wär, aber wenn man keine Wohnung hat oder wohin ebn, wo man hinkann, nutzt das alles nix. Da hams dann eben wieder ein Auto schwarz kauft und sind dann jeden Tag in Wald gfahren zum Schlafen, und das fallt auf, und dann sinds deswegen schon gsucht gwesen. Und mein Freund hat immer gsagt: »Ich bin doch nicht blöd und arbeit wegn so eim scheißmöblierten Zimmer, wo alles verboten is.« Und für eine richtige Wohnung braucht man Möbel, und wo nimmt man die her. Das is schon dumm.

kleine Pause

Noch mal tät ich es nimmer, das is vorbei. Oder ganz weit weg, aber abhauen rentiert sich nicht. Aber schön war es schon. Du bist nicht gebunden, du kannst tun und lassen, wasd willst, solang das Geld reicht. Mir sind zum Beispiel die ganze Zeit mitm Taxi gfahren.

Pause

FRANZ Im Film oder im Fernsehen sieht man das oft ganz toll, so ein Ausbrechen etc. Gibts da sonst noch was zu erzählen?

Marina schaut nur

FRANZ Warum seids denn ausgerechnet nach Rosenheim gfahren. Warum nicht wenigstens nach München?

MARINA Des hat sich halt so ergeben.

Pause

FRANZ Und wie gings daheim weiter, nachdem du wieder zurück bist?

MARINA Da hab ich vom Vater dann sogar einen eigenen Schlüssel kriegt und das Zimmer auch, weil er meinen Bruder ja nausgschmissen hat und ich die nächste war für das Zimmer. Und dann war er sogar ganz freundlich einige Zeit, aber jetzt schimpft er wieder wie immer.

Franz Und mit dem Freund wars gleich aus, wie der in den Knast gekommen is?
Marina Nein, nicht gleich. Er hat mir aus dem Knast noch einen Brief geschrieben. Aber dann hat er einer andern auch einen Brief geschrieben, die er auch kennt hat, und dann hab ich mir denkt: Jetzt kannst mich kreuzweis . . .

Rosis Gschicht

Franz Damit mir jetzt nicht gleich zu Marinas 70. Geburtstag kommen, Rosi, wie is das alles denn bei dir?
Rosi Also, wo ich wohn, das sind nicht meine Eltern, sondern meine Pflegeeltern. Da wohn ich aber schon achtzehn Jahre.
Franz Wie alt bist du?
Rosi Achtzehn.
kleine Pause
Meine richtige Mutter hat damals einen kennengelernt, da war sie Bedienung, und da wollt sie heiraten. Das war in der Nähe von Reichenhall dort. Und der hat dann am Schluß einen Rückzieher gmacht, und dann is meine Mutter mit dem Kind daghockt, also mit mir. Wußt nicht, was sie machen sollte.

In der folgenden Erzählung bringt Rosi fortwährend »Eltern« und »Pflegeeltern« und »Pflegemutter« und »Mutter« durcheinander . . . Ich hab das berichtigt, weil ich meine, der Leser würde sonst zu sehr verwirrt, find das aber als Anmerkung wichtig

Und meine Pflegeeltern, die warn ganz neu in Traunreut, da is die Hebamme, die, wo meine Pflegeeltern gut gekannt ham, hingangen und hat sagt: »Ich hab da ein Mädchen, können das nicht für eine Zeitlang nehmen?« Und denen is grad ein kleiner Bub, vor drei oder vier Wochen, an einem Lungenschaden erstickt, und da hat mein Pflegevater gsagt: »Gut, die nehmen mir!« Und dann bin ich bracht worden, da war ich grad sieben Tag alt, und nach drei Jahren is meine Mutter wiederkommen, weil sie einen andern kennenglernt ghabt hat, mit dem is sie jetzt verheiratet, und da wollts mich wieder haben. Aber da hat mein Pflegevater ihr ein Theater gmacht: »Wenn du sie mitnimmst, dann tu ich mir was an.« Und mit acht Jahren hams mir dann zum ersten Mal gsagt,

daß sie nicht meine Eltern sind, sondern die andern. Die ham damals eine Wirtschaft ghabt. Das hab ich aber erst später verstanden.
Ich versteh mich zwar jetzt mit meiner Mutter und meinem Stiefvater recht gut, aber wies mich mit dreizehn oder so gfragt ham, ob ich nicht zurückkommen will, da hab ich nicht wollen. Und mein Pflegevater hat gsagt: »Jetzt hab ich sie so lang aufzogn, jetzt zieh ich sie die paar Jahr, bis volljährig is, auch noch auf, dann kanns selber entscheiden, was sie will.« Und jetzt, erst vor kurzem, da war mein richtiger, mein leiblicher Vater da. Der mußt ja Unterhalt zahlen wegen mir, und da is er ganz schön im Rückstand. Und da hat er mir jetzt offenbart, er hätte Zweifel, ob ich seine richtige Tochter bin. Die ganzen achtzehn Jahre hat ers nicht angezweifelt. Aber plötzlich. Weil er noch Schulden bei mir hat von die Alimente, weil er gmeint hat, wie ich mein eigenes Geld verdient hab, jetzt braucht er nimmer zahlen.
Mit sechzehn Jahren bin ich in ein Lebensmittelgschäft in die Lehre kommen. Und wie ich ausglernt ghabt hab jetzt, war mir das zu wenig Geld. Und da hats daheim den ersten großen Krach geben, weil ich nicht bleiben hab wollen. Der Pflegevater hat gsagt: »Laß sie doch, sie wird schon wissen, was richtig is für sie!« Und die Pflegemama war dagegen. Und ich bin stärker gwesn und zum Siemens gangen. Aber jetzt wirft sie mir immer alles vor, wie bei der Marina auch. Wenn es nach der Nachtschicht spät wird, dann schimpft sie. Wenn ich dann um zehn oder halb elf aufsteh, dann gehts los. Dann geh ich gleich wieder in mein Zimmer. Und dann kommt sie mir nach. Und dann pack ich mein Glump und geh zur Marina. Und dann wirft mir meine Pflegemutter vor, daß ich ihr nicht zuhör. Und ich hab ihr schon so oft gsagt: »Ich tät dir zuhören, wennst mich nicht immer so anschrein tätst.« Und gestern war mein richtiger Vater schon wieder da und hat gsagt, er tät gern eine Untersuchung machen, so eine Erbschaftsuntersuchung, das geht schnell. Da hab ich gsagt, so schnell geht das gar nicht, weil ich hab nachgfragt, das dauert mindestens ein oder zwei Wochen, weil da wird jeder Teil überprüft, weil das is nicht bloß eine Blutuntersuchung, sondern überhaupt, der ganze Körper wird untersucht. Und das wollt er mir nicht glauben. Und ich hab gsagt: »Den Arbeitsausfall zahlt mir ja keiner.« Wenn ich es tu, soll er ihn mir vorher geben. Das sind so drei-, vierhundert Mark. Und dann hat er bloß gschrien.

Und meine Mutter war auch da und hat gsagt, er hat behauptet, sie hätt noch mit ein paar andern was ghabt damals, obwohl sie es ja besser wissen muß.

FRANZ Der wird halt eine Hoffnung sehen, daß er sein Geld zurückbekommt.

ROSI Der hat ja sowieso noch viel zuwenig bezahlt und hat Schulden. Das, was er gezahlt hat, das wiegt das auf, was er noch Schulden hat bei mir. Das is schon eine Menge, was er noch zahlen muß. In der Regel hat er alle acht Monate einmal bezahlt. Ich hab ein Schreiben bekommen, da is die Summe drin, da hab ich mich erst einmal hinsetzen müssen, so viel is das.

FRANZ Wieviel is es denn?

ROSI Über fünftausend Mark!

FRANZ Willst das einklagen?

ROSI Mir ham ihn zu Besuch ghabt und wollten das im Guten regeln. Er soll halt jeden Monat hundertfünfzig Mark auf mein Konto einzahlen. Und jetzt hätt er es tun müssen und nicht getan. Da hab ich ihn angerufen und gfragt. Und da hat er gsagt, daß er nicht weiß, wie man das macht, auf ein Konto einzahlen. Obwohl ich ihm meine Kontonummer geben hab und ihm gsagt hab, da geht man einfach hin und sagt: »Ich will auf das Konto das Geld einzahlen.« Und bis letzten Freitag hat er Frist ghabt, und wieder is nix auf mein Konto kommen. Da hab ich ihn gleich wieder angrufen und gsagt, wenn er nicht gleich zahlt, dann geh ich zum Rechtsanwalt, dann sind mir geschiedene Leut. Weil ich nicht blöd bin und ihm das Geld schenk.

FRANZ Hast du zu dem irgendeinen Bezug als deinem Vater?

ROSI Er hat sich nie um mich gekümmert. Er schuldet mir bloß fünftausend Mark, das is alles.

FRANZ Gibts keine Sprache des Blutes oder wie der Blödsinn heißt?

ROSI Tut mir leid, nein. Da versteh ich mich mit meiner Mutter besser. Aber er hat sich die ganzen achtzehn Jahre keinen nackten Brocken um mich gekümmert. Dabei hat er ein halbes Jahr in der gleichen Straße gwohnt wie ich, das wär nur dreihundert Meter gewesen, bei seiner Schwester hat er da gwohnt. Aber er hats nicht einmal für richtig gefunden, herzukommen. Mir gehts nur darum, daß er mir Geld schuldet, das andere interessiert mich nicht.

MARINA Der is praktisch ein Fremder für dich.

ROSI Wie er jetzt vor einige Wochen das erste Mal kommen is, da hat er mich nach meinem Namen gefragt, und dann wollt er mich gleich umarmen, aber da hab ich sofort Abstand genommen, weil ich kenn ihn nicht, und er is mir auch sozusagen scheißegal.

FRANZ Is er dir auch unsympathisch?

ROSI Um ehrlich zu sein, er is mir nicht sympathisch.
Er is zur Tür herein, und ich hab gleich gwußt, daß er es is, weil meine Mutter hat mir einmal ein Bild gezeigt, wo er noch jünger war, und er war mir vom ersten Anschlag unsympathisch, und wenn ich einen Menschen vom ersten Anschlag nicht mag, dann kann ich ihn nie leiden.

FRANZ Das is mir jetzt alles ein bißl zu schnell gegangen mit den vielen Eltern und Pflege- und Stiefeltern . . .

Rosi lacht

FRANZ Warum hat dich denn deine Mutter mit sieben Tagen weggegeben?

ROSI Sie war damals grad neunzehn Jahr alt, meine Mutter. Und ein Mädchen mit einem unehelichen Kind, das war damals noch ganz was anders. Und auch ihre Eltern ham ihr gsagt: »Wenn du das Kind mit nach Hause bringst, du kannst auf keine Hilfe rechnen, du kannst gleich wieder gehen.« Und dann hat ebn die Hebamme meinen Pflegevater so gut kennt und es vermittelt. Und der sagt immer, erst hat er gar nicht wollen, aber dann hat er mich liegen sehn im Korb, und dann hat er gsagt: »Die nehmen mir!« Zerscht sollten es ja auch nur drei Jahre sein für den Anfang.

FRANZ Also, die Rosi hat drei Väter –

ROSI Genau, ich kann es mir aussuchen. Was willst denn noch wissen?

FRANZ Ja mei –

MARINA Also, wennst etwas nicht kapiert hast, erklärt sie es noch einmal.

FRANZ Was mir noch nicht so ganz einleuchtet: Die Mutti war neunzehn, wies dich weggeben hat, und du warst sieben Tag alt. Das is doch ganz schön hart?!

ROSI Wo hätts denn hingehn solln mit mir? Die hat ja niemand ghabt.

FRANZ Ja, aber ein bißl Zeitlang muß doch ghabt haben, is die nie gekommen?

ROSI Die hat vor allem arbeiten müssen, weil sie eine Bedienung war. Und die war nicht nur in Reichenhall, die war ein Zeitlang in Österreich sogar. Und dann hats meinen Stiefvater kennenglernt, und sie hat ihm erklärt, daß sie ein uneheliches Kind hat und daß sie das Kind auch gern haben will. Und er war einverstanden, er hat ja auch eine uneheliche Tochter ghabt. Nein, aus erster Ehe sogar. Und dann hat er gsagt: »Gut, mir holen das Kind!«

FRANZ Wie erinnerst dich denn an deine leibliche Mutter?

ROSI Ich weiß, daß mir öfters mal in das Wirtshaus kommen sind auf Besuch. Und daß die Leute dort, bsonders die eine Frau – also meine Mutter –, immer recht nett zu mir waren. Ich hab da alles gekriegt, was ich haben wollt. Sie hat mir oft was gschenkt, oft. Ich hab alles gekriegt, was ich haben wollt. Das muß man sagen. Aber wenn ich dann, jetzt schon älter, Probleme ghabt hab, dann bin ich immer bloß zu die Pflegeeltern gangen, also nur zu meim Pflegepapa, mit der Pflegemutter komm ich nämlich nicht aus. Die hat ganz andere Ansichten wie ich. Die hat immer verlangt, daß ich einen Rock anzieh, und ich hab mir von meinem ersten Geld, was ich verdient hab, eine Hose kauft. Da wars eingschnappt. Der Pflegepapa is anders. Der hat auch seinen Standpunkt, von wo er nicht abbricht, aber die Pflegemutti versteht mich nicht.

MARINA Ihre Pflegemutter, die klopft zum Beispiel nicht an, wenns in ihr Zimmer kommt, der Pflegevater schon. Und davor hat die Rosi ebn Schiß: Wenns einen Freund mitnimmt und liegt mit ihm im Bett und ihre Pflegemutter kommt und klopft nicht an und stiert einfach herein – was is dann?

ROSI Genau, genau so is es.

wir lachen

ROSI Und dann hab ich einmal ein bißl was mit eim ghabt – und die Pflegemutter hat es erfahren, und jetzt will sie immer wissen, was los is. Wo es schon lang vorbei is. Da versteht sie nix.

MARINA Was heißt denn ghabt. Hast eh nix ghabt, ein bißl gschmust und sonst nix.

ROSI Genau.

MARINA Aber ihre Pflegemutter ist so neugierig, die möcht immer alles wissen. Und wenn sie es dann weiß, dann redt sie es rum, weils ratscht. Die is so furchtbar neugierig ebn.

FRANZ Wie alt sind denn die Pflegeeltern?

ROSI 36 und 39, ah . . . 46 und 49.

MARINA Zum Beispiel, wo ich gearbeitet hab, da war der Rosi ihre Pflegemutter eine Putzfrau, und kaum hat sie was erfahren von mir, zack-zack, zum Chef hin und zur Chefin und es denen gleich erzählt. Ja, was geht denn das den Chef oder die Chefin an, das is ja praktisch mein Privatleben, das geht ja die überhaupts nix an.

ROSI Oder am Samstagnachmittag, da is die Marina immer zu mir kommen, und da ham mir uns fertiggmacht, daß mir aufd Nacht fortgehen können und ham gratscht und Musi ghört und Zigaretten gequalmt, und wie mir in der schönsten Unterhaltung drin sind, wutsch, geht die Tür auf und –

MARINA ... dann is sie wieder da, und dann is natürlich aus. Weil sie geht ja nicht gleich wieder raus, die bleibt ja drin und hört zu.

ROSI Weils gleich wieder alles wissen möcht, aber mir, gell, mir reden dann natürlich von was anderm!

FRANZ Wie viele – ja wie soll man sagen – Pflegegschwister hast du noch?

ROSI Zwei, die sind aber schon seit fünf und sechs Jahr verheirat.

FRANZ Bist die letzte daheim?!

ROSI Meine Pflegemutter sagt, ich bin die letzte und mach die größten Schwierigkeiten! *sie lacht*

FRANZ Was ich noch nicht ganz versteh: Die Marina hat zum Beispiel erzählt, daß ihr Vater ihren Halbbruder nur deswegen, wie sie jedenfalls meint, nicht mag, weil er nicht der leibliche Sohn is. Du bist jetzt überhaupt keine leibliche Tochter in dem Haus – gabs bei dir nie so was, daß die leiblichen mehr verwöhnt worden sind, weniger Schläg kriegt ham oder so?!

ROSI Nein, nein, so was hats bei uns nie geben. also wirklich nicht.

FRANZ Das find ich eigentlich ziemlich toll von deinen Pflegeeltern!

ROSI Mit zwölf oder dreizehn Jahren, wie ich richtig alles gspannt hab, da glaub ich, hats eine Zeit geben, da bin ich mir ein bißl wie das fünfte Rad am Wagen vorgekommen – aber mein Pflegevater muß das ziemlich schnell gspannt haben und hat sich viel Mühe mit mir geben. Und dann wars wieder vorbei, das Gfühl.

FRANZ Das is aber ziemlich toll von ihm ...

ROSI Das schon, aber er hat auch sein Spinnerten wie jeder. Da gibts Tage, da mach ich einen sooolchen Bogen um ihn.

FRANZ Hast du auch Schläg bekommen wie die Marina?

ROSI Ja, Dresch hab ich gekriegt.

MARINA Aber bloß mit der Hand!

ROSI Marina, frag nicht, was der für eine Handschrift hat! A guade Handschrift, mein Lieber!

wir lachen

ROSI Die letzte Watschn hab ich mit sechzehn Jahr ghabt. Da bin ich einmal um drei heimkommen, und kaum war ich bei der Tür herin, wusch, hab ich schon eine drin ghabt. *lacht*

MARINA Die letzte hat mir gar nix ausgmacht. Da hab ich sogar glacht, weil ich einen Rausch ghabt hab. *sie lacht* Ich hab grinsen müssen, und da is mein Vater dann erst recht narrisch gworden!

ROSI Also ganz richtig Schläg hab ich nur einmal gekriegt, da ham mir einem Nachbarn, den mir nicht leiden ham können, weil er immer gsagt hat, daß mir so laut sind, mit Zündhölzl aus alle vier Reifen die Luft raus lassen vom Auto! *lacht*

MARINA Mei, das geht ja noch, bei uns war im Vorderhaus eine Masseuse, und da war ein Vordach, und ich bin da oben gstanden und hab heruntergspuckt. Und dann hat wer gsagt, daß ich ihm auf dem Kopf gspuckt hab, was aber gar ned gstimmt hat, weil ich hab in dem Augenblick überhaupt ned gspuckt. Richtig ungerecht! – Mi leckts am Arsch, da hat mich mein Vater vielleicht gschlagen! Aber bei dem einem Mal is ned blieben, am nächsten Tag hat er mich wieder gschlagen wegn demselben und am dritten Tag auch wieder, und dann is meiner Mutter zu blöd worden und dann hats den Knüppel versteckt. Ja mei, der hat nicht aufhören können, mein Vater, gell! Wegen irgendeinem Grund hat er einen tagelang nachher auch noch gschlagen. Da war der fürchterlich in der Beziehung. Besonders grantig war meine Mutter immer dann, wenn er uns was zerrissen hat beim Hauen, weil meine Mutter hat immer alles selber gnäht, gell, also alles für uns Kinder, schöne Sachen, sonst wärn die ja auch bestimmt nicht mit dem Geld hinkommen – also auch für andere Leut hats früher gnäht – und da wars grantig, wenn der Papa uns was zerrissen hat.

FRANZ Meints ihr, daß ihr ingesamt eine schöne Kindheit ghabt habts?

ROSI Also, ich schon. Schöner sogar, wie mancher andere vielleicht . . .

MARINA Doch, ich auch.

Zur finanziellen Sache

FRANZ Ihr redets von einem Zusammenziehen und daß das so viel kostet. Wieviel kriegts Ihr denn beim Siemens am Band?

MARINA Sagn mir, rund achthundert Mark. Zusammen wären das

dann eintausend und sechshundert *sagt es lang und deutlich* Mark netto.

Rosi Marina, das stimmt nicht. Ich hab jetzt einen Einstellungslohn von 882 Mark gekriegt auf die Hand. Das is aber nur Einstellungslohn, und zwar ein Stundenlohn von 5,92 Mark. Und das steigert sich ja dann.

Marina Mir kriegen dann 7,50 Mark ungefähr.

Rosi Kann man hinkommen. Und Einstellung is 5,92 Mark, egal, ob man die Stückzahl schafft oder nicht.

Marina Also, den Akkord von später.

Rosi Wenn du bei der Einführung den Akkord praktisch schon hinkriegst, die Stückzahl, deine Minuten, dann haun sie es dir automatisch drauf. Für jedes Stück, das du mehr hast, kriegst du so und so viel mehr.

Marina Sagen mir einmal so: Mir dürfen nicht mehr machen, also, mir machen es nicht, weil das schlecht is. Sagen mir einmal, ich hab jetzt 250 Stück, das is bei mir der Akkord, wenn ich jetzt aber jeden Tag dreihundert mach, dann kommt der Stopper, und dann muß ich dreihundert machen.

Rosi Und wenns einen schlechten Tag erwischt, dann schafft sie es nicht.

Marina Dann schaff ich es nicht. Meine 250, die schaff ich. Vielleicht hab ich dann sogar noch eine halbe Stund zum Herumgondeln, wo ich zu die andern hingeh und mit denen ratsch – das geht aber nur in der Nachtschicht, da is der Meister nicht da. Am Tag schon.

Rosi In der Nachtschicht gehts eben gelockerter zu und is netter.

Marina Da kann man sich dann Zeit lassen. Aber wenn der Stopper kommt, und die stoppen dich, und die stehen daneben, wie du arbeiten tust, und, sagn mir mal, i schick mich jetzt recht, und die rechnen das dann aus, dann stellen die fest: Ja mei, die kann ja noch viel mehr machen, wenn es sein muß. Und dann muß ich mehr machen, und das is mein neuer Akkord, und ich krieg nicht mehr Geld, und wenn ich es nicht schaff, dann lieg ich drunter. Scheiße is das eben für unserein dann.

Die Arbeit an der Linie

FRANZ Also, jetzt laßts uns einmal vorne anfangen. Ihr seids jetzt seit rund zwei Monat beim Siemens in Traunreut im Leuchtenwerk an der Linie, also am Fließband, wies sonst heißt. Was machts da, was stellts ihr her?

ROSI Es gibt Linien, da werden ganze Lampen, also ganze Lampen, gell, von einer einzigen Person gearbeitet.

FRANZ Was für Lampen?

ROSI Mei . . .

FRANZ Solche? *deutet auf die Deckenbeleuchtung*

ROSI Nein, nein. Lange.

Pause

Zum Beispiel . . . *sie schnauft*

FRANZ Neonlampen?

ROSI Ja mei, wennst auf der Straße schaust, die Lampen dort mit dem Ding. Das sind solche, die wir machen.

FRANZ Macht ihr das, was brennt, oder die Fassung?

ROSI Nein, nein, es gibt doch dann die Röhren, die Birnen halt, die kriegen wir von Osram zugeschickt, und dann gibts aber noch das andere Teil . . .

FRANZ Du machst Straßenlaternen?

ROSI Ja, und die müssen innen drin ja auch gearbeitet werden, daß die ganzen Kabel stimmen, und dann müssen Entstörapparate eingebaut werden, das sind so kleine Dinger, die werden eingesetzt, wenn sie angehn, daß es nicht überall knackst und so weiter. Manchmal laufen da drin, innen, gell, sogar 20 verschiedene Kabel rum, da fragt man sich dann: Für was sind die? Aber sie werdn gebraucht, sonst tätns ja nicht da sein. Und so.

FRANZ Wie schaut die Arbeit, die du machst – genau – aus?

ROSI Also, da kommt zuerst einmal links und rechts eine Fassung rein, an den Seiten in die Trägergehäuse, ganz normal.

FRANZ In die Fassung schraubt man anschließend die Neonlampe?

ROSI Nein, überhaupt nicht.

Pause

Das ist schwer zum Erklärn. Das sind so flache Dinger, so gebaut, so lang, *macht Bewegungen mit den Händen, an die ich mich nicht mehr erinnern kann,* unten gehts schmäler, und dann kommt unten noch einmal so eine Kugel, wo dann die Birne reingelegt wird. Links und rechts. Und da werden die Kabel – in der Mitte is so ein langes, schweres, anderthalb Kilo schweres, so eine Drossel, da laufen alle Kontakte und alles zusammen. Und dann kommen verschiedenen Teile, Starter, z. B. Entstörfaktor und die Erdungen müssen rein, und das wird alles verbunden, und das is eine Heidenarbeit. Wir sind insgesamt – zwei, insgesamt viere, fünf, eine Prüferin, sechs, ein Verpacker und sieben, eine Springerin. Sieben Stück sind mir. Also zwei von uns, die ersten beiden, also ich und noch eine, wir müssen die ganzen Dinger einbauen und verquinten, und dann tun die nächsten zwei – da braucht aber jeder nur eine einzige Lampe machen, obwohl zwei daliegen, das fährt ein Stück weiter, die müssen dann die Kabel richtig legen, also daß es sauber ausschaut, und das is für jedes, was wir arbeiten, drei Minuten Zeit. Jeder, also von den andern beiden hat jeder für eine Lampe drei Minuten Zeit und die andern beiden. Und dann gibts noch eine andere Art von Linie . . .

Anmerkung: Obwohl sich das Gespräch in langen Fragen und Erklärungen und Weiterfragen und neuerlichen Erklärungsversuchen erging, war es nicht möglich, eine wirklich zusammenhängende, einigermaßen plausible Erklärung dafür zu erhalten, was Rosi immerhin mehr als hundert Mal am Tag machen muß . . .

wo ungefähr 12 Leute dasitzen, aber da macht jeder eine Lampe ganz. Die ham aber auch eine ganz bestimmte Stückzahl, z. B. bei zweiflammigen Lampen sind es 95 oder 97 Stück, und wenn sie einflammig sind, dann sind es über 180. Die, wo sie am Tag machen müssen. Aber das schaffen sie normal leicht. Und mir ham eine Stückzahl jetzt, bei 100 Prozent wären es 252 Stück – nein – 100 Prozent 128 . . . *denkt nach* zweihundertachtundzwanzig?! *kleine Pause* Einhundertachtundzwanzig. 115 bis 120 Prozent ab 150 Stück, und dann gibts noch 150 Prozent, die gehen dann schon über dreihundert rauf *sie verbessert sich nicht*. Jetzt haben wir zum Beispiel 152 Stück, das sind knapp 115 Prozent. Und wenn mir die schaffen, dann ham mir das Pensum voll, gell. Und dann sind mir in der Nachtschicht vielleicht schon um elfe fertig, und dann hören mir sogar auf. *lacht* Normal müssen mir bis zehn nach elf arbeiten –

MARINA Viertel nach!

ROSI 10 nach elf hören mir auf, aber um viertel nach dürfen mir erst gehen. Mir müssen noch fünf Minuten bei unserer Linie stehen, weil wenn das nämlich irgendeiner spitz kriegt, daß mir schon um 10 nach elfe runtergehen in die Garderobe, dann kann es passieren, daß wir noch einmal zurück müssen und bis um viertel nach elf arbeiten müssen, egal, wie viele Lampen mir fertig ham oder noch mehr.

MARINA Und abstempeln dürfen mir praktisch erst um 10 vor halb zwölf, weil abstempeln müssen mir ja. Und jemand anders darf für uns nicht mit abstempeln, weil es verboten is.

ROSI Es kommt schon öfters vor, daß eim pressiert, und dann haut er schon vorher ab, gell . . .

MARINA Ja, die Ausländer, im Leuchtenwerk, wo mir arbeiten, sind ja zum größten Teil solche Ausländer – aber jetzt stellns keine mehr ein, die stellen praktisch nur noch Deutsche ein, und die Ausländer, die sind so, die gehen einfach hin, die stellen sich nicht hinten an, sondern die gehn gleich vorn hin und nehmen da gleich drei oder vier Stempelkarten und stempeln für die andern mit ab. Das darf man nicht.

ROSI Bei die Jugoslawn kommts oft vor, und bei die Deutschen bloß, wenns einmal einem pressiert. Aber erwischn dürfen darfst dich nicht lassen. Sonst kannst was erleben.

FRANZ Is die Arbeit leicht?

ROSI Ich hab da eine Schachtel vor mir, da sind links Starterfassungen und Starter. Die werden zusammengeschraubt, das mach ich immer nebenbei, das is leicht. Und dann muß ich erst einmal überall die Drosseln . . . Die werden oben aufgelegt, die hau ich mit der Hand hinein. Da hab ich mir am Anfang, die ersten zwei, drei Tage mordsmäßig die Hand weh tan, und ich hab das ganze Gelenk nimmer bewegen können. *sie lacht* Aber jetzt – und die werden dann noch befestigt. Und dann kommt der Stempel rein, das Typenschild, was es is. Und dann werden die Starter verbunden, die werden dann eingesetzt, und dann tu ich es noch an der rechten Seite ein bißl richten, und dann fertig.

MARINA Da hab ich eine Frage. Du hast doch eine Nummer?

ROSI Ja.

MARINA Mußt du deine Nummer mit hineintun?

ROSI Nein, die muß ich nicht hineintun. Weil das geht die Leute sozusagen einen Scheißdreck an, welche Nummer ich bin. Der Stempel is ja dazu da, daß wenn eine Lampe irgendwie kaputt is, daß sie wissen, an was für einem Tag das gebaut is, und von welcher Linie.

MARINA Dann wird praktisch die ganze Linie zur Verantwortung gezogen, wenn das is?

ROSI Genau.

MARINA Bei uns is das so: Mir ham da einen Stempel, und ich muß so Tüten machen, da kommt ein Befestigungszubehör rein und zwei Schrauben und noch zwei Dinger. Ich weiß auch nicht, wie das heißt. Das kommt da rein, und ich muß in ein Paket fünfzig so Säcke reintun. Und dann kommt außen hin, was das is, und da muß ich dann aber meine Nummer dazutun. Weil wenn da was nicht stimmt, dann können die mich zur Verantwortung ziehen. Deswegen hab ich sie jetzt gfragt, ob sie als Nummer erscheinen muß.

ROSI Bei uns is das so: Mir machen manchmal von einer Leuchte nur 250 Stück oder bloß hundert oder siebenhundert. Jetzt hättn mir eigentlich einen Auftrag mit dreitausend machen sollen. Aber da hams was anderes vorgezogen. Wegen dem Liefertermin. Mir sind nämlich die einzige Linie in dem ganzen Werk, die wo auch dreistrahlige Lampen machen kann. Woanders gibts im höchsten Fall noch zweiflammige . . .

MARINA Die Arbeit is eigentlich ganz gut.

FRANZ Was is so gut?

ROSI Also, die Geschwindigkeit is gut. Da geht schon das Band, und das schickt mir die zwei Träger hin. Da sind links und rechts schon die Fassungen drin mit den ganzen Kabeln. Die Kabel muß ich mir nur noch aussuchen, wie ich die hinhaben will. Dann liegen eins zwei drei – bei den dreiflammigen – also, für jede Flamme braucht man eine Drossel. Die is dazu da.

FRANZ Zu was? Was tut die Drossel?

ROSI Die reguliert das.

FRANZ Was?

ROSI Den Strom regulieren. Der durchgeht. Wenn nämlich jetzt zuviel durchgeht, dann täts die Birne durchhauen, und dazu is die da. Und die liegt dann auf, wo sie hingehört. Die Kabel sind schon innen reingesteckt. Die muß ich dann reinhaun. Und dann richt ich sie ebn hin. Dann hab ich so eine kleine Klammer, die leg ich dann ein, dann hab ich noch so ein Werkzeug, und das tu ich mit reinlegn. Und wenn ich die drin hab, dann hab ich die Starter. Mit der Starterfassung. Nämlich da hab ich rechts drei kurze Kabel liegen, die werden damit verbunden. Und dann links auch noch mal. Also links is es lang, und rechts is es kurz. Die müssen jetzt der Reihenfolge nach richtig eingelegt werden. Da schnaggelts jedes Mal. Sobalds nicht schnaggelt, weiß ich, daß sie nicht richtig drin sind. Und das wird vorne am Prüfstand als Fehler bezeichnet.

FRANZ Also schnaggelt heißt ja im Bayrischen auch: Es haut mir eine hinauf, nämlich der Strom.

wir lachen

ROSI Das wär gut, da täts mir im Tag sechshundert Mal eine hinaufhaun! – Wenn das alles fertig is, mit der Zeit geht das so schnell, und ich bin dann mit meiner Arbeit fertig. Dann fährt das Band weiter, und die nächsten, die müssen dann nur noch die Kabelhalter einlegen, das sind so Metalldinger, die werden eingelegt, daß die Kabel fest drin liegen. Und dann fährt das weiter vor bis zum Prüfplatz. Die am Prüfplatz nimmt sich jedesmal eine Lampe, da hat sie drei so Birnen, die sind aber nicht aus Glas, sondern aus . . . das is schlecht zu sagen, die sind auf jeden Fall dunkelgrau, und dann hat sie oben so einen kleinen Schirm, und da steht was drauf und wenn das in Ordnung is, dann –

MARINA Du mußt sagen, daß es rot aufleuchtet auf dem Schirm, wenn es in Ordnung is.

ROSI Das leuchtet überhaupt nicht rot auf. Da steht nur auf dem Schirm drauf, daß es in Ordnung is. Und das is eine orange Schrift. Und wenn etwas nicht in Ordnung is, dann steht rot drauf, was es is. Z. B. »Zündung fehlt« oder »kein Starter« oder was.

FRANZ Was passiert dann damit?

ROSI Dann nimmt sie das Ding weg und legt es auf einen Nebentisch, und dann schaut sich die Linienführerin die Lampe noch einmal an. Und die findet dann den Fehler. Und wenn das alles passiert is, rutscht die Lampn auf ein Gestell, und das geht langsam runter zum Verpacker, und der verpackt das dann alles. Das geht so den ganzen Tag, aber langweilig is es nie, weil – immer das gleiche –

MARINA Weil du arbeitst ja praktisch die ganze Zeit!

ROSI Okay, du arbeitst die ganze Zeit. Aber, Marina, es is nicht stinklangweilig. Bei uns jedenfalls nicht.

MARINA Ja, du arbeitst ja auch an der Linie. Seids nebeneinander. Aber beim Einzelplatz, da sitzt jeder in einem großen Abstand. Wir sitzen praktisch die ganze Zeit allein da und arbeiten nur. Die an der Linie, die ham eine Unterhaltung. Die können mit dem

Nächsten ratschen. Aber bei uns is das ein zu großer Abstand. Oder es sitzen Ausländer dorten, die können nicht deutsch, sagen mir mal zwei Jugoslawn, jetzt ham die das Glück, daß die sich verstehen und die ratschen miteinander, und was tu ich? Das is bei denen dann der Vorteil.

ROSI Und da muß man auch dazusagen: Das alles geht bloß in der Nachtschicht. Am Tag geht das überhaupt nicht. Am Tag heißt es gleich, wenn alle da sind, daß man nicht arbeitet und bloß ratscht. In der Nachtschicht is halt die Aufsicht vernachlässigt, weils nicht da is.

FRANZ Jetzt ham mir ghört, was die Rosi macht. Marina, was machst du möglichst genau auf deinem Einzelplatz.

MARINA Also, ich mach ein Befestigungszubehör. Das is jetzt schlecht zum Erklärn, weil ich nicht weiß, wie die Teile heißen. Ich hab da so eine Vorrichtung, und

Pause

– wie soll ich das jetzt erklärn? Ich hab da eine Vorrichtung, und da tu ich eine Mutter rein, unten, und da kommt ein Blech hin, und da muß ich dann eine Schraube einischraubn und – mei, das is so schlecht zu erklärn, weil ich ebn nicht weiß, wie die Teile heißn. Ich kann das ziemlich schlecht erklärn.

große Pause

So ein Blech, schau her, da gehts vorn so raus, da is oben ein Loch und unten ein Loch, *macht Handbewegungen, an die ich mich nicht mehr erinnere*, das tu ich hinein, und unten is die Mutter, und dann hab ich so ein Ding, da sind zwei Löcher drin und da ein großes Loch, da tu ich oben eine Schraube rein, und ich schraub die Schraube dann ein. Und wenn das dann fertig is – da gehen praktisch acht in eine Reihe rein. Wenn das fertig is, dann hab ich einen Draht, den muß ich in zwei so Löcher hineintun, damit das Ding, was da dran is, damit sich das bewegt. Und wenn ich des fertig hab, da kommen dann zwei so Dinger in ein Sackerl hinein, und zwei so Bleche dazu, damit es festgmacht werden kann und zwei so Schrauben. Und das tu ich in einen Sack rein, und dann hab ich einen Zettel, und da steht die Anordnung drauf, wie die das hinmachen müssen in die Lampe, damit das fest hebt. Das muß ich auch einitun, und da hab ich eine Maschine, da is ein Tesafilm drin, und die geht dann vor. Ich weiß auch nicht, wie das gmacht is, aber ich fahr da hinein, und das reißt ab. Ich mach die Tüten dann zu, und dann kommen 50 so Tüten in ein Paket. Also, da is praktisch ein Karton schon vorgerichtet, aber der is noch nicht fertig, den muß ich praktisch knicken und aufstellen und da kommen dann die fünfzig Säcke rein, und dann papp ich den zu, und da muß ich 5 Karton machen, und wenn ich die 5 Karton hab, dann hab ich so ein Wapperl, da steht außen »Siemens« drauf und »Befestigungszubehör« Nr. so und so, und da kommt dann mein Stempel drauf, da is meine Nummer drauf, der Tag und der Monat. Und den muß ich dann draufhauen. Weil wenn was nicht stimmt, dann werd ich zur Verantwortung gezogen. Aber wenn man das raus hat, dann geht das zack, zack. Das is immer schlecht zum Erklärn, weil die Teile, die kann man so schlecht erklärn, da muß man selber danebenstehen, dann begreift man es.

FRANZ Weißt du, für was das dient, was du herstellst?

MARINA Ja. Zum Beispiel für die Lampen, wennst sie oben festmachst. Da dient das dazu, damit das fest hebt. Also Befestigungszubehör der Lampen praktisch. Und da gibts verschiedene Typen, aber ich mach praktisch immer nur einen Typ. Wie das festgemacht wird, das kann ich dir auch nicht erklärn, weil ich mach ja praktisch nur das Befestigungszubehör.

Die Deppen am Band

ROSI Manche sind dabei, die kommen nicht nach, die stoppen dann, weils nicht so schnell arbeiten können. Und das läuft ja praktisch, das Band. Alle drei Minuten gibts einen Hupton. Dann muß man die Finger weg tun, weil wennst die Finger hineinkriegst in das Band, da kannst dir ganz schön weh tun. Man muß aber in den drei Minuten seine Arbeit schaffen. Und normal, wenn man seine Gedanken beinander hat, dann geht das auch. Aber wenn man es nicht schafft, da is unten ein roter Knopf beim Band, und da drückt man dann drauf und dann stoppt das Band. Aber ehrlich gesagt, das sehen die Einrichter und die Linienführer nicht gern. Das stoppt ja dann praktisch das ganze Band, und mir kriegen die Minuten nicht zam. Dann müssen die andern alle warten und können nicht weitermachen. Und das sieht dann blöd aus, wenn grad ein Chef kommt, und eine arbeitet wie blöd, weils nicht nachkommt, und die andern stehen da und können nix tun. Dabei sind die selber schuld, weil oft is eine Linie richtig eingearbeitet, und dann tun sie einen ganz neuen hin. Der kann das noch nicht so richtig und der braucht länger und haltet die andern auf. Und wenn dann wegn so einem die Stückzahl nicht zamkommt, dann kriegen alle am Band weniger Geld. Alle!

MARINA Und das is beim Einzelplatz der Vorteil, daß man nicht auf die andern angewiesen is.

ROSI Wenn bei der Linie irgendein Depp dabei is, der immer stoppt, dann kriegen die andern auch weniger Geld. Bei meiner Linie, wo ich bin, da kann ich rechnen, daß jedes zweite Mal kommt das »Stopp!« Wenns wieder weitergeht, dann schafft sie wieder was, vielleicht mal wieder eine ganze Zeit, aber dann macht es wieder »stopp« und ich steh da, weil die andere es nicht kann. Weil sie blöd is. Die teilt sich ihre Arbeit nicht ein. Die fangt kreuz und quer an. Und das geht nicht. Und ich bin dann beschissen. Das ist nicht gerecht, aber was willst machen, wenn die sich so blöd anstellt?

Trotzdem lieber am Band?

FRANZ Marina, du hast gsagt, am Band is es viel unterhaltsamer. Würdest du – trotz der Abhängigkeit von den andern – lieber am Band sein als an deinem Einzelplatz?

MARINA Einesteils schon, aber wiederum wenn ein solcher Depp dabei is, und der stoppt dauernd?! Das is ja praktisch mein Geld dann. Da hab ich es an einem Einzelplatz dann wieder besser. Lustiger zugehn tut es aber am Band. Obwohl die Zeit vergeht am Einzelplatz oder am Band genauso schnell.

FRANZ Ich hatte zuerst nach deim Redn den Eindruck, sie vergeht langsamer am Einzelplatz?

MARINA Nein.

ROSI Man is ja so in die Arbeit vertieft.

MARINA Ja, vertieft is man schon. Aber man gfreut sich auch, wenn einer kommt und mit einem redt.

Pause

Mei, in die Arbeit vertieft schon, aber ich kann das blind schön langsam auch schon machen, gell! Weil die Handgriff, die hast ja dann raus mit der Zeit. Das Gute is halt, du arbeitst die ganze Zeit, außer in der Pause. Du laßt dir zwar Zeit, aber du arbeitst ununterbrochen. Und da vergeht die Zeit ziemlich schnell. Da wirds ziemlich schnell drei Uhr oder halb zwölf, je nachdem, was mir für eine Schicht ham. Die Frühschicht is von 6 bis drei und die

Spätschicht is von drei bis halbe zwölfe. Das is, weil in der Frühschicht is eine halbe Stund Mittag eingrechnet.

FRANZ Würdest du lieber an einem Band sein, Marina? Ich frag noch mal?

MARINA Wenns ein gutes Band is, schon. Dann is am Band besser.

FRANZ Jetzt eine andere Frage: Es wird gsagt, daß Bandarbeit so furchtbar fad is und den Menschen kaputtmacht. Im Fernsehen sieht man es auch, oft von Schriftstellern gschrieben, die noch nie eine Fabrik von innen gsehn ham. Ich bin kein solcher. Wie is das? Is Bandarbeit fad?

ROSI Nein, bestimmt nicht.

MARINA Nein.

ROSI Mir gfallts gut, man hat immer was zu tun, und man weiß, was man herstellt. Ich möcht nicht weggehn vom Band.

MARINA Genauso wird erzählt, daß man immer nur ein und dieselbe Arbeit tun tät! Das stimmt überhaupt nicht. Es gibt nämlich verschiedene Typen. Bei der Rosi zum Beispiel. Es gibt dreiflammige Typen, zweiflammige und einflammige. Da macht man praktisch immer eine andere Arbeit.

FRANZ Kannst du mir den Unterschied erklären zwischen den verschiedenen „Flammen"?

ROSI Das is ganz einfach.

FRANZ Damit ich versteh, wo die Abwechslung liegt.

ROSI Am liebsten mach ich die Einflammigen, die sind am einfachsten zum machen. Es is nur eine Drossel drin, viel weniger Kabel, ein Starter. Kabel sind im höchsten Fall 8 Stück drin. Und bei der dreiflammigen kann ich auf 20 Kabel kommen, wenn es langt. Die Einflammige is weniger Arbeit und geht schneller.

FRANZ Damit ich das versteh: Kann man sagen, der Unterschied zwischen der Einflammigen und der Dreiflammigen liegt darin, daß der Arbeitsvorgang zwar der gleiche is, aber eben dreimal?

ROSI Ja, das stimmt. Aber es is doch immer anders. Es is nicht immer das gleiche, wie die Leute schreiben. Also in die zwei Monat, wo ich es mach, bin ich noch nicht deppert geworden.

MARINA Das können mir aber noch nicht genau sagen. Da gibts welche, die machen das schon 13 Jahre . . .

FRANZ Band heißt ja auch Akkord. Is das auch leicht?

ROSI So arg is das nicht, wie man das schreibt. Akkordarbeit: um Himmels willen! Im Fernsehen zeigns dann Sachen, zack, zack, wie die Leute schuften müssen, das schaut ein bißl ernst aus, aber so ernst is das gar nicht. Irgend jemand kommt immer mal vorbei, wo es erlaubt is, daß er sich frei bewegt und den Arbeitsplatz verlaßt, die Einrichter und die Prüfer meistens, und die machen dann einen Witz und einen Blödsinn . . .

MARINA Da wird ziemlich viel Blödsinn gmacht.

ROSI Da steht plötzlich einer da und erzählt einen neuen Witz, gell, und der is so gut, daß man vor lauter Lachen nicht mehr arbeiten kann. Das is mir schon oft passiert. Oder ein Rätsel. Daß einer mir ein Rätsel aufbrummt, oder ich kenn es schon, das is noch spannender, wenn die andern dran rumkaun, und ich darf es nicht sagen.

FRANZ Kannst mir ein solches Rätsel erzählen!

die beiden lachen

ROSI Also paß auf: Da findet ein Neger in München fünf Mark, für zwei Mark fünfzig kauft er sich ein Eis, für ein Fuffzgerl einen Strohhut und für zwei Mark eine Straßenbahnfahrkarten. *sie lacht fortwährend* Bei der vorletzten Station schmeißt ihn der Schaffner hinaus. Warum?

FRANZ *schaut dumm*

MARINA Hast es nicht kapiert, also noch mal.

ROSI *erzählt das gleiche noch einmal* Warum?

FRANZ Weiß ich nicht.

MARINA Also, das is doch ganz einfach. *sie kann vor Lachen kaum noch sprechen, erzählt das gleiche noch einmal.* Kommst nicht drauf? Also paß auf, ich sag es dir noch einmal . . .

FRANZ *lacht so dumm, wie er geschaut hat . . .*

ROSI *sagt es noch einmal*

MARINA Soll ich es dir sagen? Das is praktisch ein Schmarrn, is das. Da is nix dahinter. Das hab ich einer Kollegin drei Stund verzählt, und die is nicht drauf kommen.

ROSI Da weiß ich noch was: Der Nachtwächter stirbt am Tag. Kriegt der eine Rente, wenn er am Tag stirbt?

FRANZ Ja.

die beiden lachen sehr

ROSI So? Wenn er stirbt, kann er aber keine Rente mehr kriegen.

wir lachen

FRANZ Ich bin ein Arsch mit Ohren.

MARINA Noch was Bessers: Stell dir vor, dir wachst der Schwanz da oben raus. *aus dem Hirn* Wie weit müßt der herauswachsen, damit du ihn siehst?

FRANZ Ja mei . . .

ROSI Den hab ich schon einmal ghört. Zehn Zentimeter . . .

MARINA Der kann 50 Zentimeter auch herauswachsen, dann siehst ihn nicht. Da hängt ja der Sack davor.

wir lachen

ROSI Und so was wird halt laufend erzählt. Und dann bringt wieder einmal einer einen Schnaps mit, das kommt auch vor. Und dann machen mir einfach eine kleine Pause, wenn niemand herschaut.

MARINA Es is eben immer was los.

ROSI Bei uns Junge schon. Aber dann sind die Alten eifersüchtig. Das kommt oft vor. Weil die Einrichter und die Prüfer, das sind eben auch alles Junge, und die kommen dann zum Ratschen zu uns. Und dann sind die Alten sauer. Aber das is mir wurscht.

MARINA Genau.

FRANZ Mir geht noch ein bißl das Verständnis dafür ab, daß die Bandarbeit doch so viel Spaß macht. Ich war mal in eine Papierwarenfabrik an der Packmaschine. Das waren auch nur ein paar Handgriffe und immer die gleichen. Das is mir dann aber schon allmählich auf den Wecker gefallen.

MARINA Also, da gibts bei uns Frauen, die sind schon über 10 Jahr da und machen immer das gleiche. Das möcht ich nicht.

ROSI So weit denk ich noch nicht.

FRANZ Zum Abschluß: Wie viele Handgriffe macht ihr bei einem Arbeitsgang?

MARINA Wie?

FRANZ Wie viele verschiedene Handgriffe sind zu machen bei einem – na ja – so einem Arbeitsgang, bis er sich wiederholt.

ROSI Das is schwer. Das kann ich jetzt nicht sagen. *Kleine Pause* Viele.

FRANZ Wie viele?

MARINA Mei, das weiß ich nicht.

ROSI Moment, das kann ich dir sagen . . . *sie beginnt nun ein stummes Spiel, in welchem sie den Arbeitsvorgang mit den Händen simmuliert und gleichzeitig zählt*

MARINA *kapiert, wie Rosi zählt* Ach so, das geht natürlich! *simuliert auch ihren Arbeitsvorgang*

ROSI Auf wieviel kommst?

MARINA Auf neun.

ROSI Ich komm sogar auf siebzehn.

MARINA Das sag ich ja, daß deine Arbeit abwechslungsreicher is.

Lehre: »Wenn dann die Kundschaft hereinkommt und dir deine Probleme verzählt, wo dich nicht interessieren«

MARINA Ich möcht einmal wieder in meinen Beruf zurück als Verkäuferin. Irgendwie gfallt mir das besser.

FRANZ Ja, wir haben uns ja gleich von der Arbeit bei Siemens einfangen lassen und eure ganze Ausbildung übersprungen. Holen mir es nach.

MARINA Es müßt aber ein Geschäft sein, wo laufend was los is. Laufend Kundschaft. Fad is als Verkäuferin, wennst keine Kundschaft hast. Fürchterlich. Da vergeht die Zeit überhaupt nicht. Ich hab sogar, wenn überhaupt nix los war, die Ware aus die Regale gräumt und Regalputzen angefangen.

ROSI Das ham mir auch öfter gmacht, weil mir nix zu tun ghabt ham.

FRANZ Wo hast du glernt?

ROSI Bei SPAR.

MARINA Und ich bei Co op. Aber mein Laden war nicht so groß, ich hab alles glernt, sogar Buchführung. Wenn der Chef gstorben wär, hätt ich das Geschäft übernehmen können.

FRANZ Was für Schule habt ihr denn gmacht?

ROSI Volksschule ham mir gmacht.

FRANZ Habts den qualifizierten Abschluß?

ROSI Ich hätt ihn vielleicht geschafft, aber gmacht hab ich ihn nicht.

MARINA Ich hab die zweite Klasse wiederholt. Ich hab glernt, je nachdem, ob ich die Lehrerin mögen hab oder nicht. Die in der zweiten hab ich nicht mögen. Ich wollt den qualifizierten Abschluß auch machen . . . Im Lernen bin ich nämlich eigentlich immer recht faul gewesen. Und die Mutti hat auch ziemlich viel zu tun im Haushalt, da hat sie sich nicht so kümmern können, daß man lernt. – Aber bei uns gings ja noch grad mit Lehrstellen.

ROSI Es war aber auch schon haarscharf. Wenn ich meim Vater glaubt hätt, hätt ich keine kriegt, der is immer aufs Arbeitsamt und: nix. Da bin ich selber los, und es hat klappt. Mei Schwester zum Beispiel hat keine Lehrstelle, die sitzt rum. Und ich hab als Kind einen Kaufladen ghabt zum Spielen, und das hat mir gut gfallen. Du kommst viel mit Leute zam und lernst auch den Charakter kennen.

Ja, wennst nicht eine Kundschaft hast wie ich immer, die immer, wenns hereinkommt, dir bloß deine Probleme verzählt, wo dich nicht interessiert, weils es dir schon gestern erzählt hat.

Marina Das stimmt. Wenn man eine Stammkundschaft hat, geht es.

Franz Wie is der Ausbildungsweg einer Verkäuferin, man kann da doch leicht denken, na ja, das is schnell glernt. Stimmt das?

Rosi Überhaupt nicht, weil das gar nicht so einfach is, wie es ausschaut. Die Lehrzeit dauert zwei Jahr als Verkäuferin und drei Jahr als Einzelhandelskaufmann. Mir ham aber beide nur Verkäuferin glernt. Ich bin zuerst zur Milch kommen, da is Milch und Käse und so offen verkauft worden. Dann hab ich später glernt einzuräumen, was ja nicht so einfach is, weil es ja das Auge anziehen soll, wie es heißt. Dann hab ich das ganze Leergut selber gmacht. Und dann bin ich in die Fleischerei gholt worden. Da mußt man knappe hundert Wurschtpreise im Kopf haben und dreißig oder vierzig Fleischpreise. Zerscht hab ich Wurschtverkauf glernt und dann is der Fleischverkauf dazukommen. Man kann schon sagen: Mir sind groß ausgebildet worden im Wurscht- und Fleischverkaufen. Was in einer Wurscht alles drin is, das wird auch erklärt. Zum Beispiel, wenn einer kommt und will eine Diätwurscht haben, muß man das wissen, obwohl mir nie eine geführt ham, weil die zu selten verlangt wird und viel zu teuer is. Da kosten ja hundert Gramm über zwei Mark. Sehr wichtig is, daß man richtig lernt, Fleisch verkaufen, schon das Abschneiden hat seine Tückn, wenn man es nicht kann. Das is gar nicht so leicht, wie es vorkommt. Man muß es ins Gefühl kriegen ... Und dann hat eines Tages der Metzger gsagt: »Du verkaufst gut, ich nehm dich mal mit!« Und dann hat er mich sogar zum Großhändler mitgnommen, wo mir das Fleisch bezogen haben und mich rumgführt und alles erklärt. Und später is dann vorgekommen, daß mir ein ganzes Schwein mitgnommen haben, und dann hat der Metzger gsagt: »Jetzt schaust mir zu, ich mach die eine Hälfte und du die andere!« *sie lacht* Nicht leicht, wenn man bloß ein Mädchen is. Das Zeug is ja alles noch warm, wenns kommt und blutet. Da kann ein Grausen schon vorkommen bei einigen. Bei mir aber nicht. *nickt*

Marina Sei doch froh, daßd das alles glernt hast, mir ham z. B. kein Fleisch ghabt. Das is schlecht!

Rosi Die ham uns alles beigebracht, weil die sind ja auch davon ausgegangen, daß mir nach der Lehrzeit bleiben. Ich wär auch geblieben, wenn die Bezahlung besser gwesn wär –

MARINA Du wärst nicht geblieben, weilst es weißt, daßd auch nach der Lehrzeit immer der Depp geblieben wärst!

ROSI Das stimmt. Dort, wo man glernt hat, bleibt man immer der Depp, wenn man nicht Direktor wird. *lacht* Was selten vorkommt.

wir lachen alle

ROSI Trotzdem hat man eine große Verantwortung. Man muß ja z. B. auch Restl verkaufen, gell! Das muß man auch lernen, daß man die verkauft. Bei manchen Kundschaften weiß man, die kauft ein Restl. Da fragt man: »Frau Meier, ich hätt da ein Restl von der feinen Leberwurscht, das kriegens billiger!« Das mußt du auch alles lernen. Und du mußt das irgendwie einkalkulieren, daß du nicht zuviel mit dem Geld heruntergehst, weil es is ja nicht dein Geld, sondern das Geld vom Geschäft. Aber mir hams damals gsagt, wenn es drauf ankommt, dann tust das Geld ein bißl runtersetzen, das haun mir dann schon irgendwo anders wieder drauf.

MARINA Mir ham ja leider kein Fleisch ghabt, aber bei Obst is das auch so, wenns schon ein bißl schlecht is, das muß ja raus. Das muß man alles auch lernen. Vor allem, die Kundschaften rauskriegen, die dir so was abkaufen. Die wo z. B. wenig Geld und viele Kinder ham, die kommen in Frage. Weil die haushalten müssen mit dem Geld, wie man sagt, und die andern weniger. Obwohl ich da besonders verreckt war. Das Gschäft hat ja meim Chef ned ghört, des ghört ja alles der Gewerkschaft, gell, und da muß dann die Inventur am Jahresende stimmen. Da muß man hinkommen. Und da ham mir, das is ein Geheimnis, aber des macht nix, z. B. sagen müssen: »Sie kriegen das um eine Mark billiger!« Dann hats die Kundschaft gnommen. Tatsächlich ham mir aber die Mark vorher draufghaut ghabt, so daß es überhaupts nix billiger war. Aber die Kundschaft will eben meinen, daß es billiger is, und du selber mußt ja auf dein Geld kommen, weil man viel wegschmeißen muß und auch was gestohlen wird, aber in der Inventur darf das nicht häufig vorkommen. Drum macht man es.

ROSI Bei uns war das genauso. Der Käs war z. B. schon lang da, und wenn er noch länger da gwesn wär, wär er schimmlig worden, da ham mir einfach den Normalpreis als Sonderangebot ausgschrieben, und schon war er weg!

MARINA Du mußt eben schwindeln, damitst keine Schwierigkeiten hast.

ROSI Ebn, das muß man auch lernen, das schaut man von den andern ab.

MARINA Das kriegt man alles raus mit der Zeit.

FRANZ Is euch denn nie der Gedanke gekommen, daß die geschwindelte Mark der kinderreichen Kundschaft – deine Mutter, Marina, wär doch auch so eine Kundschaft – mehr weh tut als so einem Konzern?

MARINA Das is eim eben so eingebleut worden, da hat man nicht drüber nachdenkt. Weil es war ja praktisch niemand anders da wie ich. Und wenn was gewesen is, wer hat es abgekriegt? Ich. Und da hab ich mir das so angewohnt. Weil die Chefin hat gsagt: »Gell, heut mußt das verkaufen und das verkaufen! Hast es noch nicht verkauft? Mußt halt zuschauen.« Und dann mußt es so machen, sonst wirst immer wieder druckt von oben herunter. Am Anfang hab ich eh bockt und beleidigt gespielt –

ROSI Aber so kommst nicht durch.

MARINA Ja, das hams mir praktisch da drin abgewöhnt.

FRANZ Was passiert denn, wenn die Inventur nicht stimmt?

MARINA Also wenn das dreimal passiert, das muß praktisch dreimal passieren, dann wird der Filialleiter rausgeschmissen. Und der Chef is jetzt sieben oder acht Jahr auf dem Gschäft gwesn schon, und da is es einmal passiert. Und an wem is es ausgangen? An mir, weil die Chefin hat einen Krebs ghabt und kann nimmer so recht. Sie is praktisch beim Arbeiten schon flach gfallen, und ihm schmeckt das Bier ziemlich gut und er is ziemlich viel bloß im Büro drin gsessen, und ich hab eben alles machen müssen. Und drum wollt ich ja auch nicht mehr in dem Gschäft bleiben, weil ich der Depp war.

FRANZ Wichtig find ich noch: Ihr habt nie in eure Tasche beschissen . . .

ROSI Das geht ja gar nicht!

FRANZ Ebn, sondern in die vom Gschäft.

ROSI Ja.

MARINA Freilich.

Pause

FRANZ Ich kann mich trotzdem von dem Eindruck nicht wehren: In euren Erzählungen schildert ihr die Arbeit im Gschäft viel unterhaltsamer als die jetzige beim Siemens. Könnts dazu was sagen?

ROSI Die Arbeit im Gschäft macht auch Spaß.

MARINA Nicht immer.

ROSI Aber mach einmal zwei Wochen vor Weihnachten mit! Was meinst, wie du da mit den Nerven fertig bist.

MARINA Das is nicht bloß die Arbeit. Das sind die Leut heutzutag. Die sagen immer: »Mei, is das alles teuer, das is beim Tengelmann billiger!« Als Beispiel. Oder du hast ein Stückl Wurscht mit 170 Gramm, die Kundschaft will aber partout bloß 150. Was tust jetzt mit die 20. Mein Lieber, du mußt dich mit die Kundschaften zuviel rumärgern, und dann regt man sich auf.

ROSI Das geht einem an die Nerven. Genau. Ich war oft aufd Nacht so fertig, daß ich meine Tür zughaut hab und bloß noch meine Ruh habn wollt. So fertig.

FRANZ Die Marina hat aber vorher gsagt, sie möcht in ein Gschäft zurück nur dann, wenn laufend was los is.

MARINA Aber nicht zuviel.

ROSI Ich sag nix gegen ein Gschäft, wo ich ständig arbeiten muß. Das is schön. Aber bei mir hats gheißen: »Los, mir brauchen dich am Packtisch!« – »Los, komm hinter, mir brauchen dich beim Fleisch!« Flitzt hin und her. Kaum bist hinten, brauchens dich wieder vorne. Du kannst aber nicht weg, weil viel Kundschaft da steht. Kommst dann nach vorne, wirst zamgschissen, warumst nicht gleich kommen bist. Dann sagt die Kundschaft: »Wo laufens denn hin, Fräulein?« und beschwert sich. Und wenn das den ganzen Tag geht, dann denkst, du spinnst.

MARINA Bei mir wars genauso. Und wennst Pech hast, scheißt dich der Chef mitten vor der Kundschaft zam, daßd dich so schamst, daßd davonlaufen möchst.

ROSI Schön is das nicht. Du bist praktisch immer im Streß. Und dann hast plötzlich keine Nervn mehr.

MARINA Oder die Kundschaft streitet, wer jetzt dran kommt. Da stehst da. Oder die Kundschaft ratscht, und du mußt vorsichtig fragen: »Darfs noch was sein?« Und die stehen mitten im Gschäft und ratschen weiter und halten den ganzen Betrieb auf. – Aber trotzdem: Wenn die Arbeitszeit und das Geld stimmen tät, tät ich schon wieder verkaufen wollen. Sagen mir um achte anfangen und um viere aufhören und achthundert Mark bar auf die Hand, dann tät ich sofort wieder zurückgehen.

ROSI Ich nicht.

MARINA Du hast da eben andere Ansichten.

ROSI Schon die Arbeit am Samstag!

MARINA Ja, den hab ich ganz vergessen!

Rosi Der is aber! Da hab ich oft um halb sieben angfangt bis um halb zwei! Und dann bist fertig. Du kannst am Wochenende bloß noch schlafen!!

Marina Das stimmt, aber ich geh trotzdem später in meinen Beruf zurück.

Franz Wie sind denn die finanziellen Unterschiede?

Rosi Ich hab beim SPAR auf die Hand 572 Mark gekriegt. Beim Siemens krieg ich jetzt 882 Mark auf die Hand. Und das is ebn ein Unterschied. Um dreihundert Mark! – Die kann man nicht gegen den Wind schreiben.

Marina Ich kann es noch nicht genau sagen, weil ich noch keine richtige Abrechnung hab. Aber ich hab den Akkord ziemlich gschafft, und ich schätz, daß ich auf 900 Mark komm, und ich hab vorher 650 Mark ghabt. Das sind auch bald dreihundert Mark, und dafür kann ich mir schon ein eigenes Zimmer oder sogar eine Wohnung schon nehmen.

Wie stellt sich für die Akkordarbeiterinnen der Akkord dar?

Franz Wir sprechen über den Akkord, ganz selbstverständlich, als wär er vom lieben Gott gegeben. Wie entsteht der?

Marina Der wird gestoppt. Sagn mir, da kommt die Ware rein und das macht jemand. Und der wird gstoppt. Das is irgend jemand. Is egal wer. Und da steht einer daneben, und der stoppt ebn dann.

Rosi Das is eben der Stopper. Zum Beispiel is eine da, die stellt sich hin und macht zehn Stück von der Ware, und der Stopper stoppt das. Und dann wird das festgelegt. Und wenn die Marina – also zweihundertfünfzig Stück sind jetzt ihr Akkord – plötzlich immer dreihundert macht, hoppla! heißt es dann bei der Monatsabrechnung, die macht dreihundert, da müssen mir einmal nachschauen. Und dann wird plötzlich bei ihr gestoppt. Und dann kanns ihr passieren, daß sie anstatt die dreihundert plötzlich sogar 320 machen muß.

Marina Das kommt öfters vor, daß der Stopper vorbeikommt, und der stoppt dich dann. Und wenn du dann mehr machst, dann mußt du auch mehr machen. Das wird am Anfang praktisch gestoppt, und die Stückzahl steht dann fest.

Franz Dann werdet ihr eigentlich bestraft, wenn ihr zuviel macht?
sie lachen

Franz Denkt ihr da nicht drüber nach?

Marina Doch, zum Beispiel, wenn der Stopper kommt, dann tät ich langsamer machen. Damit ich bei meine 250 Stück bleiben kann. Weil wenn ich bloß selten 300 mach, gilt es als Ausnahme, und ich krieg ein Geld dafür. Wenn aber der Stopper stoppt, daß ich eh dreihundert machen kann, is das mein neuer Akkord, und ich krieg deswegen nix mehr. Mir dürfen sogar, wenn es einen Tag oder eine Woch ganz gut geht, keinen Vorrat machen, weil wenn der Meister sieht, daß mir unter dem Tisch einen Vorrat haben, kommt gleich der Stopper. Ich muß also meinen Vorrat verstekken, damit ihn ja keiner sieht. Aber der Vorrat is schon wichtig, weil es auch vorkommen kann, daß man nicht so gut beisammen is, und dann bleibt man eben ein paar Tag unter dem Akkord, und dann is es gut, wenn man weiß, jetzt kann ich den Vorrat dazubuttern.

Franz Also den Akkord tatsächlich über die Grenze treiben, das darf nicht sein, das schadet euch.

Marina Ja, einmal in der Woch kann ich schon 300 machen, aber öfter fällt auf. Wennst es jeden Tag machst, is es dein Pech, dann holens den Stopper.

Franz Kann man sich denn dagegen gar nicht wehren? Wir haben mal – also wie ich noch nix mit dem Schreiben verdient hab, war ich auch Bauhelfer, hab im Akkord Zementsäcke geladen. Und da waren wir auch weit über dem Soll. Natürlich waren wir fertig. Aber wenn da der Polier am Abend in die Baracke gekommen wär und hätt gsagt: »Heut warts zwar gut, aber morgen müßts das Heutige als neues Soll machen!« dann wär der wahrscheinlich ins Krankenhaus gekommen ...

Marina Das geht bei uns nicht. Das is dein eigenes Verschulden, wenn du einmal länger eine hohe Leistung hast. Und wenns dann nachlaßt, is das verboten.

Franz Marina, könntest du denn jeden Tag dreihundert machen?

Marina Da müßt ich mich furchtbar abrackern.

Franz Und als Lohn tätst bestraft werden.

Rosi Genau.

Marina *nickt* Da gibts auch Tricks, die einem dann verraten werden. Da kommt schon einmal ein Einrichter her und sagt: Wenn jetzt der Stopper kommt, dann machst lieber ein paar verkreuzte Handgriffe, wo Zeit brauchen.

Rosi Genau. Wenn ich mir jetzt einen Starter nimm mit links und hab rechts Kabel, dann laß ich alles beide fallen und nimm mit rechts und links die Kabel und dreh erst um. Weil das dauert dann wieder länger. Sonst is es zu schnell.

MARINA Und das machen die andern auch. Das spricht sich ja alles rum. Und die meisten, die da drüber nachdenken, denken auch dran.

Wie wird man Direktor bei Siemens?

FRANZ Wie wird man denn was bei Siemens?

MARINA Das geht in Stufen.

ROSI Wir als einfache Arbeiterinnen sind Lohngruppe Null zwo. Eine Springerin is Null drei. Und die Prüferin is auch Null drei. Und als nächstes folgt die Linienführerin. Und – mei, was kommt denn dann eigentlich?

MARINA Dann kommt Revisor, aber das können wahrscheinlich bloß Mannsbilder werden.

ROSI Nein, wir ham eine Revisorin. Und danach kommt der Einrichter und dann . . .

MARINA Dann kommt wahrscheinlich Büro oder so was ähnliches. Das weiß ich nicht genau.

FRANZ Wie kann man eigentlich Direktor bei Siemens werden?

die beiden Mädchen lachen laut

ROSI *kann sich kaum halten vor Lachen* Das weiß ich nicht. Und wenn ich es wüßt, tät ich versuchen, es zu werden.

FRANZ Das kann man also nicht werden?

MARINA Werdn schon, aber da müßt man sooo gscheit sein. Und das vielleicht nicht einmal . . . ich weiß nicht.

ROSI Marina, eines mußt du dir merken: Chefs sind nie gescheit. Wer Chef wird, is immer blöd.

MARINA Das sag ich auch.

FRANZ Warum?

ROSI Das heißt nur so. Aber ab und zu is es so in der Arbeit, da marschieren dann die Chefs durch, und dann schauns dich von oben bis unten an.

MARINA Die ham halt den ganzen Tag nix zu tun.

ROSI Das beste is: Da marschiert so einer mit, so um die 50, der schaut mich immer von oben bis unten an, in der letzten Zeit schau ich immer zurück, und jetzt schaut er mich nimmer an.

wir lachen

MARINA Den ganzen Tag rennens herum und schauen den Leuten zu, wie die arbeiten. Ich glaub, die ham nix zum tun. Aber sonst is es recht gut beim Siemens . . .

»Perversitäten sozusagen«

ROSI Das Klima is sonst gut, aber mir hams am Anfang gleich so blöde Angebote gmacht. Dir nicht, Marina?

MARINA Ja komm, he! Daß mit dir ins Bett gehen wollen . . . na und? He!

ROSI Nein, das nicht. Was anderes.

MARINA Mei, die Ausländer sind ebn so, die spinnen auf die deutschen Mädchen. Und wollen immer mit denen ins Bett.

ROSI An und für sich schon ins Bett gehen, aber –

MARINA Siehst es, du widersprichst dir.

ROSI Aber nicht im normalen Sinne!

MARINA Hm.
Pause
Wie meinst denn das jetzt wieder?

ROSI Schon mit ihnen ins Bett gehen, aber nicht das Normale tun.

MARINA Also nicht praktisch ins Extreme gehen, daß der direkt mit dir schlaft, sondern praktisch petting.

ROSI Nein, das war noch schlimmer.

MARINA Da komm ich jetzt überhaupt nicht mehr mit.

ROSI Nach der Art Perversitäten sozusagen.

FRANZ Machst du das jetzt nicht besonders interessant und der hat einfach gsagt, daßd ihm einen blasen sollst?

ROSI Sagst du das auch, du Sau? *meint Franz*
wir lachen

ROSI Das hat der auch nicht gsagt. Sondern ganz anders.

FRANZ Da müßt ich den Siemens wieder in Schutz nehmen, so was kommt schon vor und nicht nur beim Siemens.
wir lachen

ROSI Des war ganz anders. Der is hergekommen und hat mich gfragt, ob ich an Gott glaube. Da hab ich gfragt, wie er auf das kommt. Sagt er, ja ich schau so gottesfürchtig aus. Da hab ich . . . ehrlich, mir is der Kerl schon unsympathisch vorgekommen. Da hab ich gleich zwei Schritt Abstand genommen. Sagt er, ob ich

mal mitkomm. Sag ich: »Wohin?« Sagt er: »Ich und ein paar andere, wir feiern schwarze Messen ...«
wir sind betroffen

MARINA *sehr leise, indigniert* Waas?

ROSI Weißt nicht, was das is?

MARINA Nein, weiß ich nicht ...

FRANZ Rosi, was stellst du dir vor, wenn einer sagt: Komm zu einer schwarzen Messe?

ROSI Am besten kauft ihr euch mal die St. Pauli-Nachrichten, da steht so was drin. Das hab ich mal gelesen bei meim Bruder, der kauft sie immer ...
Pause

FRANZ Macht die Arbeit Spaß, weils so was gibt, an was man denken kann?

MARINA Eintönig is die Arbeit schon. Privat kommt man sich näher. Aber bei der Arbeit is ein »stopp« drin.

ROSI Ja, sobald die Arbeit aus is, und man trifft wen, dann is man anders, dann gibt man sich auch anders.

MARINA In der Arbeit darf man viel nicht tun, frei is man erst danach.

Der Anonymität den Vorzug

MARINA Ich weiß nicht, ob mir die Arbeit in zwei Jahr noch Spaß macht, mir sind jetzt erst zwei Monate dabei, da is das neu und deswegen unterhaltsam. Aber da müßten mir in zwei Jahr noch einmal drüber reden, wenn es alles gewohnt is.

ROSI Jetzt is es neu, die Umstellung, und es is klar, daß man es jetzt klasse findet. Man wird viel abgelenkt, ich werd immer vor den drei Minuten fertig, und da hab ich ein bißl Zeit zum Quatsch machen. Also, Langeweile is mal nicht.

MARINA Bei mir schon.

FRANZ Liegt das daran, daß die Arbeit jetzt so klar umrissen is, während man im Laden immer hin und her grissen war? Is es so, daß ihr euch jetzt sagt, meinen Akkord, den schaff ich, und wenn der fertig is, können mich alle am Arsch lecken?

MARINA So ungefähr is es. Ich mach meine Stückzahl und fertig. Ich kann zwar nicht gehen, wenn ich fertig bin, weil ich ja abstempeln muß. Ich hab aber meine Ruh, und im Gschäft wirst immer rumgefegt.

FRANZ Im Laden war der Chef immer da, is das jetzt anders?

MARINA Wenn der Chef, sagen mir mal, in einer Fabrik 500 Leut unter sich hat, kann er sich nicht jeden einzelnen beschauen, der geht schon einmal durch und redt was, aber er kann sich nicht mit jedem einzelnen abgeben. Das find ich besser.

ROSI Ich auch.

MARINA Wenn dir was nicht paßt, dann gehst zum Einrichter, und der sagt es dir dann, und du kannst auch zum Betriebsrat gehen. Da brauchst mit dem Chef gar nicht in Berührung kommen. Man hat an seim Arbeitsplatz eine gewisse Selbständigkeit, auch wenn man keine Freiheit hat. Aber die Freiheit, die brauchst ja gar nicht, wenn man seine Ruh hat und eim keiner dreinredt beim Arbeiten.

ROSI Solang man den Akkord schafft.

MARINA Den schaffen mir ja.

ROSI Genau.

sie lachen

FRANZ Wie ich an dieser Packmaschine gstanden bin, das is jetzt 10 Jahre her – wenn ich da jetzt dran denk, dann weiß ich, daß ich damals schon einen Vogel ghabt hab. Ich hab mir da z. B. dann oft Hefte kauft mit Autos drin, und da hab ich mir dann die teuersten ausgesucht, und dann hab ich die Zahlen und Bilder und den Text wahnsinnig genau studiert, und bei der Arbeit dann bin ich eigentlich mit dem Lamborghini oder dem Ferrari durch die Gegend gfahren . . .

ROSI Ja, ehrlich gsagt, das mach ich auch immer gern. Da erinner ich mich an irgendwas während der Arbeit, und da denk ich dran, und dann bin ich eigentlich gar nimmer da.

MARINA Da gibts Illusionen direkt, genau. Da stellt man sich irgendwas vor, und dann kommt man direkt ins Träumen und denkt weiter und weiter, und dann vergeht die Zeit auch schneller.

FRANZ An was denkt ihr da?

ROSI An einen Freund zum Beispiel oder ans letzte Wochenend, wo etwas recht lustig war . . . Das is mir schon öfter vorgekommen, daß ich am Band steh und plötzlich fang ich das Lachen an, und dann fragen die andern: Was hastn jetzt? Spinnst du?

MARINA Das is ganz normal, weil die Handgriff für die Arbeit hast du raus, und du denkst nimmer dran und denkst an was anders deshalb. Du machst dir vielleicht Illusionen oder denkst »mei, war das gestern schön«. Du denkst halt ...

Die drei Wünsche – Wunschloses Unglück?

ROSI Einen Geldbeutel, der nie leer wird – also, ohne Schmarrn, ich tät mir ein Geld wünschen, womit ich mir eine kleine Kneipe kaufen kann. Das tät mich jucken. Als zweites mei ... ja ... mei ... puh

Pause

Nein, ehrlich gsagt, das wär mein Wunsch, daß ich gnug Geld hab und mir eine kleine Kneipe kaufen könnt.

Pause

FRANZ Stell dir vor, die Fee sagt »drei Wünsche», da wirst doch nicht zwei einfach wegschmeißen.

ROSI Okay! Dann würd ich mir noch ein gscheites Auto wünschen und tja – einen Geldbeutel, der nicht leer wird.

Pause

MARINA Also, bei mir wär auch Geld, sagen mir mal, und dann einen guten Mann, mit dem ich mich wirklich versteh, mei, und auch so einen Geldbeutel ...

Da mir das doch sehr bescheiden schien, wollte ich wissen, in welcher Größenordnung der Geldwunsch läge ...

MARINA Also ich möchert dann ein Speiselokal, aber auch wo man nur zum Trinken hineingeht. Also, ein Speiselokal und eine gute Familie mit einem Mann, mit dem ich mich praktisch versteh und also glücklich bin und dann der 3. Wunsch .... mei ... schwer ... was soll ich mir wünschen?

ROSI Das is schwer, ehrlich.

MARINA Eine Villa. Mit allem Drum und Dran.

Partner zum Glücklichsein

ROSI Wie er ausschaut, das schert mich einen feuchten Dreck. Es kommt drauf an, daß er einen Charakter hat, daß er ...

FRANZ Was verstehst du unter einem Charakter?

ROSI Daß er nicht grade ein Säufer is. Oder auch so gegenseitiges

Verständnis, auf das kommts auch an. Er muß auch verständnisvoll sein. Auch für meine Probleme.

FRANZ Was für einen Beruf soll er denn haben, wenn man es wählen kann?

ROSI Das is mir egal. Hauptsach, es macht ihm der Beruf Spaß.

FRANZ Gut, er is Kunstmaler, der Beruf macht ihm Spaß, aber er bringt keinen Pfennig Geld heim.

ROSI Also, das is nix, es sollte doch wenigstens was einbringen, und wenn es nicht reicht, tät ich auch noch arbeiten gehen.

FRANZ Wie schaut der Marina ihrer aus?

MARINA Für mich is es auch das Verständnis, das er mir, sagen mir mal, aufbringt. Und für die Kinder auch. Also, daß ich praktisch mit ihm auskomm. Daß es nicht dauernd einen Streit gibt, sondern selten, weil geben tuts einen Streit überall. Arbeit muß er auch eine gute haben, wo er schon ein Geld verdient. Und hie und da könnt er auch in der Küch oder so helfen. Weil ihm das nicht weh tut. Und eine gute Figur muß er haben, ungefähr so wie du!

FRANZ *ist gebauchpinselt*

MARINA Schwarze Haare, weil das gfallt mir ganz gut, und blaue Augen. Blaue oder braune Augen, weil das gfallt mir wirklich gut. Das wär so ungefähr mein Idealtyp. Und wenn er auch nicht ganz so ausschaun tät, einen direkt schiachen möcht ich nicht ...

ROSI Genau. – »Mädchen, mach die Beine breit, jetzt kommt der Stoß der Herrlichkeit!«

Hochzeit?

FRANZ Is euer Ziel heiraten?

ROSI Vorerst noch nicht, aber hinterher.

MARINA Später, sagen mir, mit 27 oder 28 so was. *beide sind 19*

Politik und Gewerkschaft

FRANZ Bei euch gibts doch jetzt so ein Jugendband (*siehe Gespräch mit Schorsch*), was wißt ihr darüber?

MARINA Die ham das höchste Leben. Da wennst hinschaust, die stehen fast die ganze Zeit da und ratschen und machen Blödsinn. Weil die müssen ja keinen Akkord machen.

ROSI Ich bin letztens mal vorbeigegangen, da ham wir grad umgerichtet – ja, was tun die? Ratschen tun die. Da fragt man sich, wie die dann ihr Geld verdienen.

MARINA Die kriegen doch ihren Lohn so und so.

ROSI Aber trotzdem, wenns nix leisten?!

MARINA Ich versteh das nicht.

Pause

Die ham halt keine Lehrstelle kriegt. – Ich würd meine Lehre auf jeden Fall gmacht haben, daß ich was in der Hand hab. Du kannst immer wieder in deinen Beruf zurückgehen. Die bleiben ewig Hilfsarbeiter. Wir werden auch schon höher eingestuft, weil mir einen Beruf ham. Mir ham einen abgeschlossenen Beruf, und das is immerhin schon was wert. Also lernen, das tät ich auf jeden Fall. Auch später, wennst Hausfrau bist, als Verkäuferin kann ich jederzeit halbtags arbeiten gehen. Ein Beruf is viel besser wie kein Beruf.

FRANZ Seid ihr in der Gewerkschaft?

ROSI Ja.

MARINA Ja.

FRANZ Wie seid ihr da reingekommen, selber oder wie?

MARINA Also, ich bin zum Betriebsrat gegangen und der hat mir Formulare gegeben. Und die hab ich ausfüllen müssen. – CO OP, das is ja praktisch von der Gewerkschaft. Aber da war ich nicht drin. Dabei hätt ich mehr Urlaubsgeld bekommen und mehr Urlaub. Aber das hätt es praktisch nicht aufgewiegt mit dem, was ich bezahlt hätt. Und darum bin ich da nicht in die Gewerkschaft gangen. Und in der Siemens wiegts das aber leicht auf, drum bin ich da in die Gewerkschaft gangen.

ROSI Bei uns im Gschäft hats die Frage Gewerkschaft gar nicht geben. Da war niemand drin.

MARINA Bei uns auch nicht, obwohls der Gewerkschaft ghört. Aber später hats dann gheißen, daß ich in der Woch einen halben freien Tag haben müßt. Da hat der Chef gschrien: »Nur, wenn du in der Gewerkschaft bist.«

FRANZ Was heißt das für euch, in der Gewerkschaft sein?

ROSI Das is ein Schutz. Wenns heißt, du wirst mal gefeuert, dann kann ich mich immer noch auf die Gewerkschaft berufen. Weil dann kann ich nicht so schnell gefeuert werden. Währenddessen bei andere, die nicht in der Gewerkschaft sind, is es klar, daß man die schnell feuern kann. Aber ich weiß, daß die Gewerkschaft dann bei mir was tut.

MARINA Aber so viel tut sie auch wieder nicht. Ich hab von manchen schon gehört, daß die auch nicht sehr viel tut. Aber da gibts viel verschiedne Meinungen drüber.

ROSI Also, ich find es besser, daß ich hineingegangen bin, weil man nicht weiß, was passiert.

MARINA Sie können dich nicht so schnell feuern, das stimmt. Du kannst dich beschwern bei der IG Metall, und die helfen dir dann. Wenn jetzt zum Beispiel wieder Kurzarbeit kommt, da feuern sie dann viele, und da hab ich dann was in der Hand. Obwohl beim Siemens sind viele, vielleicht 90 % oder sogar 95 % in der Gewerkschaft. Aber die 5 %, wo nicht drin sind, die werden dann gefeuert, wenn es sein muß. Mir zahlen 12 Mark Beitrag. Da gibts aber verschiedene Preise, du kannst auch mehr zahlen. Aber zu was soll ich mehr zahlen, wenn ich mit 12 Mark im Monat auch schon drin sein kann, dann geh ich mit 12 Mark hinein. Weil unnütz Geld ausgeben?!

FRANZ Jetzt ham mir von der Gewerkschaft einen kleinen Sprung zur Politik. Mir ham Wahlen ghabt. Was habts ihr gewählt?

MARINA Gar nix, weil ich find, daß das alles Gratler sind. Die versprechen mordsviel, und dann halten sie ja doch wieder nix. Es geht doch überhaupt nicht mehr bergauf, es geht immer mehr bergab. Da können die mit ihrer Scheißpolitik auch nicht helfen. Was machen die schon groß? Mordsreden schwingen, sonst nix. Is doch ein Schmarrn.

ROSI Und was machst du ohne Regierung, Marina? *kleine Pause* Das wär auch nix, siehst. Oder?

FRANZ Hast du zu einer Partei – irgendeiner – irgendein Verhältnis?

MARINA Nein. Ehrlich gsagt, mich interessiert Politik auch nicht.

FRANZ Es is dir egal, ob CDU/CSU oder SPD-FDP am Ruder sind?

MARINA Das is mir scheißegal. Ich versprech mir nix davon. Ich hab mich um Politik nie groß gekümmert, das interessiert mich praktisch gar nicht. Wenn ich »Politik« hör, dann geh ich. Ich mag das nicht. Das is hauptsächlich Männersache. Für das hab ich nix über. In der Schul bin ich auch nie gut gewesen in Politik.

FRANZ Und was hat die Rosi gewählt?

ROSI SPD. Arg interessieren tut mich Politik auch nicht, aber ich könnt es mir schwer vorstellen, daß die CDU oder die CSU an der Regierung is. Mir is es nicht scheißwurscht, wer da oben regiert. Ich weiß es selber noch nicht, aber ich hab mit meim Pflegevater schon drüber gredt, und der hat gsagt, er weiß ganz genau, was da alles glaufen is, wie die Schwarzen am Ruder waren.

FRANZ Is dein Pflegevater Mitglied der SPD?

ROSI Ich glaub schon, aber so genau kann ich das nicht sagen.

FRANZ Und du, könntest du dir vorstellen, daß du Mitglied der SPD wirst?

ROSI Das glaub ich nicht, weil so stark interessiert mich Politik eben auch nicht. Das is nur, ich möcht wissen, wer da oben an der Regierung hockt, gell.

MARINA *ziemlich sauer* Und was hast dann davon, wennst das weißt?

ROSI Ja mei?!

MARINA Weißt du, was die alles treiben?

ROSI Ab und zu schau ich mir auch noch die Nachrichten an, so blöd bin ich auch nicht.

MARINA Aber alles mitkriegen tust du auch nicht, was die da treiben.

ROSI Was heißt denn »alles mitkriegen«? Kriegst denn du alles mit, was man dir erzählt?

Pause

FRANZ Marina, was müßte denn eine Politik leisten, also machen, daß du sie für wichtig und richtig finden würdest?

MARINA Also, die Wirtschaftsminister, gell, die sollen dafür sorgen, daß für die Waren nicht mehr so viel chemisches Zeug verwendet wird, weil zum größten Teil macht sich der Mensch ja selber kaputt, weil was du ißt, überall is was dabei, gell!

FRANZ Gibts noch was, was du dir von der Politik wünschen würdest?

MARINA Ja, zum Beispiel mit die Atombomben und mit die Kriege und so. Daß einmal mehr Frieden überhaupt unter der Menschheit is.

ROSI Also, mich stört auch was: Die Mauer zwischen Ost und West. Also, mir wärs lieb, wenn sie die mal wegmachen täten. Und die mit ihrem Todeszaun, ich möcht nur wissen, was die davon ham?!

FRANZ Was verbindest du mit der DDR?

MARINA Ich war letztes Jahr im Urlaub dort. In der Nähe von Magdeburg. Da ham mir Verwandte dort. An und für sich – die würden auch gerne eine andere Regierung haben . . .

FRANZ Wie seid ihr denn dazu gekommen, in der DDR Urlaub zu machen, da fährt man doch lieber nach Italien. Oder?

ROSI Weil es ein ganz billiger Urlaub is und Italien nicht.

FRANZ *lacht allein*

Durch Rosis und Marinas Augen die DDR sehen

FRANZ Marina, warst du schon in der DDR?

MARINA Ja, bei meiner Oma in Zwickau.

FRANZ Was gibts da zu erzählen, wie ihr drüben warts?

ROSI Wenn du da nicht in den Jugendgruppen bist als Kind, bist gleich unten durch.

MARINA Du wirst ja gezwungen und hast in der Beziehung praktisch überhaupt keine Freiheit.

ROSI Mein Cousin hat mich gfragt, ob ich abends mit weggeh. Kaum warn mir in der Diskothek, hat der nix mehr mit mir gredet. Da warn in einer Ecke welche von der Volkspolizei gsessn. Da hat er sich nicht traut. So werdn die unterdrückt. Ein Respekt vor der Polizei is schon recht, aber das is kein Respekt, sondern Angst.

Pause

Und das Geld kann man auch nicht ausgeben. Das muß man umwechseln, und dann steht man da, was soll man damit machen? Was hams denn zu kaufen? Ich hätt mir gern was zum Anziehn gekauft, aber was die haben, das is minderwertige Ware. Was mir hier tragen, das gibts da drüben schon mal gar nicht. Dann hab ich mich umgeschaut wegen Schallplatten. Die gibt es zwar, aber das is ein so ein mieses Material. Die Platten biegen sich durch wie Papier, bei uns sind die doch fest.

MARINA Und wennst in eine Stadt hineinkommst: Ein weißes Haus gibts gar nicht. Das is alles grau. Das is nicht schön da drüben. Die Landschaft auch nicht. Was es wirklich billig gibt, das is bloß der Schmuck. Aber alles andere Zeug kriegst ja bei uns auch, warum soll ich es da drüben kaufen? (!!!) Aber Fleisch und so is mordsteuer. Viel teurer wie bei uns, und du kriegst es auch gar nicht, weils keins gibt. Da mußt du schon Beziehungen haben, damitst es überhaupt kriegst.

ROSI Zum Beispiel sind mir essen gegangen. Also Sachen, wo ohne Fleisch sind, die sind billig. Aber zum Beispiel ein Schnitzel oder so, das war teuer. Also ein Schnitzel, und dazu hat es nicht einmal Pommes frites geben, die gibts da drüben nämlich überhaupt nicht, ham mir 22 Mark zahlt. Und dann muß man alles noch eins zu eins umtauschen, das is ein Wahnsinn. Obwohl ich mir hier schon fünfzig Mark umtauscht hab, und da hab ich es eins zu drei bekommen.

Pause
Die jungen Leute ham drüben genau die gleichen Gedanken wie wir, bloß können die sie drüben nicht so veräußern . . .

Während dieses Teils des Gesprächs habe ich oft versucht, die wahnwitzigsten Behauptungen zurechtzurücken (Es gibt keine Pommes frites). Hätte ich dabei allerdings insistiert, wäre die Vertrauensbasis des Gesprächs gebrochen, und ich wäre meinem selbstgesteckten Ziel, zu dokumentieren, untreu geworden. Mag es also stehen, wie es gesagt wurde.

Schlimmes

FRANZ Bei den Wünschen wart ihr eigentlich recht wunschlos, jede hatte eigentlich nur einen, zu den andern beiden brauchte sie viel Zeit, um sich was einfallen zu lassen. Was, wenn man nun andersherum fragt, würdet ihr denn in eurem Leben gern abstellen, ändern, wenn das möglich wäre?

MARINA Also, ich hab lauter Pickel im Gsicht, und die tät ich gern wegkriegen. Das wär mir das wichtigste.

ROSI Und ich tät mir wünschen, daß ich nicht immer so frech bin, das is das furchtbarste. *sie lacht* Und wenn ich wieder mal als Verkäuferin arbeiten tät, dann möcht ich gern nicht der Depp im Laden sein.

MARINA Eine höhere Position. Filialleiterin! Nicht, daß mir das Gschäft ghört, aber Filialleiterin.

ROSI Ja, das wär nicht schlecht. Obwohl, das is wieder eine Verantwortung.
Pause
Und manchmal, da steh ich auf, und wenn ich in den Spiegel schau, könnt ich mir schon eine in die Fresse hauen.

FRANZ Warum?

ROSI Das weiß ich nicht. Und dann bin ich nicht ansprechbar, und dann sagt man, daß ich zwider bin, und dabei bin ich gar nicht zwider, ich bin bloß schlecht gelaunt.

Weiterbildung

FRANZ Ihr seid noch jung. Möchtet ihr euch noch fortbilden, BAS zum Beispiel?

MARINA Schule? Nein, weil ehrlich gesagt, in Lernen, da bin ich faul. Da geh ich lieber arbeiten und verdien ein Geld. Auf eine

Schul tät ich nicht mehr gehen. Höchstens, wenn es eine Schul wär, wo ich nix tun bräucht und tät ein Geld verdienen. *sie lacht*

ROSI Wenn ich auf eine Schule geh, noch einmal, was ich vielleicht schon möcht, dann wär ich faktisch wieder finanziell abhängig von daheim, und das möcht ich nicht mehr. Weil ich genau weiß, daß es dann von daheim heißt: »Du wirst von uns ernährt, also mußt dich auch danach richten!« Und das tät mir stinken.

FRANZ Es heißt, Fraun, die fünfzehn Jahr am Band und im Akkord gstanden sind, sind fertig. Glaubts ihr das?

MARINA Nein, überhaupt nicht, so ein Schmarrn. Aber jeder Mensch faßt das ja praktisch anders auf. Bei jeden bewirkt sich das ja anders aus. Manche schaffen das vielleicht zwanzig Jahre und manche nicht. Das kann schon sein, daß es das gibt. Aber alle nicht.

ROSI Das sieht man schon, wie jemand arbeitet. Manche sitzen da, die arbeiten ganz ruhig, und andere werkeln richtig wie die Verrückten und schwitzen und sind nervös und ham Wimmerl. Die müssen vielleicht früher aufhören. Während die einen Handgriff macht, macht die Ruhige zwei. Die andere ist umständlich, weil sie zu langsam is. Und da fängt es an . . .

FRANZ Wie solls denn ausschauen, wenn ihr 30 seid?

ROSI Da schaut es so aus, daß ich schon verheiratet bin.

MARINA Also, ich möchert mit dreißig schon auch verheiratet sein dann. Weil heiraten will ich auf jeden Fall und auch ein oder zwei Kinder haben.

ROSI Eine Frau hat den natürlichen Wunsch, daß heirat, das is klar.

FRANZ Also euer berufliches Leben plant ihr sowieso nur bis zum Heiraten? Und das soll mit 27 oder 28 sein, stimmt das?

MARINA Ja, vielleicht auch schon früher.

ROSI Ja.

MARINA Und wenn dann eigene Kinder da sind, dann bleib ich ja daheim.

FRANZ Überlegt ihr euch das eigentlich, daß es doch sein kann, daß ihr, wenn ihr heiratet, erst recht arbeiten müßt. Weil wenn der Mann ein Normalverdiener ist und ein Auto will und eine Wohnung und sagen wir zwei Kinder, dann muß die Frau mitarbeiten, damit es umgeht. Oder nicht?

ROSI Doch, das muß sie schon. Am Anfang wegen den Anschaffungen, aber dann nicht mehr. Aber wenn die Frau dann zwei oder drei Kinder kriegt, dann muß der Mann es einfach verdienen, was man braucht, da kann er gar nicht anders, weil die Frau muß dann ja daheim sein.

FRANZ Und wenn es mit dem Heiraten nun – aus welchem Grund auch immer – doch nicht klappt?

ROSI Gut, dann ham mir halt Pech ghabt.

MARINA Also, ich glaub schon, daß ich heirat, irgendeiner findt sich gewiß. Mein Leben fängt ja praktisch erst an . . .

ROSI Genau.

Der Test

ROSI Eine schnurgerade Landstraße mit links und rechts Bäumen. Geteert.

MARINA Ganz grade, ja.

FRANZ Rechts ist ein Zaun.

MARINA Ich find ihn nicht schön. Ein Drahtzaun, ein Meter fünfzig hoch.

ROSI Ein Drahtzaun, vielleicht elektrisch geladen. Bloß ein Draht.

FRANZ Links ist Wasser.

ROSI Ein kleines Bächlein höchstens. Klares Wasser.

MARINA Ein Kanal. 3 Meter breit, zwei Meter tief. Trüb.

FRANZ Es kommt ein Bär.

MARINA Ich kletter über den Zaun.

ROSI Ich lauf davon.

FRANZ Auf der Straße liegt ein Schlüssel.

ROSI Ein einfacher Wohnungsschlüssel.

MARINA Ein alter verrosteter Schlüssel. Ziemlich groß.

FRANZ Daneben ist eine Vase.

ROSI Klein, schmal und braun.

MARINA Eine große Vase mit zwei schöne Henkel.

Glauben an Gott

FRANZ Spielt Gott eine Rolle in eurem Leben?

ROSI Früher hat er schon gspielt, aber jetzt nicht mehr. Man kann viel erzählen, aber ich seh gern Beweise. Man kann viel erzählen, wenn der Tag lang is . . .

MARINA Einerseits glaub ich schon dran, weil irgendwo muß das ja alles herkommen. Andererseits wieder nicht. Zum Beispiel mit die Wunder, das glaub ich einfach nicht.

FRANZ Betet ihr manchmal?

BEIDE Nein.

FRANZ Seid ihr noch katholisch: Also zahlt ihr noch Kirchensteuer, weil ihr noch Mitglied der Kirche seid?

BEIDE Ja.

Unterschiede

FRANZ Seids ihr neidisch auf andere, die mehr ham?

ROSI Freilich is man neidisch.

MARINA Ja, aber ich find mich ab mit dem, was ich hab, ich muß mich abfinden. Ich könnt mich vielleicht hocharbeiten, aber ich weiß, ich heirat mal, zu was soll ich mich da hocharbeiten?

ROSI Mein Gott, Marina, man muß aber doch was haben, auf das man stolz is?!

MARINA Weißt, auf was ich stolz bin? Auf meine Kinder einmal.

FRANZ Kannst du dir vorstellen, daß du der Chef bist von deim Ehemann, also wenn ihr beide noch arbeitet?

ROSI Also, für mich wär das kein Greuel. Also, für mich wär das nicht schlimm, aber für ihn wär das mehr vielleicht eine Art Demütigung oder so. Der muß ebn immer höher sein. Mir persönlich tät es nichts ausmachen, wenn ich es bin, aber man muß ja auf den Mann Rücksicht nehmen.

Mehrwert + Wunschverdienst

FRANZ Ihr arbeitet mehr, als ihr verdient. Is das richtig?

MARINA Ich find schon, daß das richtig is.

ROSI Warum nicht? Ich krieg ja für das, was ich arbeit, auch mein Geld. Und mehr verlang ich ja auch nicht.

MARINA Aber wenn sie dir mehr geben täten, tätst es schon nehmen?

ROSI Ja, freilich tät ich es nehmen, wenns mir mehr geben.
Pause
Noch besser wär natürlich, wenn man an dem Verkauf beteiligt wär.

FRANZ Wieviel möchtet ihr denn verdienen, damit ihr wirklich zufrieden wärt?

MARINA Da kann man noch so viel verdienen, zufrieden is man nie.

ROSI Ich hab jetzt knappe 900. Wenn ich wirklich gut leben will, weil ich mir was leisten kann, müßten es eins fünf sein. Aber man kann viel über das Geld wünschen und reden, bloß man kriegts nicht, man kriegts eh nicht, das nutzt nix.

MARINA Von dem geh ich auch aus.

FRANZ Warum ham nicht alle Menschen gleich viel?

ROSI Das is wegn den Stellungen. Ein Abteilungsleiter hat mehr wie ein einfacher Arbeiter, das liegt einfach an der höheren Stellung, das is ganz natürlich.

FRANZ Wie wird jemand Abteilungsleiter?

ROSI Weil er länger dort is, und er kennt sich aus. Und er hat sich eben von Haus aus hochgearbeitet. Normal sollten alle eine gleiche Chanse haben, aber leider is es ebn nicht so. Es liegt auch an der Schulbildung. Es is schon blöd, daß ich nicht den qualifizierten Abschluß hab, obwohl ich ihn bestimmt gschafft hätt, wie mein Lehrer gsagt hat . . . Und ich blöde Kuh war zu faul, das seh ich selber ein, aber früher war ich so blöd. Aber ich heirat ja, da is wurscht. Ich stell mir vor, ich arbeit nicht mehr, und er kommt um vier nachmittags heim, und dann setzt man sich zam und hat es schön . . .

MARINA *nickt*

Nachtrag

FRANZ Wie stehts ihr zu Kommunisten? Also kennts ihr welche, und was haltet ihr davon?

ROSI Ich find, das is eine ganz persönliche Einstellung. Das is das gleiche, ob ich jetzt zur Kirche geh oder nicht. Das is meine eigene Meinung, und die geht sozusagen keinen was an.

FRANZ Kennst du welche in Traunreut?

ROSI Ich kenn zwar einen Haufen Leute, aber ich weiß nicht, ob das Kommunisten sind, und wenn sie es sind, mir soll es nix ausmachen. Jeder kann doch wählen oder sein, was er will. Wenn er es is, mein Gott, nun bittschön. Aber soll mir persönlich bloß nicht kommen: »Ich bin Kommunist, was bis du?!« Und wenn ich dann sag, ich bin SPD, daß er dann auf mich losgeht.

MARINA Seine Meinung kann er aber schon sagen.
ROSI Dagegen hab ich nix, aber es gibt welche, die sind die reinsten Fanatinger, und wenn die hören, daßd was anders wählst oder überhaupt nicht wählst, dann gehen die plötzlich auf dich los. Es gibt solche, wie der damals, der B. und seine Freundin.
FRANZ Is das für euch wie ein Glaubensbekenntnis, wo kein was angeht und womit man auch in Ruh gelassen werden will?
ROSI Er kann seine Meinung sagen, aber mich soll er in Ruh lassen.
MARINA Genau.
ROSI Ob das nämlich ein Gelber, ein Schwarzer oder ein Weißer is, das interessiert mich auch nicht.
FRANZ Und wenn der Mann, denst einmal heiraten willst, einer sein tät?
ROSI Na und, das wär mir egal. Aber er könnt nicht von mir verlangen, daß ich jetzt plötzlich, weil ich ihm geheiratet hab, jetzt seine Partei wähl. Das geht nicht.
MARINA Damit bräucht er gar nicht anfangen, weil er hat seine Meinung und ich die meine. Das is praktisch jedem seine Sache. Er kann mich ja auch nicht dazu zwingen, daß ich mich für Politik interessier. Das kann er nicht.
FRANZ Kann man denn das so trennen?
ROSI Direkt trennen kann man es nicht, aber man kann versuchen, wenn man nicht gleicher Meinung is, daß man darüber hinwegspielt und von was anderm redt.
FRANZ Kann man denn da nicht drüber reden?
ROSI Reden schon, aber ob ich meine Meinung ändert, das kommt erst drauf an.
MARINA Das is ja praktisch meine Sache dann.
ROSI Wenn er alles rot macht in der Wohnung, bin ich sauer.
wir lachen
FRANZ Und wenn er öffentlich auftritt?
MARINA Das kann er machen.
ROSI Hauptsach, er machts nicht in die eigenen vier Wände.

Gegenlied dazu Hanna und Reni

Vorspiel

HANNA Ich bin 19 Jahre und arbeite in einem Heim für geistig behinderte Kinder.

RENI Ich bin auch 19, hab vorher ne Lehre gemacht, dann war ich ne kurze Zeit arbeitslos, und dann bin ich wieder auf die Schule gegangen, um die mittlere Reife nachzuholen. Da sollte ich jetzt im Sommer Prüfung machen, aber ich werd jetzt wahrscheinlich noch mal ein Jahr wiederholen, weil ich das also nicht ganz derpack, so wie ich mir das vorstell, wegen dem Notendurchschnitt und so. Ich möcht nämlich nachher auf die Fachakademie gehen, und da möcht ich einen Notendurchschnitt von zwei haben oder von zwei Komma noch was. Und das mit dem Ackern kann ich jetzt nicht derpacken, weil ich möcht auch meine Freizeit noch haben. Ich hab da noch andere Sachen, die ich noch mach. Jetzt seh ich in nem halben Jahr, was da rauskommt, dann laß ich mich durchhauen, und dann wiederhol ich noch mal und schaffs mit dem Notendurchschnitt, den ich haben möchte.

FRANZ Und wo kriegst du das Geld her?

RENI Ich krieg BaFöG, das geht über die Kriegsopferfürsorgestelle, weil mein Vater ist kriegsbeschädigt, und da ist der Satz zum BaFöG höher. Da kann ich also recht gut davon leben. Da krieg ich 650 DM und dann noch 60 Mark Mietbeihilfe.

FRANZ Wo wohnst du?

RENI Ich wohn mit der Hanna und noch nem Jungen hier in Traunreut in einer Wohnung. Das sind 4 Zimmer, also jeder hat sein eigenes, das ist schon ganz gut.

FRANZ Wie stehst du zu deinen Eltern?

RENI Also, ich hab schon ein recht gutes Verhältnis zu meinen Eltern, im Gegensatz zu anderen. Wir sind eine ziemlich große Familie, ich hab noch 5 Geschwister, und bis vor einem Jahr haben wir noch zu acht in einer 90-Quadratmeter-Wohnung gelebt. Da hab ich mit zwei andern Geschwistern in einem Zimmer geschlafen, die zwei größeren Brüder von mir zusammen und der kleinste bei meinen Eltern drin. Und trotzdem hats recht wenig Streits gegeben, ist alles recht gut abgewickelt worden. So im großen und ganzen. Bis auf die Scheißanzieherei versteh ich mich mit meinen Eltern recht gut.

FRANZ Was ist mit der Anzieherei?

RENI Naja, meine Mutter findet das nicht so schön, wie ich mich anzieh, und da regt sie sich immer furchtbar auf und fängt auch immer gleich das Heulen an ein bißchen. Da gibts halt dann ständig Krach, wenn ich heimkomm. Obwohl, der Krach läßt sich leicht provozieren. Ich denk mir dann halt, die halbe Stund, die ich heimkomm, ziehst was anderes an, dann gehst wieder weg. Es ist halt auch wegen dem Geschäft, die ham so ein Geschäft, und da werden sie halt von den Leuten öfters angeredet. Wie schaut eure Tochter aus, so ungefähr, so ein hübsches Gesicht, aber angezogen . . . Naja, und das macht sie irgendwo fertig.

Wohngemeinschaft

FRANZ Und wie kommt ihr jetzt in diese gemeinsame Wohnung?

HANNA Also, als ich aus der Volksschule entlassen worden bin, bin ich gleich ins Internat, da war ich bloß in den Ferien zu Hause, danach bin ich ins Heim gezogen, da hatte ich mein eigenes Zimmer, und jetzt im Juni sind wir zusammengezogen.
Meine Mutter hat da überhaupt nichts dazu gesagt, die nimmt das so hin. Die hätt da nie Schwierigkeiten gemacht.

FRANZ Gabs da in der neuen Wohnung Schwierigkeiten unter euch?

HANNA Ja, die sind immer noch da.

RENI Das ist vertrackt, an und für sich. Aber trotzdem sind wir ganz zufrieden wies läuft.

FRANZ Wie geht das finanziell?

RENI Ach ja, die Wohnung kostet 350 Mark, ich krieg ca. 700 Mark, und die Hanna verdient 800 und noch was netto. Nur der Junge ist ein Problem. Der hat Tbc gehabt, war in Gauting. Der kam jetzt raus und hat praktisch noch von dem Krankengeld gelebt, aber ab 19. wird der wieder arbeitsfähig geschrieben. Der wollte Brauereimeister studieren, mußte aber wegen der Krankheit das Studium aufgeben. Das möcht er nächstes Jahr, wenns soweit ist, wieder anfangen. Jetzt sucht er eine Arbeit, aber in seinem Bereich, der Lebensmittelbranche, kriegt er als Tbcler natürlich nichts. Und dann kriegt er wegen seinem Vater kein Arbeitslosengeld, weil der genug Geld hat. Aber von dem will er kein Geld. Deswegen steckt er momentan in ner ganz blöden Lage.

FRANZ Wie sind denn eure Beziehungen innerhalb der Gruppe. Ist das ein Paar und ein einzelner, oder . . .

RENI Nein, wir sind alle drei nur so miteinander befreundet. Aber natürlich gibts Schwierigkeiten.

HANNA Und ich glaub, wir sehen die ganz verschieden. Für mich ist es halt das, daß der Gerd und die Reni sich schon vorher ziemlich lang gekannt haben und viel zusammen waren und oft miteinander geredet haben. Die ham sich eben unheimlich gut verstanden. Ich hab den Gerd zwar auch gekannt, aber eben mehr flüchtig. Das hat schon so beschissen angefangt. Erst haben nur wir zwei drin gewohnt. Und dann hat sie gesagt: »Wie wär das, wenn wir einen dritten mit reinnehmen, wegen dem Geld schon mal?!« Und dann hab ich gesagt: »Nein, das kommt überhaupt nicht in Frage, das will ich nicht!« Hab mich monatelang dagegen gewehrt. Vom Geld her hab ich das schon eingesehen, daß es besser ist, aber ich wollts halt einfach nicht. Mir ist es schon schwergefallen, daß wir überhaupt zu zweit wohnen, weil ich vorher zwei Jahre lang allein gewohnt hab. Und irgendwann hab ich halt doch ja gesagt, weil sie sagte, der Gerd wär dran interessiert. Ich hab ihn nicht gut gekannt, aber ich fand ihn nett und konnt mir vorstellen, daß der da einzieht.

Und jetzt ist eben die Schwierigkeit, daß die beiden sich schon gut kennen und gut verstehen, und ich muß das erst nachholen.

Die beiden sitzen halt oft abends beinander, wenn ich heimkomm, trinken ein Bier und reden miteinander. Und da denk ich mir halt, hockst dich lieber nicht dazu, die haben jetzt ein tolles Gespräch, da störst du bloß. Und dann geh ich in mein Zimmer.

RENI Ich bin der Meinung, daß du dich bewußt in die Isolation gedrängt hast. Wenn ich mit jemandem zusammenwohn, dann möcht ich den kennenlernen und machs nicht so wie sie.

Schon bei der Wohnungsuche ging das los. Ich hab immer gesagt: »Reden wir nicht darüber, was für Schwierigkeiten da kommen könnten! Die kommen eventuell oder kommen auch nicht.« Sie hat gesagt, sie hätt bis jetzt allein gewohnt und jetzt zu zweit, das gäb Schwierigkeiten. Ich hab mir gedacht, okay, laufen solls, wenns kommt, ist es da, dann werden wir schon sehen. Da hats dann teilweise schon rechte Krachs gegeben. Es war eigentlich nicht so schlimm, da hab ich gemerkt, da staut sich irgendwas an, ham wir uns zusammengehockt, okay, geredet drüber. Und dann ging das los mit dem Dritten. Zuerst hab ich noch gar nicht an den Gerd gedacht. Ich hab bloß gesagt: »Es ist ein Schmarrn, wenn ein Zimmer leersteht!« Und da hat sie gesagt, ne, macht sie nicht, macht sie nicht. So auf stur geschaltet. Und so was könnt mich ärgern. Und dann hat sie doch zugestimmt beim Gerd. Das hat mir damals schon gestunken, daß du dann einfach ja gesagt hast. Ich hab zum Gerd gesagt, unterhalt dich mit der drüber, die hat ihre Bedenken. Aber du hast innerhalb von fünf Minuten zugestimmt.

HANNA Du, der Gerd hat mich selber gefragt, und in dem Moment, wo er mich gefragt hat, war für mich die Sache klar.

RENI Klar vielleicht, daß er einziehen würde, aber nicht, was du dir schon wieder für Gedanken entwickelt hast, wie das sein könnte. Dann ging das los: Wir waren eben öfters aufd Nacht alleine gehockt, und sie ist dann immer in ihr Zimmer. Ich hab ihr gesagt: »Mensch, Hanna, hock dich her, das macht nichts.« Der Gerd hat auch schon gesagt: »Ich fühl mich hier nicht so gut, weil ich merk, mit der Hanna ist was los.« Und vor kurzem kam das eben raus. Ich hab mir sogar schon gedacht, obs dus extra machst, daß man immer nur zu dir hinkommt. Daß man immer sagt: »Hanna, komm raus, jetzt reden wir mal drüber . . .« Aber es scheint sich zu bessern, davon abgesehen.

Hannas Beruf

HANNA An sich müßte ich Erzieherin sein für behinderte Kinder. Ich hab aber keine spezielle Ausbildung, sondern ich bin Kinderpflegerin und hab da ebn in München erst angefangen in ner Familie, und das war so beschissen, daß ich nach vier Wochen wieder weg bin. Das waren so stinkreiche Leute , da mußt ich den ganzen Haushalt mitmachen und so. Da hab ich halt ein Inserat in die Zeitung gegeben, und dann ham die aus dem Heim bei uns angerufen. Ob ich mir das vorstellen könnte, in so nem Heim zu arbeiten, und dann hab ich halt da angefangen. Da bin ich jetzt das dritte Jahr.

Franz Und was hast du da für eine Ausbildung gemacht?

Hanna Mein Beruf heißt »Kinderpflegerin«, aber ich hab an sich nichts gelernt, also in die Richtung. Ich bin total blöd gewesen. Und ich muß jetzt in Fortbildungen gehen und Bücher lesen, eben weil ich keine Ausbildung hab. Also, ich war nur auf so nem Internat für zwei Jahre, und das hat mich für Kinderpflegerin ausgebildet.

Franz Und was machst du mit den behinderten Kindern?

Hanna Das ist ne schwere Frage. Ich mach so viel, und manchmal denk ich mir doch, du machst eigentlich viel zuwenig.

Die Kinder sind halt vormittags in der Schule, und nachmittags muß halt ich irgendwas mit ihnen machen. In erster Linie eben aufpassen, weil das eben behinderte Kinder sind, die schlecht allein zurechtkommen. Also, wir haben geistig Behinderte, und Lernbehinderte gibts auch. Ich bin jetzt in ner Gruppe für Lernbehinderte. Mit denen muß ich halt lernen. Ich hab z. B. ein Mädchen, die ist 16, die kann nicht gescheit lesen, die kommt jetzt bald raus. Mit der muß ich halt lesen üben. Für mich ist das Wichtigste, daß ich die auf später ein bißchen vorbereite.

Franz Wie alt sind die Kinder?

Hanna Das ist in jeder Gruppe verschieden. Meine sind zwischen zehn und sechzehn.

Franz Wie sieht ein Tag aus?

Hanna Also, um halb sieben, geh ich rein in die Gruppe, weck die Kinder auf und treib sie halt so ein bißchen an, um sieben wird gefrühstückt, dreiviertel acht gehen sie in die Schule. Dann hab ich von acht bis kurz vor halb zwölf frei. Und dann kommen die aus der Schule, dann hat jeder so seine Dienste, es sind immer so drei zusammen, die müssen dann den Tisch decken und das Essen aus der Küche holen und alles herrichten. Nach dem Essen ist Mittagsruhe, da müssen die sich in ihren Zimmern selber beschäftigen, irgendein Buch lesen oder was malen. Sie sollen halt einigermaßen leise sein und sich selber was suchen. Danach ham manche wieder Schule. Bei die andern wart ich meistens ab, bis ein Kind zu mir kommt und sagt: »Machen wir irgendwas!« Ich geh manchmal in den Werkraum mit denen, und da machen wir Holzarbeiten oder so was. Der andere will Märchenplatten hören, oder gestern hab ich mit einem das Einmaleins geübt. Alles mögliche ebn, was andere Kinder auch tun. Bloß, daß ich dabei ihnen helf.

Da ist zum Beispiel einer dabei, der sagt immer: »Sie, ich will was machen!« Dann sag ich, ja überleg dir was. Denk halt selber nach, ich kann dir nicht immer was vorschlagen. Und der weiß nie, was er machen soll. Das machen wir dann halt meistens.

FRANZ Wie oft kommen die Kinder heim?

HANNA Also, die Kinder, die ich in der Gruppe habe, schlafen in der Woche immer dort. Manche, die nicht so weit weg wohnen, die fahren übers Wochenende manchmal heim, und die anderen fahren bloß all paar Wochen heim. Und dann ist einer dabei, dem seine Eltern lassen sich scheiden, der ist auch grad recht schwierig, weil er das mitgekriegt hat. Der fährt zu Zeit gar nicht heim.

Pause

Mei, am Sonntag haben wir unsere Fenster angemalen, mit Fingerfarbe rumgeschmiert, alles mögliche machen wir eigentlich, das ist grenzenlos.

FRANZ Macht dir das Spaß?

HANNA Ja, sicher. Sonst wär ich nicht mehr da. Ich hab mir auch überlegt, mit ner Freundin zusammen, die auch da arbeitet, die Berufsaufbauschule zu machen, als es im Heim Krach mit den Vorgesetzten gab. Dann würd ich Sozialpädagogik studieren. Reizen würds mich. Möchts irgendwann noch mal anpacken, aber ich möcht zur Zeit nicht weg von da. Ich glaub auch, daß das eine echt gute Arbeitsstelle ist. Ich hab auch nen tollen Chef und versteh mich mit vielen Leuten gut. – Aber es gibt auch Probleme. Das ist so: Die Leute, die nur die Kinderpflegerinnenausbildung haben, sollen so ne Nachqualifizierung machen. Und jetzt ham die uns nicht gesagt, was wir danach sind, was wir davon haben, was das für Fächer sind. Zuerst wollten sie uns nach Nürnberg schicken, daß wir 5 Monate da so einen Lehrgang machen. Dann hams gemeint, das kommt zu teuer. Und jetzt sollen wir das eben an unseren freien Tagen machen. Also Dienst machen und nebenbei noch die Fortbildung. Das ist ungefähr so, als wenn ich die Fachakademie mach, bloß wir sollen das in einem halben Jahr machen.

RENI Aber das stimmt eben alles nicht. Das ist eine unheimliche Sauerei. Die sollen die Fortbildung in ihrer Freizeit machen, kriegen dafür keinen Pfennig Geld und dann noch die Doppelbelastung: Lernen und Arbeiten mit geistig Behinderten. Und nachher kommen sie nicht aus dem Kinderpflegerstatus raus. Sie werden nicht anders bezahlt, und nachher, wenn sie woanders hinwollen, nimmt sie keiner, weil nur mehr Erzieher gefragt sind.

HANNA Wegen dem Lohn haben wir schon ein paar Mal gefragt, aber das sagens uns nicht. Wir ham auch gefragt: »Was machen wir hinterher, was ham wir für ne Berufsbezeichnung?« Das sagen sie uns nicht.

RENI Wie ich das seh, gehts nur darum, daß sie mehr wissen, aber die müssen nicht mehr zahlen.

HANNA Und von uns wird aber das gleiche verlangt in der Arbeit wie von fertig ausgebildeten Leuten. Das hängt jetzt schon zwei Jahre in der Luft. Man muß eben zuerst ne gewisse Zeit Praxis haben, bis man da dazu kommt. Wir ham uns da unheimlich gefreut am Anfang. Die ham uns gesagt, das ist so Nachqualifizierung, nur die Vorteile. Und dann ist nichts weitergegangen. Ham wir wochenlang gewartet, bis sie sich wieder gerührt haben. Und wie die uns nichts gesagt haben, haben wir uns selber drum gekümmert. Ham wir halt so paar Leute gefragt . . . Ich weiß noch nicht, wies weitergeht. Wir ham auch einen Fragekatalog zusammengestellt an den Dekan K. Der ist bei uns im Heim eine unheimliche Autorität. Der wenn vor dir steht, dann traust du dir nur noch »Grüß Gott« sagen. Der hat schon unseren Erziehungsleiter rausschmeißen wollen, bloß weil der irgendwo nicht mitgezogen ist, und unseren Heimleiter auch. Da kann ich nicht groß auftrumpfen als Kinderpflegerin. Das Heim gehört zur »Inneren Mission«, und der hat halt überall seine Finger mit drin. Der meint jetzt, alle müssen ewig dankbar sein, weil er in die Wege geleitet hat, daß das Heim steht.

Pause

FRANZ Habt ihr Schwierigkeiten mit der Bevölkerung, wie die sich den geistig behinderten Kindern gegenüber verhält?

HANNA Mit der Kirche haben wir hauptsächlich Schwierigkeiten. Weil die stehn auf dem Standpunkt, die Kinder gehen in eine kirchliche Institution, dann sollen sie auch gefälligst in die Kirche gehen, wenn sie schon dafür zahlen. Ja, und die kleinen Wuzerln und die geistig Behinderten können sich eben nicht so ruhig halten. Die kapieren auch nichts davon, was der Pfarrer erzählt. Da hörst halt nach dem Gottesdienst ganz laut sagen die Leut: »Die blöden Kinder da, führen sich so auf!« Regen sich furchtbar auf drüber, weil sich die Kinder nicht ruhighalten können. Das kapieren sie nicht. Aber verlangen tut man schon, daß sie in die Kirche gehen zum öffentlichen Gottesdienst.

FRANZ Wieviel Kinder sind im Heim?

HANNA Hundertzwanzig ungefähr.

FRANZ Und wie drücken sich deren Behinderungen aus?

HANNA Wir haben z.B. ziemlich viele da, die können einfach nicht gescheit sprechen. Das sind zum größten Teil auch Kinder, die ein unmögliches Elternhaus haben. Neulich war wieder eine Mutter da, die ist reingekommen, die hab ich das erste Mal gesehen, die war noch nie da, ihre Kinder besuchen. Die kam da rein: »Aha, grüß dich, Alfred! Annelies!« Die kam mir vor, als obs nur eine ganz entfernte Bekannte wär von den Kindern. Die ist zehn Minuten heringewesen, und dann ist sie wieder abgezischt. Und die Kinder waren völlig durcheinand, die haben nichts kapiert, weils vorher nichts gesagt hat, daß sie kommt. Für manche Kinder ist es gut, daß sie mit ihren Eltern wenig zusammenkommen. Und wir haben auch Kinder, wo die Eltern schon irgendwie einen Knacks weghaben.

FRANZ Wie kommst du zu dieser Arbeit?

HANNA Mich ham schon viel Leute gefragt: »Wieso machst du das eigentlich?« Mir kommt die Frage oberflächlich vor. Ich würds auch nie machen, wenns mir keinen Spaß machen tät. Bevor ich da angefangen hab, war das meine Idealvorstellung: In nem Beruf mit behinderten Kindern zu arbeiten. Ich habs mir aber nicht so schlimm vorgestellt. Ich würds auch nie wieder machen, aber: Ich steck jetzt da drin, mir machts Spaß. Obwohl es oft ein ganz schöner Hammer ist. Aber ich möcht nicht aufhören, im Moment jedenfalls nicht.

FRANZ Was macht dir Spaß dran?

HANNA In erster Linie ist es wichtig, daß ich Kinder mag. Nur aus dem Grund hab ich so eine Ausbildung gemacht. Das wollt ich schon als Kind, später was mit Kindern machen.

RENI Die sind auch unheimlich lieb, die Kinder.

HANNA Ja, die Mongos, die kleinen. Sind halt so kleine Wuzerln. Weißt, wie die aussehen, die mongoloiden Kinder? Die haben eben so schrägstehende, ganz große Augen und sind eben auch alle geistig behindert. Wenn die klein sind, sind sie unheimlich süß. Wir haben uns jetzt in der Gruppe so ein Bücherl angelegt, da schreiben wir immer Aussprüche von Kindern rein. Die lassen oft so tolle Dinger los.

Z. B. in der Gruppe über mir, da ist so ein kleiner Bub, der ist sieben Jahre alt, ist auch geistig behindert, und da sagt er neulich zu

seinem Erzieher: »Du, Saki, Saki mag ich!« Fragt der: »Was magst du?« Kawasaki! Ein Motorradl, verstehst.
Oder wir ham einen dabei, der hat keinen Schließmuskel, der scheißt also ständig in die Hose. Und da waren wir im Schwimmbad, und da hab ich gesagt: »Du, ich kann dich noch nicht ins Wasser lassen. Erst mußt was ins Klo machen.« Nachher, wenn er gschissen hat, ist eben so eine halbe Stund nichts. Und der ist halt unheimlich begeistert vom Wasser mit Planschen und so. Und dann sind wir aus dem Klo, und dann sind die anderen unten auf der Wiese gelegen, und da war auch seine Erzieherin die Frau M. da. Und da waren so viel Leut im Schwimmbad, und er hat über die ganze Wiese runtergeschrien: »Frau M., ich hab ins Klo gekackt!« Und die Leut ham so blöd geschaut!
Ich war vorher in ner Gruppe, das waren geistig Behinderte, und da war einer dabei, ein 15jähriger. Ziemlicher Brocken! Da bin ich ganz neu reingekommen damals, hatte überhaupt noch keine Ahnung, über geistige Behinderung oder überhaupt Behinderung hab ich nichts gewußt, gar nichts. Und mit dem einen bin ich halt überhaupt nicht zurechtgekommen. Der ist mir ständig davongelaufen und hat Messer durch die Gegend geschmissen. Und der hat mich regelmäßig verprügelt. Und der ist jetzt im Nervenkrankenhaus, weil er ne schwangere Frau überfallen hat. Mit dem ham wir schon vorher Schwierigkeiten gehabt in der Öffentlichkeit. Wenn er mit in die Stadt gegangen ist, ist er uns immer wieder ausgebüchst. Und das war dann eben der Hammer, der Punkt aufs i.
Aber es gibt auch Sachen, die unheimlich schön sind. Ich hab jetzt einen kleinen Bub in der Gruppe, der kommt jeden Tag ein paarmal zu mir her, setzt sich auf meinen Schoß, schmust mit mir. So was ist irgendwie ein unheimlich tolles Gefühl, wenn so ein Kind auf mich zukommt und spüren läßt, daß es mich irgendwie mag. Ich brauch da unheimlich meine Erfolgserlebnisse, sonst könnt ichs nicht machen. Aber wir haben eben einen Dienstplan, die drei Leute, die meine Gruppe haben, und da hab ich praktisch jedes zweite Wochenende, also Samstag, Sonntag, Montag ganz alleine Dienst. Von halb acht in der Früh bis neun abends durchgehend. Auf zwölf Kinder aufpassen!
Da gibts zwei Häuser, der eine ist der Nordbau, und ich bin im Südbau. Das ist ein Haus, und da sind vier Gruppen drin. Dann gibts noch vier so Appartments, da wohnen die Praktikanten

drin, und zwei Dienstzimmer, da schläft die Nachtbereitschaft drin. In der Nacht geht eben der Erzieher, der wo normal in der Gruppe drin ist, heim, und dann übernimmt die Nachtbereitschaft die Kinder.

FRANZ Was lernen die Kinder denn in der Schule?

HANNA Mei, alles mögliche, was für sie später wichtig ist: Rechnen, Schreiben, Lesen. Und für die älteren Kinder ham wir jetzt so eine Konzeption gemacht für Entlaßschüler. Die müssen jetzt eben lernen, Überweisungsscheine ausfüllen und auf die Post gehen.

FRANZ In welchem Alter werden die entlassen?

HANNA Das kommt drauf an. Sie brauchen neun Schuljahre.

FRANZ Und was machen sie dann?

HANNA Also, die geistig Behinderten kommen sowieso in eine geschlossene Werkstätte, die machen da eben so eine Ausbildung als Maler, oder . . . Die werden da an sich genauso betreut. Ich mein, geistig Behinderte kann man nie allein lassen, die schaffens nicht allein.

FRANZ Gibts da auch welche, die abgehen, die nach Hause gehen?

HANNA Es sind viele dabei, die keine Arbeit kriegen. Ich hab jetzt ein Mädchen, die hat acht Brüder. Und sie ist das einzige Mädchen daheim. Die wird jetzt sechzehn und ist halt dafür, daß sie behindert ist, unheimlich selbständig. Wenn ich was such, kann ich die das fragen, und die weiß Bescheid. Und wenn ich mal weg muß aus der Gruppe, paßt sie eben auf die Kleinen auf. Und jetzt ist es halt so: Wenn die rauskommt, sind die Eltern froh, wenns ein Mädchen ham, was daheim putzt und kocht. Obwohl die schon fähig wär, was zu lernen. Es kommt eben auf die Eltern an. Die ham das Erziehungsrecht, und die müssen entscheiden, was passiert hinterher.

FRANZ Was ist der Unterschied zwischen Lern- und geistig Behinderten?

HANNA Mei, das ist für mich so schwer, das zu erklären. Die Lernbehinderten, das ist eben . . . also in meiner Gruppe sind eigentlich alle sprachbehindert, die ham alle Sprechschwierigkeiten. Sind die meisten im Sprachunterricht. Und die ham auch Schwierigkeiten, lesen zu lernen. Die lernen das nicht wie ein normales Kind – was man eben normal nennt: geht in die erste Klasse und lernt da lesen. Die brauchen viel länger dazu.

RENI Die geistig Behinderten ham meistens nen Hirnschaden, entweder gekriegt oder von Geburt aus. Die hatten entweder mal Hirnhautentzündung oder sonst was. Während die Lernbehinderten am Gehirn nichts haben. Die ham nur beim Reden, Lesen, Handeln irgendwelche Schwächen. Die kann man also noch relativ gut fördern.

FRANZ Kommen die Lernbehinderten trotzdem oft in ein Heim, nachher?

HANNA Das liegt zum größten Teil an den Eltern. Und wenn die Eltern nicht erziehungsberechtigt sind, dann übernimmt das nun die Fürsorge, die schaut dann nach einem Platz für das Kind.

RENI Z. B. Berufsfindung! Das ist so der nächste Schritt von denen. Da ist ein Heim in Traunreut, und da kommen Leute hin, die entweder aus sozial schlechten Familien stammen, die also nicht wissen, was sie machen sollen. Die durchlaufen da alle möglichen Dinge: Schreinerei, Werkzeugmacherei, Weberei und so. Und da kommen die Lernbehinderten auch rein. Da durchlaufen sie die ganzen praktischen Berufe, auch Koch und so weiter, daß sie erst mal ihre Interessen merken.

HANNA Ich kann deshalb nicht erklären, was ein Lernbehinderter und was ein geistig Behinderter ist, weil ich das nie gelernt hab, und ich hab mir auch nie die Mühe gemacht, da so Schinken zu wälzen. Ich hab ebn von Anfang an nur versucht, die Kinder, die ich in der Gruppe hab, kennenzulernen und festzustellen, was die für Schwierigkeiten haben. Da haben wir dann Erziehungspläne aufgestellt oder gesagt, mit dem muß man sich öfters zusammensetzen, der kann nicht gescheit lesen, das muß gemacht werden. Was so ne Behinderung konkret ist, kann ich an sich nicht erklären.

RENI Obwohl dann Selbstkritik an dir sein müßte, daß du es erklären können solltest!

HANNA Ja ...

RENI Und ohne weiteres erklären könntest, wennst ein bißchen mehr machen würdest.

Pause

FRANZ Aber mir ist immer noch nicht klar, was dir jetzt bei der Arbeit im Heim eigentlich Spaß macht.

HANNA Da spielt auch das mit bei mir, daß ich seh, daß die Kinder Schwierigkeiten haben, daß die jemanden brauchen, der ihnen hilft. Und ich fühl mich wohl dabei, wenn ich denen helfen kann. Und wenn ich manchmal Schwierigkeiten hab, das kann manchmal ganz blitzartig kommen, daß ich mir denk: Mensch, das schaffst jetzt nicht! Und dann versuch ich eben jemand anders zu helfen, zu jemandem nett zu sein, oder so. Und dann denk ich da nicht mehr dran. Da fühl ich mich im Moment gut dabei. Das Problem ist dann auf die Seite geschoben.

FRANZ Machst du diese Arbeit aus irgendwelchen religiösen Anschauungen heraus?

HANNA Nein, überhaupt nicht. Es gibt halt so Normen da drin, die ich mit einhalten muß. Das ist so Wortverkündigung, das ist so christliches Geschwafel, und man soll den Kindern irgendwas von der Bibel vermitteln. Und als ich noch in der Gruppe für geistig Behinderte war, hab ich mich da dagegen gewehrt, zumindest versucht und hab gesagt: »Ich kapier die Bibel selber net, ich kenn sie zum größten Teil gar nicht.« Wie soll ich das dann solchen Kindern beibringen? Das mach ich nicht. Und dann ham wir versucht, das bißchen einfacher zu machen, indem wir denen Filme gezeigt haben, eben auch über Nächstenliebe, der barmherzige Samariter und so Zeug. Das war dann schon einfacher. Aber ich hab da selber gar keinen Bezug dazu, zu der Bibel und dem christlichen Zeug.

FRANZ Glaubst du an Gott?

HANNA Ja . . . aber auf meine eigene Art. Das ist eine unheimlich bequeme Art. Ich geh nicht in die Kirche, aber das kommt auch daher, daß ich paar Jahre bei meiner Oma gelebt hab, und da ham wir jeden Morgen und jeden Abend die Bibel lesen müssen, oder sie hats uns vorgelesen. Und das war immer furchtbar lästig. Da ham wir immer die Hände falten müssen dabei und ham keinen Pieps sagen dürfen. Ich mein, da ist was zurückgeblieben davon. Ich glaub an Gott, das ist einfach schon immer dagewesen bei mir, daß es den irgendwie gibt. Weiß nicht, wie er aussieht, das stell ich mir nicht vor. Aber wahrscheinlich kommt meine Abneigung auch daher, daß wir das immer so reingepreßt gekriegt ham.

FRANZ Könntest du dir vorstellen, auch mit Erwachsenen zu arbeiten?

HANNA Ich find die kleinen Mongos süß, aber mit großen könnt ich nichts machen. Mit großen, erwachsenen geistig Behinderten, da ists vorbei. Mit denen könnt ich absolut nichts anfangen.

FRANZ Fühlen sich die Behinderten, mit denen du zusammenkommst, wohl?

HANNA Ich glaub schon. Doch. Ich mein, es gibt Momente, wo ich was vor die Füß geschmissen krieg: »Blöde Sau!« – »Scheiß Heim, ich hau ab!« – »Hier ist sowieso alles Scheiße!« Das sagen die Kinder, die sehr das Bedürfnis haben, einen Erzieher für sich alleine zu haben, und wenn ich sag: »Jetzt mußt warten, ich hab jetzt keine Zeit für dich, sind die anderen auch noch da!« Dann kommen angestaute Aggressionen raus: »Sie ham ja nie Zeit für mich!« Das ist dann alles überspitzt von denen und übertrieben. Aber ich glaub schon, daß sie sich wohl fühlen.

FRANZ Was du von den Kindern erzählst, hört sich völlig normal an ...

HANNA Gell!? Das ist auch bei den geistig Behinderten so, daß die oft ganz schön durchblicken. Ich mein, Gefühle ham die natürlich ganz genauso. Das sind zum größten Teil unheimlich verhaltensgestörte Kinder, und ich find das so schlimm, wenn ein Kind seine Gefühle nicht ausdrücken kann. Mir fällts auch zum Teil recht schwer. Ich hab ein paar Kinder, die kommen zu mir her, setzen sich zu mir auf den Schoß und fangen schmusen an. Und einer geht immer nur so an mir vorbei und schaut mich an. Das ist komisch bei dem, das kann man so gut erkennen, der schleicht immer um mich rum, und wenn ich was zu ihm sag, wird er unheimlich verlegen und sagt: »Halts Maul, du blöde Sau!« Und dann geht er wieder weg. Und das ist für mich unheimlich deutlich, daß der das genauso braucht. Und an die Kinder versuch ich halt irgendwie ranzukommen ...

FRANZ Kinder im Heim. Noch dazu lernbehindert. Zwölf Kinder in einer sogenannten Familie. Drei, vier ein Zimmer. Is das Heim für die Kinder, wie du es siehst, schlimm oder gut?

HANNA Na ja, in der Gruppe sind ebn zwölf Kinder auf einmal. Gut, aber du hast eine Ausbildung. Ich weiß, die Kinder brauchen was. Und daheim läuft das bei einigen anders ab. Da kapieren die Eltern nicht, daß auch so ein Kind Zuwendung braucht. Die kümmern sich nur um die normalen Kinder, wenn sie welche haben. Wir ham natürlich auch Kinder dabei, wo die Eltern selber behindert sind. Die können gar nicht helfen, weils selber vielleicht nicht lesen können. Und solche Kinder, wo daheim gar nix geboten haben, hams bei uns schon besser. Obwohls für mich persönlich am meisten belastend is, wenn ich weiß, ich muß auf zwölf Kinder gleichzeitig aufpassen und soll ihnen auch noch was geben. Wie macht man das? Grad am Montag, da hat immer einer allein Dienst. Sonst sind es zwei, sechs Kinder für einen. Das is besser. Mir ham eine Küche, da können mir Kuchen backen, wenn die Kinder Lust ham, einen Fernsehraum. Mir probiern es eigentlich schon ziemlich familienähnlich zu gestalten, aber es geht nicht vollkommen. Man kanns nicht genauso machen. In einer Familie, wo vielleicht bloß zwei Kinder sind und man weiß: Mir ham die Kinder gewollt, ich hab sie gekriegt und ich kümmer mich jetzt auch drum. Ich mach was mit denen. Das is dann optimal. Aber es sind auch Leut, die so was nicht kennen oder wissen oder ned machen wollen, und dann sind Kinder da, die haben zwar durchaus noch Eltern, aber wenig.

FRANZ Du bist sicher überdurchschnittlich sensibilisiert für die Probleme der Behinderten durch deinen Beruf. Gibt es für dich eine Grenze bei Schwerstbehinderten, wo man Menschen mit einer Spritze aus der Welt schafft.

HANNA Ich hab selber noch keine geistig schwerstbehinderten Kinder miterlebt. Aber ich hab im »STERN« einmal Fotos gsehn von einem Mann, also ein richtig schöner Mann sogar, unheimlich schönes Gsicht, der wo nach einem Unfall vollkommen gelähmt war und auch nimmer hat sprechen können oder irgendwas selber tun, gar nix mehr, bloß noch mit die Augen zwinkern, der hat mir so leid tan, daß ich dem schon eine Spritze gebn tät. Weil wenn ich in so einer Lage sein tät, mein Gott, da wär ich froh, wenn einer es tut. Da gibt es schon eine Grenze, wo man nicht mehr leben will, und froh sein muß, wenn man sterben darf.

FRANZ Glaubst du an ein Jenseits?

HANNA Nein, das find ich blödsinnig. Ich bin von der Oma mit der Bibel erzogen worden. Die Oma hab ich bloß mit gefalteten Händen gsehn, mit Bibel und Gesangbuch.

FRANZ Betest du manchmal?

HANNA Nein.

FRANZ Redest du manchmal mit dem lieben Gott oder wie man es nennen will?

HANNA Ja. Oft ganz unbewußt, das kommt mir erst hinterher. Wenn ich mir irgendwas wünsch, dann denk ich: Mensch, lieber Gott, jetzt hilf mir oder so! Das merk ich gar nicht, daß ich mir das denk.

FRANZ Und was denkst und sprichst du noch mit Gott und dir?

HANNA Das, wo ich mein, daß das andere Leute nicht verstehen können. Das is die Ausweichmöglichkeit, daß ich es nicht in mich hineinfreß, sondern ich sags halt dem da oben. Kommt zwar eh nix dabei raus, der kann mir keine Antwort geben, aber ich habs ihm gsagt, weil ich es sonst niemand sagen kann.

Renis Weg durch die Lehre

RENI Ich bin von der Volksschule runter, hab meinen qualifizierten Abschluß gemacht ...

FRANZ Den ham erstaunlich wenige gemacht, warum hast du ihn gemacht?

RENI Bei uns wurde der grade eingeführt, und das geht halt vom Notendurchschnitt aus. Ich war da verhältnismäßig gut, so daß ich den ohne Schwierigkeiten machen konnte. Ich mein, ich hab da auch nichts gelernt dafür, der Lehrer hat mir halt gesagt: »Du schaffst es!« Okay.

Na ja, und kurz vorher in der neunten ist das angelaufen: Gehen wir mal zur Berufsberatung! Bin ich da hingegangen, allein, ohne meinen Vater. Das ist unheimlich beschissen gewesen, wie das da abgelaufen ist. Ich kann mich noch daran erinnern, wie sie gefragt ham: »Und wie wärs mit Friseuse?« Hab ich gesagt: »Friseuse, ich bin doch nicht auf den Kopf gefallen, ist doch ein Scheißberuf, interessiert mich nicht!« Da hats gesagt: »Ja, stimmt eigentlich, ich hätts auch nicht gemacht an Ihrer Stelle.« Weißt, erst anbieten, und wenn man nein sagt: Gut, ich würds auch nicht machen! Na ja, dann wollt ich Arzthelferin werden, alles mögliche, bloß nicht, das was mich wirklich interessiert hätte. Ich war der Meinung, daß ich ganz gut zeichnen konnte. Mein Gott, irgendwie schlecht malen kann ich bestimmt nicht. Ich hätt gerne irgendwas auf dem Gebiet gemacht. Vielleicht sogar mal Modezeichnerin, obwohl ich jetzt da ganz davon abseh, weil ich für die Scheißmodebranche nicht arbeiten möcht, gell. Aber Grafikerin oder so was! Aber daß ich noch mal auf die Schule geh, da bin ich überhaupt nicht drauf gekommen, weil meine Eltern gesagt ham: »Du machst jetzt ne Lehre!«

Ich hab eigentlich gar nicht gewußt, was ich machen wollt. Ich hab das Angebot »Drogistin« gehabt und dacht mir: Okay, kann nicht schlecht werden. Obwohl ich vorher gesagt hab: Scheißjob. Allein durch die Möglichkeit, daß du es vielleicht machen könntst, hab ich mich so damit angefreundet, nur noch die guten

Seiten gesehen, hab ich mir gedacht: Gut, kannst machen! Das waren drei Jahre.
Interessant ist das von den Fächern her. Da hast also irrsinnige Fächer gehabt, was also mit der Praxis überhaupt nicht übereinstimmt. Da hast du zweimal in der Woche Schul gehabt, einmal Drogistenfachschule, einmal kaufmännische Schule. Drogistenfachschule ham wir Farblernkunde gehabt, Fotografie, Botanik, Chemie, Biologie und Gesundheitslehre. Das hat mich interessiert.
Pause
Ja, dann hab ich das halt gemacht. Aber nach dem ersten halben Jahr hab ich gewußt, daß ich das, wenn ich fertig bin, nicht weiter mach.
Dann hab ich in der Drogistenlehre auch prompt mein erstes Magengeschwür bekommen. Aber das war auch ein schlimmer Verein. Sie war Vorsitzende von der Jungen Union am Ort, er war total schwarz. Da gings schon mal los: Was für Freunde und so. Langhaarige und so. Dann ging das halt immer weiter. In Traunreut selbst konnt ich bei keinem Infostand mitmachen, für die Deutsche Friedensgesellschaft oder die Zeitung von der SDAJ verkaufen. Da bin ich immer nach Traunstein gefahren, weil ich sonst solche Schwierigkeiten gekriegt hätte, und die ham mich echt systematisch fertigmachen können. So: »Das, was Sie jetzt verkauft haben, war unheimlich beschissen. Sie hätten was Teureres verkaufen können!« Und so ging das dann immer: »Sie sind überhaupt nicht gut, total unkonzentriert, anscheinend wieder zu wenig geschlafen. Was machens denn die ganze Zeit, lernens mehr, daß Sie durchkommen.« Da war ich fertig am Schluß. Dann war ich eine Zeitlang krank geschrieben, dann hab ich die Prüfung gemacht. Anschließend bin ich da weg, vielmehr er hat mich von der Lehre aus nicht übernommen. Obwohl ich das wahrscheinlich gemacht hätt, weil ich sonst keinen Job gekriegt hätt. Ich war dann arbeitslos. Aber der stellt regelmäßig Lehrlinge ein und entläßt sie danach. Das ist halt billiger.
Na ja, dann hab ich beim G. angefangen, bei dem Kaufhaus, auch wieder als Drogistin, beim: »Kaufhaus für alle«. Wie ich da reingegangen bin, ists mir relativ gutgegangen. Da hab ich schon gewußt, ich fang mit der Berufsaufbauschule an. Dann hab ich da mein zweites Magengeschwür gekriegt, weil mich das wieder so genervt hat da drin. Ich weiß nicht, mich macht so was unheim-

lich fertig. Wennst das mitkriegst von den Leuten, was die da erzählt ham, da drin. Ich weiß nicht, die einen kriegen Migräne, die anderen Magenweh.

HANNA Ich war da öfter drin im Kaufhaus, hab auch eingekauft, bin aber hauptsächlich rein, um sie zu sehen. Da ists halt immer dagestanden: Arme verschränkt! Das is halt mehr so ein Selbstbedienungsladen. Stehst halt da und wartest den ganzen Tag, und dann kriegst wieder mal nen Anschiß. Da hast nichts zu tun! Ich glaub, daß die Reni so ein Typ ist, der irgendwie aktiv sein will, irgendwas machen! Und da ist halt nichts gefordert worden von ihr. Hat bloß drauf gewartet, daß sie mal jemand fragt: »Fräulein, wo steht denn das und wo gibts denn das Spray und so . . .«

RENI Da stehst dann da in deinem braunen Einheitskittel. Ein sehr gemütlicher Job. Schön. Herrlich. *sie lacht*

Bei mir ist das so: Ich bin immer relativ frei gewesen, bin auch von meinen Eltern relativ frei erzogen worden. Die ham mir keine Einschränkungen gemacht, in welche politische Organisation ich reingeh und so weiter und so fort. Aber in der Lehre da merkste, wenn du Flugblätter verteilst, reden die mit dir ne Woche nicht mehr oder scheißen dich so zusammen, daß du fertig bist und das Heulen anfängst. Dann sagen sie dir: »Du mußt Röcke anziehen und schöne Hosen, weil sich das für ne Drogerie so gehört.« Außerdem müssen die Haare immer gekämmt sein. »Du mußt geschminkt sein, weil du den Leuten ja so was verkaufen sollst!« Obwohl du überhaupt nicht mit dem übereinstimmst, weil für dich ist Schminke egal. Und dann darfst immer schaun, daß du den Leuten das Teuerste vom Teuersten verkaufst und quatschst denen so einen Scheiß auf, und wenn dus nicht machst, wirst zusammengeschissen. Oder wenn ein Freund reinkommt, heißts: »Du redest mit dem jetzt nicht, das ist hier keine private Atmosphäre.« Dann kriegst du so ein Verhalten: »Was kriegst denn?« – Wirfst es ihm hin, er gibt dirs Geld, und dann sagst du »Pfiadti!« Darfst auch nicht rumstehen. Du mußt immer was tun, auch wenn überhaupt nichts zu tun ist, sei es abstauben, Boden wischen oder sonstige Scheißarbeit. Ich seh das nämlich nicht ein, wenns heißt, daß ich Drogistin lern, daß ich dann Putzarbeiten machen soll. In der Zeit, wo ich nichts zu tun hab, könnt ich z. B. die Berichtshefte schreiben, die ich daheim schreiben mußte. Normal ist es nämlich gestattet, daß du die im Betrieb schreiben darfst. In diese Berichtshefte mußt du während deiner Lehre reinschreiben, was du den ganzen Tag machst, z. B., daß dein Chef dir erklärt, was für Bestandteile in den Kindernahrungsmitteln drin sind. Das macht er zwar nie, aber du mußt es trotzdem reinschreiben. Dann darf das auch nicht vorkommen, daß du immer wieder das gleiche schreibst. Da mußt du dir also einmal in der Woche so eine Seite aus den Fingern saugen.

Hanna Also, was du mir da aus der Zeit erzählt hast, das hätt mich auch gefrustet. Dauernd dieses Rumgemeckere: »Zieh dich anders an, du siehst beschissen aus!« Die versuchten sie total umzukrempeln, alles an ihr anders zu machen, wo sie das gar nicht will. Und sie muß da einfach mitziehen.

Reni Dann auch immer, daß ich in der Schule mir was eintrichtern muß, sonst flieg ich durch, und in der Praxis kann ich das dann überhaupt nicht verwerten. Die trichtern mir zwei Jahre Fotografie ein, und wir ham nicht einmal einen Fotoapparat im Geschäft. Daß wir Farbkunde lernen, und wir ham nicht mal Farben im Geschäft. Daß ich von Drogen lerne, und wir ham nur noch abgepacktes Zeug im Geschäft. Weil das so weit auseinanderläuft und du praktisch nur noch eine billige Verkäuferin bist! Und im Verhältnis zu einer ausgelernten Drogistin machst du mehr und kriegst weniger Geld dafür. Da kotzt es dich schon an, wenn du Tag für Tag reinkommst und das blöde Gesicht vom Chef siehst.

Hanna Ich glaub, jeder Mensch versucht auch, seinen Job gut zu machen und dafür Anerkennung zu kriegen. Und sie ist eben ständig bloß zusammengeschissen worden. Ich kenn den Mann ein bißchen. Wie der schon schaut, der stiert durch die Gegend und hat überhaupt nichts Nettes an sich.

Reni Ich hab mir schon oft gedacht: Die in der Fabrik arbeiten, arbeiten acht Stunden am Tag am Fließband, machen die monotonste Arbeit, die es irgendwo gibt! Und ich, wo ich noch irgendwo eine Abwechslung hab, grad ich muß ein Magengeschwür kriegen! Da war ich oft fix und fertig, daß ich mir gedacht hab: Mensch, du bist total schwächlich, du hältst nicht mal das aus. Da war ich schon so weit, daß ich mir gedacht hab: Irgendwas stimmt mit dir nicht, du bist irgendwo blöd. Der Arzt hat mir gesagt, ich soll in ne psychotherapeutische Behandlung gehen. Hab ich mir gedacht: Ne, das machste nicht, das machste nicht. Du hast es nämlich noch verhältnismäßig gut. Was fehlt dir? Du verstehst dich mit deinen Eltern gut, hast viele Freunde, du verdienst was, hast ne Lehrstelle gekriegt. Und ich sollte in ne psychotherapeutische Behandlung gehen, wos Hunderte nötiger hätten wie ich ...

HANNA Das ist eben der Egoismus. Egoismus – schon das Wort allein fand ich mal unheimlich brutal und anmaßend. Hab gemeint, das gibts nicht, das darf man nicht sein, egoistisch. Aber inzwischen bin ichs selber auch geworden. Wir ham da eben mal die Konzeption aufgestellt, und da hats geheißen: Okay, was für Punkte sammeln wir jetzt? Und dann ham wir eben alle gesagt: An erster Stelle stehen die Bedürfnisse der Kinder. Und dann ham wir das eben so durchgezogen. Z. B. mit dem Kind müßte das und das gemacht werden, du hast deinen freien Tag, okay, kommst an deinem freien Tag. Und dann hat sich eben rausgestellt, daß *meine* Bedürfnisse an erster Stelle stehen, und das laß ich mir jetzt nicht mehr nehmen. Ich bin mir selbst am wichtigsten. Weil erst wenn ich befriedigt bin und wenn ich das hab, was ich gern möcht, ungefähr dann kann ich erst wieder was von mir geben.

»Kaufhaus für alle«

RENI Also, im Kaufhaus hab ich den Vorgesetzten, den ich hatte, vielleicht im Monat einmal gesehen. Da könnt ich sagen: Status Inspektor. Weil der hat mich echt behandelt, als wär ich was anderes. Mei, da war ich achtzehn und hatte meine eigene Abteilung, hab schaun müssen, daß das läuft, hab selber bestellen müssen und so. Das war ganz anders wie in der Drogerie. Aber wenn du das so mitkriegst da drin mit den anderen Arbeitskollegen, was da läuft ... Du hast zwar selbständig bestellen können, aber du warst doch dagestanden den ganzen Tag und hast nichts zum Arbeiten gehabt. Du hast aufgefüllt! Das kannst vielleicht einen Monat lang machen, aber dann geht dir das total auf den Wecker: Du gehst in den Keller runter, füllst auf, stapelst rein, auszeichnen, alte Sachen kommen vor, neue Sachen hinten, wegen Verfalldaten und so. In der Drogerie wars noch so, da hast die Leute noch beraten können, wie man so schön sagt, aber hier ham sich die Leute es selber genommen. Vorher hab ich immer auf die Scheißverkäuferinnen geschimpft: Die sind total unfreundlich und kurz angebunden, die sagen kein nettes Wort oder überhaupt nichts. Und da drin war ich echt genausoweit. Mich ham die Leut so aufgeregt, die da reingekommen sind, ich hätte die zusammenhauen können. Wenn die reingekommen sind, hab ich mir gedacht: Mensch, hoffentlich quatscht die mich jetzt nicht an. Da kriegst du solche Aggressionen, wenn du drinstehst und die Scheißluft, und du weißt nicht, was du tun sollst. Die Leut sind so blöd! Und mit den Umhergehenden kannst dich auch nicht gescheit unterhalten.

FRANZ Welche Leut? Deine Kollegen?

RENI Ja. Was heißt blöd, ich war da irgendwie in so einer Ohnmacht drin. Die ham mir z. B. erzählt, die wollten da so einen Betriebsrat aufbauen. Bis sich die ganzen Frauen zusammengerauft hatten: Hatten auch einen an der Hand, der ihnen das alles erklärt hat. Dann waren sie endlich mal zusammen, dann ham die von der Betriebsleitung so Druck gekriegt, daß sie alle auseinandergefallen sind. Und die, die sie zur Wahl vorgeschlagen hatten, ist fix und fertiggemacht worden und ist rausgeworfen worden. Dann hast mit denen geredet, ob sies nicht noch mal probieren wollen. Dann hab ich mich bereit erklärt; ich mach da mit, weil ich hab ja dann vorgehabt aufzuhören . . .

Ich hab gesagt, hocken wir uns doch mal zusammen und bequatschen wir, was da eigentlich gelaufen ist. Ob das möglich wär, da noch mal was Neues aufzuziehen. Die ham gesagt, ne, machens nicht, geht überhaupt nicht mehr.

FRANZ Hat dich da eigentlich noch jemand »verändern« wollen?

RENI Ne! Ich hab zwar gewußt, ich muß mich auch irgendwie so anziehen . . . Da hab ich mich angepaßt, da hab ich mich von vorneherein so angezogen.

Ich kann sagen, ich hatte da meine fünf Handlungen am Tag: reinkommen, stempeln, ja nicht zu spät kommen, Jacke anziehen. Die Jacke hams nicht mal selber bezahlt, die mußten wir bezahlen, Arbeitskleidung. Dann bist hochgegangen. Block raus, Kugelschreiber raus, aufgenommen, was gefehlt hat. Das hast du schon mal hingezögert, daß der Vormittag schnell rumgeht. Bist gemütlich runter, hast dir unten ganz viel Zeit gelassen. Also, Sachen rausgeholt, abgestrichen, reingeräumt, raufgeschafft, eingeräumt. Dann warst dagestanden: Was machst jetzt? Ja, gibts nichts. Stehst da. Wartest. Auf Leut!

FRANZ Ja, wenn du auf sie gewartet hast, warum warst du dann sauer, wenn sie da waren?

RENI Ja, das ist so ein Zwiespalt, der ist mir heut noch nicht klar.

Das ist ein großer Unterschied, ob das ein Geschäft ist, wo die Leut reinkommen und du von vornherein die Person bist, die das Sach hinreicht, oder ob das ein Selbstbedienungsladen ist, und die stehen praktisch vor dir, die sehen z. B. das Shampoo stehen und fragen dich trotzdem, wo das steht! Na, ich kann die Situation einfach nicht erklären. Vielleicht kam das aus der ganzen Situation heraus, daß mir das einfach gestunken hat, daß mich auch die Leute angekotzt ham, die da reingekommen sind, weil ich die damit in Verbindung gesetzt hab.

Auf jeden Fall, über eins bin ich mir im klaren: Auch wenn ich das nicht erklären kann, nicht begründen kann, meine Reaktionen, die ich damals gehabt hab, waren recht. Und daß ich wirklich nicht schwach im Nehmen bin, von dem, was ich an Arbeit machen kann. Aber was zuviel ist, ist zuviel, und das seh ich nicht ein, daß ich mir das gefallen lassen soll. Weil sich das dann durch so ein komisches Magengeschwür irgendwie auslebt. Da komm ich mir jetzt noch so vor, als wär ich schuld an meinem eigenen Magengeschwür, hey. Ganz neue Aspekte!

Reni und das Mozarteum

RENI Das ist in der Lehrzeit entstanden, daß ich auf das Mozarteum geh. Da hab ich unheimlich viel gemalt, und das war echt ein Ausgleich für mich. Da hab ich gewerkelt wie eine Dumme. Dann hab ich auch Leute gehabt, die das auch vorhatten und die ham sich meine Bilder angeschaut und ham gemeint: Mein Gott, so schlecht ist es nicht, könntest machen. Und die Leut ham schon was davon verstanden, das hab ich daran gemerkt, wie er mir erklärt hat, was für ihn an den Bildern dran ist. Und während der Lehre hab ich mir die letzten zwei Jahre echt vorgenommen, ich fang da an. Ich hab da echt eisern gearbeitet, und ich hab auch Sachen gemacht, die mir überhaupt keinen Spaß gemacht haben. Weil ich gewußt hab, die Mappe mußt vorzeigen, und da sind so Sachen gefragt wie abgemalte Tassen oder Flaschen. Und das hat mich echt nicht gejuckt.

FRANZ Was lernt man denn auf dem Mozarteum?

RENI Da wird man Bühnenbildner. Ich hab mir halt vorgestellt, daß mir das Spaß macht, weil ich gern mal und auch Ideen hab, und ich kann mich auch in Stücke gut reinfühlen. Und dann hab ich mich da angemeldet, und dann kamen die Widersprüche: Krieg ich nen Job danach, schaff ich das überhaupt, bin ich wirklich so begabt dazu, kommts vielleicht gar nicht so auf die Begabung an, sondern darauf, daß du fein malen kannst. Z. B. daß du so einen Wagen genau nachmalen kannst. Dann hab ich Leute getroffen, die Interviews mit so Mozarteumsabgängern gemacht haben, und da kam raus: Von hundert Leuten ham achtzig keine Arbeitsstelle gekriegt, sechzehn ham Arbeitsstellen gekriegt, und zwei davon ham wirklich gute Arbeitsstellen gekriegt. Dann kam ich ins Grübeln. Dann hab ich erst mal drüber nachgedacht: In welches Theater möchtest du denn überhaupt gehen? In ein großes möchtest du nicht gehen, sondern in ein kleines, wo wirklich interessantes Theater gemacht wird. Z. B. Brechtstücke, wo werden die gezeigt an großen Theatern, wo du wirklich deine Ideen reinbringen kannst? Nicht mal Brecht, sondern kleine Stücke, von unbekannten Leuten. Hab ich mir gedacht: Na, die Leut können sich eh keine Bühnenbildner leisten. Da kam ich ins Grübeln. Hab ich mir gedacht: Das bringt nichts. Somit hab ich diesen Traum wieder aufgegeben.

Und überhaupt, ob ich talentiert dazu wär, was ich jetzt nicht mehr glaub. Vorm Jahr hab ich noch gemalt, jetzt hab ich mir in der Zwischenzeit die Bilder wieder angeschaut und sag mir: »Die sind blöd, gefallen mir nicht, Kacke!«

FRANZ Warum gefallen sie dir nicht mehr?

RENI Weiß ich nicht. Ich find sie halt nicht mehr gut. Und gut ist das, was mir gefällt. Ich würd z. B. gerne so malen wie der Klee. Wenn ich so malen könnte, würd ich alles über den Haufen werfen und das machen.

Und bei meinen Bildern sind vielleicht noch drei, vier dabei, die mir gut gefallen, aber der Rest ist Kacke für mich.

FRANZ Malst du heute noch?

RENI Ja. Und ich machs zum Ausgleich, mir gefällts und ich mal gerne. Nur damals gings echt darum: Wird es mein Beruf oder bleibts mein Hobby. Und in dem Beruf kommts nicht so drauf an, was du selber willst, sondern daß du recht naturalistisch bist. Du mußt planen, echt planen. Und das kann ich nicht. Ich hätt mir vielleicht noch einreden können, daß ich mal freischaffender Künstler werd, das vielleicht, aber nicht Bühnenbildner. Und dann eben wegen der schlechten Aussichten mit der Anstellung.

Soll ich vielleicht vier Jahre lang studieren und nachher wieder Drogistin machen?

FRANZ Und was willst du jetzt machen?

RENI Ich will jetzt eben auf die Fachakademie gehen und dann meinen Erzieher machen, dann entweder auch in die geistig Behinderten-Arbeit gehen oder in die Jugendarbeit. Mir würde, glaub ich, beides sehr viel Spaß machen.

Renis Schullaufbahn

FRANZ Wie gehts dir in der Schule?

RENI Mir könnts bessergehen, wenn ich was machen würd. Ich laß mich halt dieses Jahr bewußt durchhauen. So bekomm ich einen besseren Notendurchschnitt, als wenn ich jetzt noch wild büffeln würd. Der Stoff ist ja auch unheimlich gepreßt: Du machst den Stoff, für den die anderen vier Jahre Zeit haben, in anderthalb Jahren nach, dann hast du die mittlere Reife.
Ich hab mir zwar gesagt, okay, die eineinhalb Jahre machst du nichts anderes mehr, da lernst du nur noch drei Stunden am Tag fest durch, aber ich weiß, daß ich das nicht schaff. Da geh ich selber kaputt dabei.

HANNA Das stinkt mir so! Wenns keine Lust hat, in die Schule zu gehen: »Ach, ich glaub, ich bleib morgen daheim, ausschlafen und so ...« Da könnt ich so einen Haß kriegen, weil ich das nicht kann. Ich muß in die Arbeit gehen, weil ich die Kinder nicht allein hocken lassen kann. Und jetzt läßt sies eben laufen, aus Faulheit oder aus Bequemlichkeit und macht noch ein Jahr, schön gemütlich. Das stinkt mir, daß ich das nicht machen kann. Und mir wirfst du vor, daß ich zuwenig Bücher les!

RENI Okay, ich weiß, ich lern nicht gern. Ich hab gedacht, die anderthalb Jahr, die packst du voll Stoff an, da lernst du jeden Tag. Bin ich reingekommen und hab mitgekriegt, was da so läuft. Englisch vier Stunden hintereinander! Ich hab vorher noch nie Englisch gehabt, ja, blickst überhaupt nicht durch, die kommt rein und redt Englisch mit dir. Na gut, irgendwann wirst es schon verstehen. Dann drei Stunden Mathematik. Fängt er an mit x und so weiter und so fort. Voll Stoff durch. Du kannst nichts fragen, mußt grad schaun, daß du mitm Schreiben mitkommst; was der erklärt, kriegst so und so nicht mit. Dann darfst es nacharbeiten.

Deutsch mach ich locker an und für sich, aber auch ganz schön chaotisch, weil du von der Basis von der Volksschule gleich zehnmal höher springst.

Hab ich mir gedacht: Trotzdem, du lernst! Die eineinhalb Jahr machst du fertig. Dann ging das so dahin. Dann kommst oft raus in die Pause – das ist nicht nur mir so gegangen –, da hab ich mir gedacht: Du bist doof! Du bist so dumm, hey, warum hockst du dich hier überhaupt rein? Die Leut reden immer von Intelligenzquotienten, ich möcht mal meinen wissen! Weil, da wirst hingestellt, als wärst du der letzte Trottel, da drin. In Mathe z. B. hab ich gebüffelt wie ne Blöde und hab immer nur Fünfer geschrieben. Und dann hab ich mir gedacht: Okay, kriegst nicht schlecht Geld, schaust du, unter drei möchtest sein. Und dann hab ich mir eben gedacht, ne, durch das Lernen schaffst dus nicht allein. Und dann hast du eben noch deine Verpflichtungen oder das, was du gern machen möchtst, und da seh ich mich auch berechtigt dazu, daß ich irgendwo noch ich selber sein kann. Daß ich z. B. meine Kindergruppe* mach, daß ich aufd Nacht noch irgendwo hingeh, daß ich mich noch mit Freunden treffen kann.

Wenn ich nach der Schule heimkomm, da bin ich echt immer fertig, da muß ich mich erst mal hinlegen. Und dann kommen eben noch die Sachen, daß du deinem Vater helfen mußt, weil du irgendwo einsiehst, daß das gut ist. Und dann noch die ganzen blöden Sachen wie abspülen, alle drei Wochen einmal Treppendienst machen ...

HANNA Siehst, jetzt hast das gesagt, was du genauso brauchst wie ich, aber wenn ich versuch, dir zu sagen, warum ich das und das nicht mach, dann schmeißt du mir das vor! Ich hab z. B. wesentlich mehr Stunden in der Woche wie du, wahrscheinlich doppelt so viele. Du hast gesagt, du bist nach der Schule kaputt und mußt dich hinlegen. Okay, sehe ich völlig ein! Aber wenn ich heimkomm vom Wochenenddienst und ich seh den Berg Geschirr stehen, denk ich mir: Abwaschen müßtest jetzt. Ich hab aber absolut keine Lust dazu und bin wirklich kaputt vom Dienst. Und das geht dann ab und zu ein paar Tage hintereinander bei mir, daß ich nichts mach, das weiß ich ganz genau, oder ne ganze Woche eben.

* Anm.: Reni betreut einmal in der Woche ehrenamtlich eine Gruppe von Kindern im Jugendzentrum. Das ist ihr sehr wichtig ...

Reni Daß ich dir das vorwerfe, ist auch berechtigt, weil ich ring mich dazu durch und mach das noch.

Hanna Du hast aber mehr Freizeit, als wenn du arbeiten würdest.

Reni Ja. Trotzdem mußt dus auch machen.

Hanna Natürlich muß ichs auch machen. Aber wenn ich mal sag: »Ich bin jetzt k. o. vom Dienst!«, dann gehst du hoch. Oder wenn ich heimkomm, könnt ich natürlich, anstatt ins B. zu gehen und mein Weißbier zu trinken, die Küche machen. Aber ich hab keine Lust dazu.

Reni Ja, wie weit kann man dazu Lust haben oder nicht Lust haben. Klar könnte man sagen: Wie weit mußt du einfach die Schule machen und wie weit kann man dazu Lust haben.

Pause

Aber mich störts halt einfach, wenns in der Wohnung so ausschaut. Und normal, weil du auch in ner großen Familie aufgewachsen bist, solltest du das soziale Verständnis haben, daß du das kapierst, was ich sag.

Hanna Das sind eben die paar Tage hintereinander, wo ich nicht da bin, und dann hab ich noch die Nacht drauf ne Nachtbereitschaft, wo ich auch keine Möglichkeit habe, das an dem Abend zu machen, und dann fängst du schon an, ne Wut zu kriegen. Und das staut sich dann an bei dir, und wenn ich dann endlich mal wieder heimkomm, dann sag ich mir: Mensch, endlich siehst du sie mal wieder, die Reni! Kannst ihr endlich das und das erzählen. Und dann sitzt du mit so einem Gesicht da. Genau wie gestern, da komm ich vom Wecken heim, da mußt ich schon um dreiviertel sechs aufstehen, und du sagst: »Mach den Topf sauber, der steht schon seit drei Tagen umeinand!«

Reni Okay, vielleicht hab ich einfach andere Vorstellungen von Sauberkeit und Ordnung wie du, aber mich nervt das einfach. Weil ich das nicht kapier, wenn man was gegessen hat und der Topf trocknet ein, das kann sich vielleicht total spießbürgerlich anhören, aber daß man den dann nicht gleich auswäscht oder gleich aufräumt.

Hanna Ich mein, da kommt das dazu bei mir. Ich finds auch richtig, wenn man sich manchmal dazu durchringt, auch wenn man keine Lust hat, und das kann ich eben nicht oder nur ganz selten. Aber mich strengt der Dienst an, dich strengt die Schule an. Und nach der Schule bzw. Dienst haben wir das Bedürfnis, Ruhe zu haben und das zu tun, was uns Spaß macht.

RENI Und wo nach meiner Schule noch der Druck da ist, daß ich was lernen müßte.

HANNA Und du wirfst mir doch auch vor, daß ich keine Fachliteratur les!

RENI Ich seh das irgendwie ganz anders. Z. B. einfach aus dem Gefühl heraus, daß ich zu »blöd« dazu bin, das, was in den Büchern steht, zu begreifen, hab ich ne Abneigung dagegen, aus diesen Büchern die Hausaufgaben zu machen. Und da hock ich dann davor und mach alles andere, nur nicht die Hausaufgaben.

Aber der Job, den du hast, ist für mich die Wunschvorstellung, auf den ich jetzt drauf hinarbeite. Und trotzdem bin ich der Sache kritischer gegenüber eingestellt wie du, wie du angefangen hast.

HANNA Ja, sicher, aber du kannst das deswegen sein, durch deine Kindergruppe, durch die Leute, die ne Ausbildung haben, die ne Ahnung davon haben, und davon kennst du unheimlich viele. Und ich bin halt ohne ne Ahnung in das Heim gegangen. Meine Ausbildung war ja Scheiße.

RENI Aber für mich ist das unbegreiflich, wenn mir ne Arbeit Spaß macht, wie du sagst, dann möcht ich doch auch dazulernen! Du redest so oft von deinen Schwierigkeiten, du wirst deinen Kindern einfach nicht Herr ...

HANNA Na, des stimmt nicht ganz!

RENI Das hast du so und so oft gesagt. Und dann fangen die Vergleiche zum K. an. Der hat überhaupt keine Ausbildung gehabt und ist in das Heim, und der packt die Sache ganz anders wie du an.

Also der K. ist mein Bruder, der macht da Zivildienst, und der hat echt unheimlich daran gearbeitet, daß er da Wissen kriegt.

HANNA Wir haben eben umgekehrt angefangen. Er hat immer die Leute gehabt, mit denen er sich unterhalten konnte. Das müssen nicht unbedingt Leute sein, die von Sozialpädagogik und Erziehung ne Ahnung haben, sondern ganz allgemein viel und oft Auseinandersetzung mit Leuten. Das hab ich eben nie gehabt. Da ist jetzt ein Stück Selbstmitleid bei mir dabei. Das soll auch keine Entschuldigung sein. Aber das ist echt ein wichtiger Punkt, daß ich vorher nie Leute gehabt hab, die mir das erklärt ham, so wie ich es gebraucht hätt.

RENI Ich versteh dich jetzt ganz gut, dir gehts mit dem Lesen wahrscheinlich ganz genauso wie mir mit dem Lernen.

HANNA Ich versteh dich auch, ich würd auf der Schule wahrscheinlich auch nicht lernen. Es ist bloß immer die momentane Wut, wenn wir am Abend gemütlich beisammensitzen, so leicht beduselt vom Weißbier, und dann: Ach, ich geh morgen nicht in die Schule!

RENI Ja, da kann ich auch nichts dafür, daß ich die Freiheiten hab.

HANNA Du spielst die jetzt aber noch ganz bewußt aus, indem du sagst: Bin faul –

RENI Ich mein, das hört sich unheimlich blöd an, wenn ich wieder auf die Frustrationen zu sprechen komm, die ich Tag für Tag erleb. Das hört sich total nach Selbstmitleid an.

HANNA Ja, solche Frustrationen erleb ich auch!

RENI Klar ist das keine Entschuldigung. Aber trotzdem ist das für mich schlimm!

HANNA Es läuft halt darauf hinaus, daß einer nie so reden kann wie der andere, wenn er nicht selber in der Situation drinsteckt. Und das find ich eben zum Teil so anmaßend an dir, daß du mir das immer wieder vorschmeißt, obwohl es zum Teil berechtigt ist, das weiß ich ganz genau. Aber du machst das auf so eine brutale Weise ...

RENI Vielleicht, weil da nie Widerstand von dir kommt. Daß du nie sagst: »Das war jetzt brutal.« Dann könnte man überlegen, war das jetzt brutal oder wars richtig?

HANNA Wie du mit den Vorwürfen angefangen hast, hatte ich eben ein schlechtes Gewissen, das hab ich jetzt immer noch, weil ich weiß, daß ich mehr Bücher lesen müßte und daß ich mehr theoretisches Wissen brauch.

Pause

RENI Als ich aus der Volksschule rausgekommen bin, hab ich irrsinnig drunter gelitten, daß also Leute ins Gymnasium gehen. Weil ich wollt das nicht wahrhaben, daß die irgendwie gescheiter sind. Hab ich gesagt: Ne, das liegt daran nicht, das liegt überhaupt nicht daran, das liegt an den Verhältnissen, wie du aufgewachsen bist, daß deine Mutter und dein Vater keine Zeit für dich hatten. Und ich hab das abgebaut gehabt, aber jetzt bin ich wieder so weit, daß ich mir denk: Mensch, die ham doch mehr Grips wie du. Und das erst seitdem, daß ich auf die Schule geh. Denk ich mir: Mensch, Gymnasiasten, wie können die das schaffen, daß die in Mathe durchblicken, in Englisch durchblicken und du verstehst nur Bahnhof. Ich mein, schaffen kann das bei uns auch jeder, aber mit wars für nem Schnitt!

Und das tut mir so gut, mal ein Jahr laufen lassen zu können. Bis jetzt wurd ich immer gedrückt: Du mußt das machen, du mußt deine Lehre fertigmachen, du mußt arbeiten ...

HANNA Du, ich versteh dich so gut. Ich würds ganz genauso machen. Wenn ich weiß, ich kann noch ein Jahr so hängen lassen und ich krieg wieder das Geld dafür ... Aber weil ich eben nicht in der Lage bin, drum werd ich da aggressiv, drum stinkt mir das. Vielleicht kann man den Streß vergleichen: Mich streßt die Arbeit, dich streßt die Schule. Und du ringst dich dann nach der Schule manchmal durch, die Küche zu machen, auch wenn du absolut keine Lust hast. Ich schaff das nicht. Ich glaub, du bist mehr belastbar wie ich.

RENI Vielleicht bin ich einfach neidisch, weil ich mir das so wünsch, daß ich den Job machen kann, den du machst.

HANNA Wenn du mal so weit bist wie ich, dann läuft das bei dir ganz anders ab wie bei mir jetzt. Und das ist mit so ein Grund, warum ich immer so aggressiv werd. Weil du denkst dir vorher alles genau durch, du hast Leute, hast Beziehungen, und ich hab das nicht. Und das weiß ich heut schon: Das läuft bei dir alles viel besser später als bei mir. Schon von Anfang an. Und das stinkt mir, daß das bei mir nicht hinhaut. Weil ich da so furchtbar viel drüber nachdenk und dran rumknabber und zum Schluß: wieder nichts.

RENI Du machst es dir auch oft schwerer, als eigentlich sein sollte.

Pause

Das Schöne ist, seis welche Situation, daß immer wieder neue Sachen auf mich zukommen, was die Hanna von mir hält. Ich hab gedacht, wir kennen uns irgendwo, aber es kommen immer wieder neue Sachen raus. Was du mir jetzt gesagt hast, das hast du mir noch nie gesagt, noch nie! Daß dir das stinkt, daß ich in der Schule blau mach. Ich hab mir gedacht: Okay, das ist dir wurscht.

HANNA Das stinkt mir ganz allein wegen mir, aus ganz egoistischen Gründen!

RENI Aber warum sagst du das nie zu mir! Und da kommt dann wieder die Rolle. Ich denk mir: Ich sag dir so viel, und von dir kommt so wenig.

HANNA In dem Moment, wo ich dir das vorwerf, ist es ein Vorwurf. Aber den kann ich nie aufrechterhalten, weil ich genau weiß, daß ich in deiner Situation genauso sein würde.

Aber ich glaub, dieses Blaumachen, einfach so, das könnt ich auch nicht. Einfach daheim bleiben, bloß weil ich keine Lust hab, da hätt ich so ein schlechtes Gewissen dabei.

RENI Das wird dir so wurscht mit der Zeit. Am Anfang ham die Leut auch gesagt: Sie schreiben nie ab. Jetzt spickt jeder auf die brutalste Art und Weise, was gerade geht.

Zwischenmenschliches

RENI Das fing damit an, daß mir ein Freund gesagt hat, ich hätt elementares Pech in zwischenmenschlichen Beziehungen. Der hat meine Freundschaften, die ich so früher gehabt hab, mitgekriegt, mit Typen, mit denen ich zusammen war, sei es einen Tag oder ne Woche oder ein halbes Jahr. Der hat zu mir auf Grund einer neuen Beziehung gesagt: »Mensch, du tust mir leid!« Da war ich fertig zuerst einmal. Ich hab mir gedacht, stimmt das jetzt, bin ich echt so schlecht dran? Und tut mir das so weh? Hab ich wirklich so Pech? Das war echt schlimm dann für mich in dem Moment. Zum Beispiel gestern, er hat zu mir gsagt, daß die Theorien, die ich in Beziehung Partnerschaft seh, Löcher ham. Ich hab mich da furchtbar drüber gärgert, weil ich da keine Löcher drin seh, in dem, was ich mir unter Partnerschaft vorstell.

FRANZ Ja, hast denn zur Zeit wen, mit dem du dich da drüber unterhalten kannst?

HANNA *lacht ganz schrecklich auf bei der Frage*

RENI Da gehts schon los, gell! Im weitesten Sinne kann man Freund sagen. Für mich im engen Sinn kann ich auch sagn, es is ein Freund. *lacht* Das is echt kompliziert, das zum erklärn. Das is ein Typ, mit dem treff ich mich, mein Gott, wenn er da is, is er da, wenn er nicht da is, is er nicht da.

FRANZ Schläfst du denn mit dem auch?

RENI Ja. Es is schön. Er hat eine Freundin. Und is verheiratet. Und ich bin mit ihm zam.

FRANZ Wie alt is denn der?

RENI Zweiunddreißig, aber er fühlt sich nicht als alter Knacker. Ich denk mir oft: Was spielt das Alter für eine Rolle, weil er noch so blöd is, daß es ganz aus is.

FRANZ Und warum is er so blöd?

RENI Der is unmöglich, der Kerl. Der kann sich zum Beispiel an

Kleinigkeiten freun, gell, das is Irrsinn, das gfällt mir. Zum Beispiel, der hat eine Maschine, da ham mir vor kurzem drüber gredt, eine Moto Guzzi, aber er is auch ein Fuzzi, das paßt alles so schön zam ...

FRANZ Und daß er eine Frau und eine Freundin und dich hat, is dir vollkommen egal?

RENI Ja. Der is also verheiratet und hat sich von seiner Frau getrennt, also vielmehr, sie hat sich von ihm getrennt, und seitdem mag er also nicht mehr über Emanzipation reden. Weil sie einen ganz harten Kurs eingenommen hat.

FRANZ Und wie stehts mit der Länge von den Beziehungen, überhaupt?

RENI Also, ich habs einmal auf ein Jahr gebracht, aber es is mir wurscht, obwohl es ganz komisch is, wenn ich das sag. Von dem her gsehn hatte ich darin Schwierigkeiten, daß ich mit Leuten zam war, die also immer belastet waren. Seis eine Freundin, seis verheiratet, seis, daß wer Kinder ghabt hat.
Das is ebn die Scheiße.

Franz und Hanna waren kurz draußen, kommen zurück.

FRANZ Du, Reni, die Hanna hat grad gsagt, sie hat jetzt einfach hinausgehen müssen, weil sie dir sonst eine hätt schmieren müssen.

RENI *lacht fürchterlich* Warum, ha?
Lachen ...
Dann muß ich jetzt auch raus, weil sonst muß ich dir auch gleich eine schmieren.

HANNA Ja, dann geh! Weil sonst werd ich aggressiv.

FRANZ Ich hab das aber jetzt nicht verstanden, warum du aggressiv werdn willst, oder?

HANNA Ich?

FRANZ Ja.

HANNA Der eine Satz, die Schwierigkeiten, »meine Schwierigkeiten« von ihr, mit Männern, mit Freundschaften –

RENI – da brauchst du grad reden!

HANNA Eieiei, wenn das Schwierigkeiten sind, was du hast mit Freunden, dann –

RENI Denk an den einen Abend im B. (Wirthaus), wo ich danach noch geheult hab, ja, weil du solche Dinge gebracht hast, daß ich mir gschworn hab, ich sag dir in der Beziehung überhaupt nichts mehr, weil du mich da echt ned verstehst.

HANNA Des hat damit gar nichts zum tun –

RENI Ja doch –

HANNA Aber recht wenig!

RENI Für mich hat das damit recht viel zum tun.

große Pause

FRANZ Meinst du, daß du mehr Schwierigkeiten mit Männern hast, Hanna?

HANNA Des wollt ich grad sagn. Die Schwierigkeiten, die sie hat, die sind für sie bestimmt recht schlimm, aber ich, ich bring das nicht in mein Hirn hinein, ich könnt so was nie als Schwierigkeit bezeichnen.

FRANZ Was is denn das genau?

RENI Ja, sie spricht mir meine Schwierigkeiten ab.

HANNA Nein, ich sprech sie dir nicht ab, aber ich versteh sie nicht.

RENI Da bist du so blöd, daß du die Schwierigkeiten nicht verstehst, die ich hab!

HANNA Blöde Sau, du.

großes Schnaufen von allen Seiten

FRANZ Um was, bitte, gehts?

RENI Es geht darum, okay, nimm das letzte Verhältnis, das ich hab. Daß ich einen kennengelernt hab, in den ich unheimlich verliebt war, gell! Der Kerl hat mir so gut gfallen, da hab ich den ganzen Tag von geschwärmt. »Mei der Typ! Mein Gott, ach! Wie der is und ach so schön und so toll!« So weit is das gangen, gell! Und mir ham uns total schnell kennenglernt, mir ham uns bloß unterhalten, und auf einmal – zack – warn mir zam. Ich weiß auch ned, wie das ging, gell! Und dann sagt er als erstes einmal danach, daß er verheiratet is, daß seine Frau weg is, daß er damit seine Schwierigkeiten nämlich hat, weil er die Frau echt geliebt hat, und dann kam das noch dazu, daß da auf einmal so eine Frau, so eine Tante angetanzt is, zu der hat er auch ne total gute Beziehung, gell, und mich mag er auch, sagt er. Ich weiß nicht jetzt, nach einem halben Jahr, aufhören oder weitermachen. Is die Form gut, die ich jetzt hab: Okay, wir treffen uns ganz sporadisch, wenn mir ebn Lust ham, und dann sind mir zam, ganz egal, was nachher läuft. Und das sind ebn Schwierigkeiten, die sind für mich echt schlimm, und da sagt sie, sie möcht noch wissen, was ich für Schwierigkeiten hab. Weil das is grundlegend eine Schwierigkeit für mich, das laß ich mir nicht ausreden.

HANNA Die Schwierigkeiten, die du jetzt mit dem M. hast, die versteh ich ja inzwischen, aber erst seit dem Abend im B. Aber ich versteh deswegen deine allgemeinen Schwierigkeiten mit Männern, den Männerfreundschaften nicht.

RENI Ja, was verstehst du denn da nicht?

HANNA Ich komm mir da nämlich immer so auf die Seite gedrängt vor von deine allgemeinen Schwierigkeiten. Beim Z. zum Beispiel. Wann wars? Is ja wurscht. Da hast du ein oder zwei Sätze über was gsagt, und auf einmal hat sich alles nur noch um dich gedreht. Um euch.

RENI Ach Kruzefix alle Luia!
Sag es doch endlich, du fühlst dich zurückgesetzt, sags schon!

HANNA Jawohl, daß ich nämlich Schwierigkeiten mit Männern hab, das is völlig normal. Ich bin ebn keine gutaussehende Frau, und das is normal, so dicke Frauen ham ebn keine Männer, sondern Schwierigkeiten.

RENI Dann is es dir ja gar nicht wichtig, daßd mich nicht verstehst, sondern bloß, daßd dich zurückgesetzt fühlst!

HANNA Des auch.

RENI Überhaupt nicht »des auch«. Sondern das is das Hauptproblem.

HANNA Nicht nur.

RENI Da hab ich dir damals einmal schon gsagt, daß du denkst, daß ich da irgendwas Verkehrtes bring, dabei liegen die Probleme nur bei dir, Hanna. Und das sag ich noch einmal, echt.
große Pause
Wirklich!

HANNA Mhm.

RENI Todernst!
große Pause
Für mich is das klar, daß es ihr immer stinkt, weil sie meint, es dreht sich alles um mich, dabei stimmt das überhaupts nicht, daß man ihre Probleme überhaupt nicht anerkennt. Ja, darum gehts nämlich.

HANNA Schon der Satz: »Es liegt nur an dir!« Ich steiger mich da total rein. Ich nimm mir nämlich vor: Das klappt nicht, und das haut nicht hin! . . . Ja meinst du das wirklich, daß ich das will?!

RENI Du hast einen totalen Hammer –

FRANZ Wennst du jemand gern hast, dann hauts nicht hin?

HANNA Ja, meistens is es so. Das Beispiel mit dem R. jetzt. Ich hab da am Abend vorher gsagt, das war so ein momentanes Gefühl, ich hab gsagt, ich möcht jetzt unheimlich gern beim R. sein, und du hast zu mir gsagt, ja ich versteh dich, ich möcht jetzt auch unheimlich gern beim M. sein ...

RENI Das hab ich auch verstandn.

HANNA Und dann –

RENI Es geht darum, weil ich dich irgendwo kenn, ja. Weil ich weiß, wie du auf solche Sachen reagierst, daß du momentan sagst: »Okay. Es lauft. Ich laß es laufen, wie es is!« Aber danach, an dem einen Abend nämlich, wiest von ihm zurückgekommen bist, da hab ich zu dir gsagt: »Hanna, Mensch, geh hin und denk dir nichts dabei, sei so locker wie vorher!« Und was war? An dem nächsten Abend ham mir uns getroffen, und da warst du fertig gewesen.

HANNA Nein.

RENI Aber sicher doch. Ich mein, so hat es auf mich gewirkt.

HANNA Da ham mir bloß kurz drüber reden können, und ich hab gsagt: »Scheiße is es.« Weil ich an dem Tag vorghabt hab, irgendwie mit ihm zu reden oder was weiß ich, ebn bloß Kaffee mit ihm zu trinken. Und ich hab ihn den ganzen Tag nicht getroffen, und das hat mich frustriert. Ich konnt dir das nicht erklären ...

große Pause

FRANZ Hanna, warst du schon mal länger mit wem zusammen?

HANNA *leise* Immer nur ganz kurz.

FRANZ Und woran, meinst, liegt das? Würdest du gern länger mit wem zusammensein?

HANNA Ja, sicher.

FRANZ Und woran liegts?

HANNA Ich könnt jetzt da unheimlich weit und tief gehn und intim werdn, *kleine Pause* aber das kann ich nicht.

FRANZ Magst nicht?

HANNA Ich weiß nicht, ob ich nicht mag oder nicht kann. Es fällt mir halt recht schwer. Ich glaub jedenfalls, daß es nicht nur an mir liegt. Wenn ich sag, es liegt zum größten Teil an mir, dann gebrauch ich ebn eine Ausrede, es hätt mit meiner Kindheit zu tun und so weiter. Aber das is ebn zum Teil eine Ausrede. Auch wenn es dazugehört.

FRANZ Ausreden braucht der Mensch. Hast noch eine?

HANNA Ich will keine.

Pause

Ausrede will ich deswegn keine, weil mir die Wahrheit viel zu nahe steht, die is mir ungefähr hier. *zeigt an die Nase* Aber ich kanns nicht rauslassen. Oder vielleicht will ichs auch nicht –

FRANZ Na ja, es geht ja auch nicht um Bloßstellen, sondern eher um Erfahrungen, die man besprechen kann, die aber so tief stecken, daß sie eben nie besprochen werden, weil sie immer verdeckt bleiben. Viele ham doch in vielem, was sie meinen, daß es besonders eigen wär, viele Gedanken mit vielen andern Menschen gemeinsam. Grad die »schlimmsten« Gedanken sind vielleicht die üblichsten, bloß weiß mans nicht, und das macht sie noch »schlimmer«. Vielleicht hab ich die gleichen Sorgen wie du?

HANNA Sags halt, wenn es dir leichterfällt.

FRANZ Mein Angebot war die weitere Ausrede. Über die kommt man nämlich oft zur Wahrheit, denn zur Wahrheit führt ja kein grader Weg. Ich hab viele Ausreden für viel.

HANNA Okay, ich probiers mal. Das is jetzt vielleicht mehr oberflächlich, obwohls auch Wahrheit is. Ich hab eben die Erfahrung gmacht, daß schon viele Ausländer auf mich zugegangen sind. Und das liegt nicht nur an Ausländern, das haß ich überhaupt an Männern, weil sie mir irgendwie – die brauchen nämlich gar nicht reden dabei – nur das blöde Geschau, wenns mir durch irgendwas das Gefühl geben, daß sie ebn nur mit mir schlafen wollen, das haß ich so, weil ich es zum Kotzen find. Und ich find es auch gar nicht wichtig.

FRANZ Nicht wichtig?

HANNA Ich wollt es grad sagen, ich finds deswegn bis jetzt noch nicht wichtig, weils mir noch keinen richtigen Spaß gmacht hat, es war einfach bis jetzt immer zum Kotzen für mich. Ich fand nichts Schönes dran. *kleine Pause* Ja eben, das mag ich nicht an Männern, wenn die mich spüren lassen, daß die nur mit mir ins Bett gehen wollen und ein rein sexuelles Interesse an mir ham. Es gab auch schon Männer, die zu mir gsagt ham: »Ich mag dicke Frauen!« Das war der Neger damals, aber gut ausgschaut, mit Bart und nett. – Ja gut, aber es is unnormal, wenn ein Mann so was sagt. Ich find das nämlich schizophren, ich kann mir nicht vorstellen, daß ein Mann dicke Frauen mag. Ich find das unnormal.

FRANZ Magst du dicke Frauen?

HANNA Nein *kleine Pause* Dünne Leute fallen gar nicht so auf. Wenn ich ins B. gehe, wenn ich allein bin, dann trau ich mich da gar nicht hinein, weil ich Angst hab, daß mich die Leute so blöd anschaun. Ich geh da nur dann allein rein, wenn ich irgendein Auto draußen stehen seh, das ich kenn, und weiß, okay, das Auto gehört dem oder dem, den kenn ich, und jetzt geh ich hinein.

Pause, ich schaue vor mich hin, mir paßt es trotzdem nicht ganz ...

FRANZ Reni, ich komm nicht ganz mit dem Gespräch zurecht. Es ist mir so verschoben. Du bist plötzlich die Diva mit den Männerfreundschaften, und die Hanna is sozusagen die Dicke vom Dienst. Stimmt denn das? Schön sind wir hier doch alle nicht, oder? Plötzlich haben wir ein Klassenverhältnis in Sachen Erotik, stimmt denn das?

HANNA Ich hab nicht gsagt, daß die Reni keine Schwierigkeiten hat, aber ich kann diese Schwierigkeiten einfach nicht anerkennen. Ich kann die Schwierigkeiten nicht wirklich als Schwierigkeiten sehen.

RENI Weil du zu arg von deinen Problemen ausgehst.

HANNA Ja.

RENI Das is aber auch beschissen, echt he!

HANNA Ich mein, daß meine Probleme mit Männern viel schlimmer sind –

RENI – sag doch untergebuttert werden –

HANNA Mir fällt es schwer, drüber zu reden, ich kann eigentlich nur mit dir richtig redn und mir fällts auch da schwer. Vielleicht sag ich zu wenig, aber ich hab immer das Gefühl, daß nie jemand richtig drauf eingeht.

RENI Wo mir das alles schon so oft gewälzt ham, aber ich find einfach viel beschissn an ihre Verhältnisse, und da sag ich es. L. zum Beispiel.

HANNA Ja, das war vor einem Jahr, da war ich zum ersten Mal mit dem L. zusammen, und der ist sprunghaft, einmal hier, einmal da und so, und das is halt an sich immer noch nicht vorbei. Zerscht warn mir für zwei Wochen zusammen, dann is wieder vier Wochen überhaupt nix gwesn, dann ham mir uns wieder für einen Abend gsehn, da is dann halt was glaufen. Und jetzt, seit er wieder in der Schule is, der FOS, hab ich ihn seit Monaten nicht mehr gsehn, und das läuft halt ständig so dahin. Und bei mir is es ebn so, daß ich ihn unheimlich gern mag, auch jetzt noch, und daß mich das total fertiggmacht hat. Ich hab mir immer gsagt: Ich glaub, daß ich ihn versteh, obwohl der redet nicht viel drüber. Wenn er weggeht, hat er immer den C. und den Z. dabei, da kann man nicht reden. Aber er hat mich dann oft heimgfahren nachher,

und dann sind mir noch unheimlich lang im Auto gsessen und ham da geredet, und da wars halt dann meistens so, daß er stockbesoffen war. Und im August hab ich ihn zweimal hintereinander getroffen, wo er keinen Rausch ghabt hat, und da hab ich versucht, mit ihm zu reden, und hab ihm das gsagt, was ich denk und fühl und was ich glaub, was bei ihm los is und so.
Ich weiß jetzt nimmer, wie des war, aber ich muß bei ihm einen Punkt getroffen haben, wo er unheimlich empfindlich is. Mittendrin hat er gsagt: »Hör auf! Hör auf! Ich kann das nicht hören. Sag nix mehr.« Dann hab ich auch nix mehr gsagt, weil, ich kenn den L. jetzt an sich schon lang. Ich weiß, wer er is und wie er aussieht oder so, aber ich weiß an sich unheimlich wenig von ihm. Weil er ebn so ruhig is, eigentlich und von sich selber so wenig sagt. Und ich find es auch heut noch überhaupt nicht beschissen, daß das damals glaufen is, überhaupt nicht, gell, Reni. Es war vielleicht das beschissen, daß ich mich da unheimlich reingesteigert hab, aber ich kann echt sagen, daß das nur davon kam, daß ich ihn wirklich gern ghabt hab. Und es tut mir heut immer noch nicht leid, was damals abglaufen is, in dem letzten Jahr.

RENI Das is aber ein Typ, der irgendwo total kaputt is, der sauft, und wenn er sauft, is er unheimlich aggressiv. Und gut, wenn er besoffen is und es taugt ihm und du bist da, dann fängt er mit dir was an, gell! Wenn er nicht besoffen is, oder er mag auch besoffen sein, und es taugt ihm nicht, dann fängt er nichts mit der Hanna an. Es kommt rein auf seine Stimmung an, wanns ihm taugt, mit wem was anzufangen, speziell mit der Hanna eben. Und er weiß genau, das is eine Frau, da kann er seine Probleme anbringen, die kann er vollquatschen, die hat immer Verständnis dafür. Und auch wenns ihm mit ihr nimmer taugt: Er weiß, sie hat ein Verständnis dafür. Und das macht sie fertig! Ich hab zu ihr gsagt: »Du kannst mit dem L. zusammensein, so lang es dir was bringt, solangst nicht schlecht beisammen bist dadurch, fang mit ihm was an, schlepp ihn heim, schlaf mit ihm, mach sonst was, aber sie hat ebn immer ein unheimliches Verständnis!« – Und da hab ich mir überlegt: Warum is das jetzt so? Da hab ich mir gedacht, das is endlich mal ein Typ, wo sie das alles einbringen kann, was sie hat. Daß sie sagen kann: »Okay, L., wie is das bei dir?« Daß sie irgendwie so eine ganz eine komische Rolle spielen kann, weils dafür eine Eignung hat. Und sie kann einmal zu jemand sagen, das is so und so bei dir, weils bei dem Typ wirklich einen Durchblick hat, weil es klar is, wie der handelt, und keine Kunst. Und was wars in Wirklichkeit? Das war die reine Ausnützerei, was der Typ ihr gebracht hat.

HANNA Das is es, was ich vorhin sagen wollt. Daß ich mich bei die meisten Männer ständig ausgenützt gfühlt hab. Daß ich immer das Gefühl ghabt hab, die wollen ja nur mit mir schlafen und sonst nichts. Und das is mir unheimlich wurscht, weils mir nix bringt. Und beim L. hab ich mich auch ausgenützt gefühlt. Wenn ich ihn nicht so unheimlich gern ghabt hätt und immer noch gern hab, wär das nicht über ein Jahr lang glaufen.

RENI Denk doch Menschenskind einmal nach, was wirklich in dem Jahr glaufen is? Nichts.

HANNA Viel! Ich hab mich aber in der letzten Zeit so reingesteigert, daß ich nicht mehr durchgeblickt hab, und wie du mir gsagt hast, laß es weiterlaufen, wennst dich dabei gut fühlst, des war so wichtig für mich, daßd das gsagt hast. Aber ich glaub, da wars schon irgendwie zu spät – Und ich glaub, daß das – das is jetzt überhaupt blöd, wenn ich es sag –, aber die zehn Kilo, die ich jetzt wieder mehr drauf hab, da is der L. schuld, daher kommen die zehn Kilo. Des war der Auslöser dafür. Weil ich es einfach nicht gmerkt hab in der Zeit, wie kaputt mich das macht. Und jetzt, wo ich wieder dick bin, wegn ihm, jetzt mag er mich erst recht nimmer. Das versteh ich auch. Und das is ebn mein Problem. Und das sind ebn zum Beispiel meine Männerschwierigkeiten, wost du nicht zugibst, weilst nicht mehr dick bist.

RENI Richtig dick war ich nie.

HANNA Darum gehts doch jetzt gar nicht, aber dicker schon.

Pause

Und jetzt möcht ich gern wissen, wie die Reni das sieht, wenn ich in der letzten Zeit vom R. erzählt hab, wie gern ich den hab, und jetzt sag ich wieder, ich mag den L. immer noch.

RENI *bitter* Da seh ich überhaupt nichts drin.

Pause

HANNA Das hätt ich mir früher nie gedacht, daß man zwei Männer auf einmal gern haben kann. Aber ich glaub, im Moment is so bei mir. Der arbeitet bei mir im Heim, der R. macht da sein soziales Jahr. Und irgendwann hat das halt angefangen bei mir, daß ich ihn gern ghabt hab, und letzte Woch war eine Feier, und danach bin ich zu ihm und über Nacht bei ihm geblieben.

FRANZ Und geht das jetzt weiter?

HANNA Das weiß ich nicht. Ich weiß nicht, aber ich glaub nicht, daß ich es mir einbild, ich habs erst geglaubt, aber der kommt mir jetzt total verändert vor, das schockiert mich so. Irgendwann hat mir die Reni gsagt, daß das unheimlich gut is, sowas einfach laufen zu lassen, keine blöden Gedanken dabei zu machen, weil das is es ebn, was mich früher bei Freundschaften immer so fertiggmacht hat. Daß ich so viel Phantasien reingelegt hab. Und daß ich mir so unheimlich viel Gedankn drüber gmacht hab. Warum hat der das oder das gmacht? Warum war der mit dir zusammen?! Was hat der dahinter gsehen? Und zum Schluß is ebn immer herausgekommen, der hat das nur für sich selber gmacht, weil er ebn grad Lust dazu ghabt hat. Aber nicht wegn mir, weil er mich gern hat oder so. Das is aber ein Schmarrn, das Denkn. Seit mir die Reni das gsagt hat, weiß ich es. »Laß es laufen, wenn es ihm Spaß macht und dir Spaß macht«, hats gsagt, und wenns nur für eine Nacht is, is es gut, was danach kommt, is gar nicht so wichtig, so is!

RENI Bloß daß bei dir das ebn schon wichtig war, was danach kommen is.

HANNA Ja.

RENI Und daßd dich wieder fertiggmacht hast, und daß das bei dir immer und immer wieder is, und daß ich es dir beim L. schon genauso gsagt hab.

HANNA Jetzt beim R. war ich zum ersten Mal richtig überzeugt davon, daß es richtig is, das einfach laufen zu lassen, und ich hab es auch versucht. Aber jetzt weiß ich nicht, obs überhaupt weiter lauft oder nicht mehr, und das macht mich jetzt wieder fertig, weil ich Angst hab, wenn ich hingeh und was sag, dann sagt er, er will nix mehr von mir, »du interessierst mich überhaupts nicht«. Das is schon schlimm genug für mich, wenn ich das Gefühl hab, und wenn ich es hab, dann kann ich es nimmer laufen lassen, weil ich Angst hab.

Pause

Weißt, das war ein unheimlich schönes Gefühl für mich, ich hab irgendwann gmerkt, daß ich den R. gern mag, und irgendwann hab ich gmerkt, daß bei ihm auch irgendwas da is. Und dann warn mir ebn die Nacht zusammen, und jetzt is das vierzehn Tag her, und keiner sagt ein Wort. Und da komm ich mir als Einzelfall vor, weil es unnormal is. Die B. hat so eine ähnliche Figur wie ich, aber ich hab noch nie mit ihr da drüber gredt, nicht einmal das trau ich mich, weil ich es so unnormal find, mein Aussehen. Vor zwei Jahren hab ich bei einer Weihnachtsfeier eine Frau kennenglernt, die war noch viel dicker wie ich. Und die war, also für mich, sogar richtig häßlich im Gsicht. Aber die hat so was Liebes ghabt, einfach. Ich hab mit der gredet, und ich fand nix Unnormales an ihr und nix Außergewöhnliches, weil die war ebn unheimlich dick und unheimlich nett.

Reni Komisch, das erinnert mich alles an mich, obwohl ich mich natürlich ned mit der Hanna vergleichen kann! Aber ich hab auch in Spiegel gschaut und zu mir gsagt: »Mensch, du bist so schiach, du bist so grauslich, daß es ganz aus is!«

Hanna Und das versteh ich ebn nicht. Das versteh ich bei dir ganz einfach nicht, oder bei dir vielleicht noch eher, aber wenn ich die E. hör . . .

Reni Darum gehts ja jetz gar nicht. Ich hab mir nämlich dann überlegt, daß des doch scheißegal is, wiest ausschaust, Hauptsach is, du bist so, wiest ebn bist. Da kommts auf die Figur überhaupts ned drauf an, und trotzdem hats mich Monat für Monat wieder reinghauen. Ich war immer wieder fertig, wenn ich mich im Spiegel angschaut hab. Das kam ebn in so periodischen Abständen, daß ich gedacht hab: »Kruzefix! Schiach!« Und dann hab ich mir gedacht: Jetzt mußt es irgendwann anpacken, abzunehmen! Und das mach ich jetzt, ja, und ich fühl mich gut dabei. Jetzt hab ich fünf Kilo abgnommen, und ich fühl mich gut dabei. Und ich will noch ein paar Kilo abnehmen. Und es is mir scheißegal, was für Normen da gsetzt sind, ob eine Frau dick sein muß oder dünn oder was, Hauptsache, ich fühl mich gut dabei. Das hab ich mir vorher lang überlegt. Scheißegal, du bist dick, aber trotzdem is besser, wenn ich abnehm. Und abnehmen kannst, da bin ich mir mittlerweile sicher gwordn.

Hanna Das sind ebn andere Dimensionen bei dir. Wie ich im Internat war, da hab ich einmal achtzig Kilo gwogn. Und dann hab ich drei Wochen mein Krankenhauspraktikum gmacht, und da hab ich nette Leute kennenglernt, z. B. ein Krankenpfleger, ein Italiener, der war unheimlich nett zu mir, nett, gell, Leute, die ebn nett zu mir warn, die ich echt gern ghabt hab, und in der Zeit, da hats mir so vor dem Essn gegraust, da hab ich in den drei Wochen – ich weiß nicht mehr, wie ich das gmacht hab, wie ich das ausghalten hab – ich hab fast nichts mehr gegessn da, ich kann mir heut nicht mehr vorstellen, wie ich das geschafft hab, mir hat so gegraust vorm Essn, obwohl es eine gute Küche war, und in den drei Wochen hab ich, glaub ich, sieben oder acht Kilo abgenommen. Und dann hab ich aufghört mit dem Praktikum, und es ging weiter mit dem Abnehmen, es hat mir nix ausgmacht, ich wollt einfach nix essen, und das ging dann immer weiter und immer weiter, und dann war ich so drei oder vier Kilo von meinem Idealgewicht entfernt oder zumindest Normalgewicht, und das hat mir so einen Auftrieb gegeben, da hab ich mich so gut gefühlt in der Zeit. Und jetzt auf einmal, gell, jetzt auf einmal hab ich seit August wieder 10 Kilo zugenommen, also in vier Monat oder drei.

große Pause

Ebn die Sache mit dem L. und daß ich mich da so reingesteigert hab. Wenn ich dauernd freß . . . Seit ich zwölf bin, da is das kommen, daß ich so dick bin, und da hab ich ganz normal gessn, sogar wenig, gell, und dann ebn so auf und ab. Aber jetzt seit August, da freß ich bloß noch, und ich weiß nicht wieso. Weil ich mich ständig beschissn fühl, und irgendwas taugt mir nicht, über jede Kleinigkeit bin ich frustriert und laß mich umhaun. *kleine Pause* Ich hab an sich nie Hunger, das is das Traurige. Und dann könnt ich mich selber fotzen, wenn ich so friß. Und friß aber weiter! Und es is auch zum Kotzen, daß die Reni der einzige Mensch is, bei dem ich das Gefühl hab, daß er versucht, daß er mich versteht, zum Teil wenigstens. Ich bin da nämlich echt anspruchsvoll, ich hab ein Feingefühl für Leute, die mich wirklich verstehn, und für Leute, die mir bloß zuhörn, um mich reden zu lassen und dann ebn »tschüß« sagen und nix mehr! Mir fehlt einfach irgend jemand, der mich wirklich echt total versteht, und da gehts nicht bloß um das Verstehen, sondern um jemand, der ungefähr das gleiche Problem hat wie ich und der seine Erfahrungen mir erzählen kann. Und ich kann mir ebn nicht vorstelln, daß es jemand gibt, der mich total versteht und es nachfühlen kann, da bin ich zu anspruchsvoll. Und da sag ich mir, warum redet die Reni überhaupt so viel von ihren Problemen, wo sie gar nicht weiß, was mit mir los is.

große Pause

Und jetzt komm ich mir auch schon wieder so zum Kotzen vor, weil ich das alles erzählt hab. Als ob ich der einzige Mensch auf der Welt sein tät, der so ausschaut wie ich. Ich könnt natürlich sagn, das hängt einfach mit meiner Kindheit zam, aber das is eine Ausrede. Es gibt so viele Menschen, wo auch eine beschissene

Kindheit ghabt ham, und die sind nicht fett. Warum hängt mir das so massiv nach? Wie ich drei war, hat sich meine Mutter scheidn lassn. Wenn ich daran denk, seh ich immer eine Brille vor mir: Wenn der Papa sie ghaut hat, dann hat sie immer vorher die Brille abnehmen dürfn, meine Mutter, gell. Und das hab ich nicht verarbeitet, glaub ich. Und dann war ich ja die vier Jahr bei meiner Oma, die christliche Erziehung, und da kann ich mich immer an die Bibel und an Quark erinnern. So in materieller Hinsicht war die unheimlich toll, die Oma, die hat uns immer vollgestopft mit Essn. Ich denk da nur an Quark und so komische Nudeln, die hab ich immer unter die Tischdecke gsteckt und unter die Couch geschmissn, weil ich sie nicht essn wollte. Ich bin halt die ganzen Jahre nur von der Oma erzogen worden, die Mutti hat den ganzen Tag in der Fabrik gearbeitet, weil mein Vater nicht gezahlt hat. Ich hab ein Bruder und eine Schwester. Das hat die aber nicht bös gemeint, die Oma, wenns gsagt hat: »Das mußt du essn, sonst kommst nicht vom Tisch weg!« Die hat es nicht anders gekonnt, die hat uns nicht streicheln können oder sagn: »Das hast gut gemacht!« Die hat uns nur vollstopfen können, das war ebn die Liebe, wo sie fähig war.

FRANZ Wenn das alles so is, Hanna, dann versteh ich nicht, warum du nicht abnimmst, das hört sich jetzt vielleicht blöd an, aber wenn man so drunter leidet, dann muß einmal der Punkt kommen, wo man sagt: »Okay, jetzt wird ebn abgenommen!«

Pause

RENI Also, ich bin mir total sicher, daß ich noch sieben Kilo abnehmen kann.

HANNA Das hängt ebn bei dir mit dem M. zusammen, das is ebn ein Erfolgserlebnis für dich.

RENI Ich hab aber auch schon vor dem M. abgnommen. Ich glaub echt, daß das am Bewußtsein liegt, da bin ich mir sicher. Daß du dir echt klarwerdn kannst drüber, ob du Hunger hast oder ob du keinen Hunger hast.

HANNA Das weiß ich ganz genau, daß ich keinen hab. Ich friß aber trotzdem.

RENI Ich hab mir immer gedacht: Wenns mir dreckig geht, dann muß ich fressn. Und das is echt nimmer so.

HANNA Das is aber nicht so, daß ich mir sag: Du bist beschissn dran, jetzt frißt du. Das brauch ich mir gar nicht sagen. Und ich will das rausfinden: Hast du Hunger? Hast du nur Lust, was zu essn?

Oder frißt du einfach so, warum, weißt du nicht? Und ich hab rausgekriegt, ich hab einfach ganz selten Hunger, ich freß einfach in mich rein.

Die drei Wünsche

HANNA Also, zuerst einmal abzunehmen, normal auszusehen, ich glaub, das wär der erste Wunsch, weil ich glaub, wenn ich normal ausseh, glaub ich, dann hab ich viel weniger Schwierigkeiten, dann sind so ziemlich alle Schwierigkeiten einfach weggewischt. Ich glaub nämlich, ich bild mir das nicht ein, daß ich von meim Aussehen her schon überall abgelehnt werd.

RENI Du sagst, du traust dich nicht mehr auf die Straße, weil dir die Leut nachschauen. Mein Gott, das klingt jetzt vielleicht brutal: Du bist dicker wie die andern, da brauchst dich nicht wundern, wenns dir nachschaun. Weil du damit eine Besonderheit bist ebn ... Das is ganz normal von den andern Leuten. Und damit mußt du dich abfinden.

HANNA Damit will ich mich aber nicht abfinden.

RENI Dann mußt was dagegen tun.

HANNA Bei mir im Heim is einer, der David, der is drei Jahre, und der fangt schon an. Das hat mich richtig geschafft. Der hat letztens mich angschaut, und dann hat er gsagt: »Mei, bist du dick!« Das hat mich gschafft! Wo der noch so klein is.

FRANZ Mein Gott, der hat halt Augen im Kopf.

RENI Zu mir hat auch einmal jemand gsagt, auch ein Kind: »Mensch, hast du eine Nase! Mensch, hat die eine Nase! Wie eine Hexe hat die eine Nase!« Mei, da war ich am Anfang auch echt fertig darüber. Dann hab ich mir denkt, na ja, das sind halt Kinder, und die Hexn ham eine Nase, und ich hab auch eine, bestimmt, gell!

Pause

FRANZ Also, wir sind immer noch bei den Wünschen ...

RENI Wünschen, ja wünschen, ich weiß gar nicht. Vielleicht, daß ich mich selber gut versteh, meine Reaktionen weiß, das versteh, was ich sag, oder so. Und mein zweiter Wunsch is vielleicht, daß ich total unvoreingenommen gegenüber Leuten sein kann, daß ich ned irgendwelche Phantasien dabei entwickel und mir denk, Mensch, das oder das könnt der jetzt bei dem oder dem gedacht habn, und der dritte Wunsch, daß ich so sein kann, wie ich möchte, daß ich jemand umarmen kann, ohne daß er sich dabei was denkt, daß ich so sein kann, wie ich gern möchte aus dem Gefühl heraus, und daß die Leute das verstehen.

Pause

FRANZ Hanna, du hast noch zwei Wünsche, gell!

HANNA Also, ich kann mir vorstelln, ich bin schlank und hab dann drei Wünsche.

FRANZ *lacht* Zwei noch!

HANNA Das kann ich mir gar nicht vorstellen, weil, daß ich schlank bin, das is ja mein Hauptwunsch, und erst dann gehts weiter, und das kann ich mir jetzt noch überhaupt nicht vorstellen.

Hanna und die vielen Männer

FRANZ Hanna, da hab ich jetzt ein Problem mit dir und dem, was du mir von den Männern erzählst, das ich dem Leser genauer erklären möchte. Es schaut doch für den Leser so aus: Da is eine – wie sie meint und dauernd sagt – unheimlich dicke Frau, aber die kann sich von Männern kaum retten, die is trotzdem so anziehend, obwohl sie so dick is. Dann kann sie doch zufrieden sein und braucht gar keine Probleme haben. Dick sein, sagst du aber auch, sei abstoßend, und jetzt will ich wissen, wie sich das zusammenreimt.

HANNA Also, alle Männer, oder die ebn, die sich überhaupt ein bißl für mich interessiern, da is das Interesse nur auf sexueller Basis. Sonst nix, und das is für mich gar nicht wichtig. Das kommt erst später, wenns kommt. Das is ebn nicht das, was ich will, oder ich wills schon, aber nicht im ersten Moment. Das Gefühl ist der Anfang, und ich hab einmal gedacht, ich kann eine Nacht mit einem Mann zusammensein und dann sagn: »Das is vorbei, das war eine schöne Nacht, aus!« Aber das stimmt nicht mit mir überein, ich brauch da mehr Zeit dazu.

FRANZ Mit wie vielen Männern hast du denn schon geschlafen?

HANNA Mit zwei.

Große Pause

Ich möcht ebn, daß man mich so mag, wie ich bin. Überhaupt. Aber ich kann das ja auch nicht, mir gefallen dicke Männer ja auch nicht. Das sind ebn hohe Ansprüche.

FRANZ Und warum machts dir keinen Spaß, mit wem zu schlafen?

HANNA Weil ich das Gefühl hab, daß die nur darauf aus sind, auf sich selber nämlich und ihre eigene Befriedigung. Ich lieg ebn da und bin völlig unwichtig. Ich hab erst mit zwei Männern richtig gschlafen, aber ich war schon mit x Männern eine Nacht zusammen, ohne daß die mit mir gschlafen ham, einfach so zamglegen, und da hab ich ein gutes Gefühl dabei ghabt, das hat mir Spaß gmacht. Streicheln is so schön.

RENI Wo is der Unterschied?

HANNA Ein ganz großer. Weil ich das unheimlich toll find, wenn ein Mann sich damit zufrieden gibt, nur mit mir im Bett zu liegen und einfach so eine schöne Nacht zu verbringen.

FRANZ Hanna, is es so, daß du das Gefühl hast, wennst mit wem gschlafen hast: Der will mit mir schlafen, weil er niemand mehr andern findet und eh blau ist, und selber will es derjenige ned tun, also steckt er ihn halt bei mir hinein, wenn er darf, und aus, das hat sonst nix mit mir zu tun? Is das so?

HANNA *nickt*

FRANZ Das is dann auch beschissn. Obwohls natürlich beim ersten Mal sowieso nicht so toll is, meistens.

Pause

Aber die kommen halt auch nicht wieder, deine Männer, oder?

HANNA Genau. Ich hab mir überhaupt nie vorstellen können, daß ich einmal mit einem Mann schlaf. Wie das is. Und wenn, daß ich ihn dann vorher unheimlich lang kenn. Und dann hab ich den ersten ebn kennenglernt, und in der gleichen Nacht sind mir heim, und ich hab mit ihm gschlafen. Ich hab gar nix gwußt von ihm und ihn nicht gekannt. Ich kann nicht sagen, warum ich es gmacht hab, ich weiß es nicht.

RENI Wo das noch so ein Arschloch is. Mir ham uns an dem Abend verabschiedet, und ich hab noch gsagt: »Also, Hanna, machs gut!« Und ich hab das Gfühl ghabt, ich muß ihr sagn: Laß das bloß, das is ein Arschloch, aber ich hab es doch nicht gsagt. Und wies ihr dann nachher schlecht gangen is, da hab ich es bereut, daß ich es nicht gsagt hab, aber in dem Moment hätt sie es mir eh nicht glaubt.

HANNA Ich bin ebn einfach zu dick. Das is die Schwierigkeit. Die dünnen Leute, bei denen hab ich eigentlich zum größten Teil nie das Gefühl, daß die es blöd finden, wenn sie mich essen sehn. Aber wenn ich eine dicke Frau seh wie mich, dann werd ich so aggressiv, wenn die ißt, das kann ich nicht verstehen, wos so dick is, wieso frißt die denn jetzt? Der könnt ich dann eine reinhauen, so aggressiv bin ich da.

Ich hab nämlich kein Verständnis für andere dicke Frauen. Das versteh ich nicht. Ich denk, die is doch eh schon so fett, warum frißt denn die schon wieder? Ich versteh das nicht.

FRANZ Aber *du* müßtest das doch verstehen, bzw. wennst es verstehn tätst, dann wärst wahrscheinlich nicht mehr lang dick, gell?!

HANNA Ja, da hast du recht. Und trotzdem, ich versteh es nicht, überhaupt nicht. Das geht gar nicht, daß ich es versteh. *schüttelt den Kopf*

FRANZ Vielleicht kommts auch gar nicht bloß vom Essn, sondern auch vom Saufen?

HANNA Ja, das hab ich ja noch dazu. Vielleicht in der letzten Zeit grad. Vom Fressen allein wird man nur langsam dick. Aber ich hab meine 10 Kilo in zwei Monat geschafft jetzt. Das is auch das Bier, das ich trink.

Große Pause

Wieso is es nicht normal, daß man dick is? Wieso sind dünne Leute nicht unnormal?

Umarmungen

RENI Es geht nicht nur ums Schönausschaun. Ich hab mitgekriegt, daß etwas, das ich machen hab wollen, total mißverstanden worden ist. Daß du nie so sein kannst, wie du wirklich bist, weilst immer aufpassen mußt. Und daßd dann immer wieder auch über das Scheißaussehen gestolpert bist. Du warst mal mit wem zam, und das is dann im Sande verlaufen, und dann hast dich einmal irrsinnig gut gfühlt, und dann hast den gsehn und ihn einfach umarmt. Nicht, weil ich was anfangen wollt, sondern weil ich mich einfach so gut gfühlt hab. Und dann kommt der nachher her und sagt, er muß mit mir reden, damit ich mir keine falschen Hoffnungen mach. Da hab ich nicht gwußt, ob ich lachen oder heulen soll.

HANNA Ja, das is so gut, was du grad sagst, das is so wichtig.

RENI Ja, daß du überhaupt nimmer normal gegenüber einen Menschen treten kannst. Als Frau kann man nämlich normal überhaupt kein Gefühl zeigen, dann is man nämlich schon verschrien. Und wenn aber jemand schön is, dann fühlt sich der Mann gleich geschmeichelt, wenn ihn so jemand umarmt. Das is der Unterschied.

HANNA Genau, genau. Wie ich mit dem R. die Nacht zamgwesen bin, da war es auch so. Da hat die Reni ebn gsagt: »Mach dir jetzt keine falschen Phantasien!«, und trotzdem is mir schwergfallen, mich so zu verhalten dem gegenüber wie vor dieser Nacht.

FRANZ Ja, aber das wär doch irrsinnig, so zu tun, wie wenn nix gwesen wär?!

HANNA Ja, ich mag ihn auch noch gern, und die Nacht war schön für mich, und trotzdem. Ich kann jetzt nicht einfach kein Gefühl zeign, das kann ich nicht.

FRANZ Ja, das sollst doch auch nicht, das is doch Wahnsinn!

HANNA Ja, das sagst du, aber sag das einmal dem R. Der legt nämlich keinen Wert darauf, daß ich ein Gefühl zeig, da is der gleich sauer. Glaub ich. Eine Frau, wo viel Gefühl hat, die hat es einfach schwerer, das is ganz einfach. Und dicke Fraun ham mehr Gefühl, da bin ich sicher, die ham ja gar keine Chance, anders.

Zur Politik und Gesellschaft

FRANZ Ich hab vor ein paar Tagen ein neues Stück fertig geschrieben: *Mensch Meier*. Da is ein junger Kerl, der is in der SDAJ. Der is einfach drin, das wird ebn angenommen und nicht weiter erklärt. Ich kenn viele, die drin sind, und bei denen es dafür keine besonderen Erklärungen gibt. Trotzdem seh ich jetzt schon, wie die bürgerliche Kritik wieder sagen wird: Agitation, unwahrscheinlich, wieso? – Deshalb eine Frage: Wie seids ihr in die SDAJ gekommen?

RENI So mit vierzehn oder fünfzehn, und zwar durch mein Bruder. Ich bin öfters mitgegangen, einfach so. Der is ja schon lang Mitglied. Warum weiß ich jetzt auch ned, vom Anfang. Aber mir hats anfangs recht gut gfallen immer, und dann bin ich ebn zwei Jahr später eingetreten. Und jetzt, mein Gott! Ich find es schlimm, daß ich für die Gruppe selber nix mach und bloß mecker, aber ich kann es nicht akzeptieren, was sie machen. Trotzdem bleib ich in der SDAJ, und das heißt, daß ich mit dem, was sie sagen, doch noch übereinstimm. Das is wichtig, sonst tät ich austreten. Das is ja nicht abhängig von dem, was in Traunreut läuft oder nicht, sondern allgemein.

FRANZ Hast du dir mal überlegt, daß du in die DKP gehst, das wär doch ein konsequenter Schritt?!

RENI Ja, ich mein, ich hab zwar DKP gwählt, weil ich immerhin noch glaub, daß das die einzige Arbeiterpartei is, also echt das erfüllt, was es sein soll. Aber aus meiner Unwissenheit heraus sind ebn noch einige Sachen, die mir unklar sind.

FRANZ Was zum Beispiel?

RENI Also, das hat mir einen Schlag versetzt, was ich jetzt heut abend wieder ghört hab, wenn es stimmt mit dem Biermann. Das find ich absolut Scheiße, was da die DDR macht, daß sie ihn nicht mehr einreisen laßt. Die stellen ihn als Feind hin, Berufsverbot, lassen ihn drüben nicht öffentlich auftreten, und dann schieben die den mit solche miesen Methoden ab. Das find ich echt Kacke, ja. Was der Biermann bringt, das find ich nicht gut, teils, teils, aber ich find es Scheiße, daß die den nimmer reinlassen, weil sie Angst ham. Und dann kann ich auch sagen: Okay, die DKP, die ham eine schwierige Stellung in Deutschland, seis vom Krieg, seis, daß die Zone in Anführungsstrichen so nah is und daß viele – das merk ich an meinem Vater zum Beispiel – gegen die Kommunisten einen totalen Haß ham. Und daß die DKP trotzdem so abhängig is von drüben. Für mich is eben Kommunismus in jedem Land von der Situation abhängig, wie man den Kommunismus bringt. Und daß der also nie gleich sein kann und daß viele Leute das so verstehen, daß Deutschland, wenn es kommunistisch wird, so ein Kommunismus haben muß wie die DDR. Anstatt daß sie klar zur Aussage bringen, was wollen mir hier eigentlich, das find ich schlimm, deswegen tret ich wahrscheinlich nicht ein. Vor kurzem kam in unserer Klasse »Warum fällt die Mauer nicht weg?«, da hätt ich sagen können: »Okay, weil dann zu viele Leute wegrennen! Weil sie die Arbeiter brauchen da drüben!« Aber dann hab ich mich gleichzeitig wieder gfragt: Warum laufen aber wirklich so viele weg? Und das is dann ein Widerspruch für mich. Und da bin ich dann lieber ruhig in der Klasse und sag nix.

FRANZ Und bei der Hanna?

HANNA Ich bin auch Mitglied von der SDAJ.

FRANZ Und wie bist du dazu gekommen?

HANNA Durch die Reni eigentlich. Ich weiß gar nimmer genau. Die hat mir irgendwann mal erzählt, daß sie da drin is und ich sollt doch auch mal hingehen. Und dann bin ich recht lange Zeit hingangen, und dann hab ich überhaupt nicht kapiert, um was es geht, was die da daherschwafeln, und ich hab auch heut noch von Politik unheimlich wenig Ahnung, aber inzwischen blick ich mehr durch. Da war jetzt die Münchner Songgruppe da zuletzt und auch ein Referat vom – wie heißt der jetzt –. Und das war ja eigentlich auch Werbung, gell, aber es hat mich so weit gebracht, daß ich mir gsagt hab, ich weiß wenig von der Politik, aber das was ich da ghört hab, is das, was ich am ehesten akzeptieren kann, und das hat mich echt beeindruckt. Ich hab mir im Fernsehen so politische Debatten anghört, vom Strauß und vom Kohl, und dem hätt ich in Arsch treten können. Ich weiß zwar immer noch ned Bescheid und blick nicht ganz durch, aber die DKP is die einzige Partei, also das einzige, was ich einigermaßen befürworten kann. Und wo ich sagen kann, da kann ich am ehesten dazu stehen.

FRANZ Hast du sie denn auch gewählt?

HANNA Ja, freilich.

Familie

HANNA Das is schon jahrelang vorher beschissen glaufen, meine Mutter is mit dem Mann zusammengwesn, den hat sie in der Fabrik kennenglernt, da war er nett und lieb. Ebn ganz anders wie später. Dann is meine Mutter schwanger geworden und hat sich nix dabei gedacht. Ich glaub nicht, daß sie es schlimm gefunden hätt, ein uneheliches Kind zu kriegen, aber sie hat ja schon aus der ersten Ehe drei Kinder ghabt und sich gedacht, wenn sie jetzt ein uneheliches bekommt, dann, wusch, kommen die andern ins Heim, weils ihr weggenommen werden wegen dem Lebenswandel. Mein Stiefvater is erst weggelaufen, wie er erfahren hat, daß sie schwanger is, aber die Eltern von ihm ham ihn zamgschissen, die wollten ihn loshaben, weil er schon 26 war, und dann hams halt gheiratet. Uns frühere drei Kinder hat ja, des hab ich dir schon erzählt, die Oma aufzogen.

FRANZ Dein Papa is der Mann, wo du bei der Mutti das Bild von der Brille vor Augen hast?

HANNA Ja, das hab ich schon erzählt. Und von meim Vater hats auch weg wollen, bald, aber dann hats gmerkt, daß schon wieder

schwanger is, und das war ich dann. Und dann hats mich halt gekriegt. Ich hab nie gedacht, daß das so schlimm für mich is, daß ich so unabsichtlich war. In der Mittagspause is mein Vater ins Krankenhaus und hat gfragt: »Was is worden?« Und die Mutti war ganz glücklich und hat gsagt: »Es is wieder eine kleine Evelin!« und er, statt daß er hingeht zu ihr, die blöde Sau, sagt er: »So, schon wieder ein Mädchen!« und wusch, weg war er. Und die Mutti war kaputt.
Und dann hat er ihr halt noch ein Kind aufgezwängt, und dann is es endlich ein Sohn gwesen.

Verhältnis Vater, Stiefvater und Hanna

HANNA Also, mein Vater, der is Kraftfahrer in der BLV in Traunstein. Mich wunderts, daß der noch da is, der is nämlich Alkoholiker. Ich hab ihn immer gern ghabt, und ich mag ihn jetzt immer noch, das wundert mich ebn dabei. Das letzte Mal hab ich ihn in der H. (*Lokal*) getroffen. Ich weiß nicht, wie der da runter kommt. Da hab ich den L. mit einem andern Mädchen drin gsehn, obwohl daß er vorher bei mir war, und da hab ich mich mit meim Vater echt toll unterhalten, des war echt toll, das Gespräch. Und dann wollt er mich unbedingt heimfahren. Vor dem Haus unten hat er dann versucht, mich anzutatschen, und das hat mich so fertiggmacht. Ich war drei, als sich die Eltern scheidn ham lassen. Da hab ich nicht viel mitgekriegt, und mein Stiefvater, das war irgendwie mein »richtiger« Vater. Den hab ich zehn Jahre miterlebt, das war mein »richtiger« Vater. Das war schrecklich in der Nacht im Auto. Mein Vater hat mich bloß angelangt und gsagt: »Jetzt redn mir noch ein bißl miteinander.« Da war er schon ganz schön zu. Ich hab gsagt: »Nee, ich hab keine Zeit mehr, ich muß morgen arbeiten« – weg war ich. Das war so eine Kurzschlußreaktion. Aber ich hab in dem Moment einfach gmeint, der will was von mir.

FRANZ Aber Hanna, da mein ich allmählich, daß du einen Vogel hast. Ich kann mir nicht vorstellen, daß dein Vater was Sexuelles von dir wollen hat. Das is doch ein Unsinn!

HANNA Das kann schon sein. Aber in dem Moment war es mir so. Das hab ich ja überhaupts nie an ihm gekannt, daß er mich umarmt. Und so eine Spontaneität von ihm, das hab ich nie erlebt. Obwohl ich immer noch sagen kann, daß ich ihn gern hab. Trotzdem. Außerdem hab ich ja bei ihm immer das Gfühl ghabt, daß er nicht mein richtiger Vater is, sondern daß er fremd is. Das kommt natürlich dazu.

FRANZ Und wahrscheinlich war er im Auto eben auch ein Fremder für dich, und drum bist erschrocken.

HANNA Ich weiß es nicht. Mir ham ein so tolles Gespräch in der H. ghabt. Ich hab gmerkt, jetzt sagt er wirklich einmal das, was er denkt. Was er sagen möcht. Da hat er gsagt, daß er meine Mutter immer noch gern hat, und das glaub ich ihm auch. Und es ist nicht nur das Gernhaben, er war unheimlich abhängig von ihr. Vor allem seit er dann eben auch zum saufen angfangen ghabt hat. Immer wenn er besoffen war, dann hat er zum spinnen angefangen und is aggressiv geworden. Zu der Zeit hat meine Mutter ihn überhaupt nimmer gern ghabt. Mich hat er auch öfters verdroschen. Da erinnert ich mich an einmal, da hat er mich am Arm gepackt, und das hat so weh getan, und dann hat er mir eine gschmiert, und, das hat so weh getan, daß ich gschrien hab. Und auf einmal is meine Mutter gekommen und hat mir noch eine reingehauen und hat gsagt: »Halt den Mund, halt den Mund! Daß es ja niemand hört im Haus!« – Das war ihr halt immer das Wichtigste dabei, daß es ja niemand erfährt. Mein Mutter hat nie was rausgelassen, nach außen hin war immer alles in Ordnung.

Nun ist es nicht so, daß ich Reni während der letzten Seiten »vergessen« oder einfach weggestrichen hätte, sie ist schlicht eingeschlafen, es war nach drei Uhr morgens, das Gespräch lief in der siebten Stunde.

Zukunft

FRANZ Hanna, wie soll deine Zukunft ausschaun?

HANNA *lacht*

FRANZ Also, ich mein es nicht abstrakt, praktisch, beruflich . . .

HANNA Meine Zukunft stell ich mir schon seit einiger Zeit so vor, daß ich die BAS nachhol, weil das so ein blödes Gefühl bei mir is, daß ich bloß dic Volksschule gmacht hab und nicht einmal den qualifizierten Abschluß. Was soll denn das? Bin ich blöd? Nach der BAS hab ich die Möglichkeit zu studieren. Und das möcht ich irgendwann noch machen, aber ich hab irgendwie das Gefühl, daß ich das nimmer schaff. Ich könnt es zwar anpacken, aber ich fühl mich unheimlich gut im Heim. Und alle meine Kinder! Ich kann mir nicht vorstellen, daß ich auf einmal weggeh. Ich hab mich ewig lang mit den Kindern beschäftigt und mir gedacht: Was stimmt mit dem ned, was könntst dran ändern, wie machst es, wann hast dazu Zeit? Die Kinder mag ich ebn inzwischen unheimlich gern, und ich kann mir nicht vorstellen, daß ich da auf einmal weggeh und die Kinder allein laß. Das is, wie wenn ich mir vorstell, ich zieh jetzt nach Afrika runter. Das kann ich mir nicht vorstellen. Ich hab auch ein echt gutes Verhältnis zu den Leuten, mit denen ich im Heim zusammenarbeit. Das is vielleicht besonders wichtig.

Pause

Ich hab früher mal unheimlich viel vorghabt für später. Aber so langsam hab ich das Gefühl, daß ich das einfach nimmer pack. Bring einfach keine Aktivität mehr dafür auf.

Ich hab bloß so Angst davor, wenn ich mal alt bin, daß ich dann das Gefühl krieg: Was hast eigentlich gschafft in deim Leben? Was hast von dem verwirklicht, was du eigentlich vorghabt hast? Was dir selber gutgetan hätte, was hast von dem gschafft? Oder versucht zu schaffen. Der Versuch is schon wichtig. Ich stell mir das so schlimm vor, wenn ich einmal alt bin und mir sagen muß: Du hast nix gschafft. Einfach bloß die Arbeit gmacht, alles dahinrennen lassen. Das macht mir unheimlich Angst, daß ich mir später den Vorwurf mach: Du hast überhaupt nix gschafft in deim Leben. – Und da brauch ich eben so unheimlich lang dafür, daß ich mir klarwerd, was für mich so unheimlich wichtig is, was ich gern möcht. Und dazu brauch ich die Auseinandersetzung mit den Leuten. Ich kann das nicht allein schaffen. Es is nicht wichtig, daß ich es zum Gruppenleiter bring, zu einer höheren Stellung, sondern daß ich mich mit den Leuten versteh, die ich mag. Daß ich denen was geben kann und auch von denen krieg.

Heiraten? – Kind?

HANNA Völlig blödsinnig. Ich möcht zwar später mal ein Kind haben, aber ich möcht kein Mann. Ich möcht einfach ein Kind haben, das ich mir gwünscht hab, das ich gern hab, schon wenn ich es noch in meinem Bauch hab. Und das ich später immer noch gern hab, wo ich an dem Kind arbeiten kann und an mir selber. Ich kann mir nicht vorstellen, daß ich das vereinbaren kann, daß ich mit einem Mann meine und seine Probleme zamschmeißen kann und verarbeiten kann und das Kind dazu. Das trau ich mir einfach nicht zu, da fühl ich mich überfordert. Jetzt im Moment könnt ich kein Kind haben, aber später mal, so in fünf oder sechs Jahren, möcht ich ein Kind haben. Ganz für mich allein.

FRANZ Du trägst einen Ehering auf der rechten Hand. Warum?

HANNA Ich mag den Ring ebn gern, weil ich ihn von einem Mädchen gschenkt kriegt hab, mit dem ich mich unheimlich gut verstanden hab. Früher hab ich ihn an der linken Hand ghabt. Jetzt hab ich ihn an der rechten. Und das is ein Unterschied. Das weiß jeder Mensch, wenn man so einen Ring an der rechten Hand hat, das heißt: Die is verheiratet. Irgendwo hab ich die Vorstellung, daß man als verheiratete Frau mehr zählt. Daß man da einfach mehr anerkannt wird. Ich hab sogar schon einmal erzählt, daß ich ein Kind hätt. Ich hab dem das einfach so gsagt, daß ich einen Sohn hab.

Pause

Wenn mich aber wer fragt: »Du trägst einen Ring?« – dann bring ich es nicht fertig, daß ich sag: »Ja, ich bin verheiratet.«

Ich kann mir gut vorstellen, daß ihr das nicht verstehts.

FRANZ Doch. Das is ein Schutz, der Ring!

HANNA Ich kapiers zum Teil selber nicht, warum ich so was mach.

Die Straße des Lebens

FRANZ Stell dir eine Straße vor. Wie schaut die aus?

HANNA Ein lang gezogenes Stück Teer. Eine lange Linie, die geteert is.

FRANZ Rechts ist ein Zaun.

HANNA Ich denk da ständig an die Internatszeit. Da war ein paar hundert Meter weiter der Barras und die Männer, die ich kennt hab. Und die Straße hab ich mir jetzt vorgstellt, die da führt. Der Zaun is hoch und mit Stacheldraht. Höher als ich.

FRANZ Links ist ein Wasser.

HANNA Viel Wasser. Ein großer See . . . ein kleiner See eigentlich, wo ich mir denk: Da kannst reingehen! Und auf einmal, im Reingehen, merk ich: Der is ja viel tiefer, als wie ich gmeint hab.

FRANZ Ist das Wasser trüb oder klar?
HANNA Trüb. Dreckig.
FRANZ Auf der Straße kommt dir ein Bär entgegen. Was tust du?
HANNA Sobald ich den Bär seh, versuch ich, wenn ein Wald da is oder ein paar Bäume, mich dahinter zu verstecken, daß der Bär mich nicht sieht. Weil ich mein, daß der mich angreift. Drum geh ich ihm aus dem Weg.
FRANZ Auf der Straße liegt ein Schlüssel. Wie schaut der aus?
HANNA Ich schau mir den Schlüssel an und denk: Was is das für einer? Is das ein richtiger Schlüssel, den jemand verloren hat und ganz dringend braucht? Unternehm aber trotzdem nix. Ich steck ihn ein und geh weiter.
FRANZ Wie schaut er aus?
HANNA Oben rund und innen Zacken. Wie ein normaler Schlüssel. (*sie kramt in ihrer Tasche, bringt den Schlüsselbund hervor und zeigt mir einen Sicherheits-Schlüssel*) So wie der. Der is von meiner alten Wohnung. Den hätt ich längst abgeben müssen. Ich könnt mit dem Schlüssel immer noch hinein...
FRANZ Auf dem Weg steht eine Vase.
HANNA Groß mit Farn. Schön, sehr schön...
Pause
So, und jetzt will ich wissen, warum du mich das fragst?

Ich erkläre die Bedeutung des Tests.

HANNA Diese blöden psychologischen Tests!

Noch mal Hannas Kinder

FRANZ Sind deine Kinder, nach deiner Einschätzung, deshalb im Heim und lernbehindert, weil sie medizinische Schäden haben, oder mehr, weil sie familiär-gesellschaftliche Beschädigungen haben?
HANNA Paß auf, da gib ich dir ein Beispiel. Ich hab einen ghabt, der war bsonders schlimm, der hat mich verprügelt und hat gschrien und Telefondrähte durchgschnitten und all so ein Scheiß. – Ja, was war mit dem? Der is als kleines Kind dreimal vom Balkon runtergfallen. Jetzt is es so: Jetzt hat er einen medizinischen Schaden. Okay! Aber warum, frag ich dich, kann der dreimal vom Balkon runtergfallen sein? Weißt, was ich mein?
FRANZ Ja, ich glaub schon.

HANNA Ebn, so is das.

FRANZ Du hast deine Kinder wirklich gern.

HANNA Ja. Aber ich bin überfordert. Ich kann nicht auf zwölf Kinder auf einmal eingehen. Die brauchen alle Zärtlichkeit, und wo nimm ich die her für die zwölf Kinder. Das nervt mich.

FRANZ Schlägst du die Kinder auch manchmal?

HANNA Das is mir bis jetzt zweimal passiert. Ich hab ein Mädchen in der Gruppe, die hat mir neulich ins Gsicht gespuckt, und dann hab ich, ohne zu überlegen, ganz spontan zurückgespuckt. Volle Ladung. Weil ich das nicht einseh. Wenn ich mir da lang überleg, warum hat die das gmacht und vielleicht wollt sie es gar nicht und so – is mir scheißegal, da fühl ich mich angegriffen, und dann gibts eben den Hammer zurück. Also, das is oft, daß ich wem was drüberwisch und sag: »Du blöder Hund!« Aber richtig so, daß ich sagen muß »geschlagen«, hab ich zweimal. Ich hab nachher ein beschissenes Gefühl ghabt, weil ich es nicht gut find. Ich hab ein Mädchen, das quietscht ununterbrochen, die fühlt sich dauernd angegriffen. Das regt mich nicht auf. Aber plötzlich dreh ich dann anders durch. Ich hab jetzt Samstag und Sonntag Dienst ghabt und am Montag auch, ebn die zwölf Kinder allein. Das schlaucht unheimlich. Von jedem Kind soll ich das spezielle Bedürfnis befriedigen. Das kann ich nicht. Und ab kurz nach vier heut hat es ausgesetzt. Da sind die Kinder zu mir gekommen, mei, ein Mädchen hat zur Zeit ein unheimliches Zärtlichkeitsbedürfnis, und die hat sich halt an mich dran ghängt und Bussi gegeben, und da hab ich gsagt: »Mensch, geh weg!« *sie schüttelt den Kopf, schaut mich an* Ich konnte einfach nimmer. Ich hab mich nicht zamreißen können, ich war kaputt. Und ich hab einen Bub, der is besonders schwierig, gell, das weiß ich. Aber heut, da hat mich jede Frage von dem aufgeregt. Gell, ich weiß, der hat seine besonderen Schwierigkeiten, und ich sag mir das, aber das hat mich heut überhaupts nichts gnützt. Ich hab mir heut »ELTERN« angschaut, die Zeitschrift, gell, und da is in Bildern drin gwesen die Geburt, und da war irgendwas mit der Nabelschnur, und da hat mich der Bub gfragt: »Was is denn das da, was das Baby hat?« Und dann hab ich gsagt: »Na ja, eine Nabelschnur is das.« – »Und wieso wird das abgezwickt?« hat er gfragt. – Das is an sich eine normale Frage, und ich find es gut, daß das Kind so was fragt, und wichtig, daß ich es beantworte, aber in dem Moment hab ich auch durchgedreht und konnt dann kein Kind mehr sehen. Ich hab ihn aber angeschrien: »Geh weg jetzt, ich brauch jetzt meine Ruh, Bernd!« Und ich weiß, das tut ihm gar nicht gut, daß ich so aggressiv reagiert hab. Vielleicht hab ich sogar viel kaputt gmacht, was ich aufbaun hätt sollen. Aber es passiert eben, und dann fühl ich mich nachher so beschissen. So beschissen! Es müßten halt weniger Kinder sein, das glaub ich, wär besser. Ich mein, dann tät man auch mit die eigenen Schwierigkeiten besser fertig werden, wenn man nicht im Beruf Scheiße bauen tät, weil man es einfach nicht derpackt und dann frustriert is.

FRANZ Sieht man den Kindern, auf der Straße zum Beispiel, an, daß sie behindert sind?

HANNA Meinen nicht, überhaupt nicht. Doch, einem Mädchen, die kann nicht gscheit gehn, die is an der Hüfte operiert worden. Dem schon.

FRANZ Magst du alle gleich gern?

HANNA Das müßt ich eigentlich, aber ich kann es nicht. Da is einer, der spuckt die andern immer in die Suppe und macht das Hosentürl auf und zeigt her, was er alles hat, und schmiert einfach einem andern plötzlich eine, der is sechzehn, also schon ziemlich groß. Zu dem kann ich einfach nimmer offen sein, da is ein Block davor. Und bei andere is halt keiner davor oder bloß ein kleiner. Eigentlich is das in der Gruppe alles ganz normal, wie woanders auch in einer Gruppe, bloß daß die Kinder eben behindert sind. Mit der Zeit vergißt man das sogar, und dann sind die ganz normal für mich, und ich muß mir erst wieder sagen, daß das nicht stimmt. Und dann krieg ich wieder eine Kraft, und es geht wieder.

FRANZ Solltest du studieren, würdest du in diesem Beruf insgesamt bleiben?

HANNA Unbedingt. Das is so, weil ich da das Gefühl hab, man braucht mich ganz einfach. Und sonst hab ich das Gefühl weniger. So is das.

Ein sehr junges Paar Moni und Tom

Vorspiel

FRANZ Wie alt seids denn ihr?
MONI 18 bin ich, also im Januar werd ich schon 19.
TOM Ich bin 20 geworden, Gott sei Dank.
FRANZ Und was seids von Beruf?
MONI Ich bin Schülerin, geh aufd Fachoberschul, aufn sozialen Zweig. Mach nächstes Jahr mein Abi, Fachhochschulreife genau, und vorher war ich auf der Realschul.
TOM Ich bin Elektriker, Lehrling momentan noch, und hab Gott sei Dank bald Gesellenprüfung.
FRANZ Warum hast du nicht »normal« das Abitur gemacht, mitm Gymnasium?
MONI Ich bin nicht gleich von der Volksschule aufs Gymnasium gegangen, weil da hab ich mir unbedingt eingebildet, ich mag nicht aufd Schul gehen. Da hats mich nicht gefreut. Und dann bin ich aufd Realschul gegangen, und von da aus direkt aufs Gymnasium umwechseln, ist Wahnsinn.
FRANZ Wie ist das überhaupt mit den Abschlüssen?
MONI Also, Grundschule sind die ersten vier Jahre. Und dann kommt Hauptschule. Und das war früher alles zusammen die Volksschule. Und wenn man z. B. schon mal ein Jahr sitzengeblieben is, ein Jahr älter ist, kann man auch bloß acht Klassen machen, hat aber dann keinen qualifizierten Abschluß, oder man kann neun Klassen machen und kann dann einen qualifizierten Abschluß machen. Muß man aber nicht.
FRANZ Was sind eure Eltern?
MONI Also, ich hab bloß noch eine Mutter, mein Vater, der ist gestorben, voriges Jahr, an Bauchspeicheldrüsenkrebs, der war vorher schon lang krank. Krebs hat er wahrscheinlich schon einige Jahre gehabt. Wie er gestorben ist, war er noch nicht ganz 71 Jahre alt. Der hat vorher schon mal Herzasthma gehabt vom Krieg her, von Rußland, und der hat aufm Bau gearbeitet. Ich

hab noch drei ältere Brüder, die sind alle schon riesig alt, 37, 34 und 31. Ich war ein Spätzünder, hätt eigentlich gar nicht mehr kommen sollen. Die Mutter wollt mich eigentlich wegmachen lassen. Da hats dann einen Anruf gekriegt, da wolltens ihr einen Termin sagen, und kurz vorher hab ich mich gerührt, und da hats nicht mehr mögen. Meine Mutter ist jetzt 54, und die ist auch krank, herzkrank, und ist daheim, weil arbeiten darfs nicht mehr. Wir kriegen halt eine kleine Rente, von meinem Vater. Sie hat zwar auch gearbeitet, aber sie kriegt nichts, weil sie hat unversichert und unversteuert gearbeitet, wies halt so war. Schwarzgearbeitet. Und sie kriegt auch noch keine Rente, weils noch nicht so alt ist. So kriegen wir jetzt zusammen 500 Mark. Die Rente und mein BaFöG. Aber Gott sei Dank ham wir recht wenig Miete zum zahlen, nur 150 Mark, für ein Riesenhaus mit Riesengarten, alles für uns allein. Das Haus ist schon 300 Jahre alt. Und die Leut, denen das gehört, ham noch ein anderes Haus in Moosheim. Sind ein bißchen sonderliche alte Leut. Denen gehts ja bloß drum, daß das Haus nicht verfällt.

TOM Ja, bei mir ist das so, mein Vater ist 74 Jahre alt und Rentner halt. Der war früher bei der Siemens Lagerverwalter, Mitglied der IG Metall, aber CSUler. Also nicht in der Partei, aber Wähler. Mutter ist Hausfrau, aber früher, ich glaub, vorm Krieg, war sie Geflügelzuchtberaterin. Das ist ihr ganzer Stolz. Die fahren da von Geflügelfarm zu Geflügelfarm und beraten die bei der Aufzucht der Leghennen. Halten da so Vorträge. Als sie geheiratet hat, hats damit aufgehört. Ich hab noch zwei Geschwister, eine Schwester mit 33 und einen Bruder mit 35. Beide verheiratet, weit weg und konservativ. CSU halt.

FRANZ Wie ist das bei euch mitm Geld?

TOM Meine Eltern kriegen ne verhältnismäßig hohe Rente, ich schätz um die 1000 Mark, aber dann kriegens für mich noch Kindergeld, vom Staat und von der Siemens ... ach, ich kenn mich da nicht so genau aus, es interessiert mich auch gar nicht.

FRANZ Auf jeden Fall reichts?

TOM Was heißt ... Meine Mutter jammert mir die ganze Zeit die Ohren voll, daß ich so viel Geld ausgeb. Ich kriege 270 Mark im Monat, und die kann das nicht verstehn, daß ich das ganze Geld verblitz. Und wenn ich noch schwarzarbeit, sinds 400 Mark im Monat. Das kann sie nicht verstehen, wo das Geld bleibt.

FRANZ Wieviel Geld kriegt man im dritten Lehrjahr?

TOM Brutto krieg ich 360 und netto 271 Mark. Aber ich bin jetzt im vierten Lehrjahr. Aber die Elektrikerlehrlinge bei Siemens, die kriegen jetzt im vierten Jahr um die 400 Mark raus, mindestens. Aber beim Handwerk ist das ja so, wenn die Unternehmer von der Handwerkskammer keine Lust zum Verhandeln ham, dann schickens die Gewerkschaftsvertreter wieder heim.

FRANZ Warum ist denn das Handwerk so wenig organisiert?

TOM Im Werk sind doch viel mehr Leute zusammen, und im Handwerk, da hat der Chef mehr Einfluß auf die Arbeiter, kann ihnen auch mehr persönliche Freiheit lassen. Holt er z. B. einen ins Büro rein, sagt er: »Ja, paß auf, wieviel Lohn möchtst denn?« Da verhandeln die praktisch privat.

Untereinander. Da sagt sich der natürlich: »Für was brauch ich eine Gewerkschaft? Ich handle meinen Lohn selber aus.« Die Gesellen sind ja auch meistens mit dem Chef auf du und du, die ham da eher ein Familienverhältnis dazu. Und dann gehts halt so raus, daß du die jährlichen Tariferhöhungen, die 8 %, die von der Gewerkschaft erkämpft werden, schon kriegst. Aber der Grundlohn, wenn du eingestellt wirst, ist niedriger. Da kriegst du die ersten drei Monate 8,50, dann 8,90. Das stimmt zwar auch noch alles ungefähr mit den Tarifen von der Gewerkschaft überein, aber die Gewerkschaften und Jugendvertretungen in der Siemens treten ja auch noch mal dafür ein, daß die Lehrlinge mehr Lohn kriegen. Deshalb zahlt dann eben so ein Konzern wie Siemens etwas übertariflich. Das fällt beim Handwerk flach. Da ist ein viel zu großer Konkurrenzkampf unter den einzelnen Arbeitern. Da werden auch unterschiedliche Löhne ausgehandelt, wenn du ausgelernt hast. Der eine kriegt 8 Mark 40, der andere 8 Mark 70. Das kommt halt ganz drauf an, wie man sich mitm Chef steht, was der meint, wie gut man arbeitet.

Schule und Meinung

FRANZ Moni, was willst denn du machen, wennst dein Abi hast?

MONI Ich möcht dann erst mal aufd Fachhochschul gehen. Und da Sozialpädagogik studieren. Wir ham da einen Wahnsinns-Numerus-clausus. Heuer steht er bei 2,1. Aber wir kriegen ja noch einen Malus von 0,3. Und dann wollen ja alle nach München, aus Hessen und überall, und dann schnappen uns auch viele Abiturientinnen den Platz weg, und dann kommen halt die besseren zuerst hin. Mei, wies halt ist, da mußt manchmal schon direkt 1,5 haben, daß du 1,8 hast, daß du noch reinkommst. Und der Schnitt liegt bei den Fachoberschulabis wahrscheinlich so bei 2,3 bis 2,5. Und bei uns hört man, daß an anderen Fachoberschulen viel leichter ist. Die sagen alle, na, nach Traunstein tät ich nie in die Fachoberschule gehen. Wasserburg und so, muß alles viel leichter sein, da nehmens die Lehrer nicht so streng. Aber unsere Lehrer, das ist ja Wahnsinn! Erst mal sinds alle schwarz. Es kann zwar einer dabei sein, der nicht Mitglied der CSU ist, aber es sind alles totale Fanaten. Das ist furchtbar bei uns. Z. B. unser Klassleiter letzts Jahr war ein Oberbonz von der CSU.

FRANZ Wie wirkt sich das dann aus?

MONI Erst mal sind die total von sich eingenommen, a eigene Meinung kannst sowieso kaum vertreten, weil bloß das ihrige stimmt. Dann mußt du also ziemlich das sagen, was ihnen paßt. Besonders im Deutschunterricht mußt aufpassen, was du sagst.

TOM Wie es dem H. z. B. in der Abschlußprüfung gegangen ist, der war vor mir Vorsitzender der SDAJ, der sollte seine eigene Meinung bringen. Aber er hat sie nicht bringen können, weil er dann hundertprozentig schlechtere Noten gekriegt hätte.

FRANZ Ist es gefährlich, wenn die Lehrer wissen, wo du politisch stehst, also kannst du im Unterricht deine Meinung frei sagen und mußt es dann nur im Schriftlichen hinfeilen oder mußt du immer vorsichtig sein?

MONI Na, also wenn mein Deutschlehrer, das ist auch wieder mein Klassleiter, wissert, daß ich in der SDAJ bin, dann, glaub ich, tät er mich schon mit ganz andere Augen anschauen.
Ich hab das auch einmal in Sozialkunde gemerkt, da ham wir von so einer Bildungsanstalt so Zeug gekriegt, und da ham wir so Tafeln angeschaut bei uns im Informationszentrum. Da war so ein Bild von der DDR, das war noch aus dem Krieg. Da sind riesige Schlangen vorm Bäckerladen gestanden. Und dann sagt er doch glatt – ich hab mir ehrlich denkt, ich hör nicht recht! –: »Falls da jemand von der SDAJ dabei ist, der da zuschaut, aber das glaub ich ja nicht, dann möcht ich euch sagen, das gibts fei heute noch in der DDR!« Die SDAJ muß also anscheinend bekannt sein in der Fachoberschule.

TOM Wahrscheinlich noch durch die »Traunrot«. Das war die Zei-

tung von der SDAJ Traunreut. War ziemlich gut, hat auch ziemlich viel Anteil gehabt. Ist halt eingeschlafen, leider.
Ich denk mir da in der Berufsschul überhaupt nichts. Da geh ich jede Woche einmal hin. Und einmal im Monat nen ganzen Tag praktischen Unterricht. Da machen wir dann die Sachen, die wir im Betrieb nicht machen, die aber in der Gesellenprüfung verlangt werden. Und praktische Erklärungen zu dem, was man in der Schule theoretisch lernt. Und im praktischen Unterricht hat er mal ne halbe Stunde eingelegt, um über Allgemeines zu reden. Und da hat er halt gemeint, er muß unbedingt seine politische Meinung anbringen, und da hat er auch was über die DDR gesagt, so: »Wenn du in die DDR reinfährst, darfst du dich praktisch nicht frei bewegen, da ist sicher einer hinter dir, der aufpaßt, und wenn du von deinem vorgeschriebenen Weg abfährst, wirst du sofort verhaftet und kommst ins Gefängnis.« Da hab ich mich gleich so giften müssen, hab ich gesagt: »Ich kenn ein paar Leute, die waren schon drüben. Entweder die sind so blind oder sie haben wirklich keine Spitzel oder was entdeckt.« Dann hat ein Wort das andere ergeben, hat er mich gefragt, ob ich mehr links stehe, ob ich bei der SPD oder bei den Jusos wäre. Hab ich gesagt, ne, ich bin noch weiter links, ich bin bei der DKP. Und wenn Ihnen das nicht paßt, so ungefähr, dann . . . Auf jeden Fall war er dann total schockiert und hat sofort die Diskussion abgebrochen und hat gesagt: »Der arme Junge, wie kann man mit 20 Jahren so verblendet sein?« Hat er es meiner Jugend zugute geschrieben, daß ich in der DKP und in der SDAJ bin.
Oder bei Diskussionen im theoretischen Unterricht, mit unserem Klassenleiter. Die ham alle schon gespannt, daß ich ein bißchen weiter links stehe als die SPD.

FRANZ Hat das irgendwelche negativen Folgen für dich in den Noten?

TOM Das kannst eigentlich schlecht sagen. Also, bei mir hats bis jetzt immer bloß positive Seiten gehabt. Z. B. in Sozialkunde bin ich halt der einzige in der Klasse, der irgendwas sagt, bis auf ein oder zwei, die auch mal was sagen. Aber ich bin der, der sich die ganze Zeit mitm Lehrer vorne streitet oder mit dem halt diskutiert. Und das wirkt sich halt auf mündliche Mitarbeit aus, und ich hab bis jetzt immer in Sozialkunde meinen Einser gehabt, auch durch das Wissen, das du dir in der Diskussion aneignest. Da kann er ja praktisch nicht aus. In den Proben schreib ich meine Einser und Zweier. Und in der Berufsschule sind die Lehrer eh meistens auf die schriftlichen Noten angewiesen. Nicht wie im Gymnasium, wo der Kontakt Lehrer–Schüler ganz anders ist, weil sie jeden oder zumindest jeden zweiten Tag beisammen sind. Bei uns können sie sich für den einzelnen gar nicht so interessieren.

MONI Bei uns ginge das nicht. Z. B. in Deutsch ham wir Schulaufgabe geschrieben, und da ham wir vorher immer das Thema »Staat – Demokratie« behandelt. Wenn ich jetzt wirklich meine wahre Meinung zu dem Thema in die Schulaufgabe hineinschreibe, weiß ich genau, daß ich einen Fünfer, zumindest einen Vierer in der Schulaufgabe hab. Dann hats für mich wenig Sinn. Na ja, hab ich halt so geschrieben und geschrieben, interessiert hats mich dann wenig. Hab ich halt geschrieben, was er in der Schul gesagt hat. Voriges Jahr in Deutsch ist es immer gegangen, ham wir Textauswertungen gemacht oder eine Bildbeschreibung. Da hab ich immer meine Eins in Schulaufgaben gehabt in Deutsch, das hat mich sowieso gewundert. Aber da hat man eine politische Meinung auch überhaupt nicht hineinbringen können.

TOM Vor kurzem hab ich meinen Deutschlehrer so geschockt. Da hat er ein Thema besprochen: Einführung der Todesstrafe, ja oder nein. Und da sollten wir Argumente dafür und dagegen bringen. Und nächste Stunde hat er dann ein Ex geschrieben. Wir sollten praktisch die Argumente für die Todesstrafe bringen und die Argemente dagegen. Da hab ich ihm klipp und klar gesagt, in meinen Augen gibt es kein Argument, was für die Wiedereinführung der Todesstrafe spricht. Ich kann da auch nichts schreiben. Ich kann da keine Argumente hinschreiben, die für mich jederzeit widerlegt werden können. Und da hab ich halt Argumente gegen die Todesstrafe geschrieben. Da hab ich dann einen Dreier gekriegt, obwohl ich sonst in Deutsch immer wesentlich besser abgeschnitten hab, zumindest nen Zweier gehabt hab.

Aber in anderen Fächern ist es halt so, z. B. in Fachtheorie-Fachrechnen, da hat der Lehrer überhaupt keine Möglichkeit, allgemeine, politische Probleme zur Sprache zu bringen. Der muß seinen Stoff durchziehen, und das ist verdammt viel. Die einzigen Fächer, wo du noch diskutieren kannst, ist Deutsch und Sozialkunde.

FRANZ Wie reagieren denn deine Mitschüler auf deine Diskussionsbeiträge?

TOM Das ist so, die haben gemerkt, daß ich mich einsetz für die Interessen der Schüler, und ich bin auch Klassensprecher jetzt schon das vierte Jahr hintereinander. Ich diskutier mit denen natürlich auch über Gewerkschaft und SDAJ, aber die stehn halt auf dem Standpunkt: »Mei, ich krieg mein Geld, wenn ich ausgelernt hab, und dann möcht ich meine Ruh haben.« Vielleicht ein oder zwei, mit denen ich jetzt ein paarmal in der Mittagspause diskutiert hab, die kommen schon langsam dahinter, daß ich doch gar nicht so unrecht hab. Ich weiß nicht, ich kann mich da immer so giften, wenn sie mit ihren Argementen daherkommen: »Mei, uns gehts doch gut, wir ham unsere Ruh . . .«

Wie habt ihr euch kennengelernt?

MONI Mei, vor über vier Jahren ham wir uns mal kennengelernt, auf so einem Sommernachtsfest. Das ist da jedes Jahr in so einer Ortschaft. Wir ham uns vorher schon mal kurz kennengelernt, am Bahnhof, aber das hat keiner mehr so richtig gewußt, und er schon gar nicht.

TOM Ich kann mich da nimmer mehr dran erinnern!

MONI Auf dem Sommernachtsfest, da waren wir ein Haufen Dirndeln, und da hat sich er dann und seine Freund an den Tisch zu uns gesetzt. Mei, und da sind wir halt so ins Gespräch gekommen. Wir hatten auch alle schon einiges intus gehabt, und die waren auch nicht mehr ganz nüchtern, und dann ham wir Brüderschaft getrunken und so, und dann war da auch noch einiges . . . Auf jeden Fall war ihm das so peinlich, da ham wir uns am nächsten Tag verabredet gehabt, und da ist keiner hingegangen.

FRANZ *lacht* Wieso, was war da noch einiges?

TOM Ja, da sind wir halt spazierengegangen, und . . .

MONI Und er wollt mir unbedingt ein Kind machen . . .

TOM Ich hab immer gesagt: »Ich möcht dir ein Kind machen!« Weißt, vor lauter Rausch!

MONI Können hat er sowieso nicht mehr, weil er schon so besoffen war!

TOM Auf jeden Fall war mir das furchtbar peinlich!

MONI Und dann ist keiner hingegangen auf das Treffen, und später ham wir uns dann ein paarmal im Schwimmbad gesehen. Wir ham ja nimmer miteinander geredet. Einer am anderen vorbeigeschaut . . .

TOM Ich hab immer einen großen Bogen um dich gemacht!

MONI Und dann bin ich einmal hingegangen zu ihm, und das war ihm dann furchtbar peinlich. Und dann ham wir uns eigentlich nicht mehr gesehen, ein paar Monate lang. Und dann zufälligerweise, bei einem Silvesterfest in Trostberg, ham wir uns wieder getroffen. Und mei, seither gehn wir miteinand.

TOM Ja, wies da auf Mitternacht zuging, ich war nicht besoffen, aber hab schon einen leichten Hackel gehabt, hab ich gesagt, ja, meine Eltern sind allein zu Hause, pass auf, jetzt fahren wir zu uns, dann sind wir Mitternacht bei uns daheim. Meine Eltern aus dem Bett geklingelt, hab ich gesagt, pass auf, jetzt feiern wir Silvester. Ham wir noch eine Flasche Wein getrunken . . .

MONI Deine Mutter im Schlafanzug die Tür aufgemacht . . .

TOM Mit Schlafanzug und Morgenmantel hat sie sich dann hingesetzt, . . . war aber recht lustig.

MONI Die war ja noch ganz benebelt, deine Mutter, von ihrer Schlaftablette . . .

TOM Dreiviertel eins so was wollten wir wieder auf Traunwalchen fahren, und dann sind wir halt vielleicht so 200, 300 Meter gegangen, und auf einmal geht die Sirene, und ich bin doch bei der Feuerwehr. Da hab ich bloß noch zu ihr gesagt: »Es tut mir leid!« Die Hand gegeben und weg bin ich gewesen.

MONI Das war schon komisch für mich, daß er da auf einmal so abgezischt ist. Aber ein paar Tage später ham wir uns einen Brief geschrieben, ham wir uns verabredet, bin ich nicht hingekommen. Dann ham wir uns aber wieder getroffen . . .

TOM Ja, wenn ich nicht so hartnäckig geblieben wär!

MONI Ja. Na, und seitdem sind wir dann beinand geblieben. Mei, und zur SDAJ bin ich halt dann gekommen, ich weiß noch, hat er halt manchmal davon erzählt, dann hat er gesagt, daß er Mitglied geworden ist. Dann bin ich auch öfters hin, und dann war ich regelmäßig dort, und dann bin ich eingetreten. Zuerst bin ich also wegen ihm hingegangen und wegen die anderen Leut. Die hab ich halt auch alle gekannt. Aber dann, ich mein, eingetreten bin ich nicht wegen ihm.

TOM Na, weil ich steh nämlich auf der Meinung: Mir stinkt das auch bei der SDAJ, dieses Mitglieder werben um jeden Preis. Wenn einer z. B. auf einer Veranstaltung sagt, Mensch, das hat mir gefallen, wennst dann hingehst und sagst, komm werd Mitglied. Und die sind dann die Leute, die auch wieder abspringen. Ich bin der Meinung, man soll sich das Ganze anhören, und man soll öfters kommen, und nachher, wenn man überzeugt ist, das ist die richtige Politik, die wir machen, dann soll man eintreten. Und ich hab der Moni auch nie gesagt: »Tritt ein!« Ich war auch ganz überrascht, wo sie eingetreten ist.

FRANZ War das bei euch die erste längere Freundschaft oder hattet ihr vorher schon feste Beziehungen?

MONI Ich hab vorher schon einige feste Freunde gehabt, absoluter Rekord war, glaub ich, so drei Monate.

TOM Bei mir war nichts sonderlich Festes ... was heißt, die S. ... Das war so, wenn wir uns gesehen haben, sind wir miteinander gegangen.

Dann ham wir uns mal wieder vier Monate nicht gesehen, dann hab ich sie wieder mal abgeholt, und dann sind wir halt wieder miteinander gegangen. Und das ist sechs- oder siebenmal so gegangen. Sonst ham meine Freundschaften drei Wochen bis eineinhalb Monate gedauert. Bei uns wars halt so: Kennengelernt, gefunden, beieinandergeblieben.

FRANZ Ihr seids doch schon verlobt, oder?

TOM *lacht* Ja!

MONI Mei, hör bloß auf!

TOM Da hab ich meinen 18. Geburtstag gefeiert. Das war an einem Freitag, und da waren wir schon ganz schön eingeheizt. Und am Samstag darauf ham wir ein bißchen Karten gespielt, sie hat in die Schul müssen, und dann sind wir halt alle aufd Nacht in einen Raum zu Bekannte gegangen, wo man feiern kann. Und da waren auch wieder zwei Fasseln Bier da und wir ham getrunken. Und da bin ich halt auf einmal auf die blödsinnige Idee gekommen, bin aufgestanden und hab bekanntgegeben, daß ich mich mit ihr verlobt hab.

MONI Nüchtern war sowieso keiner mehr ...

FRANZ Habts ihr vor, irgendwann einmal zu heiraten?

TOM Irgendwann einmal, aber ...

MONI Da lassen wir uns aber noch sehr lang Zeit! Bin net so fürs Heiraten.

TOM Zumindest zusammenziehen tun wir. Aber dafür brauchen wir ja nicht zu heiraten.

MONI Ich seh da ja überhaupt keinen Grund dafür. Es ist nicht so, daß meine Mutter sagt, wennst schon mit dem zusammenziehst, mußt ihn auch heiraten. Weil wir eh die ganze Zeit beinand sind. Entweder er schlaft bei mir oder ich bei ihm.

TOM Ich hab das am Sonntag nach dieser Verlobung durchgsetzt. Ich hab zu meine Eltern gesagt: »Ich hab mich mit der Moni verlobt, und wenn die Moni jetzt öfters bei mir schläft, das muß halt drin sein, anders zieh ich halt aus!« Also eigentlich erpreßt. Aber es fällt mir ja gar nicht ein, daß ich da rumbettel. Na ja, dann hats halt etwas gedauert, und dann ist sie halt bei mir geblieben.

MONI Ah ja, das hat schon noch gedauert. Erst wars mal ein Wochenende, dann wars so ungefähr jedes Wochenende, und dann wars auch mal unter der Woche ...

TOM Ja, damals konnt ich noch nicht zu ihr rauskommen, weil ich hab damals noch schulterlange Haar gehabt, und das hat ihr Vater nicht vertragen können.

MONI Ja und dann, als mein Vater krank gewesen ist, zuerst ist er wochenlang daheim gelegen, aber dann hat er ins Krankenhaus müssen ... Da hams gleich gesagt, das dauert höchstens noch drei Wochen, sie könnens vielleicht noch ein paar Tage hinausziehen, aber mehr ist nicht drin. Und da ist meine Mutter dann oft dringeblieben über Nacht, weils ihm so schlecht gegangen ist. Da wollts halt auch nicht, daß ich allein daheim schlaf. Dann hats gesagt, der Tom soll rauskommen. Und da hat sich das eingebürgert.

TOM Also, deine Mutter ham wir nicht erpreßt. Die ist ja sowieso ganz anders wie meine Eltern.

MONI Ich war halt von klein auf viel mehr auf mich allein gestellt. Wenn sie zum Arbeiten gegangen ist, mußt ich mir nach der Schule mein Essen selber machen. Ich bin also von Anfang an ziemlich auf Selbständigkeit hin erzogen worden. Die hängt halt auch nicht so am Alten, daß sie sagt: »Ja, früher war das so, also kann das heut nicht anders sein.«

TOM Die hat zum Beispiel jetzt bei der Wahl auch DKP gewählt, da hat sie uns gefragt, was sie wählen soll. Weil sie ist der Meinung, wir ham das nachher auszubaden, welche Regierung an die Macht kommt. Dann ham wir halt ein bißchen was erzählt von der DKP, und da hats gesagt, ja, das ist euer Leben und wenn ihr meint, daß das richtig ist, wähl ich das. Sie war früher SPD-Wählerin.

MONI Und die hat halt auch schon gemerkt, das ist nicht mehr ganz richtig mit der SPD. Ich hab auch öfters mit ihr über Zeitungsberichte geredet und daß ich für die DKP bin . . . Mei, jetzt hats halt auch DKP gewählt.

TOM Jetzt ham wir 2,8 % in P.!

Lachen

Ja, das ist der höchste Anteil überhaupt! Mit drei Stimmen, in einer Gemeinde von 158 Wählern.

Trinkgewohnheiten, Streit, Treue

FRANZ Wieviel trinkst denn du normal?

TOM Kommt halt drauf an. In der Arbeit trink ich vor der Brotzeit auf keinen Fall ein Bier. Weil da weiß ich ganz genau, daß ich die erste Halbe schon spür. Dann in den letzten Wochen fahr ich halt immer nach Haus zu Mittag, und da ess ich immer gut, und zur Brotzeit ess ich auch schon was. Da trink ich halt am Nachmittag ein Bier in der Werkstatt. Einfach weils mir besser schmeckt als eine Limo. Und am Abend ists ganz unterschiedlich. Mal trink ich überhaupt nichts . . .

MONI Z. B. unter der Woche gehen wir aufd Nacht sehr selten fort, bis aufd SDAJ. Aber dann trinkst eigentlich nichts daheim. Höchstens mal ein Bier.

TOM Ja, aber es ist auch schon oft gewesen, daß ich ind Wirtschaft gegangen bin und ein Selterwasser getrunken hab.

FRANZ Was macht ihr so, wenn ihr am Abend zu Hause seid?

TOM Fernsehschauen, Kartenspielen, Rommé oder Scrabble oder Würfeln . . .

MONI Weil den ganzen Abend vor dem Fernseher ist ja uninteressant. Manchmal muß ich noch was lernen, dann liest er was . . . Essen tun wir die ganze Zeit . . .

TOM Essen ist auch eine Hauptbeschäftigung. Da nehmen wir das Zeug auf mein Zimmer, da hab ich meinen eigenen Fernseher, eine recht gemütliche Bude . . .

MONI Und dann essen wir halt da eine Stunde.

FRANZ Wie ist denn das, wenn ihr euch streitet?

TOM Ich glaub, einen richtig brutalen Streit ham wir gar nicht . . .

MONI Ah ja, wir ham uns schon ganz schön gestritten. Ich hab dir sogar schon mal eine geschmiert. Ich weiß gar nicht mehr, worums da gegangen ist. Das war ganz am Anfang. Da ham wir uns so reingesteigert ...

TOM Ich bild mir halt ein, daß wir immer darüber reden können.

MONI Es kann schon vorkommen, daß wir uns streiten, aber dann versöhnen wir uns halt wieder. Aber im Streit kann ich furchtbar geschert werden. Da schmeiß ich ihm alles mögliche an den Kopf, was mir gerade einfällt.

TOM Und ich bin halt der Typ, der ... Ich mag einen Streit nicht. Dann geb ich ihr hunderttausendmal recht. Ich geh hin und sag, komm, hörn wir auf zum Streiten, des muß doch nicht sein.

MONI Also, meistens gibst mir nach.

TOM Was heißt meistens, na ja, immer auch nicht, aber meistens. Ich seh das halt nicht ein, für was das gut sein soll, wenn man sich streitet.

FRANZ Worum gehen eure Streitereien?

MONI Ja, die kleinen Zankereien, die dauern 2 Minuten, gehen darum, daß er so furchtbar gschlampert ist. Ich bin in der Früh immer recht schlecht aufgelegt. Und wenn er dann alles im Bad umeinander liegen läßt und ich hab keinen Platz, dann fang ich an: »Jetzt räum doch endlich mal dein Zeug weg.«

TOM Aber in was für einem Ton! Und dann denk ich mir, räum ich halt das Zeug auf, dann ist wieder eine Ruh.

MONI Oder ich bin in der Früh mal gut aufgelegt, ausnahmsweise.

TOM Ja, dann ist der ganze Tag schon wieder recht locker.

FRANZ Und ernstere Auseinandersetzungen, um irgendwelche schwerwiegenderen Probleme als seine Schlamperei, habts nicht?

MONI Na, sonst nichts.

TOM Na, tut mir leid, können wir nicht damit dienen.

FRANZ Und wie ist es bei euch mit der »ehelichen Treue«?

MONI Oh. *kichert* Also, sagen wir mal, bei dir ist es eigentlich sehr gut damit bestellt. Bei mir eigentlich auch. Aber einmal bin ich halt ein bißchen fremdgegangen. Das war im Sommer. Und da hab ich grad momentan so ...

TOM Aber ich glaub, das lassen wir lieber, weil wir uns da selber momentan noch nicht so richtig drüber ausgesprochen haben.

FRANZ Das ist aber komisch, zuerst sagt ihr, ihr redet alles aus, und jetzt habt ihr da was, was ihr seit dem Sommer vor euch herschiebt.

MONI Na, ich habs ihm erst ein bißchen später gesagt. Mir hats nimmer so ganz taugt, das zu verheimlichen, und dann hab ich gefragt, was er jetzt dazu sagen tät, wenn ich jetzt sag: »Ich bin fremdgegangen.« Dann ham wir halt so geredet, und dann hab ich ihms halt gesagt. Aber mit wem, hab ich ihm bis heute noch nicht gesagt. Und das wurmt ihn.

FRANZ Wieso bist du mit dem anderen ins Bett gegangen?

MONI Ja, Abenteuerlust und Neugierigkeit aufs Neue ... Ich habs ganz lustig gefunden, aber so besonders wars auch nicht. Ich tät auch mit dem nie zusammenpassen. Er ist recht lieb, wenn ich ihn zufälligerweise treff, seh ich ihn gern, aber sonst ... na.

FRANZ Und wie würdst du drauf reagieren, wenn er mit einer anderen schlafen würd?

TOM Da tät sie sich recht freuen!

MONI Kann sein, ja. Ich bin da irgendwie ganz anders eingestellt. Ich find nicht, daß der andere keinen anderen mehr anschauen darf. Du hast dich aber schon viel gebessert, weil er war früher furchtbar eifersüchtig.

TOM Das war für mich halt die erste festere Freundschaft, und ... am Anfang war ich nicht eifersüchtig, erst wie ich gemerkt hab, das ist was Festeres. Da hab ich furchtbare Angst gehabt, daß ichs verlier.

Musik

MONI Hast keine alten Elvis-Presley-Platten? Und erst die alten Filme vom Elvis – das Höchste! Ich könnt mich immer totlachen, wenn ich so einen Film seh. Sonst mögen wir gern Bob Dylan, Pink Floyd, Canned Heat, Irish Folk allgemein, die Baez ... Hin und wieder hab ich eine Zeit, da hör ich unwahrscheinlich gern Jazz, Doldinger oder so. Manchmal nervt mich solche Musik auch, aber manchmal steh ich sehr drauf. Und dann – Beethoven, ich liebe Beethoven. Haydn ist auch nicht schlecht.

TOM Und Mozart.

MONI Na, nicht so gern wie Beethoven.

TOM Die kleine Nachtmusik.

MONI Ja, die ist lieb.

Ehelicher Gleichschritt

FRANZ Wie lang seids ihr jetzt beieinand?
MONI Vier Jahr kennen wir uns, drei Jahr gehn wir miteinand, und zwei Jahr sind wir verlobt.
FRANZ Ist dir nicht mal fad, immer mit der Moni?
TOM Na, sonst wär ich nicht jeden Tag mit ihr beieinand. Mir machens uns schon so, daß nicht langweilig ist.
MONI Ich schau schon drauf, daß ihm nicht langweilig ist, mit mir.

Drei Wünsche und Treue (II) und Ehe

MONI Erst mal, daß ich ganz gesund bin und dann recht alt werd. Und dann – immer recht weltoffen bleiben. Also flexibel, nicht beschränkt werden, daß man immer nur am Alten hängt, sondern daß man offen dem Neuen gegenüber ist.
FRANZ Und bei dir, Tom?
TOM Als dritten vielleicht noch Freiheit durch Sozialismus. Ja, und sonst, Gesundheit, ist klar.
MONI Wenn ich mal zweihundert oder dreihundert Jahr alt wordn bin, dann schaun wir einmal, was draus geworden ist.
TOM Wenn du zweihundert bist, dann bin ich schon zweihundertvier!
MONI Du bist ja gar nicht vier Jahr älter wie ich!
TOM Aah, zweihundertzwei. Mei, was hätt ich noch für einen Wunsch?
MONI Kannst schlecht auf drei Wünsche differenzieren.
TOM Wünschen tätst dir so viel. Auf jeden Fall etwas anderes als jetzt bei uns ...
FRANZ Warum wünschst du dir z. B. nicht, reich zu sein?
MONI Was hab ich denn davon, wenn ich jetzt mordsmäßig reich bin, und total beschränkt, daß ich die Probleme von der Gesellschaft und die Jugend und nichts mehr verstehen kann? Das wär schlimm für mich, wenn ich da rumhocken würd und den Wandel der Zeit nicht mitkriegen tät. Und meine Kinder würd ich auch nicht mehr verstehn ... Na, furchtbar.

FRANZ Na, Tom, hast du nicht manchmal den Wunsch, wieder frei zu sein?

MONI Wieso frei? Tom, unterdrück ich dich vielleicht?

TOM Nein! Wenn ich jetzt gesagt hätt, daß sie mich unterdrückt, dann hätts mich erschlagen.

wir lachen

MONI Ich mein, daß in ner Zweierbeziehung jeder den anderen ein bißchen einschränkt, das ist ganz normal, das muß sein, weil sonst kann man sich ein Zusammenleben überhaupt nicht vorstellen. Aber das muß nicht in Unterdrückung ausarten.

TOM Man muß auf den anderen irgendwie eingehen, Rücksicht nehmen.

FRANZ Wie oft könnte sie dich betrügen, daß du ihr verzeihst?

TOM Weiß ich nicht. Zu lang darf sies nicht treiben, sonst ... Das ist ja noch nicht ausgeredet, vielleicht ist deswegen jetzt schon Schluß, das weiß ich nicht ...

MONI Spinnst du?

TOM Ich glaubs zwar nicht, aber ... Das ist ne Frage, die ich nicht beantworten kann. Ich werd dich jetzt eben abschirmen!

Lachen

FRANZ Ja meinst du, das nützt was?

TOM Na, das bringt überhaupt nichts. Entweder man kann zusammen sein, zusammen leben oder man kanns nicht. Kann sein, daß wenn ich mit einer anderen gehen würd, daß die hundertmal fremdgehen könnt und mir wärs immer noch scheißegal, oder mit wieder ner anderen, die gibt bloß einem anderen ein Bussi, dann mach ich mit der schon Schluß. Bis jetzt sind wir immer noch ganz gut ausgekommen, und daß sie einmal fremdgegangen ist ... Na gut, nachher kann ich sowieso nichts mehr machen. Rückgängig kann ichs nicht mehr machen. Ich muß mir eben überlegen, ob ich mit der Frau weiter gehen kann.

FRANZ Wär das für dich ein ernsthafter Grund, nicht mehr mit ihr zu gehen?

TOM Momentan gehen wir noch miteinander. Natürlich, wenn so was passiert ist und du bist allein und arbeitest ... Ist ja logisch, daß du, wennst eine Frau hast, daß du auch irgendwann einmal an die denkst. Und wenn du während der Arbeit an sie denkst, dann fragst dich halt die ganze Zeit, wieso und warum. Was hab ich falsch gemacht, wieso ist das überhaupt so gekommen. Du stellst dir dauernd Fragen, die du dir eben nicht beantworten kannst. Und dann steigerst du dich vielleicht selbst auch wieder irgendwie rein. Und wenn ich dann wieder mit ihr beinand bin, ist nichts mehr, alles in Ordnung.

FRANZ Wie ist das bei dir, Moni? Wärst du ihm beleidigt, wenn er eine andere gern hätte?

MONI Für mich ist ein großer Unterschied drin, ob er sie gern hat oder ob er sie als Freundin haben möchte oder ob er mit der ins Bett geht. Also wenn er eine als Freundin haben möchte, dann ist da schon ne Menge dran für mich. Wenn ich ihn trotzdem bei mir behalten möcht, dann muß ich da schon ziemlich Arbeit dran setzen. Aber wenn er jemanden gern mag – ich mag auch noch ein paar Leute recht gern, die mag ich eben als Freunde. Das find ich auch richtig. Weil man kann ja jetzt seine, sagen wir mal ganz allgemein, seine Menschenliebe nicht nur auf einen konzentrieren. Und wenn er nur mit einer ins Bett geht, ohne daß was dahintersteckt, dann mach ich mir auch meine Gedanken. Irgendwie hast jetzt etwas falsch gemacht oder so. Aber eifersüchtig wär ich dann da drauf nicht. Weil ich kenn das gar nicht, ehrlich gesagt, Eifersucht.

FRANZ Vielleicht ist die andere besser im Bett!

MONI Ja! Dann bemüh ich mich halt, daß ich im Bett auch wieder mehr bring.

TOM Ich bin der Meinung, ich geh mit ner Frau ins Bett, wenn ich sie gern hab und wenn ich länger mit ihr beinand bleib. Es juckt mich nicht, nur ne Frau aufd Nacht zum Bumsen haben zu wollen.

MONI Vielleicht fehlt dir da das typisch männliche Wesen!

Lachen

TOM Das ist hart! Moni, das mußt ja du wissen, ob mir das fehlt.

MONI Bei mir wars ja nicht so, daß du einfach eine Nacht mit mir ins Bett gegangen bist und mich dann stehen hast lassen. Das hab ich ja positiv gemeint, das heißt ja nicht, daß du im Bett schlecht bist.

TOM Meine Auffassung ist vielleicht etwas konservativ ... na, eigentlich genau im Gegenteil. Ich geh halt nur mit ner Frau ins Bett, wenn ich sie gern hab, und dann setz ich auch voraus, daß ich länger mit ihr geh. Ich glaub, mir gibt das nichts ab, wenn ich mit ner Frau nur auf die schnelle ins Bett geh. Ich habs zwar noch nicht gemacht, aber ...

Pause

FRANZ Wollt ihr Kinder haben?

MONI Ja. Ich möcht am liebsten einen ganzen Haufen Kinder.

TOM So viel wie möglich, d. h. so viel wiest finanziell verkraften kannst.

MONI Ja, du mußt dabei wieder aufs Finanzielle achten. Weil ich denk dann auch wieder ein bißchen vernunftsmäßig. Und dann denk ich mir wieder, hab ich mal später nen Beruf, wo ich n ganzen Tag mit Kindern zusammen bin. Z. B. ne Kindergärtnerin: den ganzen Tag mit kleinen Kindern zusammen. Da kann ich mir vorstellen, daß die aufd Nacht ehrlich hin und wieder froh ist, wenn sie kein Kind um sich hat, kein kleines. Ja, aber ich möcht eigentlich schon Kinder, ich mein, ich würd am liebsten ganz jung Kinder haben, aber ...

FRANZ Was nehmt ihr für Verhütungsmittel?

MONI Ich nehm die Pille.

FRANZ Ja, zu meiner Zeit war das noch anders, da haben die Männer gelitten, damits keine Kinder gab.

MONI Hat euch gar nichts geschadet. Na, ich möcht einerseits ganz jung Kinder haben, weil das ist für die Mutter schön, weil sie sich einfach mehr auf ihr Kind einstellen kann.

TOM Nicht nur für die Mutter.

MONI Na, fürs Kind ist gut, weil ...

TOM Nicht nur fürs Kind, auch fürn Vater!

MONI Jaa, auch fürn Vater! Weil die jungen Eltern können vielleicht auch besser mitdenken, mit dem Kind. Und fürs Kind ists gut, weils später wahrscheinlich mal einen anderen Bezug zur Mutter hat. Aber andererseits möcht ich auch nicht so jung ein Kind, weils viel persönliche Einschränkung verlangt. Z. B. wennst jetzt 20 Jahr alt bist und hast ein Kind, dann kannst du nicht mehr so oft fortgehen aufd Nacht, weil ich könnt mein Kind nicht einfach allein daheim lassen und einfach aus dem Haus gehen. Das könnt ich nicht.

FRANZ Tom, wie kamst du eigentlich in deinem Suff am ersten Abend drauf, der Moni unbedingt ein Kind machen zu wollen?

TOM Du mußt das so sehen, weißt, wenn du zu bist und furchtbar geil bist, dann versuchst du die Frau mit allen Mitteln zu überreden, und das war halt eben ... wie soll man sagen ...

MONI Ja eben, mich hat das auch gewundert, weil er mir ausgerechnet ein Kind machen wollt. Ich hätts ja noch verstanden, wenn er gesagt hätt, er wollt mit mir schlafen.

TOM Ja, das ist komisch. Ich möcht z. B. echt gern ein Kind haben, echt gern Vater werden. Ich weiß nicht wieso, aber ich wünsch mir ein Kind.

FRANZ Würdest du auch Kinder adoptieren?

TOM Das müßt man erst mal ausdiskutieren untereinander. Aber prinzipiell ohne weiteres.

Kochen

MONI Ich kann nicht so besonders kochen.

TOM Kochen, das darf ich immer. Das ist mein Hobby, wenn wir allein daheim sind . . .

MONI Meistens kocht er, das stimmt, ich weiß nicht, ich koch nicht gern.

TOM Wenn ich was mach, das ist wie eine Wundertüte. Weißt nie, was dabei rauskommt. Z. B. bei die Soßen. Aber geschmeckt habens bis jetzt alle noch!

MONI *lacht* Ja! Das überlaß ich schon lieber ihm.

FRANZ Und wer wäscht dann ab?

MONI Miteinand.

TOM Wenn wir bei mir sind, dann wasch ich ab und sie trocknet ab, und wenn wir bei ihr sind, dann umgekehrt. Weil sie ist das Waschbecken daheim gewohnt, und ich bin das Waschbecken bei uns gewohnt.

MONI Ja, das ist komisch, aber wenn ich bei ihrem Waschbecken abwasch, dann krieg ich ein Kreuzweh, ich hab eine beidseitige Wirbelsäulenverkrümmung und krieg sehr leicht Kreuzweh, und an dem Waschbecken ist das so schlimm, daß ich mich nicht mehr rühren kann.

»Männer«

FRANZ Was für Männer magst du? Wie müssen die sein?

MONI Auf jeden Fall keine überheblichen Männer, die eben ihre männlichen Attribute zur Schau stellen . . .

FRANZ Was sind männliche Attribute?

MONI Ja, Muskelstärke zumindest, auf die sie sich dann besonders viel einbilden, breite Schultern, Muskelpakete und so. Dann die wo überzeugt sind, Frauen können nicht intelligent sein, weil die Intelligenz steht allein dem Manne zu ... So was mag ich nicht, ganz und gar nicht. Ja, und welche mag ich? Na ja, die eben die Gleichberechtigung der Frau anerkennen, die das eben akzeptieren, daß die Frau praktisch genauso ihren Mann im Leben stehen kann. Es sollen halt ganz normale Menschen sein, die auch mal ihre Tiefpunkte haben können.

FRANZ Habt ihr euch schon mal geprügelt?

TOM Nein. Wollen wir auch nicht tun. Nur einmal hat sie mir eine runtergehauen.

MONI Da hast du aber zurückgehauen!

TOM Aber dir keine ins Gesicht!

MONI Doch, ich glaub schon.

TOM Nein! Aber das ist ja auch egal. Auf jeden Fall käm ich nie auf den Gedanken, sie herzuschlagen, wenn sie z. B. fremdgegangen ist. Was bringt denn das?

MONI Ich würd mir das auch nicht gefallen lassen, wenn mich einer verprügelt. Dann würd ich sofort gehen. Weil wenn ich dann dablieb, das wär keine Liebe mehr, das wär Abhängigkeit oder Hörigkeit. Und ein wirklich vernünftiger Mensch gerät glaub ich nicht so leicht in Abhängigkeit oder Hörigkeit.

TOM Oh, oh, oh!

MONI Was sollte das jetzt? Meinst, ich bin dir hörig?

TOM Nein!

MONI Bist du mir hörig? Nein.

TOM Nein ... Na ja, in gewissem Maße schon, gell.

MONI Nein, nicht hörig!

TOM Du kannst mit mir schon verdammt viel anstellen, gell.

MONI Ja, deswegen bist du mir nicht hörig. Da wickel ich dich halt um den Finger.

TOM Ja, dann aber gescheit.

MONI Ich kann das halt.

FRANZ Stimmt denn das, so wie ihr das jetzt darstellt, daß die Moni so die stärkere in eurer Beziehung ist?

MONI Das stimmt auch nicht.

TOM Doch, das stimmt schon. Daß du z. B. bei uns wirklich das Sagen hast, daß wenn ich z. B. darauf poch, daß ich irgendwas will ... kann ichs schon durchsetzen, aber das setz ich halt bloß selten durch. Die meiste Zeit da möcht ich halt meine Ruh, und da geb ich nach.

MONI Ja, da gehts aber auch nicht um schwerwiegende Dinge, sondern um Kleinigkeiten.

TOM Ja, ich glaub, wenns wirklich um Entscheidungen ginge, die schwerwiegender sind, daß wir schon drüber reden.

MONI Also, außerdem sind doch die Zeiten, wo es üblich war, daß man seine Frau schlägt, vorbei.

TOM Sagen wir so, du könntest ab und zu schon mal eine vertragen, aber ...

MONI Wage es nicht!

TOM Aber ich seh nicht ein, wieso ich sie schlagen soll. Damit erreiche ich vielleicht genau das Gegenteil.

MONI Genau.

FRANZ Also bist du zu feig dazu? *lacht*

TOM Was hat denn das mit Feigheit zu tun? Wenn du lieber mit der Frau redst, als daß du sie schlägst.

FRANZ Aber du schlägst sie ja lieber, du traust dich ja nur nicht. Hast du ja grade gesagt.

MONI Wenn er weiter mit mir zusammenbleiben will, dann ist das ja eigentlich auch vernünftig, daß er mich dann nicht schlägt.

TOM Und dann rat ich ihr auch nicht, daß sie mich schlägt. Weil das kann ich nicht ausstehen. Da werd ich nicht aggressiv, sondern nur sauer, da dreh ich mich um und geh.

MONI Ja, das ist ja bis jetzt nur einmal vorgekommen, und da ham wir uns beide nachher entschuldigt.

FRANZ Hast du eigentlich als Kind oft eine gefangt?

TOM Verhältnismäßig wenig. Ab und zu mal, wenn ich es halt mal gebraucht hat, hab ich den Arsch wieder so voll gekriegt, daß die Nachbarin gekommen ist und gefragt hat, wieso ich so plärr.

Barras und Gewalt

TOM Ich war letztes Jahr im September bei der Musterung. Da hab ich versucht, auf untauglich zu kommen. Ich hab sowieso schon meine Verweigerung beantragt. Bei der Musterung war ich also körperlich nicht so ganz auf der Höhe, da hams mich zehn Monate zurückgestellt. Jetzt wart ich seit Juni vergeblich auf die Nachmusterung. Ich schätz, daß die so lang warten, bis ich ausgelernt hab, und dann versuchen, mich bei der ersten Verhandlung durchfallen zu lassen, und mir dann sofort die Einberufung schicken. Aber ich werd den Antrag zur zweiten Verhandlung schon vorbereiten, und in dem Moment, wo ich weiß, daß ich in der ersten durchgefallen bin, schick ich den zweiten los. Und dann können sie mich nicht mehr einziehen, dann müssen sie den Spruch der zweiten Verhandlung abwarten. Auf jeden Fall geh ich nie dazu. Erstens mal aus prinzipieller Einstellung, ich seh nicht ein, warum ich lernen soll, Menschen zu töten. Zweitens hab ich jetzt wieder gesehen, wie SDAJler im Barras fertiggemacht werden. Z. B. der Z., der ist jetzt beim Barras. Und da war doch jetzt das lange Wochenende. Und da hat der Z. am Dienstag davor Verweigerungsverhandlung gehabt, der hat nämlich unterm Barras den Verweigerungsantrag gestellt. Dann hat er zu Hause übernachtet und sollte dann um neune reinfahren. In die Kaserne. Und um neun ist kein Bus gegangen. Da hat er seinen Vorgesetzten angerufen, daß er den Bus verpaßt hat und daß er später kommt. Jetzt ist er drei Stunden später gekommen. Weißt, was die ihm aufgebrummt haben? Über das lange Wochenende sieben Tage Ausgangssperre. Normalerweise kriegst du ne Disziplinarstrafe, da kommst dann mit 30 oder 50 Mark davon. Die hätt er mit links bezahlt. Aber kurz vorher war halt der Abschirmdienst bei ihm und hat ihn schon wegen der SDAJ interviewt. Daß er in der DKP ist, ham sie gar nicht gewußt. Und der Lois hat auch ne feste Freundin, kannst dir vorstellen, der wäre jetzt eigentlich vier Tage zu Hause gewesen. Außerdem bin ich der Meinung, in den 15 Monaten Barras kost ich den Staat Geld. Furchtbar viel Geld. Indem ich da z. B. an der Flak steh und da eine Granate nach der anderen rausfeuer, die sehr teuer sind. Da halt ich es für sinnvoller, wenn ich in so Werkstätten für geistig und körperlich behinderte Kinder arbeite oder in ner Heimsonderschule oder beim Roten Kreuz meine 15 oder 16 Monate verbringe. Da kann ich wirklich was tun in der Zeit, ist sie nicht verloren.

FRANZ Du meinst also, daß du eigentlich prinzipiell und immer gegen Gewalt bist?

TOM Ja, das interessiert mich gar nicht, weil ich der Meinung bin, daß man mit Gewalt nicht viel erreichen kann.

FRANZ Sagen wir mal, deine Frau wird andauernd von einem Besoffenen belästigt . . .

TOM Du brauchst jetzt gar nicht mit diesen Verhandlungsfragen daherkommen. Ich weiß nicht, was ich dann mach! *Lacht* Vielleicht geb ich ihm dann noch mehr zu trinken, damit er einschläft!

FRANZ Kannst du dir irgendeine Situation vorstellen, in der du zur Waffe greifen würdest?

TOM Ich kann die Frage nicht beantworten, weil ich mich nicht in die Lage reinversetzen kann. Ich lehn jetzt momentan in meiner Situation jede Waffengewalt ab. Wie ich in ner anderen Situation reagier, weiß ich nicht. Kann sein, daß ich dann vollkommen begeistert die Knarre in die Hand nehme und wild rumballer – kann aber auch sein, daß ich mich in den letzten Winkel verkriech . . .

FRANZ Würdest du in einen sozialistischen Barras gehn?

Pause

TOM Weiß ich nicht . . . Ich bin immer noch der Meinung, daß man mit Argumenten mehr erreicht, als mit der Knarre in der Hand.

FRANZ Wie stehst du denn zu privater Gewalt? Wär dir nicht lieber, wenn er demjenigen, der dich anlangt, eine schallert?

MONI Na, erstens einmal bin ich der Meinung, daß ich mich im großen und ganzen schon selber verteidigen kann. Mir wär das nicht recht, wenn er sich jetzt wegen mir mit irgend jemandem prügeln tät. Wenn Leut sich dauernd schlägern müssen, um ihre Meinung durchzusetzen, das find ich reichlich primitiv.

TOM Ich hab einmal wegen der Moni . . . was heißt gerauft. Da war sie nicht dabei, und da hat sie einer beleidigt.

MONI Ja, da hab ich alte Freunde bei einem Volksfest getroffen, und vor lauter Freud hab ich halt einem einen Kuß gegeben.

TOM Und der hat das in den falschen Hals gekriegt, der hat gesagt, die zieht mit andern rum, laßt sich von jedem abknutschen, ist auf gut deutsch gsagt eine Hure. Und so hat ers auch ausgedrückt. Und da bin ich stocknarrisch worden. Hab ich ihm mindestens zehnmal gesagt, er soll sein Maul halten, und er war schon leicht besoffen, und ich war schon leicht besoffen, bin ich aufgesprungen, übers Feuer und hab ihn vom Biertragel runtergeschubst. Sind wir ein bißchen aufeinander losgegangen, aber dann hab ich mir gedacht, ist ja idiotisch, sich mit dem zu schlagen. Dann bin ich halt heimgegangen. Wir ham uns auch nicht richtig geschlägert. Wir sind uns gegenüber gestanden, er hat einmal versucht, mitm Fuß zuzutreten, dann hab ich mir gedacht, wieso sollst du so blöd sein und dich da mit dem prügeln. Und bin heimgegangen. Obwohl ich glaub, ich wär ihm kräftemäßig schon Herr geworden. Aber das ist mir auch wurscht. Die gewalttätige Auseinandersetzung interessiert mich nicht. Der geh ich aus dem Weg. Immer. Und wenn ich mich dann beleidigen lassen muß oder als Feigling tituliert werd, ist mir scheißegal. Weil ich da echt keinen Sinn drin seh. Ich hab auch mal eine geschossn gekriegt. Bin ich auch gegangen. Was soll daran feig sein? Wenn der andere besoffen ist und meint, daß er sich daran aufgeilen kann, wenn er mir eine in die Schnauze haut, bitte. Mir gibt das nichts ab, wenn ich ihm eine zurückhau. Das war damals so, das war ein Typ, der zwei Tage drauf zum Barras gekommen ist, natürlich voll aggressiv gewesen. Ich hab versucht, einen Streit zu schlichten, den er angefangen hat, weil ich ihn ziemlich gut gekannt hab. Und er dreht sich um und gibt mir einen Kinnhaken auf gut deutsch gesagt. Dann hab ich gesehen, daß ich den Streit nicht schlichten kann, und bin gegangen.

MONI Mir imponiert das auch nicht: Muskelkraft und die sogenannte männliche Überlegenheit, die trifft doch gar nicht zu!

TOM *lacht* Wenn ich uns zwei so anschau, dann weiß ich, wo die männliche Überlegenheit geblieben ist. Weißt, sie hat so einen Dickkopf, sie dreht das immer so, daß ich zum Schluß doch »ja« sag. Aber mir macht das eigentlich gar nichts aus.

MONI Also, ich mach das mehr auf die sanfte, so ein bißchen hintenrum. Ich sag ihm zwar schon meistens vorher, daß ich das nicht möchte, sondern eben das andere, aber dann versuch ich ihn halt schön langsam zu überreden, daß wir doch das andere machen, also z. B. auf ein Fest gehen statt in die Diskothek.

Toms Politisierung und Zukunftspläne

TOM Ich hab mich früher auch schon irgendwie für soziale Probleme interessiert. Mit 14 war ich auf dem ersten Seminar über Gruppendynamik. In der evangelischen Kirche damals. Da war ich Jugendleiter. Da gabs dieses Punkt 70. Das war ne Vereinigung zwischen evangelischer Kirche, katholischer Kirche und Volkshochschule. Die ham wirklich gute Veranstaltungen gemacht, z. B. Feste und Seminare. Wir ham einen Vikar gehabt, der wirklich fortschrittlich war für nen Kirchenmenschen, und

die ham echt gute Jugendarbeit gemacht. Und dieser Vikar hat verstanden, mit der Jugend umzugehen. Der hat Gruppenabende gemacht, da gabs bei den evangelischen allein ungefähr 24 Jugendgruppen. Da gabs die Konfi 70, die Konfi 71. Das waren die Konfirmanden aus den Jahren, und die bildeten dann eine Gruppe. Und die Gruppenarbeit hat echt Spaß gemacht. Da ist einfach Interesse geweckt worden, daß du mal am ganzen Leben Anteil nimmst, daß du dir auch mal Gedanken drüber machst, was jetzt z. B. läuft mit der Jugend, warum so viele Jugendliche zur Zeit in die Kneipe zum Saufen gehen, anstatt irgendwas Sinnvolleres zu machen. Und dann hat unser Pfarrer diesen Vikar rigoros abgesägt. Und wie der abgesägt wurde, hab ich praktisch das erste Mal mitgekriegt, was Solidarität bedeutet. Der is total fertiggemacht worden. Der ist nachher zwangsversetzt worden. Das bestreiten die zwar heut noch, aber das war ein klarer Fall. Und das mußt dir mal vorstellen, ungefähr 250 bis 300 Jugendliche, alle aus Traunreut, raffen sich am Sonntagvormittag auf und gehen gemeinsam in die Kirche, wo der Vikar normalerweise predigen sollte, und setzen sich in die ersten Reihen hin. Praktisch als Sympathiekundgebung. Und damals war schon klar, daß er versetzt wird. Und dann passiert die Frechheit, daß der Dekan vom Landkreis Traunstein, der Dekan K., der in meinen Augen sowieso die größte Drecksau ist, daß der hergeht, den Vikar in ner kleinen Gemeinde predigen läßt und selber auf die Kanzel steigt und uns von der Kanzel runter fertigmacht. Und da hab ich das erste Mal an der Jugendarbeit, die die Kirche macht, gezweifelt, daß die wirklich was für uns tun wollen.
Und dann ist aus Punkt 70 ein eigenständiger Verein geworden, der weitergemacht hat, mit dem Ziel, ein Jugendzentrum in Traunreut zu schaffen. Und Punkt 70 ist in dem Moment aufgelöst worden, wo der Verein Jugendzentrum Traunreut e. V. entstanden ist, er hat praktisch sein Ziel erreicht, und das Ziel kam auch schon von dem Vikar her. Und da hab ich das erste Mal gemerkt, daßd gemeinsam stark bist, wie man so schön sagt.
Und dann ist noch dazugekommen, daß ich ein Jahr lang in der Siemens gelernt hab, na, das geht ja noch viel früher los! Ich war ja drei Jahr aufm Gymnasium. Gymnasium: ersts Jahr – Latein vier, zweites fünf, drittes sechs. Dann bin ich durchgefallen. Auf jeden Fall hat mich das Latein so genervt! Es war der Wunsch von meinen Eltern, daß ich aufs Gymnasium geh, aber die hams dann

auch eingesehen. Ich hab gesagt, ich mag nicht aufs Gymnasium gehen, und dann bin ich in die Realschule übergetreten. Das erste Jahr ist es da gut gelaufen, klasse Noten gehabt, einwandfrei. Und im zweiten Jahr bin ich Klassensprecher geworden, und da war ne Klasse beinand, die war, sagen wir mal, lebhaft, aufgeweckt. Und in der Klasse sind dann bis Weihnachten 24 Schulstrafen ausgesprochen worden. Davon aber ungefähr 20 Arreste. Ich hab mich damals mitm Direktor, das hat sich so ergeben, ziemlich gut verstanden und hab dann mit dem bei fast jedem Arrest verhandelt. Vier Arreste sind auch zurückgenommen worden. Und nebenbei hab ich versucht, auch in der Schule, da ist grad Punkt 70 gelaufen, dazu parallel irgendeine kleine Schulorganisation aufzuziehen. Da hab ich ein paar Leute, wo ich gemeint hab, daß die Interesse daran haben, an einem Nachmittag zusammengesetzt. Und wir ham so einen Verein in die Wege geleitet. Wir haben dann den Film »Die Brücke« gezeigt. Damit ham wir einen Riesenerfolg gehabt. Da waren ungefähr 300 Schüler da. Wir ham auch volle Unterstützung vom Direktor gehabt. Wir wollten praktisch sinnvolle Freizeitgestaltung für z. B. Schüler, die nachmittags nicht heimfahren können oder so was. Wie ich das aufgezogen hab, war ich vielleicht 15. Aber das hab ich auch bloß machen können, weil ich früher immer mit Älteren beinand war, die Punkt 70 gegründet haben und die mich immer voll akzeptiert haben. Dort hab ich gesehen, das ist eigentlich eine gute Sache, und wenn ich will, kann ich das eigentlich auch selber aufziehen. Aber das mit den Schulstrafen hat mich zum Schluß in der Realschule so fertiggemacht, kams dazu, hab ich mal die Hausaufgabe nicht gemacht gehabt, ham wir so einen idiotischen Lehrer gehabt, der gleich Brieflein geschrieben hat. Da hab ich einfach gesagt, ich will nicht mehr. Ich hab die Schnauze voll. Ich bin im Unterricht auch nicht mehr so richtig mitgekommen, weil ich eben so viel anderes zu tun hatte. Zum Schluß, die letzten drei Wochen, war ich jeden Tag mindestens eine Stunde beim Direktor.

Da hab ich gesagt, ich mag nicht mehr, ich hör auf. Bin in die Volksschule zurückgegangen und hab da meinen qualifizierten Abschluß gemacht.

Ich bin praktisch erste, zweite, dritte, vierte in die Volksschule gegangen, dann fünfte, sechste, siebte ins Gymnasium und dann in die siebte Realschule und in die achte, bis kurz vor Weihnachten, und dann zurück auf die Volksschule. Meinen Qualiabschluß gemacht, verhältnismäßig gut bestanden.

Dann bin ich halt ein Jahr in die Siemens gegangen. Mein Vater hat zwar nicht gesagt, ich muß in die Siemens gehen, aber er war halt ziemlich lang da, und da hat er gesagt: »Bewirbst dich da, gute Ausbildung als Werkzeugmacher ...« Aber mich hat halt die Ausbildung dermaßen geschlaucht. Jeden Tag den gleichen Arbeitsplatz, immer die gleiche Arbeit machen. Ich hab in der Zeit die ganze Punkt 70 fallenlassen, weil ich kein Interesse mehr gehabt hab. Ich bin aufd Nacht heimgekommen, wollt nur noch vielleicht weggehen, einen zwitschern, paar halbe Bier, dann ist alles wieder erträglicher, und ansonsten wollt ich meine Ruh. Dann hast am nächsten Tag einen Mordsschädel auf, stehst wieder in der Werkstatt drin, und feilst und feilst. Im ersten Lehrjahr machst vielleicht vier Wochen was anderes als feilen. Da hab ich zu meinem Vater gesagt: »Ich will nicht mehr, ich kanns nicht mehr, ich schaffs nicht mehr!« Und zum Ausbildungsleiter hab ich gesagt, entweder er läßt mich gehen, oder ich bau so einen Scheiß, daß ich rausflieg. Dann ist es auf gegenseitiges Einvernehmen so geregelt worden, daß ich geh. Gleichzeitig hab ich mich beim R. um ne Stelle beworben. Jetzt bin ich mit meinem Ausbildungsplatz eigentlich zufrieden, weil mir die Arbeit Spaß macht. Andererseits werd ich mehr ausgebeutet als ausgebildet, aber ... mir gefällts beim R. auf jeden Fall wesentlich besser als bei Siemens.

Ich möchte auch auf jeden Fall weitermachen. Ich weiß aber noch nicht wie. Ob ich jetzt weitermach auf Meister oder auf Techniker oder Berufsaufbauschule. Eigentlich schwebt mir ja vor, daß ich irgendwie einen sozialen Beruf ergreif. Aber der zweite Bildungsweg ist sehr hart. Z. B. gehst anderthalb Jahre Berufsaufbauschule, dann hast Fachoberschulreife. Da kannst gleich in die 12. gehn, aber wenn du da nicht der letzte Streber oder das größte Naturtalent bist, hauts dich da auf jeden Fall durch. Und wennst in die 11. gehst, ist es auch noch fraglich, obst es schaffst. Besonders weil ich so ein Typ bin, der lieber arbeitet als sich hinsetzt und Theorie paukt.

FRANZ Aber wenn du sowieso nicht so gern paukst und dir macht der jetzige Beruf Spaß, warum bleibst dann nicht dabei?

TOM Mir würd halt ein sozialer Beruf, glaub ich, noch mehr gefallen. Z. B. in nem Kinderheim ... würd mir sicher verdammt viel

Spaß machen. Aber wenn ich da von der Fachoberschule komm, muß ich halt auch wieder einen bestimmten Schnitt haben, um Sozialpädagogik zu studieren.
Na ja, wenn ich meinen Meister mach, dann kann ich ohne weiteres als Betriebselektriker gehen, also eine sichere Arbeitsstelle. Oder in ein Energieversorgungsunternehmen. Also als Meister hast du erstens bessere Verdienstmöglichkeiten, und zweitens ists auch interessanter, weil du mit vierzig Jahren nicht mehr Hammer und Meißel in die Hand nehmen mußt, und dann »gib ihm Knöchel« oder was, sondern du hast wirklich eine Aufgabe. Du mußt kalkulieren oder Pläne zeichnen. Dabei mußt dann ziemlich viel geistig arbeiten. Ich kann mir vorstellen, daß das unheimlich interessant ist. Einen eigenen Betrieb aufmachen wär natürlich auch nicht schlecht, aber da brauchst das Geld dazu. Und das ist schlecht, weil allein die Meisterschule kostet 3000 oder 4000 Mark. Wenn du nachher deinen Meister hast, hockst mit lauter Schulden da. Da kannst dir dann nicht mehr viel leisten. Du kriegst natürlich dementsprechend mehr Geld, du wirst dann als Angestellter geführt. Also, du hast schon geregelte Arbeitszeit, aber es kann dir auch passieren, daß du oft länger dableiben mußt und daß du zu Hause noch viel arbeiten mußt. Aber ich möcht halt nicht mein ganzes Leben aufm Bau verbringen. Ich hab die Meinung, ich hab den Kopf dazu, daß ich was anderes machen kann. Vielleicht geh ich auch in die Politik? Vielleicht sind wir in acht Jahren so weit, daß wir die stärkste Bundestagsfraktion sind.
lacht
Ich weiß genau, daß wenn ich ausgelernt hab, ich mir für die Politik noch mehr Zeit nehm. Ob die Partei dann schon so weit ist, liegt ja an uns. Wir müssen sie ja stärken. Mir macht auch die SDAJ-Arbeit wirklich Spaß, und ich kann mir vorstellen, daß ich für die politische Arbeit schon geeignet bin. Weißt, nicht daß ich dann so bin wie ein heutiger Bundestagsabgeordneter, daß ich in den Bundestag reingeh und meinen Flins einschieb, ab und zu mal den Mund aufmach und die restliche Zeit nichts tu. Ich möcht denen nicht unterstellen, daß sie nichts tun, aber meine Interessen möcht ich halt vertreten. Und je höher ich bin, desto besser kann ich die Interessen von mir als Arbeiter vertreten. Ich fühl mich als Arbeiter. Im SDAJ-Landesvorstand kann ich die Interessen der arbeitenden und lernenden Jugend besser vertreten,

z. B. die Interessen der Lehrlinge bei Siemens in Traunreut, das Problem mit dem Jugendband kann ich gleich direkt vorbringen.

FRANZ Was ist deine Arbeit als SDAJler?

TOM Ist schwer zu sagen, was wir da zur Zeit machen. Ich bin da voll in nen verfahrenen Haufen reingelaufen. Z. B. die Kasse in der SDAJ ist mangelhaft geführt worden. Es hat sich da zwar niemand was rausgenommen, aber die Buchführung war einfach nicht vorhanden. Dann die Beitragsmoral der Mitglieder ... ich möcht mich da gar nicht ausschließen, aber bei mir ists sicher, daß ichs zahlen werd. Wenn eine neue Kasse da ist, bin ich der erste, der seinen Beitrag voll gezahlt hat.

Ich versuch halt jetzt, wie z. B. beim Jugendband, Sachen aufzugreifen, die momentan wirklich aktuell sind, bei denen wir sofort eingreifen müssen und nicht erst, wenn wir vor vorhandene Tatsachen gestellt werden. Wenn sich schon überall in der Bundesrepublik Jugendbänder eingebürgert haben. Dann müssen wir auch die Jugendvertretung von Siemens unterstützen. Durch die Diskussion vorigen Donnerstag bei uns stehen zum Beispiel zwei Mädchen vom Jugendband der Jugendvertretung ganz anders gegenüber, weil die jetzt genau wissen, was die machen.

Mit den Jugendlichen stehen wir durch die Gruppenabende im Jugendzentrum in Verbindung, und früher hatten wir auch noch eine Zeitung, die »Traunrot«. Die ist wirklich gut angekommen, aber die ist eingeschlafen, und zwar aus dem Grund weil ich nicht alles machen kann und will. Ich mein, die ganze Gruppe, jeder muß mitarbeiten, jeder soll ne Aufgabe haben. Aber die jetzigen Mitglieder: »Gut, wir gehen hin, trinken ein Bier, hören zu, aber selber tun ... na, hab ich eigentlich keine Lust.«

FRANZ Von wem wird denn das Jugendzentrum getragen?

TOM Von der Stadt Traunreut.

FRANZ Kriegt ihr da keine Schwierigkeiten mit der Stadt?

TOM Wir sind da durch den H. reingekommen, der ist da hauptamtlich als Sozialarbeiter angestellt. Der ist der Auffassung, daß alle Gruppen das Recht haben, da drin ihre Arbeit zu machen, ob das die Junge Union ist oder die SDAJ, allerdings hats die Junge Union abgelehnt, das Angebot. Jetzt ist es halt so, wir sollen bei größeren Veranstaltungen nicht in die Zeitung geben: »SDAJ im Jugendzentrum.« Aber wir haben unseren festen Tag, und da kriegen wir unseren Raum. Wir können auch den Filmsaal haben, wenn wir die Songgruppe herholen. Wir kriegen praktisch die ganze Unterstützung, die fürs Jugendzentrum noch tragbar ist, dem Stadtrat gegenüber. Die Leitung vom Jugendzentrum hat halt gemeint, sie stellen den Stadtrat einfach vor vollendete Tatsachen, und der muß es dann akzeptieren. *lacht*

FRANZ Tom, wie bist du in die DKP gekommen?

TOM Das war Anfang des Jahres. Da war ne Kreismitgliederversammlung, da sind wir von der SDAJ auch eingeladen worden. Bin ich hingegangen, mei, da hat halt der E. den Zettel zum Eintritt dabei gehabt, da hab ich mir gedacht: Jetzt bist du schon so lang in der SDAJ, und die DKP vertritt eigentlich doch deine Interessen, hab ich unterschrieben. SDAJ und DKP vertreten ja im Grunde genommen die gleiche Politik. Dann hab ich mitm E. geredet, daß ich mir es mitm Mitgliedsbeitrag schwer tu . . . jetzt ist es nur eine Mark, das zahl ich schon, aber da wars noch mehr. Und ich muß ja eh drei Mark Beitrag bei der SDAJ zahlen, und es tut mir halt jede Mark weh, die ich aus meinem Geldbeutel rausgeben muß. Ich hab jetzt zum Beispiel ausnahmsweise ein bißchen mehr wie fünfzig Mark im Geldbeutel. Aber bloß weil ich mir gestern 80 Mark schwarz verdient hab, und das ist ausnahmsweise. Zu der Zeit, wo ich eingetreten bin, hatte ich nur meine 223 Mark gekriegt. Und wenn du so wenig Geld kriegst, nimmst du höchstens, wenn du weggehst, 10 oder 15 Mark mit. Jetzt trinkst du aufm SDAJ-Gruppenabend was oder du ißt ne Portion Pommes frites, und schon sind 10 Mark beim Teufel. Und von den verbleibenden 5 Mark mußt du dir am nächsten Tag am Morgen was zur Brotzeit kaufen, und was zum Trinken brauchst auch, und da mußt natürlich um jede Mark feilschen. Und ich bin nicht der Typ, der sein Geld irgendwie sparen kann. Wenn ich 270 Mark im Monat krieg, das ist doch wirklich nicht viel Geld. Und wenn ich jung bin, warum soll ich das nicht ausgeben?

Moni und die DKP – Staatliche Gewalt

FRANZ Moni, warum bist du nicht in der Partei?

MONI Ja, ich stell mich nicht dagegen, so ist das nicht. Aber . . . mei, ich glaub, ich hab mich vielleicht noch gar nicht so sehr mit dem Gedanken befaßt. Weil ich glaub, daß das sicher kommen wird, auf alle Fälle. Das kann nächsten Monat schon sein. Weil ich mein, mit der Politik von der DKP bin ich einverstanden, sonst hätt ich sie ja auch nicht gewählt.

FRANZ Meinst nicht, daß du da als Sozialpädagogin Schwierigkeiten kriegen wirst?

MONI Klar, das kann mir total passieren, daß ich Berufsverbot kriege. Aber das krieg ich jetzt schon genauso, weil ich in der SDAJ bin. Ich weiß z. B., die A., die studiert in München oben, die hat mir erzählt, Bekannte von ihr kamen raus aus der Uni, waren fertig, wollten in nen sozialen Beruf gehen. Die haben Berufsverbot gekriegt, weil sie im MSB waren. Dann krieg ich mein Berufsverbot schon genauso.

TOM Nicht nur das. Ich bin der Meinung, daß wir in der Zeit eben noch dafür eintreten müssen, daß die Berufsverbote abgeschafft werden.

FRANZ Können dir antisowjetische Meldungen, die jetzt wie Unkraut sprießen, was anhaben?

MONI Weißt du, ich bin den Meldungen gegenüber äußerst skeptisch, erst mal. Wie z. B. gestern hab ich irgendne Radiomeldung gehört, daß im Dezember da ein Flugzeug abgestürzt sein soll, und sie stellen alles so schön hin, daß das von der Sowjetunion vertuscht werden muß. Und heut hams schon wieder so eine Meldung aus der Sowjetunion gebracht, auch in der Richtung. Und das erscheint mir irgendwie komisch, daß jetzt auf einmal lauter solche Meldungen auftauchen. Da sollen irgendwo in der Sowjetunion lauter führende Weltraumforscher von denen ums Leben gekommen sein. Das soll schon 1960 oder wann gewesen sein. Ich kann mir nicht vorstellen, daß so was dann nicht früher zu uns rüberdringt.

FRANZ Warst du schon mal in der Sowjetunion oder in der DDR?

MONI Nein. Aber mich schreckt das nicht ab. Weil ich kann mir nicht vorstellen, daß das so ist, wies bei uns hingestellt wird: Kommunisten fressen kleine Kinder und beißen den Schwarzen die Ohren ab.

Lachen

Ja, so wirds doch bei uns hingestellt! Klar, die DDR ist kein Idealstaat. Sowjetunion auch nicht. Aber Deutschland ist es auch nicht. Aber das, was sich der Staat der DDR zum Ziel gesetzt hat, das find ich wesentlich besser als bei uns in Deutschland. Weil Deutschland nennt sich zwar Sozialstaat, aber ob das wirklich so ein Sozialstaat ist, darüber müßte man sich schon mal seine Gedanken machen. Ich zweifle das wirklich stark an. Ich glaub, daß da in der DDR wesentlich mehr gesichert ist.

Tom *nickt*

Franz Laß dich mal ein bißl provozieren: Die Durchführung des Sozialismus braucht – leider – ein ziemliches Maß an staatlicher Gewalt. Wie geht das mit deinem totalen Gewaltverzicht zusammen?

Tom Ich bin der Meinung, ich leb in der Bundesrepublik, und hier kann ich meine Auffassung der Gewaltlosigkeit mit der DKP verbinden. Ich mein, daß man hier in den westlichen Ländern gewaltlos arbeiten kann und muß, um die Ziele, die wir verfolgen, zu realisieren.

Franz Laß mich ein bißl weiterbohren: Bist du damit einverstanden, daß z. B. Meinungen oder Artikel der Marke »Bildzeitung« etc. durch staatliche Gewalt in der DDR nicht verbreitet werden dürfen. Also, ich bin dafür, aber du?

Tom Ja, man muß überlegen, von wem die Artikel ausgehen. Was für ein Ziel sie verfolgen. Ob sie den Sozialismus zerstören wollen, oder ob sie ihn kritisieren. Und ich glaub, in der DDR z. B. werden Artikel, die Kritik üben an gewissen Sachen, nicht verboten. Und Artikel, die bewußt gegen das System arbeiten, die werden verboten, was ich auch für richtig halte.

Franz Dazu braucht man aber Gewalt.

Tom Aber das ist eine Gewalt, die vom Volk ausgeht, meiner Ansicht nach, die der große Teil des Volkes, wie soll man sagen, eigentlich wünscht. Auf gut deutsch gesagt, ein großer Teil der DDR-Bürger will ja im Sozialismus weiterleben. Und die wolln ja die Leute, die den Sozialismus zerstören wollen, raushauen. Also, die Gewalt, die es verbietet, solche Artikel zu schreiben, geht nicht von einzelnen aus, sondern von der Masse.

Moni Ja, ich mein, ich kann die DDR von dem Standpunkt her verstehen, weil ihr System einfach noch sehr jung ist. Und es braucht wahnsinnig lange, bis sich so ein System einfach mal grundieren kann. Weil so ein System kann man, glaub ich, sehr gut ausarbeiten, daß das eben wirklich zu was einwandfrei Gutem führt. Sicher, Nachteile hat immer irgendwas. Es gibt eigentlich nichts mit lauter Vorteilen. Und die DDR muß eben, um ihr System ausbauen und erweitern zu können, solche Maßnahmen ergreifen, weil eben das Bewußtsein in den DDR-Bürgern teilweise noch gar nicht so verändert ist. Die täten doch, wenn massenweise solche Artikel in ihren Presseorganen erscheinen würden, ins Schwanken kommen. Die Bundesrepublik würd dann da wahrscheinlich als reines Paradies dargestellt werden, was sie ja wirklich nicht ist, und die sehen dann die Nachteile in ihrem Staat, die eigentlich noch ganz klar daliegen. Die sind auch nicht wegzudenken, weil der Staat noch so jung ist und sich erst aufbauen muß. Deshalb kann ich das verstehen, daß die DDR da noch einschreiten muß. Also, ich kann mir vorstellen, daß die Veröffentlichungen solcher Artikel dem Volk vielleicht in zehn Jahren nicht mehr so schaden, weil die ganze Gesellschaft dann einfach mehr in sich gefestigt ist.

TOM In der DDR ist ja auch noch die Generation da, die die Kriegszeiten erlebt hat. Und die kennen das kapitalistische System von damals noch. Und wenn die den Fortschritt sehen, den wir gemacht haben, z. B. unseren sogenannten Lebensstandard, dann müssen die doch automatisch meinen, daß bei uns der Himmel auf Erden ist. Die sind ja so was gar nicht gewohnt. Die kennen bloß die Vorkriegszeiten oder die Zeiten der Arbeitslosigkeit vor 33, die Zeiten unter Hitler. Die glauben, das kapitalistische System zu kennen, kennen es aber unter nem ganz anderen Gesellschaftsaufbau.

MONI Da brauchen wir bloß mal die Preise für Kleidung nehmen. Die stellen sich das alles so gut vor. Und sagen wir mal, da drüben, ein einfacher Arbeiter, der möchte sich jetzt Jeans kaufen. Schaut bei uns in den Geschäften rum: 80 Mark, 80 Mark, 80 Mark! Der täte sich auch ganz schön anschaun. Also die Jeans, die ein bißchen modern sind, kosten schon so viel.

TOM Was ein echter Positivschock war, bei den Genossen aus der DDR, die ich am Pfingstcamp getroffen hab: Die ham genauso Jeans angehabt. Hab ich den einen gefragt, ob er die im Westen gekauft hat. Hat er gesagt: »Nee, die gibts bei uns!« Ich hab sie allerdings nicht gefragt, was sie kosten. Ich bin überhaupt nicht besonders über die DDR informiert. Ich war auch noch nie da. Das einzige, was ich bis jetzt gemacht hab, ist halt, daß ich mit Genossen aus der DDR diskutiert hab, und ich hab mit Leuten geredt, die in der DDR waren.

Ich bin halt der Meinung, daß die DDR versucht, den Sozialismus aufzubauen. Aber daß wenn unsere Partei hier die Mehrheit kriegt, daß es dann bei uns ganz anders läuft, das ist, glaub ich, schon klar. Weil einfach die DDR bereits weiter ist als die Bun-

desrepublik, weil die Arbeiter schon ein ganz anderes Bewußtsein haben, glaub ich.
Die DKP stellt meiner Ansicht nach die richtigen Forderungen, die macht die richtige Politik für mich als Arbeiter. Die vertritt meine Interessen. Die DKP muß meiner Ansicht nach schon irgendwie mit der DDR in Verbindung gebracht werden, weil die DDR einfach ein Aushängeschild ist für die DKP. Vielleicht nicht immer ein positives. Natürlich gibt es in der DDR noch negative Seiten, daß z. B. so ein Auto wie mein Käfer noch 8000 Mark kostet oder daß die Strumpfhosen 15 Mark kosten. Aber man muß mal nachfragen, wieso die Strumpfhosen 15 Mark kosten.

FRANZ Moni, was hat für dich die größere Bedeutung: die DKP oder die DDR?

MONI Die DKP. Weil eben die Entwicklung in der DDR nicht ganz so gelaufen ist, wie sies geplant haben, und die DDR ist ja auch noch kein fertiger kommunistischer Staat, sondern es befindet sich ja alles noch in der Entwicklung. Trotzdem finde ich, daß die DKP und auch die SDAJ mit der DDR zusammenarbeiten müssen, weil sie ja im Grunde genommen das gleiche anstreben. Und aus diesem gemeinsamen Leitgedanken folgt logisch eine enge Zusammenarbeit. Deshalb muß sich die DKP auch zur DDR bekennen, obwohl wirklich zu sehen ist, daß die DDR nicht vollkommen ist.

TOM Wenn die DKP sich oft sehr positiv über die DDR äußert, ist das aus Gründen der Solidarität. Die DKP sieht ganz klar, daß da viele Dinge zu kritisieren sind. Und meiner Ansicht nach ist das auch in der DDR so, daß kritisiert werden muß. Z. B. im Parteitag der SED ist jetzt viel Kritik geübt worden. Nur dadurch, daß man kritisiert, kann man etwas verbessern. Die Genossen von der FDJ, die ich aufm Pfingstcamp getroffen hab, ham mir auch gesagt: Das Bestreben geht dahin, man soll Kritik üben, aber sie muß berechtigt sein.

MONI Man muß Fakten bringen, sie begründen können.

Traunreuter Allerlei

FRANZ Wieviel rauchst denn du am Tag?

TOM Im Schnitt vielleicht eine Schachtel. Also, wenn ich diskutier, mehr, und wenn nichts los ist, auch mal nur sieben oder acht. Ich dreh ja auch hin und wieder, das ist billiger, aber unter der Arbeit gehts von der Arbeitszeit weg, und deshalb siehts der Chef nicht gern. Außerdem schmecken mir halt die Rothändle besser als die selbergedrehten. Und wennst da gemütlich dahin arbeitest, nimmst eine aus dem Packel raus und kannst weiterarbeiten. Während wennst da lang umeinander drehen mußt, bist aus der Arbeit wieder draußen.

FRANZ Was machst du in der Arbeit?

TOM Momentan bau ich Verteilungen. Und der Heidenheim, das ist so eine Großbaustelle von uns, die hat in jedem Stockwerk 4 Verteilungen, das sind so Apparate, 1 Meter auf 1 Meter 20, von da aus wird dann der Strom zu den einzelnen Parteien weitergeleitet. Und diese Verteilungen verdrahte ich.

FRANZ Wie hast du überhaupt diese Sachen während der Lehre beigebracht bekommen?

TOM Das kommt ganz allmählich. Du fängst z. B. mit Stemmarbeiten an. Dann lernst du eine einfache Schaltung verklemmen, sagen wir mal, einen Schalter mit ner Lampe dran, dann brauchst du dir das das nächste Mal nicht erklären lassen, machst es selber. So wirst du praktisch ab der zweiten Woche eingesetzt, daß du produktiv mitarbeitest. Und wenn was Neues kommt, mußt du halt fragen, und dann hast wieder was dazugelernt. Aber der Meister schaut schon drauf, daß du einen Profit bringst, d. h. voll arbeitest.

FRANZ Und was machst, wennst da mit der Lehre fertig bist?

TOM Das kommt drauf an, wie mein jetziger Chef dann Arbeit hat, ob er mich dann als Geselle übernimmt oder nicht. Aber wenn das nicht ist, geh ich zu die deutschen Hammerwerke: stempeln. Als Elektriker kriegst so schlecht einen Job bei uns ... Und wenn sie dann mit der Schul fertig ist und einen Studienplatz bekommt, gehn wir nach München beide. Und mir ist das auch egal, ich nehm auch ne andere Arbeit an.

FRANZ Da müßtest du ein gutes Zeugnis haben. Wie ist es damit?

MONI Ja, ich komm wahrscheinlich nicht besser weg als 2,5. Deshalb werd ich ein, zwei Jahre aufn Studienplatz warten müssen. Und was ich dazwischen mach, weiß ich noch nicht.

FRANZ Also, du hast noch nicht gearbeitet?

MONI Ich hab zwei Monate Praktikum im Kindergarten gemacht, während der Schule. Das ging von der Schule aus. Und zwei Monate Praktikum im Krankenhaus, und da war angeschlossen eine Schwesternhelferinnenausbildung. Ich bin jetzt eine staatlich geprüfte Schwesternhelferin. Da tät ich ehrlich schon was im Krankenhaus kriegen. Da wär für mich das Traunsteiner Krankenhaus günstig. Aber ich weiß nicht, ob ich ins Krankenhaus gehn mag. Weil mit der Diensteinteilung ist es so Scheiße. Da kannst rechnen, daß du jedes zweite Wochenende arbeiten mußt. Dann Nachtdienst. Also, wenn ich zwei Jahre auf einen Studienplatz warten muß, möcht ich mich vielleicht um eine Lehrstelle als Arzthelferin oder sowas bewerben. Weil als Arzthelferin muß ich nur zwei Jahre lernen, weil das tät mich auch interessieren. Dann könnt ich in der Zeit was lernen, und wenn ich nachher aus irgendeinem Grund nicht mehr studieren mag, kann man ja nicht wissen, könnt ich als Arzthelferin weitermachen. Aber das kommt natürlich auch ganz drauf an, was ich find. Und daß ich in der Wartezeit irgendwo arbeiten geh als ungelernte Kraft, das paßt mir nicht. Ich könnt auch in eine Fabrik gehen , an ein Band, aber das wär nichts für mich. Man tät zwar mehr verdienen, aber mir gehts in dem Fall nicht ums Geld, sondern darum, daß mir die Arbeit auch Spaß macht. Weil was hab ich davon, wenn ich mich ein, zwei Jahr an ein Band hinstellen muß, komm mit die Nerven runter . . . Na, da seh ich echt keinen Sinn dahinter. Wenn ich schon was arbeit, dann solls auch was sein, was mich interessiert.

FRANZ Bleibst du, wenn du keinen Studienplatz kriegst, hier, oder möchtest du nach München.

MONI Na, ich tät schon gern dableiben.

TOM Aber wenn ich ausgelernt hab, nehmen wir uns so schnell wie möglich eine eigene Wohnung.

FRANZ Aber wenn du dann arbeitslos bist?

TOM Ja, das Auto werd ich nicht halten können, das ist klar. Aber zu einer Wohnung reichts, weil du kriegst ja jetzt ungefähr siebenhundert Mark Stempelgeld. Und wenn ich arbeit, krieg ich am Anfang im Endeffekt nicht mehr als 850, 900 Mark raus. Und eine Zweizimmerwohnung kriegst in Traunreut schon um 150 Mark, wennst Glück hast. Mußt halt suchen.

FRANZ Kriegt ihr da als Unverheiratete keine Schwierigkeiten, wenn ihr eine Wohnung wollt?

TOM Sozialwohnung werden wir nicht kriegen, aber mein Vater ist früher Vorsitzender von der Neuen Heimat gewesen. Und die ham laufend Wohnungen frei. Und über den kriegen wir in der Neuen Heimat auf jeden Fall was.

MONI Du hast dann vielleicht keine Zentralheizung, sondern Ölofenheizung, aber das ist ja nicht schlimm ...

TOM Ölofenheizung oder Holzheizung, mit Holz kannst auch noch heizen.

MONI Na, für Holzheizung wär ich nicht.

Toms Verhalten im Betrieb

TOM Im Betrieb darf ich nicht sagen, daß ich in der SDAJ bin, geschweige, daß ich in der Partei bin. Muß verleugnen, daß ich Kommunist bin. Wenn ich sagen würde, ich bin bei der DKP, weiß ich ganz genau, daß ich in der nächsten Zeit weg vom Fenster wär, obwohl ich gut arbeite. Wenn ich das in der Firma sag ... unser Chef ist konservativ eingestellt, da würden mir furchtbar viel Nachteile davon entstehen. Dann müßte ich sicher viel öfter Stemmarbeiten machen müssen. Es reicht ja schon, wenn ich in meiner Firma den Mund aufmach. Mein Chef ist ja eh schon mal zu meinen Eltern gegangen und hat behauptet, ich würd seine Leute aufhetzen. Damals war ich noch nicht volljährig.

FRANZ Wie machst du das, was sagst du, ohne zu sagen, daß du Kommunist bist?

TOM Ich sag halt dann, daß die Interessen der Arbeiter bloß durch ne Arbeiterpartei vertreten werden können. Und jetzt kann der Chef das auslegen, wie er will. Wenn mich Arbeitskollegen gefragt ham, was ich wähl, hab ich schon »DKP« gesagt. Aber nicht direkt zum Chef.

FRANZ Für was halten dich dann die anderen Kollegen?

TOM Was heißt ... ich lüg ja nicht direkt. Aber wenns um konkrete Fragen geht, weich ich ihnen aus. So daß ich im Grunde die Wahrheit sag, und auf der anderen Seite überhaupt nichts damit sag. Trotzdem hab ich mir schon oft den Mund verbrannt, auch dem Chef gegenüber, weil ich z. B. gesagt hab, daß ich das ne Sauerei find, wenn wir uns nicht die Hände an nem kleinen Heizlüfter anwärmen sollen, wenn wir auf nem eiskalten Bau arbeiten. Ich hab gesagt, ich geh da genau jede halbe Stunde hin. Da muß er den Heizlüfter schon wegstellen. Ich hab mich halt jetzt ein bißchen stiller verhalten. Wenn halt über irgendwas diskutiert worden ist, hab ich versucht, meine Meinung reinzubringen,

Denkanstöße zu geben, ohne mich konkret auf eine Seite zu äußern. Ich hab gesagt: Schauts euch an, was da und da gemacht wird. Da muß es doch auch noch ne andere Möglichkeit geben. Der Chef weiß schon, daß ich ein bißchen linker eingestellt bin. Der ist wahrscheinlich der Meinung, Juso, SPD so was. Und da ham wir einen Rumänen, der geflohen ist, als Arbeitskollegen. Der kriecht dem Chef die ganze Zeit in den Arsch. Und wenn der Chef mit mir redet: »Schau doch an, was ist denn im Sozialismus los, frag doch'n Hans!« Also, den Rumänen. Und der natürlich fängt dann an, voll loszuwettern.

Moni und die Frauengruppen

Franz Moni, was hältst du von sogenannten Frauengruppen?

Moni Ja, ich find die Frauenbewegungen wie z. B. jetzt zum Paragraph 218 ehrlich gut, aber ich bin der Meinung, die Frauen können ja auch nicht alleine dastehen. Die tun sich ja eigentlich leichter, wenn sie ne feste Organisation hinter sich haben. Und sie könnten ja durch ihre Bewegung diese Organisation auch unheimlich stärken. Nehmen wir mal als Organisation die DKP an. Die Frauenarbeit ist ja auch in der DKP recht großgeschrieben. Die setzen sich ja auch für die Gleichberechtigung der Frau ein, im Betrieb, daß sie genausoviel Lohn kriegt wie der Mann, für dieselbe Arbeit. Das ist ja heutzutage häufig nicht der Fall. Ich weiß nicht, Frauenorganisationen ... ich bin ehrlich dafür. Aber ich bin der Meinung, daß die sich oft zu sehr von der Männerwelt abkapseln. Daß die dann auf dem Standpunkt so ungefähr stehen: Wir sind jetzt Frauen, und wir wollen jetzt den Männern mal zeigen, daß wir auch was können, und deshalb schließen wir die Männer überhaupt aus. Und das find ich nicht gut. Weil die ham ja auch was dazu zu sagen.

Tom In der DKP ist es doch so, daß die Genossen von uns wissen, daß die Frauen was leisten können. Und in der allgemeinen Meinung heißts doch immer wieder: Mei, das ist halt das schwache Geschlecht ... Die können zwar ein bißchen was leisten, aber ... genausoviel wie wir nicht.

Franz Hier bei uns ist die Achtung der Frau gerade bei kleinen Handwerksbetrieben z. B. gut entwickelt. Z. B. weil die meisten Frauen die Buchhaltung machen!

TOM Na gut, die Buchhaltung. Aber was meinst denn, was ein Büroweibi ist?

MONI Was ich auch find, daß gar nicht mal so anerkannt wird, oft, von Männern –

TOM Das wird auch nicht anerkannt. Bei uns z. B. –

MONI Ja, laß mich auch einmal ausreden!

TOM Entschuldigung.

MONI Ja, weil die die körperliche Arbeit tun, die Männer, da fühlen sie sich dann oft: Ja, wir sind halt das starke Geschlecht. Die Buchhaltung erfordert halt keine körperliche Arbeit, aber daß die Frau trotzdem genauso was auf dem Kasten haben muß, rechnerisch und dann, wie sie das alles machen muß, daß die vielleicht sogar mehr leistet als ein Handwerker, der Geselle jetzt. Zwar nicht körperlich, aber geistig. Und die kann am Abend genauso fertig sein deshalb. Aber das wird von den Männern oft nicht anerkannt. Die sehen die Buchhaltung als so nen trockenen Kram an, der sowieso in null Komma nichts geht. Da ist ja nichts dabei, ihrer Meinung nach. Ich arbeit zwar selber nicht in einem Betrieb, aber ich kenn ja auch Leute, die arbeiten, Jungs und Männer, und ich bin wirklich zu dem Schluß gekommen, daß die das oft als minderwertige Arbeit – das ist nicht der richtige Ausdruck, aber – als ne Arbeit ansehen, die nicht so viel erfordert.

Ich find halt, Frauen können ihre eigenen Ziele durchaus auch in der Partei verfolgen. Die können sich ja auch in der Partei als Frauen zusammenschließen und können auch ne Unterorganisation bilden.

TOM Die Probleme der Frauen können nicht von den Frauen allein gelöst werden, sondern müssen unbedingt mit den Männern zusammen gelöst werden. Und in der DKP wird das so praktiziert, daß in der Gruppe darüber geredet wird.

MONI Aber die Frauen, die in der Partei sind, können doch eine Frauenorganisation gründen, zu der alle Frauen hingehen können, auch die Frau Huber, die CSU wählt. Und dieses Gespräch, was da abläuft, hat dann nicht so viel mit der Partei zu tun. Aber die Frauen, die in der Partei sind, können das doch dann auswerten, gemeinsam mit den Männern. Das bringt ja dann viel mehr. Nur weil Frauen der DKP so eine Gruppe gründen, muß ja nicht die Parteiarbeit im Vordergrund stehen. Die Probleme werden nur zusammen mit der Partei gearbeitet. Die Partei steht da nicht im Vordergrund, die steht . . . nebenan, als gleichberechtigter

Partner. In ner Partei kann man ja viel eher zu nem Ergebnis kommen und viel mehr dafür tun, daß diese Probleme gelöst werden ... als wenn sich da ein paar Frauen zusammentun und sagen, das ist nur unser Senf, keine Partei hat da was mitzureden, und das ganz für sich alleine machen. Man braucht ja den Siegel einer Partei nicht gleich draufzupappen, der kann ja auch noch nachfolgen –

TOM Den Siegel kannst du nicht von vorneherein ausschließen, weil der Siegel von anderen Organisationen von vorneherein auch mit draufgepappt wird. Wo findst du z. B. Frauen, die sich für solche Themen interessieren? Das ist nicht die Frau Huber aus Hintertupfing, sondern das sind Frauen, die sich schon mal Gedanken gemacht haben.

MONI (*starrt sauer*) Der fällt mir heut dauernd ins Wort ...

FRANZ (*lacht*)

Stichworte

1. Eurokommunismus

TOM Mit den sogenannten Eurokommunisten kann ich auch nichts anfangen. Ne Partei, die sich dem Volk gegenüber, sagen wir mal, im Grunde genommen als sozialismusfeindlich gibt. Z. B. Italien, der Berlinguer oder wie er heißt. Wenn sich einer von der DDR oder von der Sowjetunion distanziert, bedeutet das das für mich. Sowjetunion und DDR sind die ersten Länder in der Welt, die jetzt versucht haben, den Sozialismus durchzuführen. Natürlich gibt es da noch viel zu verbessern. Daß der Sozialismus nicht auf Anhieb voll klappt! Wenn du ne Rakete in den Weltraum schickst, das erste Mal geht immer was schief. Trotzdem bin ich der Meinung, daß wir die DDR und die SU als Aushängeschild hernehmen müssen. Wir müssen den Leuten auch sagen, daß die DDR und die SU noch Fehler haben, wir dürfen das gar nicht abstreiten. Das wär der größte Fehler, den wir machen.

2. Fälscher-KPD

Du mußt dir mal überlegen, welches Ziel hat denn die »KPD«. Was ist momentan der größte Feind der »KPD«? Das sind doch die Linkskräfte! Da kannst du z. B. wieder Parallelen zum Dritten Reich ziehen. Damals hat sich die KPD auch gespalten, der eine Teil der KPD ist damals gegen die Rechtskräfte vorgegangen, und der andere Teil ist gegen die Linkskräfte vorgegangen. Und das ist bei uns auch wieder der Punkt, in den wir nicht wieder reinkommen dürfen. Links muß gemeinsam gegen Rechts gehen. Aber z. B. die »KPD« hat ja praktisch in ihrem Programm drin, daß ihr größter Feind die Linkskräfte sind, und das ist in dem Fall die DKP. Daß die DKP praktisch in erster Linie bekämpft werden muß.

Die ham ne andere Ideologie. Der Maoismus und der Marxismus lassen sich nicht verbinden. Wie z. B. sich die KPD/ML in München aufführt, daß sie z. B. der Meinung sind, wenn sie ein Drittel der Mehrheit haben, dann machen sie die Revolution mit der Knarre in der Hand. So ungefähr wollen sies doch. Und gegen so was müssen wir natürlich vorgehen. Wir als Kommunisten sind doch der Meinung, daß wir zuerst einmal das Bewußtsein ändern müssen, zumindestens bei uns in der Bundesrepublik. Und dann können wir erst das System ändern. Und wenn jetzt ne Gruppe kommt wie die KPD/ML und sagt, wir müssen zuerst einmal alles niederschießen, was gegen unsere Meinung ist, und dann ändern wir erst das System, das ist doch Unsinn. Das Bewußtsein der Arbeiter ist dann noch nicht geändert, die stellen sich dann von Haus aus immer dagegen. Es war natürlich eine andere Situation bei der SED oder in der DDR, nachm Krieg. Aber hier in der Bundesrepublik müssen wir das Bewußtsein der Arbeiter ändern. Und daß das nicht von heute auf morgen geht, ist sowieso klar. Das ist ein irr langwieriger Prozeß. Aber in meinen Augen ist das eine Kettenreaktion, genau wie die nukleare. Das hat der Walt Disney mal klasse aufgezeichnet, wie das geht: Ungefähr hundert Mausefallen, auf jeder Mausefalle ein Tischtennisball. Dann hat er einen Tischtennisball reingeschmissen. Der Tischtennisball hat einen ausgelöst. Jetzt sind praktisch zwei Tischtennisbälle hochgeflogen. Jeder hat wieder einen ausgelöst. Zuerst warens zwei ... vier ... acht ... Auf der Basis müssen wir arbeiten. Wir müssen den einzelnen Leuten erst mal klarmachen, in was für ner Situation sie drinstecken.

Und um noch mal auf die Eurokommunisten zurückzukommen, ich halt das für nicht gut, weil die DDR einfach der Staat ist, der zur Bundesrepublik die gleiche Ausgangsposition hatte. Und die ham versucht, mal was anderes zu bringen. Und daß die DDR auf dem Weg ist – daß sie einen Sozialismus hat, das glaub ich. Sozialismus soll ja normalerweise die Übergangsform sein zwischen

Kapitalismus und Kommunismus. Aber daß die DDR auf dem richtigen Weg ist, ich glaub, darüber sind wir uns einig. Deswegen bin ich der Meinung, daß man die DDR nicht verleugnen soll, sondern grad im Gegenteil unterstützen soll. Und in persönlichen Gesprächen muß man dann sagen, wieso die DDR so ist.

3. »Geh doch rüber . . .«

Wenn die Leute sagen, geh doch rüber in die DDR, kann ich ganz einfach sagen: Ich möcht n Sozialismus in der Bundesrepublik haben. Also bei uns jetzt, hier in Bayern. Weil mir gefällt Bayern. Wieso soll ich jetzt in die DDR gehen? Ich bin überzeugt, ich kann hier viel mehr erreichen.

4. Jusos

Klar, die Jusos stehen mir auf jeden Fall näher als die Junge Union. Daß man mit denen auch noch reden kann, ist sowieso klar. Es gäb vielleicht die Möglichkeit, in der DKP zu arbeiten und dann bei den Jusos auch noch mitzuarbeiten.

5. Denkanstöße

Z. B. gestern bei einer Bedienung, der H. Die war auch der Meinung, Kommunisten laufen bloß den ganzen Tag mit der roten Fahne herum und brüllen: Kommunismus, Kommunismus! Daß die überhaupt kein Privatleben haben. Ich war zwar gestern schon ganz schön angestochen, aber ich hab die ganze Zeit auf die Frau eingeredet, und ich hab ihr mal ein paar Denkanstöße gegeben. Z. B. heute die Nachricht, daß die ganzen führenden Sowjetforscher für Raumfahrt 1963 ums Leben gekommen sein sollen. So was kann ich z. B. gar nicht glauben. So was wär 100 %ig im Westen publik geworden, weil soweit ist der CIA oder sonst ein Geheimdienst schon auf Zack, daß er so was rauskriegt. Und dann würde es sicher an die große Glocke gehängt. Und damit muß man halt argumentieren, daß solche Falschmeldungen bewußt gemacht werden. Ich find, man muß auch dem Arbeiter erst mal bewußt machen, in was für ner Situation er grad drin ist. Das ist das wichtigste. Ob er dann in die DKP eintritt oder nicht . . . Ich glaub, das ist nachher ne automatische Handlung. Aber unsere Aufgabe ist es, ihm seine Lage erst mal klarzumachen. Und wenn er dann in die SPD geht zuerst einmal, auch gut. Schon mal besser, als wenn er in die CSU geht. Wieviel Arbeiter sind in der

CSU oder wählen sie: Natürlich ist es besser, wenn ne SPD-Regierung dran ist, gut. Aber die, die SPD wählen, die machen sich zum Teil – nicht die Wechselwähler, aber die, die ständig SPD wählen –, die machen sich doch schon mal Gedanken drüber, was sie wählen.

Das ist eben alles mühsame Kleinarbeit. Aber wenn du eine fortschrittliche Politik unterstützt, mußt du in die DKP eintreten, um sie effektiv unterstützen zu können. Die Partei muß gestärkt werden, als kleine Minderheit kannst du nichts machen. Wennst z. B. unsere Region hier unten anschaust, da hats ein paar Kommunisten gegeben. Schau dir mal an, wieviel jetzt Kommunisten gewählt haben. Bei der letzten Wahl haben achtzig mehr die DKP gewählt! Und da mußt du noch die wegrechnen, die lieber die SPD als die DKP gewählt haben, weil sonst kommen die Schwarzen an die Macht. So ungefähr: DKP ist ne verlorene Stimme. Wenn du die auch noch mal dazurechnest, das ist doch ein unheimlicher Erfolg! Aber wenn wir immer wieder zurückstecken und in ne rechtere Partei gehen, das ist immer wieder ein Rückschlag, ein Tiefschlag. Das ist z. B. meiner Meinung nach auch der Sinn der 5%-Klausel. Wenn einer normal ein bißchen Bescheid weiß, der weiß doch: DKP, die macht ne gute Politik, SPD, na ja gut, die machen ein bißchen bessere Politik als die CDU. DKP kommt sowieso nicht in den Bundestag, wählen wir lieber die SPD als kleineres Übel. So kann die DKP nie Stimmen kriegen.

Es ist auch viel Arbeit, wenn du in der SDAJ bist, in der DGB-Jugend bist, und dann noch selber irgendwie lernen mußt. Aber die Arbeit mußt du einfach in Kauf nehmen, weil wir halt noch so wenige sind, und wir können nur mehr werden, wenn wir was dazu beitragen. Wir müssen ja schaun, daß wir Leute überzeugen, daß sie Kommunisten werden, oder? Du kannst ja nicht sagen, das überlaß ich den anderen, die werden schon Kommunisten herbringen, und dann diskutieren wir miteinander.

Für mich hats überhaupt keinen Zweifel gegeben, ob ich in der Bundestagswahl SPD oder DKP wähl. Aber ich bin der Meinung, daß die DKP keine Partei ist, die bei uns von heut auf morgen an die Regierung kommt, sondern daß die DKP auf dem richtigen Weg ist, weil sie den Arbeiter versucht zu überzeugen und nicht einfach nur mit Schlagworten rumklopft.

Ein mittleres solches Lisa und Ernst

Vorspiel: Geld und Sorgen

FRANZ Wie gehts denn euch finanziell?

LISA Na, nicht so doll. Diesen Monat war ich am 5. schon am Ziehen!

FRANZ Was heißt »am Ziehen«?

ERNST Das Geld strecken, damit es ja bis zum Ende langt.

LISA Zum Glück haben wir Kindergeld bekommen, ...

ERNST Ja, ich mein, du weißt nicht, was immer aufm Konto drauf ist. Deswegen ist das bei dir ... du weißt nicht, wann die Überweisungen vom Kindergeld draufkommen, die kommen ja immer zweimonatlich.

FRANZ Warum sieht sie die Kontoauszüge nicht?

ERNST Doch, sieht sie, aber sie schaut sich das halt nicht so an.

LISA Doch, sicher weiß ich, daß die alle zwei Monate kommen, aber diesen Monat, da ist aber auch alles auf einmal gekommen. Wenn der 14- oder 1500 Mark netto kriegt, und wir müssen 400 Mark Miete bezahlen und 62 Mark Autoversicherung und 184 Mark Lichtgeld, und dann kommt noch Versicherung und Zeitung, dein Blättchen da aus Bonn ...

ERNST Ne, du meinst UZ.

LISA Ja, das kommt auch noch dazu, das kommt alles auf einmal. Dann kommt meine Tochter, die braucht achtzig Mark für die Schule, dann mußte der Jüngste neue Turnschuhe haben, dreißig Mark, ja, wo bleibt denn das ganze Geld?

ERNST Das sind ja nicht nur die achtzig Mark für die Schule, die müssen jetzt für das Maschineschreiben, das ist ein Wahlfach, und das können sie in der Schule gar nicht machen, weil sie einfach keine Räumlichkeiten haben, so sieht das hier aus, und dann müssen sies an der Volkshochschule geben, und dann kostet der Kurs 60 Mark.

LISA Muß ich auch noch zahlen!

ERNST Für Zeichengeräte, technisch Zeichnen, auch noch mal 80 Mark, sind 140 Mark, ohne den Kleinkran, den sie so . . .

LISA Gestern wieder ein Heft 5 Mark 20, und vorgestern, für Schreibmaschine, kamse an, auch wieder 8 Mark . . .

ERNST Ich verdien ja netto so knapp 1500 Mark, also, hab brutto so 2200.

FRANZ Wieviel Kindergeld kriegts ihr?

ERNST Für die drei Kinder 240 Mark im Monat.

FRANZ Und ihr kommts aus mit dem Geld?

LISA Müssen wir. Aber da kommt ja noch Kleidung und so was dazu. Also, ich krieg 800 Mark im Monat für den Haushalt, aber ich bin auch schon eine Woche mit zehn Mark ausgekommen. Da hab ich nur das Nötigste dann geholt: Brot! Also, Brot brauch ich ja am laufenden Band, das geht bei uns immer weg. Aber auch schon mal Fleisch, das hab ich dann in der Gefriertruhe liegen, dann kann ich besser einteilen. Und dann Gemüse, mal Dosen, oder ich hol auch schon mal Frischgemüse. So kann ich einteilen, wenns eine Woche einmal knapp wird. Mein Mann läßt mir das Haushaltsgeld ja freistehen, aber ich denke, ich komme so auf 800 Mark. Ich mein immer noch, ich gäbe zuviel aus. Sicher, ist immer eine Verlockung, wenn man irgendwo in nen Laden reinkommt, dann sind wieder Sonderangebote da, da denkste, ach, das könnteste mitnehmen, dann haste es wenigstens, denn wenn du mal wieder knapp bei Kasse bist, dann kannste da drangehen.

ERNST Sie hat schon ein schlechtes Gewissen gehabt, daß sie sich ne Brille angeschafft hat!

FRANZ Die zahlt doch die Krankenkasse, oder?

LISA Nur 35 Mark. Wenn ich ne schöne haben will, muß ich den Rest selbst bezahlen.

ERNST Sonst hab ich das immer gemacht, hab ich das Geld abgehoben, also je nachdem, früher war es weniger, heute war es mehr, hab ich dann abgehoben, nicht, und dann hab ich gesagt, ne, jetzt geh du mal Geld abholen, damit sie da mal reinkommt, wie das mit den Konten geht, nicht, und so was, und dann nehm ich dann nur ab, was ich, sagen wir, mal zum Tanken brauch, in die Wirtschaft geh ich ja nur zu Versammlungen und dann halt für mich, schon mal für die Flugmodelle. Verdien ich mir ja auch was durch die Bastelei, ist zwar selten, im Juni mal 200 Mark und im September noch mal 100 Mark. Da tu ich so Plastikbeutel schweißen,

Manches wird zum Ärgernis …

… wenn man es hat, anderes nur, wenn man es nicht hat. Geld aber ist eines jener Dinge, die zum Problem werden können, man habe es oder habe es nicht.

Aber wenn man sich schon übers Geld ärgern muß, dann lieber über vorhandenes. Ohne Geld ist der Ärger ärger.

da werden die Rümpfe der Flugmodelle von innen aufgeblasen, damit das anliegt, nicht, also ich schweiß diese Beutel mit einem Lötkolben, brauch für einen so mindestens 5 Minuten und krieg pro Beutel 1,10 Mark.

FRANZ Das ist aber gut bezahlt, warum machst du das nicht nur noch?

ERNST Ich mach das ja für einen Arbeitskollegen, und der braucht nicht so viele. Außerdem ist das wirklich nicht so einfach, da mußt du tatsächlich ein Geschick haben, ein Feingefühl. Und mit dem Nebenbeiverdienst finanzier ich das Hobby.

FRANZ Aber wohin gehen dann diese Beutel?

ERNST Also, mein Arbeitskollege nimmt sie mir ab, auch von anderen kriegt der Sachen, er setzt sie zusammen und gibt sie an einen weiter, der die professionell vertreibt. Der annonciert im »Modellbau« und verkauft sie.

FRANZ Wieviel Geld hast du eigentlich zur Zeit auf der Bank?

ERNST 3000 ham wir auf dem einen, auf dem anderen 2500 Mark, da hab ich aber 2000 Mark runtergenommen für die Kandidatur in der DKP. Also, zur Zeit 3500 Mark, jetzt hat wieder ein neuer Sparvertrag angefangen, also die Vermögensbildung im Rahmen des Tarifvertrags, kriegen wir 26 Mark im Monat, das hat die IG Metall ausgemacht, daß jeder Metallarbeiter 26 Mark kriegt im Monat. Hier auf dem Kontoauszug ham wir ja alles beisammen: Mein Bruttoverdienst ist 2131 Mark. Und mein Nettolohn ist 1556,39 Mark. 251,80 Mark Lohnsteuer, 101 Mark Krankenversicherung, 31 Mark Arbeitslosenversicherung, 189 Mark Rentenversicherung, das sind dann die Abzüge halt.

FRANZ Wo arbeitest du denn und was?

ERNST Ich bin Werkzeugmacher bei Siemens. Ich mache Verbundwerkzeuge und Schnittwerkzeuge, also die Teile, die dann die Aschenbecher oder so herstellen. Ach, da machen wir ganz dolle Werkzeuge, nicht, ich bin z. B. gerade bei einem Seitenwandwerkzeug für Herde, und ich bau die Werkzeuge entweder zusammen oder reparier sie. Im Akkord. Beim Neuwerkzeug, da krieg ich vorgerichtete Sachen, von den Maschinen kommen die zusammen, muß ich da weitermachen, Teile anzeichnen zum Bohren, verschrauben, dann werden sie verstiftet, damit genau der Sitz der einzelnen Teile gewährleistet ist...

Dem Ernst seine Geschichte

ERNST Ich bin 39 und komme aus Werden, ein südlicher Teil von Essen. Genau wie meine Frau. Mein Vater war Redakteur beim »Mittag«, dann hat er sich von meiner Mutter scheiden lassen, und als er eingezogen werden sollte, hat er sich erfolgreich aus der Affaire ziehen können durch Krankheit oder so. Dann hat er in Thüringen pro forma einen Betrieb von einem Freund übernommen, der von den Nazis verfolgt wurde. Weil aber keine schriftlichen Verträge über diese Abmachung bestanden, hat er den Betrieb nach dem Krieg einfach behalten. Der Betrieb machte Waggonbau und, ich glaub, Eimer. Auf jeden Fall muß er so vierhundert Belegschaftsmitglieder gehabt haben. Mein Vater, der hatte nun vorgehabt, den Betrieb in den Westen zu verlegen, und zwar auf Kruppsches Gelände, und in der Zwischenzeit ist er aber 1948 gestorben. Nicht, jetzt sind ja meine Schwester und ich die Erben gewesen von dem Betrieb, und mit der Zeit ist der Betrieb, mein Vater hat ihn unter hundert Mann gehabt, weil über 100 Mann wäre er Volkseigentum geworden, das hat mein Vater, wie halt jeder Kapitalist, hat er versucht runterzubauen mit der Arbeitskraft und kleinzuhalten. Auf jeden Fall sind wir die Erben gewesen, nicht, und der Betrieb ist in Volkseigentum übergegangen, aber mein Vater war gar nicht der Hauptmacher da, Henschel Kassel und die Commerzbank waren da nämlich auch beteiligt. Ich weiß nicht, wieviel die gekriegt haben, als der Betrieb in Volkseigentum übergegangen ist, auf jeden Fall haben wir 50 000 Mark gekriegt, nicht, und jetzt war aber damals der Umwechselkurs, war das nur 5000 wert. So was Blödsinniges, das überhaupt auszuzahlen, den Betrieb hätten da drüben die Arbeiter behalten sollen und Schluß aus. Das hätte enteignet gehört und ohne Wiedergutmachung oder so was, nicht, auf jeden Fall, so wie ich gehört hab, ham wir von dem Geld keinen Pfennig gekriegt, soll das Commerzbank und Henschel Kassel als Hauptgläubiger alles eingezogen haben. Also, soweit ich weiß von meiner Mutter her, ham wir überhaupt nichts gekriegt.

FRANZ Wie sind denn deine Eltern zu den Nazis gestanden?

ERNST Also, meine Mutter ist sehr katholisch gewesen und voll dazu gestanden. Meinen Vater könnte man vielleicht als Opportunisten einschätzen, also, der hat die Fahne nach dem Wind gehängt. Wo es für ihn gerade günstig war. Meine Mutter, bei der wir, meine Schwester und ich, gelebt haben, war eine Katholikin aus bürgerlichem Hause, und für die ist eine Welt zusammengebrochen, als das zu Ende gegangen ist. Auf einmal mußte sie was anderes sagen, und jetzt geht meine Mutter natürlich fleißig in die Kirche, sie meint, da könnte man was mit ändern. Die betet auch für mich, daß ich aus der Kommunistischen Partei rausgeh, ja so ist es. Auch der Frau hat sie gesagt, sie sollte versuchen, daß ich da aus der Partei rausgeh.

FRANZ Wie hat euch eure Mutter dann durchgebracht nach 48?

ERNST Ja, meine Mutter, die war krank, die hat nachher ne Rente gekriegt, aber erst auf Sozialhilfe und so was. Teilweise hat sie auch gearbeitet, beim Rechtsanwalt im Büro, als Schreibhilfe. Aber das ging auch nicht richtig, nicht, und bei meiner Tante hat sie dann Schulden gehabt und so. Bei der hab ich auch noch dreitausend Mark Schulden. Ich hoffe, daß sie mir das stundet, meine Möbeleinrichtung, aber sie will das nicht wieder haben bis jetzt, aber irgendwie ist das hemmend, wenn man Schulden hat. Meine Frau erinnert mich auch immer noch dran ...

FRANZ Warum bist du Werkzeugmacher geworden?

ERNST Ja, meine Mutter wollte haben, daß ich was lern. Ich hab Volksschule, weil damals mußtest du ja Gymnasium bezahlen, und dann war ich ja so gesehen unheimlich faul in der Schule. Ich hatte nicht so den richtigen Antrieb, daß ich da von meiner Mutter angehalten worden wär. Gekonnt hätt ich es. Auf jeden Fall hat sie mir einen Termin beim Arbeitsamt besorgt, meine Mutter, nicht, und da mußt ich dann alleine natürlich zum Eignungstest dahin. Da war ich gerade mal knapp 15. Ich bin also zum Arbeitsamt gegangen, und ich wollte Schreiner werden, hab ich gesagt, und da ham sie mir gesagt, wär doch besser, wenn ich Maschinenschlosser werde, nu na ja, Maschinenschlosser gefiel mir halt auch. Beim Krupp, da suchten die so Leute, ja, da ist meine Mutter einmal mit mir hingegangen, nach Krupp, dann ham die gesagt, da müssen Sie später kommen, zu dem und dem Zeitpunkt, dann mußte ich das alleine machen. Dann ist sie nachher noch mal hingegangen mit mir. Als ich die Aufnahmeprüfung dann bestanden hatte, hamse mir bei Krupp gesagt, ja, Maschinenschlosser ist doch eigentlich zu einfach, und ich wär ja auch so schwach. Maschinenschlosser wär Arbeit für Stärkere. Ich war immer ziemlich mager gewesen, und da ham sie gesagt, ich soll Werkzeugmacher werden, das wär auch besser, würd man auch

mehr verdienen. Ja, hab ich mir das mal angeschaut, und das hat mir eigentlich gefallen, und ich möchte sagen, das ist der Beruf für mich geworden. Ich mag den Beruf sehr gerne, auch im Betrieb so die Arbeiten, du siehst ja, meine Hobbies resultieren da auch noch draus. Ob das das Aquarium ist oder die Modelle. Ich mach die Mechanik und selbst noch eigene Ideen dazu. Ich muß immer irgendwas zu tun haben, ich bin kein Theoretiker, bin Praktiker halt, und der Beruf hat mir immer gut gefallen.
Werkzeugmacher möchte ich sagen, ist eigentlich einer der Spitzenberufe überhaupt in der Industrie. Mit dem Elektroniker sind das die praktischen Berufe, die noch etwas Zukunft haben. Obwohl auch schon vieles maschinell gemacht wird, was früher von Hand gemacht worden ist, aber das ist ja bei den Elektronikern auch. Die bauen ja auch nur noch zusammen, wickeln ja auch keinen Magneten mehr.
Dann bin ich bei Krupp im Apparatebau gewesen, und da wollte ich nicht mehr bleiben, weil sie nicht die richtige Arbeit hatten. Dann bin ich zur Krupp Lokomotivfabrik gegangen. Die ham das gleiche auch versucht, mich in andere Arbeit reinzubringen. Hab ich gesagt, die Arbeit mach ich nicht. Da kamen die z. B. mal her, ich soll so Platten anzeichnen. Hab ich mich geweigert. Dann ham sie mich bei Krupp fristlos entlassen. Dann bin ich von da aus ins Bergische Land, das ist südlich von Essen, so kleinere Firmen, Schloßmachereien und so, umgezogen von Betrieb zu Betrieb. Lohnmäßig konntste da nur was werden in dem Gebiet, wenn du den Betrieb gewechselt hast. Sonst ham sie ja kaum mal mehr gegeben. Ja, und zum Schluß, wie ich dann ja auch da geheiratet hab, da waren schlechte Wohnverhältnisse. Da hatten wir zwei Zimmer unten gehabt und dann noch anderthalb Etagen höher ein Mansardenzimmer, insgesamt 36 qm. Das ewige Hin und Her und dann keine Aussicht, daß wir ne andere Wohnung kriegten, feucht war sie obendrein noch, die zwei Großen hatten laufend Bronchitis gehabt, und 1965 da hab ich mir gedacht: Wir waren schon mal auf Hochzeitsreise im Gebirge, das war 1961 gewesen, ziehen wir nach Süden ...
Ich war politisch ein unbeschriebenes Blatt. Meine Mutter hat mich katholisch erzogen. Hab mich für die CDU damals eingesetzt, als ich noch Schüler war. Jetzt kam ich da in ne Lehre rein und wurde mit Sachen konfrontiert, die gar nicht so rosig ausgesehen haben. Man stand unter nem Druck, und da hat man sich

so seine Überlegungen gemacht. Dann hatte ich einen Schulfreund gehabt, und den hab ich da nachher auch getroffen, da ham wir Leichtathletik zusammen gemacht. Da ham wir auch diskutiert, und der war aufm Gymnasium, da wurde das schon ein bißchen mehr gemacht, das da diskutiert wurde, nicht, und da ham wir uns unterhalten, oft, und dann ist der auch ein bißchen fortschrittlicher gewesen. Philosophie! Ham wir drüber diskutiert. Nicht, ja – und dann hab ich auch vieles eingesehen. Nachher, nicht, bin dann wieder Gewerkschaftsmitglied geworden, nicht, obwohl ich bei der fristlosen Entlassung ausgetreten bin. Da hat man mir von der Gewerkschaft aus nicht geholfen, aber man hätte es auch nicht können, das muß ich heute einsehen. In Traunreut bin ich dann wieder eingetreten. Und der Vater meiner Frau war Mitglied der KPD gewesen, meine Frau war selbst bei den Falken gewesen, nicht. Wir haben auch so mal politisch diskutiert, und da bin ich noch mehr nach links gegangen, eigentlich mehr links, als meiner Frau recht ist. Ich geh auch immer ganz ins volle. Aber 1965, da waren Wahlen gewesen, da ham sie in der Kirche wieder gepredigt, man sollte 'ne christlich Partei wählen. Da hab ich gesagt, ich kann nicht ne Kirche unterstützen, die gegen mich als Arbeiter ist, und aufruft, ne christliche Partei zu wählen, die nur Unternehmer unterstützt, ich trete aus der Kirche aus. – Ich bin damals schon nicht mehr in die Kirche gegangen. Das war 1965. In dem Jahr sind wir nach Traunreut gezogn.

FRANZ Warum?

ERNST Wegen der Wohnverhältnisse. Dort waren sie so schlecht, und das Gebiet ist ja hier schön, hast ja hier fast Urlaub. Die Freizeitmöglichkeiten sind ja hier unwahrscheinlich. Und die Landschaft, es gibt gar nichts Besseres. Damals hab ich noch Tierfotografie gemacht. Das war für mich auch hervorragend, das Gelände und die Moore. Ja, und dann, hier in Traunreut, bin ich wieder Gewerkschaftler geworden nach 2 Jahren. Ich hab dann eingesehen, daß man nicht nur Gewerkschaftsmitglied ist, aufm Papier, und zahlt, sondern daß man tatsächlich da rein gehen muß, um etwas zu verändern. Ich hab hier nämlich die gleichen Verhältnisse vorgefunden bei den Mitgliedern wie in Essen auch. Auch so halbrechte SPDler kann man sagen. Dann hab ich mir gesagt, du mußt dich engagieren, dann hab ich auch Gewerkschaftskurse mitgemacht und bin halt immer weiter nach links gegangen, weil ich gesehen hab, wie kann ich was verändern. 1965 hatte ich natürlich noch keine genauen politischen Vorstellungen. Zu der Zeit war das alles noch mehr im Unterbewußtsein. Ich hab über richtige Politik zu der Zeit noch überhaupt nicht diskutieren können. Ich hatte ja niemanden, wo ich überhaupt mit diskutieren konnte. In unserem Betrieb gabs keine Kommunisten. Es gab wohl welche, aber da hatte man einfach keinen Kontakt zu. Das einzige, wo ich dann angefangen hab, politisch zu diskutieren, das war in der Gewerkschaft.

Als ich hier in Traunreut in die Gewerkschaft eingetreten bin und dann auch in den Vertrauenskörper reingegangen bin, der wurde ja benannt, da wurdest du eingeladen, die hatten ja gar nicht so viele Vertrauensleute. Mittlerweile werden sie ja gewählt. Da kriegt man schon Vorstellungen, wenn du im Betrieb nicht mal sagen darfst, da sollen die Fenster überlackiert werden, die Dachfenster, oben, damit die Sonne nicht so reinscheint, da kriegste schon quasi Minuspunkte, da wirste schon schlecht angesehn! Da fragt man sich schon: hat der Unternehmer solche Macht, daß man nicht mal solche Vorschläge machen kann, die für den Menschen am Arbeitsplatz wichtig sind? Dann hab ich mal auf einer Betriebsversammlung gesprochen, da hat der Unternehmer, der Direktor da, gesagt, sie hätten einen guten Geschäftsabschluß gemacht. Da hamse noch so gestrunzt damit, da hab ich gesagt in ner Diskussion: »Na, dann würde es mal Zeit, wenn ihr so nen guten Geschäftsabschluß gemacht habt, daß ihr im Werkzeugbau für ne bessere Belüftung sorgt!« Da ham sie es so hingedeichselt, daß sie mich nachher zum Arzt hingeschickt ham. Der hat dann festgestellt, ich hätte zu viele weiße Blutkörperchen, äh, vielmehr zu wenig rote, drum würde ich immer müde, weil ich gesagt hab, durch den Staub, und die Hitze da drin wird man ja im Sommer müde. Und dann ham sie das so gelenkt! Und jetzt bin ich dann nachher zu meinem Arzt gegangen, weil ich mir gesagt habe, Mensch, die ham dich da hingeschickt, und auf einmal sollste ungesund sein, und im Gebirge müßte man ja bei Mangel an roten Blutkörperchen auch müde werden bei wenig Sauerstoff, ist ja die Schlußfolgerung, nicht. Und mein Hausarzt hat dann auch festgestellt, mein Blut wäre einwandfrei. Das sind dann so Momente, da biste auf so nen blöden Dreh drauf reingefallen. Da stehste dann schon unter Druck. Die wollen einen damit stille machen, daß man halt eben krank ist. Der Arzt hat mich ja auch nicht

krank geschrieben, der hat nur gesagt, ich hätte zu wenig rote Blutkörperchen, sonst nichts.
Im Dezember 1968 bin ich in die DKP eingetreten. Ich kam zu der Überzeugung, daß an der Situation des Arbeiters nur mehr die DKP was ändern kann, weil das Bewußtsein der SPD-Leute nur auf Anpassung hinarbeitet. Und ich möchte noch ganz konkret für mich was verbessern, nicht nur für kommende Generationen arbeiten. So eine konkrete Verbesserung ist z. B. das neue Betriebsverfassungsgesetz. Ich will zwar nicht sagen, daß das hervorragend ist, denn da ham die Unternehmer ja auch wieder gedrückt! Das liegt eben auch wieder an dem Bewußtsein der SPD-Mitglieder, die in der Gewerkschaft arbeiten. Aber einige Sachen ham wir doch verbessert. Z. B. die Wohnung. Sozialwohnung mit vier Zimmern, große Wohnung, die hätte ich nicht gekriegt, wenn wir das neue Betriebsverfassungsgesetz nicht hätten. Der damalige Abteilungsleiter hatte auf mich so nen Pick, bei ner Diskussion vor dem Meister hat der nämlich mal so ein Argument von mir gekriegt, wo er nicht drüberhüpfen konnte. Der hat mir auch gedroht, wenn ich jetzt nicht ruhig werde, dann würde ich rausgeschmissen. Also, als ich die Wohnung beantragt hab bei der Firma Siemens, hat der auf dem Zettel ne Bemerkung gemacht, ich sollte sie nicht kriegen. Einer, der Einsicht hatte in die Papiere, hat mir das gesagt. Jetzt hat aber der Betriebsrat Mitbestimmung über soziale Fragen durch das neue Gesetz, und der Betriebsrat hat zugesagt, und da konnten sie nichts dagegen sagen. Dadurch hab ich die Wohnung gekriegt.
Aber wir müssen das ja auch so sehen, daß unsere Kollegen gar nicht das Bewußtsein haben, das Betriebsverfassungsgesetz, was wir jetzt haben, voll auszukosten! Das liegt auch daran: Unsere Betriebsratskollegen, die sind bewußtseinsmäßig so weit, die sehen in dem Unternehmer noch immer einen Partner! Und nur, wo er mal schlecht ist, der Partner, da wird dann halt mal gegengearbeitet. Das hat man vielleicht auch schon spitzgekriegt im Betriebsrat, daß wenn die Anlagen nicht voll ausgelastet sind, dann haut der Unternehmer Kurzarbeit rein, dann braucht er die Arbeiter nicht zu bezahlen. Und in der Zeit wird nicht produziert, aber die Waren gehen weg. Also subventionieren wir quasi seine Anlagen, fährt er seine Anlagen auf unsere Kosten. Wir haben ja die Arbeitslosenversicherung, wo wir uns selbst von zahlen. Das sind doch Ungerechtigkeiten, wo man was gegen machen könnte.

Aber das Mitbestimmungsgesetz hat da praktisch überhaupt nichts gebracht. Wenn du schon im Aufsichtsrat ne Niederlage von 11 zu 9 einsteckst! Und selbst wenn er paritätisch wär, müßte man immer noch damit rechnen, daß das Kapital sogar einige Kollegen besticht!

Modellflug

Ernst Also, das Modellflugzeugbauen ist für mich erst mal ne Entspannung, z. B. flieg ich bei dem Modell mit. Ich sitz da drin, ich steuere, ich mach sämtliche Flugbewegungen wie bei nem großen Flugzeug, von Kind her bin ich flugbegeistert. Guck mal, stell dir doch mal vor, das ist doch genausogut ne wissenschaftlich-technische Revolution, daß der Mensch plötzlich in die Lüfte geht ohne Flügel. Das ist zwar nur ein Modellflugzeug, aber wenn ich das Geld hätte, dann würde ich richtig fliegen. Klar, ein Kommunist muß auch technisch revolutionär sein, und fliegen können ist für mich schon ne technische Revolution. Der Mensch muß doch die wissenschaftlich-technische Revolution beherrschen, also muß es auch Leute geben, die fliegen können. Dann sind da auch so viele technische Sachen drin in so nem kleinen Modell . . . Also, z. B. dieses Flugzeug da, da hab ich die Maße abgenommen, es mir selbst ausgesägt, es mir sicherer gebaut. Für so gekaufte, ausgestanzte Sachen bin ich nicht. Ich muß meine eigenen technischen Neuerungen da mit einbringen können. Dann macht das erst mal Spaß – ohne Bauen wär das Fliegen sowieso nichts.

Ich hab ein Motorflugzeug, ein Termiksegler und zwei Hangsegler. Einer davon ist Kunstflug, den hab ich aber in Dreck gehauen. Oben in Österreich, bei so nem Föhnsturm. Da ist er so nen Hang runtergeschossen, mit so ner Geschwindigkeit, hab ihn Rollen drehen lassen, da wußt ich nicht mehr, was oben und was unten war, hab ich gezogen, wie er am Rücken lag, klatsch in Hang rein. War er kaputt, aber ich mach ihn schon wieder in Ordnung. Ne, meine Kinder traun sich nicht an die Modelle ran. Erstens schimpf ich schon mal, wenn sie was kaputtmachen, aber auch wenn ich nur mal sag, so hättste es nicht machen sollen. Er hatte ja quasi sein eigenes Flugzeug gehabt, das hätte er auch in Dreck stecken können, aber er hat Angst davor, daß ich ihm sag, das hättste anders machen sollen. Na, es ist schon herrlich, das Fliegen, die Naturgewalten beherrschen. Z. B. ich schieß jetzt sonen

Segler mit so nem 50 m Gummiseil, da sind noch 100 m Perlonseil dabei, schieß ich jetzt rauf, und dann such ich das Gebiet nach Termik ab. Also, wos heiß und wos kalt ist. Und da, wo Aufwind ist. Da muß man ein unheimlich feines Auge für haben, dann kann man es sehen, sonst wär das ja gar nicht möglich, was zu finden. Das sieht man am Verhalten vom Flugzeug, dann hat man so ne Termikblase gefunden. Jetzt muß man das Zentrum finden, wo der stärkste Aufwind ist, und in dem Gebiet muß man möglichst eng, weil der Aufwind im Zentrum am stärksten ist, kreisen. Da mußt du das Flugzeug schon tatsächlich beherrschen, wenn du das machen willst. Und das geht dann 800 m hoch. Das könnte sogar so weit raufgehen, daß dus nicht wieder kriegst, daß es tatsächlich so klein wird, daß dus mit den Augen nicht mehr sehen kannst. Dann leg ich ihn meistens aufn Rücken, oder ich hab ne schnellere Maschine, die kann man dann schon mal im Sturzflug runterholen. Oder ein Landeanflug, das ist doch was Herrliches ... Ich bin ja da in einem Verein, da hab ich die Vereinsmeisterschaft gewonnen, mit der Unterschrift von der Goldrosi. Die ist nämlich Ehrenmitglied. Siehste, dadurch daß ich das so gut mit der Technik beherrsche, dadurch hab ich so quasi den Wettbewerb gewonnen. Ein Monstrum von Pokal hab ich auch noch.

FRANZ Wie kommst du mit denen politisch zurecht?

ERNST Ich tu da noch nicht politisieren. Die wissen zwar, daß ich Kommunist bin, das hab ich hintenherum erfahren. Da hat mir einer mal gesagt: »Mußte denn immer so politisch werden?« Da war ich gar nicht politisch geworden. Ne, aber ihnen das jetzt auf die Nase binden mit dem Kommunist sein, das wäre falsch, mit der Tür ins Haus fallen. Warum soll ich das? Was ändert sich daran, ob sies wissen oder nicht wissen? Natürlich, ab und zu wirds schon mal politisch. Wenns mal um die Fernsteuerung geht. Wo die Regierung 27,12 die Frequenz freigegeben hat fürn Sprechfunkverkehr. Was kann da alles mit passieren, nicht? Wenn plötzlich so ne Anlage gestört wird, und dann kriegt jemand ein Flugzeug auf das Haupt. Der kann tot sein, nicht. Und deswegen find ich das ne Unverschämtheit, daß so ne Regierung einfach so ne Frequenz freigibt, wo sie genau wissen, da fliegen die Modellbauer.

FRANZ *lacht* Würdest du, wenn es die Partei von dir verlangen würde, die Modellfliegerei aufhören?

ERNST Ne, da würd ich eher austreten. Ich bin ja nicht nur Kommunist, sondern ich bin ja auch Mensch. Vielleicht deswegen auf der anderen Seite wieder Kommunist, z. B. wie ich Tiere fotografiert hab, das ist auch ne Anregung für mich gewesen, Kommunist zu sein, denn unter den jetzigen Verhältnissen, guck dir das doch mal an, was das für eine Sauerei ist mit den Gebieten! Die verschiedenen Moore hier gehörten doch längst unter Naturschutz gestellt. Und da wird überhaupt nichts gemacht, die werden entwässert. Und weil wir am Rande von so nem Moor unseren Modellflugplatz haben, schiebt man uns noch in die Schuhe, wir würden im Moor Unruhe stiften. Aber daß das Moor entwässert wird, davon wird nichts erwähnt. Die wolln uns da weghaben, nur weil so ein Großkopferter, ehemaliger Kruppdirektor, droben am Osterbuchberg wohnt und die Modellflieger von da weghaben will.

FRANZ Als DKP-Mann gehst du mit deiner Parteizugehörigkeit an die Öffentlichkeit. Ist es da nicht ein bißchen feig, sich auf dem Marktplatz, wo mich keiner kennt, als DKP-Mann hinzustellen, aber im Verein, wo mich jeder kennt, da bin ich still?

ERNST Wenn ich jetzt hergehen würde und sagen, meine lieben Leute, hier bin ich, ich bin Kommunist! Ja dann würden sie sagen, was willste denn hier im Verein? Du bist doch erstmals wegen dem Modellbau hier. Nur das interessiert die. Alles, was mit dem Modellbau politisch wird, da vertrete ich die Meinung, auch die der Partei. Da brauch ich noch nicht zu sagen, daß ich Kommunist bin, um vorzubeugen, daß sie nicht eventuell voreingenommen sind.

Ich diskutier auch über andere Sachen, wenn wer anfängt, dann diskutier ich mit. Dann geb ich mich auch als DKPler zu erkennen, innerhalb der Diskussion, aber nur innerhalb. Aber das kommt äußerst selten vor, und ich kann ja nicht hergehen und mit den Leuten politisch diskutieren, wenn die da am Fliegen sind. Da sagen se, hier, du spinnst wohl, mach daß du weiterkommst. Aber z. B. einer, der ist hier in der Nähe, der ist arbeitslos, der mußte die Stellung aufgeben, weil er unheimlich Bandscheibenschwierigkeiten hat, der geht auch schon so nach vorne gebeugt, obwohl er noch gar nicht so alt ist, der kriegt nirgendswo ne gescheite Arbeit, jetzt schult er um auf Feinmechaniker, mit so Leuten, da kann ich mich politisch unterhalten, die haben ihre Probleme, und in dem Moment wirds nämlich politisch.

Stichworte

1. Dissidenten

Als erstes, muß ich mal sagen, kenn ich die Sowjetunion nicht so genau, daß ich darüber ein Urteil abgeben könnte. Aber diejenigen, die aus der Sowjetunion rausgekommen sind, wie Solschenizyn und so weiter, sind ja schon etliche, machen eine Politik, die sich gegen den Arbeiter richtet. Die Feststellung habe ich gemacht. Deswegen kann ich die Leute nicht vertreten. Und daraus muß mir wieder als Arbeiter das hervorgehen, daß in der Sowjetunion eigentlich ne arbeiterfreundliche Politik gemacht wird. Leute wie Solschenizyn müßten doch jetzt sich für Gewerkschaftler oder SPDler einsetzen, wenn er sich für die Schwachen einsetzen will. Oder er müßte verurteilen, was in Chile passiert ist. Tut er doch nicht. Solschenizyn hielt z. B. das faschistische Spanien für nen guten Staat.

2. Bedarf und Bewußtsein

Wie kann es im Kapitalismus z. B. Versorgungsengpässe geben, wenn die Preise anklettern, und der andere kann es sich nicht kaufen? Dann tritt der Versorgungsengpass doch gar nicht zutage! Wenn keine Kartoffeln da sind, dann steigen die sozusagen nach Angebot und Nachfrage, und damit hat sich die Sache.
Was ist z. B. daran so schlimm, wenn ein Land irgendwelche Probleme hat. Man hat z. B. die Getreidemißernte hier in der Bundesrepublik so hochgespielt. Die sollen doch mit ihren Problemen fertig werden, jeder Mensch, der politisch erzogen ist, der wird sich, wenn irgendwo ein Problem auftaucht, da engagieren und wird da reingehen, wo er leben muß. Warum schaun wir eigentlich immer zur Sowjetunion und zur DDR, warum sehen wir nicht die Probleme im eigenen Land und fassen da an! Im Betrieb spricht man mich auch gern drauf an. Die sagen: »Du lebst hier wie die Made im Speck, und predigst von der DDR.« Ich sag: »Erstens predige ich nicht von der DDR, ich möchte hier verändern. Was ich hier schlecht ansehe, das pack ich einfach an.« Außerdem hat eigentlich hier in Bayern sich mein Bewußtsein so geändert, wie ich das möchte. Wenn ich jetzt tauschen sollte, ich würde jetzt in der DDR leben oder im Ruhrgebiet, würd ich genausogut in der DDR leben können, vielleicht sogar noch besser. Aber wenn ich hier Bayern seh, die Landschaft und so, die möcht ich mit der

DDR-Landschaft nicht vertauschen. Und die andere Sache ist: Mir gefallen auch die Menschen, ob das jetzt im Ruhrgebiet ist oder in Bayern, das muß man ja auch bedenken. Was kann ich denn noch dazu sagen – ich bin hier groß geworden in der Bundesrepublik, soll ich sie verlassen?

3. Zensur

Also, es geht doch darum, die Leute so zu informieren, daß sie wissen, auf welcher Seite ihr Brot gebuttert ist. Wenn man damit argumentiert, daß das die Leute von vorneherein wissen, ohne besondere Kenntnisse, dann ist der Faschismus ganz klar im Sinne der Leute gewesen. Denn die Leute ham ihn gewählt. Aber er hat ihnen geschadet. Also ist das Unwissenheit. Bert Brecht hat z. B. mal gesagt: Ich kann niemanden an ein Klavier setzen, der das Klavierspielen nicht vorher gelernt hat, da wird nichts bei rauskommen. Das muß man vorher lernen. Und ich kann tatsächlich nur Leute an ein Klavier setzen und auch Politik machen lassen, die gelernt haben, ihre eigenen Interessen zu vertreten. Und in dem Moment, wo sich eine Zeitung wie z. B. die »Bildzeitung« gegen die Interessen der Leute richtet, bin ich in jedem Falle für Zensur.

4. Diskussion

Ich kann mich mit dir nicht so gut und so konkret über politische Dinge unterhalten wie mit den Leuten im Betrieb. Du hast ja nicht die Probleme. Du hast nen Arbeitsplatz nicht zu verlieren. Deswegen fragst du ganz anders. Du diskutierst nicht so mit mir wie die Kollegen. Z. B. im Betrieb hat einer zu mir gesagt, ich wähl nicht die DKP, weil die genauso fürn Barras sind wie die hier bei der Bundeswehr und vor allen Dingen in der DDR. Da kann ich dann drauf antworten: Wer hat denn Interesse am Militär? Wir als Arbeiter bestimmt nicht. Und warum haben die sozialistischen Staaten Militär? Warum hat z. B. die Sowjetunion 3 Jahre Wehrdienst? Und da konnte ich ihm dann plausibel machen, die Sowjetunion hat soundsoviel Grenze, aber die stellt doch nicht Soldaten dahin umsonst, die ja bezahlt werden müssen. Bei uns zahlen wir ja die Rüstung und auch die Soldaten. Und der Unternehmer macht mit der Rüstung Profit. Weil ihm die Produktionsmittel gehören. Aber weder der Arbeiter bei uns noch der in der Sowjetunion profitiert von der Rüstung. Also, die-

jenigen Leute, die da Profit dran haben, werden dafür sorgen, daß die Rüstung erhalten bleibt.
So konnt ich ihm das sagen. Dann ist er gegen den Paragraph 218, daß der abgeschafft wird. Aber auf der anderen Seite hat er mal gesagt, das muß alles freier sein, der Mensch darf nicht so bevormundet werden. Hab ich ihm gesagt, siehste, und du willst die Menschen bevormunden, ob sie ein Kind austragen wollen oder nicht. Ich sag, die Möglichkeit muß dem Menschen ja offenbleiben. Und dann sagt er, für ihn wäre die SPD wesentlich besser ...
Ich sag ihm: Aber denk doch mal an deine Töchter. Wenn die groß sind, hast du die Sorge um ne Lehrstelle, ob sie unterkommen oder ob sie dir noch lange auf der Tasche liegen. Du weißt nicht mal genau, ob der Betrieb noch weiter investiert, sich das Geschäft für den noch lohnt. Du hättest aber mit der Mitbestimmung, ner mindestens paritätischen, die Möglichkeit, darauf Einfluß zu nehmen. Wer hat dir das denn jetzt versaut? Das war doch die SPD! Da hab ich ihm das Schmidt-Zitat vorgehalten: Die Gewinne von heute sind unsere Investitionen von morgen und unsere Arbeitsplätze von übermorgen. Hab ich ihm das so rumgedreht: Unsere Gewinne von vorgestern sind unsere Investitionen von gestern und unsere Arbeitslosen von heute.
Wenn man so mit seinen Kollegen diskutiert, können sie nicht mehr aus. Ich mein, die wählen nicht gleich die DKP, aber man gibt ihnen doch Denkanstöße.

Drei Wünsche

ERNST Politischer Art? Ach so, allgemein. Also, als ersten könnt ich sagen, wenn die Arbeiter selbst zu bestimmen hätten über die Produktionsmittel. Dann wären zwar nicht alle Sorgen weg, aber wir könnten uns selbst helfen. Und das Gespenst der Arbeitslosigkeit wäre, glaub ich, äußerst minimal. Das wäre der erste Wunsch. Der zweite, daß es keinen Krieg gibt, nicht, wie es auch aussehen mag. Und als dritter Wunsch, daß die Familie hier gesund bleibt, und daß man lange Schaffenskraft hat. Das halt ich für äußerst wichtig. Ich möcht auch nach 65 noch arbeiten. Nicht für den Unternehmer, sondern dann möcht ich für mich arbeiten! Da hab ich auch schon Ziele vor Augen, sogar schon in der Beziehung.
FRANZ Und was ist da der wichtigste Wunsch?

ERNST Dann würd ich sagen, die Gesundheit. Wenn man selbst noch Aktivität hat, kann man noch was auf die Beine stellen. Wir sagen ja auch innerhalb der Partei: ein toter Kommunist ist ein schlechter Kommunist, nicht?

Frau Lisa

LISA Also, ich wollte nicht, daß mein Mann Plakate mit seinem Foto in Traunreut zur Wahl aufhängen läßt, weil mir das zu genierlich war. Ich mein, die wissen ja alle, daß er so ist, aber wenn ich dann da dran noch vorbeigehen muß, dann mein ich immer, alle Leute starren mich an . . . und sagen, da, da, das ist die Frau von dem Kommunisten. Ich mein, ich weiß ja, wie das hier in Traunreut ist. Ich hab jetzt kürzlich mit ner Frau im Haus geredet, und ich sagte der, ich hab das Gefühl, weil mein Mann sich politisch betätigt, gucken manche Leute dumm. Eigentlich spreche ich ja gar nicht darüber, aber weil wir grade politisch über was gesprochen hatten, kamen wir drauf. Da sagt se, ja, mein Mann, der ist auch schon gekommen, da ham se im Betrieb auch schon gesagt gehabt, du kennst den doch auch, der ist Kommunist, und da soll ihr Mann angeblich gesagt haben: »Nun laß mal, der ist ganz in Ordnung, ich kenn ihn persönlich. Der ist halt eben Kommunist, und du bist schwarz!« – Was soll ich denn da machen, ich könnte das meinem Mann sowieso nicht ausreden, das ist seine Sache. Aber ich hab immer Bedenken, wenn später mal was ist, daß sie ihn dann wegholen. Gott sei Dank war bei den Kindern in der Schule noch nichts deswegen.

Pause

Ne, wissense, bei uns zu Hause war nämlich genau dasselbe Theater. Das ging auch immer um Kirche und Politik. Mein Vater war Kommunist. Und ich hab in der Schule oft erlebt, daß sie mich drangsaliert haben während der Nazizeit. Besonders der Direktor. Wenn ich mal zu spät kam, kriegte ich oft solche Ohrfeigen, daß ich vor die Wand flog. Andauernd mußte ich nachsitzen. Und auch die Lehrer, immer kriegte ich Ohrfeigen. Dann war ich sowieso so ängstlich und hatte so Hemmungen, schon allein wegen meinem Zuhause. Das war nicht so besonders. Meine Eltern verstanden sich nicht gut. Immer unter Druck gestanden von zu Hause aus, und jetzt hab ich gesehen, ich komm in die Schule, da werd ich dann auch noch geschlagen, . . .

Franz Wieviel Kinder wart ihr eigentlich?

Lisa Wir waren zu dritt, ich hab einen Bruder und eine Schwester.

Franz Was waren Ihre Eltern von Beruf?

Lisa Mein Vater, der war Stukkateur aufm Bau. Der hat rundrum in Essen gearbeitet. Meine Mutti hatte keinen Beruf. Die war aus nem Hause, die hatten neun Kinder. Sie war die Älteste, und weil der Vater und der älteste Bruder im ersten Weltkrieg gefallen waren, mußte sie für alle arbeiten gehen, und sie hatte nichts gelernt.

Pause

Und dann konnte meine Mutter nicht richtig wirtschaften, das ging ihr auch zum Verhängnis, hat sie oft Schulden machen müssen. Mein Vater ist dann später dahintergekommen, wenn im Geschäft Leute gekommen sind und haben ihm ne Rechnung vorgelegt, dann gings rund zu Hause, dann hat meine Mutter Prügel bezogen. Sie hat schon allerhand mitmachen müssen. Mein Vater hat zu mir gesagt, ich habs im Guten versucht, hat nicht geklappt. Da hat er ne Zeitlang die Hausführung gemacht, hat er eingekauft und alles, da war dann immer alles da. Aber bei meiner Mutter, die hatte so ein großes Herz, wenn die mal keine Lust hatte einzukaufen, dann schickte sie Kinder, und dann gab es für einen Liter Milch, der war ja früher nicht teuer, gab sie ne Mark Trinkgeld, und so ging das. Also die gab das letzte . . .

Franz Leben Ihre Eltern noch?

Lisa Nein. Mein Vater ist 53 gestorben, meine Mutter 58. Beide an Krebs.

Franz Was haben Sie für eine Ausbildung gemacht?

Lisa Ich hab die Volksschule gemacht, und dann bin ich als Arbeiterin gegangen.

Franz Warum haben Sie keine Lehre gemacht?

Lisa Kann man, wenn man aus dem 6. Schuljahr entlassen wird, ne Lehre machen? Wir hatten doch zwei Jahre keine Schule, die war doch zu. Das war 44/45, wegen dem Krieg. Da sind wir meistens draußen rumgelaufen, und dann sind wir auch evakuiert worden. Dann waren wir zeitweise in Süddeutschland, dann bin ich da mal wieder ein paar Monate zur Schule, dann gings wieder nach Hause . . . Außerdem war ich als Kind immer krank, und da bin ich im ersten Schuljahr deswegen zurückgesetzt worden, und deswegen sind dann auch die Kinder immer hinter mir her und haben mir allerhand nachgerufen, und wenn einer empfindlich ist, der reagiert da drauf. Und da hatte ich dann gar kein Selbstvertrauen mehr. Ich hätte gerne als Bedienung gearbeitet oder als Verkäuferin, da hatte ich immer Spaß dran, aber ich hatte nie den Mut dazu. Mein Vater, der wollte unbedingt, ich sollte Schneiderin werden, es sollte wenigstens einer was lernen. Aber ich hatte kein Selbstvertrauen, und dann war ich linkshändig. Ich hab immer gemeint, ich hätte dann Schwierigkeiten, wenn ich dann in ner Lehre wäre. Mein Vater hatte mich schon angemeldet bei ner Schneidermeisterin, aber ich bin nicht gegangen. Ich hab gesagt, ich geh zur Fabrik. Und dann bin ich in Fabriken gegangen die ganzen Jahre. Ich war in neun Fabriken. Wenn mir irgend etwas nicht gepaßt hat oder ich kriegte zu wenig Geld, hab ich halt aufgehört. Ich hab immer gearbeitet, mal als Federkernmacherin, dann als Stopferin, dann war ich in ner Türschloßfabrik, im Akkord: 48 Pf die Stunde! Aber das erste Jahr war ich im Haushalt, da mußt ich ja noch Pflichtjahr machen, das war 49, da war ich eindreiviertel Jahre dort. Dann hat mir das nicht mehr gepaßt, weil die da so komisch zu mir waren, wenigstens die Kinder in dem Haus. Das waren zwei Mädchen, die eine war ganz nett, aber die andere, die war so gehässig geworden. Wir hatten zu Haus wenig, es gab auch nach dem Krieg wenig und auch während des Kriegs, und ich hatte nur zwei Sachen, daß ich grade wechseln konnte! Und da sagte die eine: Wie ich aussähe! Wie ich rumliefe! Ich sollte lieber mal sehen, daß ich was Vernünftiges zum anziehen kriegte. Und der ihr Vater war ein Geschäftsmann. Der hatte acht Häuser und ne große Schreinerei, und da bekam ich im Monat 40 Reichsmark zu der Zeit. Und nach der Währungsreform bekam ich dann 20 Mark. Und da bin ich natürlich dann wütend geworden. Also, da hab ich meinen Mund aufgemacht. Weil ich hab da geschuftet wie eine Irre. Ich bin morgens um 7 angefangen, und dann hab ich alles machen müssen, den ganzen Haushalt.

FRANZ Was war das denn für eine Einrichtung, das Pflichtjahr?

LISA Das weiß ich auch nicht, ich hab immer nur gehört »Pflichtjahr«. Mein Vater ist auf die Idee gekommen. Weil ich nun nicht lernen wollte, nicht als Schneiderin gehen wollte, hat er gesagt, wenn ich schon das nicht machen wollte, dann gehst du in den Haushalt. Dann hat er mir die Stelle besorgt.

ERNST Aber das hat nichts mit dem Pflichtjahr zu tun. Das gabs nur während der Nazizeit. Da mußte man sich, wenn man aus der Schule kam oder noch aufs Gymnasium ging, zu einem bestimmten Alter mußte man sich verpflichten, vielleicht aufm Bauernhof arbeiten oder in ner Fabrik oder auch schon mal in nem Haushalt, eben an dem Platz, wo sie Leute brauchten. Aber das gab es nach dem Krieg nicht mehr.

LISA Also, mein Vater hat das bei mir so genannt, diese Arbeit im Haushalt.

FRANZ Und was mußten Sie da machen?

LISA Alles. Das ganze Haus. Und das mit 15 Jahren! Waschen, da ließ sie mich nicht gerne ran, weil sie Angst hatte, ich würde ihr die Wäsche verderben. Aber kochen. Brauchte ich auch nicht viel, das hat sie meistens gemacht. Aber wenn Sie Wäsche hatte, dann mußte ich kochen. Dann gabs meistens immer Eintopf. Aber sonst, wenn da Fuhren ankamen mit Holz und die Lehrlinge nicht da waren, dann mußten die Tochter und ich die großen langen Bretter aufstapeln, und zwar oben im Trockenraum. Und im Haus, da hab ich geputzt, das ganze Haus in- und auswendig, ich mußte Teppiche klopfen, dann hab ich Abfall holen müssen, die hatten drei Ziegen, und die hatten über 30 Mieter, bei denen mußte ich dann Abfall holen gehen. Ich mein, die Tochter, die Älteste, die hat mir dann schon geholfen, aber die war im Hockeyverein, und da sagte sie, geh du für mich hin, damit die Mutter nichts merkt, dann bin ich gegangen. Was mußte ich noch machen, Pinkelpötte ausspülen und et cetera noch andere Sachen. Und das Schönste war, wenn meine Freundin dann mal kam, mittags, hätt ich doch regulär auch ne freie Stunde haben müssen. Die gabs aber nicht, ich hab durcharbeiten müssen bis abends um halb neun. Am ersten Tag, wenn ich daran denke, als ich da angefangen bin, da mußte ich in der Küche essen, ganz allein, und die aßen im Wohnzimmer. Dann war er damit nicht einverstanden, hat er gesagt, die kommt rüber, und dann mußte ich drüben mitessen. Dann hat er noch die Bemerkung gemacht, sie sollten sich mal ein Beispiel nehmen. Ich könnte besser mit Messer und Gabel essen als seine eigenen Kinder. Als wir dann Mittag gegessen hatten, dann legte er sich hin und sie legte sich hin, und ich mußte dann spülen und alles aufräumen, dann hab ich das Büro geputzt. Und dann hab ich mich mal so beeilt, da hab ich mir gedacht, dann gehste auf dein Zimmer und ruhste dich ein bißchen aus - zwei oder dreimal ist das passiert – und dann bin ich eingeschlafen bei. Hat die bald die Türe eingeschlagen, so gedonnert hat die davor: Was ich da machte? Hab ich gesagt, ich wär eingeschlafen. Das gibt es aber nicht, sagt sie, das gibt es nicht. Da hat die mir jeden Mittag irgendeinen anderen Auftrag gegeben, was ich noch machen mußte, nur damit ich nicht einschlafe. Ja, und dann war ich das irgendwann leid. Dann hab ich zu meinem Vater gesagt, hab ich das so gedeichselt, hab ich gesagt: »Wenn ich da noch länger bleibe, bekommen wir ein Zimmer abgenommen vom Wohnungsamt.« Weil damals ja noch Wohnungsknappheit war. Ich weiß nicht, ob mir mein Vater das abgenommen hat, aber so raffiniert war ich schon. Hat er gesagt, na ja, wenn das so ist, dann kommste eben wieder nach Hause. Da hat er natürlich so ein Gesicht gezogen.

FRANZ Aber ich versteh das nicht, daß Ihr Vater als Kommunist seine Tochter ausgerechnet in so einen absurden Job wie in den Haushalt schickt?

LISA Er hat das deshalb gemacht, weil er mich zu einer guten Hausfrau erziehen wollte. Weil meine Mutter nun nicht so gut war im Haushalt, wollte er das so haben. Und ich hab ja auch meine Lehre daraus gezogen.

FRANZ Inwiefern?

LISA Ach ja, durch die Frechheit von dem Mädchen, weil die ein paarmal gesagt hat, wie ich rumliefe, und da hab ich mich nachher zur Wehr gesetzt. Ich hab natürlich geheult, und als die Älteste nachher kam, was ich denn hätte, wollt ich es erst gar nicht erzählen. Dann hatse gesagt: »Komm, sag mir doch, was los ist!« Und da hab ich ihr erzählt, daß die Jüngste gesagt hätte, also, ich wär dreckig und so, und daß ich gesagt hätte, also, ich mach alles für euch, muß ich mir so was gefallen lassen?! Ich sag, ich hab zwar nicht viel, aber ich bin sauber. Das kann mir niemand nachsagen. Und dann hab ich auch noch zu dem Mädchen gesagt, wenn du so großen Wert drauf legst, dann kannst du ja deinen Eltern sagen, sie möchten mir mehr Lohn geben, dann kann ich mir auch Sachen kaufen. Denn damals gab es ja nicht viel für 20 DM. Ich war damals auch im Wachstum, ich brauchte nen BH, ich braucht nen Hüfthalter, damals war das ja so Mode, nicht, ich hab mir nen Hüfthalter gekauft, da waren acht, neun Mark weg. Und zehn Mark mußte ich daheim abgeben. Was hab ich denn da noch gehabt? Dann bin ich noch mal ins Kino gegangen, mehr hatte ich nicht, dann war das Geld weg. Aber sie gab mir dann einmal in der Woche nen Liter Milch nach Hause von den Ziegen. Die Lebensmittelkarte hat sie mir auch gelassen, die konnte ich dann zu Hause abgeben.

FRANZ Was haben denn in der Zeit, als Sie da gearbeitet haben, Ihre Eltern gemacht?

LISA Das war also um 49, 50 rum. Na ja, mein Vater, der ging arbeiten, aber er war ziemlich krank. Der war oben in Belgrad gewesen, bei der Polizei, und dann hat er Nervenlähmung bekommen und ist ins Lazarett gekommen.

FRANZ Also, Ihr Vater war als Kommunist bei der deutschen Besatzung in Belgrad?

LISA Als Reserve. Und da mußte er als Polizist so viel fahren, und da hat er zuviel getrunken und kriegte diesen Nervenzusammenbruch. Das war doch so, die konnten sich zur Wehrmacht melden oder nicht, die Kommunisten. Aber mein Vater ist deshalb dorthin gegangen, weil bei uns mal ein ganz großer Krach war bei meinen Eltern. Um Geld. Da hat meine Mutter zu meinem Vater gesagt, ich hätte gesagt, ich wär froh, wenn der Alte tot wär. Und daraufhin hat er sich zur Wehrmacht gemeldet. Ich hab aber auch nichts anderes gehört zu Hause. Meine Mutter, die hat immer nur gesagt zu mir, also wennse Krach hatten, dann sagte sie zu mir, hoffentlich gehst du mit dem Alten bald kaputt. Dadurch daß die sich dann immer wieder gekracht haben, hab ich dann auch gesagt, ich wollt, der Papa wär tot. Und darauf hat er sich dann gemeldet. Ich war natürlich ... Ich hing an meinem Vater, und mein Vater auch ... Obwohl er so streng war. Das hat er scheinbar nicht verkraften können, und da hat er sich gemeldet. Und da ham die ja da oben gegen die Partisanen gekämpft, und da hat er natürlich viel getrunken, und wenn er dann auf Urlaub kam, dann ham wir vorher immer schon gezittert ...

FRANZ Er hat gegen die Partisanen gekämpft?

LISA Was heißt ... gekämpft nicht. Er war da irgendwie als Geschirrmeister und mußte Sachen holen im Lastwagen, und dann wurden da ja immer irgendwelche Brücken gesprengt, und wenn die da einen Deutschen umgebracht hatten, dann wurden soundsoviele erschossen.

FRANZ Das muß doch für einen Kommunisten ein recht trauriger Job gewesen sein?

LISA So wie er erzählt hat, muß er mal einen laufenlassen haben. Muß ein guter Mann gewesen sein, und bei dem ging er auch ein und aus. Und der ist nachher selbst von seinen eigenen Landsleuten ermordet worden. Weil die angenommen hatten, der hätte irgendwie spioniert oder was. Aber da war mein Vater schon im Lazarett gelegen, am Inn, in Wasserburg. Er hatte auch noch Zucker dann, und wie er heimgekommen ist, hat er sich die ganzen Jahre so über Wasser gehalten, dann war er ausgesteuert, dann mußte er wieder ein paar Monate arbeiten, damit er wieder Krankengeld bekam, damals hat er noch keine Rente bekommen, und dann mußte meine Mutter mitarbeiten, war den ganzen Tag in ner Gärtnerei, da hab ich dann ab und zu mal im Haushalt mithelfen müssen, und mein Vater, der war immer sehr genau im Arbeiten, beim Putzen auf ein Quadratmeter Boden ein Eimer Wasser . . .

FRANZ War er nach dem Krieg dann auch noch in der KPD?

LISA Ne, die wurde doch dann verboten, dann hat er mir gesagt, wie ich nachher 18 wurde, wenn du ne Partei wählst, dann nur die SPD! Das ist noch die Arbeiterpartei. Die kann man noch wählen. Das hat er mir gleich gesagt. Und ich hab von der Zeit an immer die SPD gewählt. Dann war ich auch bei den Falken, weil ich so ruhig und zurückhaltend war und nie rausgegangen bin, und das ist meinem Vater aufgefallen, daß ich so alleine war immer, und dann hat er mich so richtig stupsen müssen, daß ich überhaupt da reingegangen bin. Als ich dann nachher warmgeworden war bei den Leuten, da hab ich keinen Abend versäumt, da bin ich immer hingegangen. Ich hab mich da ganz wohl gefühlt.

Lisas Jahre in den Fabriken

FRANZ Also, Sie sind dann 1950 von diesen Leuten weggegangen, wo Sie im Haushalt gearbeitet haben. Wo sind Sie dann hingegangen?

LISA Dann bin ich auf ne Holzfabrik gegangen, da mußte ich Leisten kleben in so ner Musterabteilung. Die Leisten wurden da oben zerkleinert, und dann mußten wir die schleifen, dann wurden die auf so Paten geklebt, als Musterpate. Da bin ich aber nachher entlassen worden, weil wir waren Saisonarbeiter, und der Vorarbeiter hätte mich gerne behalten, weil er zufrieden mit mir war, aber er konnte mich nicht halten. Außerdem hab ich gedacht, es hat keinen Zweck, und ich verdien auch zu wenig. Ich weiß nicht genau, was ich da gehabt hab, ich glaub, 40 Pf pro Stunde. Und dann bin ich in ne andere Firma . . .

FRANZ Wo haben Sie denn in der Zeit gewohnt?

LISA Zu Hause, immer zu Hause. Ich war als erste immer bestrebt, aus dem Haus zu kommen, aber es ist mir nicht geglückt.

FRANZ Wie war denn in der Zeit das Verhältnis zwischen Ihren Eltern?

LISA Die ham sich halt gestritten und gestritten . . . ich hab nie was sagen können, weil ich ja solche Angst hatte – vor meiner Mutter hatte ich keine Angst, im Gegenteil, da bin ich immer hingegangen, wenn ich Probleme hatte. Aber mein Vater war eine Autorität. Zu der Zeit hat er uns Kinder zwar nicht mehr geschlagen. Mein Bruder hat erzählt, daß er mal mit nem Strick verhauen worden ist, wie er kleiner war. Meine Schwester, die ließ sich nicht vertrimmen, die war frech. Wenn er da sagte, du bist heute um 8 zu Hause, dann kam sie erst recht nicht nach Hause.

Naja, also dann bin ich in die Schloßfabrik gegangen, und da bekam ich auch so 42 oder 43 Pf. Und da hat mir das nicht gepaßt. Meine Arbeitskollegin, die hat gleich nach drei Stunden aufgehört, und ich hab drei Tage später aufgehört. Da hats mir nicht gefallen, erst mal das ganze Klima da und auch so dreckig . . . und dann mußte ich auch noch mein Fahrgeld selber bezahlen, das war mir dann zuviel. Dann ham wir uns bei ner anderen Firma beworben, das war so ne Roßhaarspinnerei, da bekam ich dann 62 Pfennig, da war ich dann so 2 Jahre. Da wurden Roßhaarmatratzen hergestellt, und zwar mit Gummi verarbeitet. Und ganz zum Schluß war ich Vorarbeiterin da und hatte 82 Pfennig. Hab ich aber dann nicht mehr gemacht, weil ich gemerkt habe, daß ich immer hinter die Leute sein mußte. Ich sollte aufpassen, wann die zur Arbeit kamen, wann die stempelten, ob sie auf Toilette gingen. Das hat mir nicht gepaßt. Dann hab ich auch gesagt, ich mag das nicht mehr. Hat der Meister gesagt:»Entweder halten Sie zu uns oder . . .« Ich mach das nicht mehr, hab ich gesagt. Dann hab ich mich um ne andere Stelle beworben, da lernte ich nen Mann kennen, der war verheiratet, der wollte mir ne Stelle geben, ich war aber dagegen, weil ich nicht irgendwie bevorzugt werden wollte, ich wollte genauso behandelt werden wie alle anderen. Aber er hat mich so beredet und bearbeitet, und mein Vater war auch dagegen, weil er gesagt hat: »Die Firma taugt nichts, da arbeiten nur Lumpen und Gesindel, du gehst da nicht hin!« Dann

hab ich ihm das aber schmackhaft gemacht, ich verdien da viel, und dann bin ich da hin. Aber so, wie ich mir das gedacht hab, ist es dann auch geworden. Dann ist ein Gewerkschaftler zu mir hingekommen und wollte mich aufnehmen, aber ich hab gesagt: »Ach ne, ich überleg mir das noch mal!« Der ließ mir nachher keine Ruhe, weil der hat das dann spitz gekriegt, mit mir und dem Vorgesetzten, und der wollte da wahrscheinlich Druck ausüben, und er kam immer wieder, ich sollte doch in die Gewerkschaft eintreten. Da bin ich nachher gehässig geworden, weil er dann gar keine Ruhe mehr gelassen hat, hab ich gesagt: »Für das Geld hau ich mir mal lieber die Wampe voll: Die bauen sich da große Häuser hin, und wir sollen für die zahlen.« Dann ist er gehässig geworden und hat gesagt: »So Leute wie ihr, die nicht in der Gewerkschaft sind, die werden später mal keine Arbeit mehr finden, die werden wir mal überhaupt nicht mehr reinnehmen.« Das war so ein ganz Brutaler.
Auf jeden Fall hat mein Freund dann dafür gesorgt, ich sollte Löhne ausrechnen für die Abteilung. Aber ich wollte das nicht, weil unsere Geschichte war bekannt und dann das Gerede... Außerdem waren da Frauen in anderen Umständen, die hätten den Platz eher haben müssen als ich. Also, ich hab da Federkerne gemacht, eigentlich weiß ich gar nicht, warum ich dahin mitgegangen bin, weil ich wollte das ehrlich nicht. Aber er hat mich einfach überredet.
Auf jeden Fall mußte ich dann plötzlich doch rauf ins Lohnbüro, dann hatten die mich aber dort schon auf dem Kieker gehabt. Und zwar aus dem einfachen Grunde: Im Lohnbüro hatten die da irgendwie Schmu gemacht. Und wahrscheinlich wußte er das. Er war da ja Abteilungsleiter. Und da war dann mal Kameradschaftsabend oder Betriebsfest, und dann hat der aus der Lohnbuchhaltung gesagt: »Wenn wir jetzt ne Betriebsfeier machen, dann lassen wir ordentlich was springen. Wir haben ja auch immer so viel Arbeit und müssen uns immer so plagen!« Da hab ich gesagt, ja wenn ich mal Zeit hätt, dann würd ich sie bedauern. Dann hat er gesagt, ich soll mal nicht so zynisch sein. Und das war denen ja ne Freude. Die ham ja nur da drauf gewartet, daß ich da rausfliege. Die hatten scheinbar Angst, ich hätte irgend etwas gewußt. Ich hab ja nachher erfahren, daß die soundsoviel Arbeiter weitergeführt haben in ihren Büchern, die in Wirklichkeit schon entlassen waren, und die ham deren Lohn eingesteckt.

Und deshalb waren die dann froh, daß ich nachher nach Velbert ging. Velbert bei Düsseldorf, da hatten die nämlich noch ne Fabrik. Mein Freund ist dahin gegangen, und da bin ich mit. Da hab ich ne Zeitlang gearbeitet, und da hat das auch nachher Spaß gemacht, und wenn der dann zu mir kam, das war mir so unangenehm, ich konnte das nicht vertragen, weil es waren ja immer Leute da, die aufpaßten.

Er hat zu mir gesagt, wenn du Essen haben willst, kommste zu mir rüber, ich hab n Henkelmann, ich geb ihn dir. Der wollte mich da haben im Büro. Dann hab ich denn da gesessen und mußte da mein Essen essen. Ich sag: »Wär es nicht besser, wenn ich wieder an meinen Platz gehen würde? Die Leute reden schon.« – »Ach, Quatsch!« Dann war plötzlich mal der Betriebsleiter gekommen, und dann ist ein Arbeiter gekommen, der hat mich darauf aufmerksam gemacht, ich sollte schnell aus dem Büro gehen, der wäre da. Und da hab ich das so gemacht, ich bin rausgegangen, in den Umkleideraum, meine Sachen zusammengepackt, bin nach Haus gegangen. Hab gar nichts mehr gesagt. Ich hab nicht gekündigt, nichts. Bin eben weggegangen. Weil das war mir zu dumm. Dann kriegte ich nach vier oder fünf Wochen die Kündigung zugeschickt. Dann bin ich ins Büro gegangen und hab meine Papiere geholt. Aber was ich den Leuten da alles gewünscht habe, das glauben Sie nicht.

FRANZ War damit die Geschichte mit Ihrem Freund auch zu Ende?

LISA Ne, das ging noch weiter. Das ging noch so lange weiter, bis ich meinen Mann kennengelernt hab. 9 Jahre hab ich für den geopfert. Mein Vater, der lebte ja zu der Zeit noch, der hat das wohl auch gemerkt mit dem Mann. Ich war ja noch so jung, ich war irgendwie anlehnungsbedürftig, das müssen Sie verstehen. Ich war damals in dem Alter, und ich war eigentlich dagegen. Ich wollte gar nicht mit dem Mann gehen. Den hab ich so kennengelernt, ich war mal aus, tanzen, mit Bekannten, dann hat er mich mal eingeladen, da waren aber noch andere dabei, bin ich mitgegangen, dann ham wir uns mal getroffen, dann hat er mich wieder mitgenommen, ins Kino, und dann hab ich auch erfahren, daß er verheiratet ist. Aber ich hatte gar nicht die Absicht, mit ihm zu gehen. Und dann hat er mal durch meine Schwester Bescheid sagen lassen, warum ich nicht gekommen wäre. Ich sollte doch mal kommen . . . Ich hatte wirklich nicht die Absicht, da mit einem

Verheirateten ein Verhältnis anzufangen. Aber ich ließ mich dann auch wieder überreden, da mal hinzukommen – ich war eben furchtbar schwach. Und so ist das dann weitergegangen. Und mein Vater, der muß das dann irgendwie gemerkt haben, aber der war da zu der Zeit schon so krank, der hat gesagt: »Wenn ich noch könnte, würde ich dir helfen.« Er hat mich schon öfters mit dem gesehen, und er ging gern zum Fußballplatz, und dann hat er mich mitgenommen, und mein Freund hat gewußt, daß ich dort hinging, dann ist er auch hingekommen. Dann hat er meinen Vater mal eingeladen zum Bier und zu Schnaps, und da sind sie so ins Gespräch gekommen. Und wahrscheinlich hat mein Vater da irgend etwas gemerkt. Also, meine Mutter, die wußte das. Ich war ja damals noch keine 18, und er war bestimmt 35. Mein Vater, der starb ja dann bald, und da war nur noch meine Mutter da. Und bei uns zu Hause, da lebte jeder sein Leben. Aber seine Mutter ist schon mal bei uns aufgetaucht, hat dann Szenen gegeben: Seine Frau hätte vorgehabt, sich zu vergiften. Mit Gas. Der hat ja ne normale Ehe weitergeführt. Und wenn wir rausgingen und es kam mal jemand, dann hat er sich immer das Taschentuch vors Gesicht gehalten. Hat er so getan, als wenn er sich die Nase putzen wollte. Da bin ich mal so wütend geworden. Ich sag zu ihm: »Hör mal, wenn du so feige bist, warum gehste denn dann überhaupt noch mit?« – »Ach, das mach ich doch nur, mir läuft die Nase.« Ich sag: »Komm, jetzt hör bloß auf.« Wir haben uns nachher öfter gestritten. Er ist sogar mit mir mal in die Ferien gefahren. Das war das letzte Jahr. Ich war das aber so leid, weil ich ja wußte, es gab überhaupt gar keinen Weg. Da hab ich oft gesagt: »Ich schieß dich noch mal zum Mond.« Dann hat er mich noch mal mitgenommen in Ferien, und da ham wir uns auch so gehackt, da hab ich eine runtergehauen gekriegt, weil ich ihn mal so geschubst habe, ist er ins Bett reingeflogen und wütend geworden. Da wollte ich nach Hause fahren. Hab ich aber die Fahrkarte nicht gefunden, die hat er versteckt. Konnt ich nicht fahren.

Da gings natürlich bergab. Ging schon länger bergab. Meine Mutter und selbst mein Bruder, die ham mich ja so bearbeitet, ich soll die Hände davon lassen, aber dann hab ich mir immer gedacht, mein Gott, dann bist du ganz alleine. Du hast niemanden, an den du dich wenden kannst. Was machste bloß? Ich hatte da so unheimliche Angst davor. Ich wollte gar nicht, ich wäre ihn gerne losgeworden ... Ich hatte ja auch genug Gelegenheiten zu anderen Bekanntschaften. Meine Schwester hat so viel Bekannte gehabt, die war in nem Fußballverein, und die sind ab und zu mal gekommen. Da kam die oft mit vier, fünf jungen Männern an, die sind zu uns gekommen, die wollten mich sogar ab und zu mal mitnehmen. Ich hab es abgelehnt. Ich hab manchmal ein Brett vorm Kopf, und das ist genauso wie mitm Politischen, mit meinem Mann. Da hab ich oft Vorstellungen, ich hab oft Wahnvorstellungen – was könnte da alles passieren. Der sagt immer zu mir: »Du siehst alles viel zu schwarz.« Und so war das auch. Ich habs einfach gar nicht versucht. Ich bin gar nicht erst hingegangen. Die haben gefleht, ich soll mitgehen, rausgehen, tanzen. Ich bin nicht gegangen.

FRANZ Was sind die schönsten Erinnerungen aus der Zeit, was möchten Sie davon nicht missen?

LISA Weiß ich nicht ... ich möcht sie nicht noch mal erleben.

FRANZ Sie haben bis jetzt nur negative Seiten dieser Beziehung geschildert. Aber es muß doch auch irgend etwas gegeben haben, das Ihnen Freude gemacht hat?

LISA Ja. Er ist halt eben mit mir ausgegangen und hat mich öfters besucht, aber was mich immer dabei gefuchst hat, wenn zum Beispiel Feste wie Fasching oder so waren, da war der nie anwesend, da saß ich immer alleine zu Hause. Das war so viel Ärger und Verdruß. *Pause* Sicher, wir haben schöne Radtouren gemacht, aber was war denn das dagegen? Was hab ich geopfert für den. Und dann immer so ein Verhältnis pflegen ... Das ist furchtbar. Das kann ich keinem Menschen sagen. Dann wurde ich ja auch immer gefragt: »Gehste mit dem, haste mit dem ein Verhältnis?« Ja, was hab ich dann getan? Aus lauter Verzweiflung hab ich dann oft gelogen. Ich hätte das den Leuten am liebsten ins Gesicht schreien mögen. Weil er das ja auch nicht wollte, er hatte ja ne Position ...

FRANZ Wie ging es dann beruflich weiter?

LISA Also, ich bin dann in ne Knopffabrik gegangen, in Werden, da wars aber so staubig und so ungesund, und deshalb bin ich dann wieder in eine Velberter Firma raufgezogen. Das war ne Eisenwarenfabrik, da hat es mir sehr gut gefallen. Da war das Klima gut, ich war unter vielen Leuten, da hats viel Spaß gekriegt. Und dann wurde meine Mutter krank, die wurde operiert, nen Tag vor Weihnachten, hatte Brustkrebs, hat die Brust weggenommen gekriegt. Und in der Knopffabrik hab ich hauptsächlich aufgehört,

weil ich Wechselschicht hatte, da mußte ich immer von morgens um 6 bis um 2 arbeiten oder dann von 2 bis um 10. Und dann war ich ganz alleine. Die erste Zeit waren wir noch zu zweit, aber dann war ich von 5 ab, wenn die anderen gegangen sind, ganz allein im Betrieb und hab gearbeitet. Ich hab fast durchgedreht. Um halb 11 abends kam ich dann da raus. Ich war fix und fertig.
Und jetzt war ich da oben, da hat mir das so gefallen, dann wurde ja meine Mutter so krank, dann hab ich mir nachher überlegt, es wäre doch besser gewesen, du wärst bei der einen Firma geblieben. Weil ich da Wechseldienst hatte. Da hätte ich meine Mutter besser pflegen können. Und durch Zufall kommt mein Chef mal zu uns nach Hause, fragt, ob ich nicht wieder Lust hätte, da anzufangen. Da hab ich sofort ja gesagt. Meiner Mutter zuliebe. Und so bin ich zum zweiten Mal in die Knopffabrik gekommen. Und da hab ich dann die ganze Zeit gearbeitet. Meine Mutter hat ungefähr nochn Jahr gelebt. Hab ich dann den Haushalt von meiner Mutter gemacht, das war 1958, da war sie genau 58 Jahre alt. Und dann ist sie gestorben.
Und dann hab ich in der Firma meinen Mann kennengelernt. Das war bei uns so: Jedesmal, wenn jemand Neues eingestellt worden war, dann mußte man ja mal kucken. Mußte ihn ja mal unter die Lupe nehmen *lacht.* Na ja, was blieb mir denn anderes übrig, ich mußte da im Akkord arbeiten, ich hab da nur gestanden, hab immer nur das gleiche getan, Knöpfe gepreßt . . .

FRANZ Was mußten Sie da genau tun?

LISA Da stand ich nur an der Presse. Also, die Tabletten wurden schon fertig aus ner Maschine geworfen, so Kunststofftabletten. Und ich hatte dann eine Form, das war so ein Blech, da legte ich dann diese Tabletten rein, und dann legte ich die auf die Maschine, dann mußte ich dann dieses Blech rausziehen, dann fielen die Tabletten in die Form rein, dann mußte ich das Blech abnehmen, wieder auf den Tisch legen, aufn Knopf drücken. Dann ging die Maschine runter. In der Zwischenzeit mußte ich das Blech wieder füllen. Dann ging die Maschine hoch, und dann hatte ich son Schlauch, da war Luft drin, damit mußte ich die Knöpfe abblasen. Da ist mir mal was passiert mit ner neuen Maschine! Also, ne neue Form ist reingekommen, der erste Tag und durch die Hast und durch den Krach, den die machte, war ich so nervös, hab ich gleich die Maschine kaputt gefahren. Da war natürlich großes Hallo. Aber was will man machen.

ERNST Trotz der wissenschaftlich-technischen Revolution, die schon damals war, hat man aber nicht daran gedacht – es hätte ja auch noch Geld gekostet zusätzlich –, man braucht ja nur noch einen Kontakt zu machen, daß die Maschine gar nicht weiter runterfahren kann, wenn das Blech noch drin liegt. Das hat man aber für unnötig befunden, die menschliche Arbeitskraft war einfach billiger. Aber die hats dann eben zu Bruch gefahren.

LISA Das hab ich dann eben so acht Stunden am Tag gemacht. Ob Sommer, ob Winter. Ob es heiß war im Sommer, alles ging spazieren, draußen war es so schön, die Luft . . . Und ich stand da in der miefigen Bude, und das stank so und der Staub . . . Und dann hab ich mir gedacht, das mach ich nicht mehr so weiter. Hab ich den Chef geholt. Hab ich gesagt: Wenn das der Aufsichtsrat merkt, daß ich hier alleine arbeite bis abends zehn Uhr, dann ist aber was fällig. Im Betrieb darf man ja nirgendswo alleine arbeiten. Wenn jetzt was passiert, könnte ja niemand helfen. Und manchmal, wenn Not am Mann war, hab ich ja sogar zwei Schichten hintereinander gemacht, also von 6 in der Früh bis um 10 abends. Wo man höchstens zwei Stunden Überstunden machen darf. Mal hab ich das drei Tage gemacht. Aber oft war ich schon so weit, daß ich die Maschine so eingestellt habe, daß die Knöpfe überhaupt nicht mehr von der Maschine runtergingen. Dann hab ich angerufen, ich könnte nicht weiterarbeiten. Es wär was mit der Maschine nicht in Ordnung. Ich bin da einfach verrückt geworden bei, da unten ganz alleine. Das war ja auch ein kleiner Betrieb, im ganzen vielleicht zwanzig Leute, und da war ich eben die einzige, die Spätschicht hatte.

Und sie hatten noch nicht mal ne richtige Waschgelegenheit. Kaltes Wasser, da mußten wir uns mit waschen! Und da ham wir dann so geprorkelt und gestochert, ham wir gesagt: »Ne, das machen wir nicht mehr mit. Entweder kriegen wir jetzt ein Bad oder ne Dusche, wir wollen jetzt unbedingt Wasser. Wir stinken wie die Schweine!« Sind sie dann nachher da draufgekommen, nen Heißwasserboiler da reinzuhängen. War also keine Brause. Konnten wir uns dann mit warmem Wasser waschen.

Mal, wie wir noch zu zweit Spätschicht gemacht haben, sagt meine Kollegin: »Hör mal, solln wir uns irgendwas zu essen kaufen?« – Ich sag. »Ja, ist gut!« Jetzt war aber niemand mehr im Haus. Ich bin dann zu dem Laden um die Ecke gegangen, um was zu holen, und wie ich zurückkomme, ist das Fabriktor ins Schloß

gefallen, und man kanns nur von innen aufmachen. Nun konnte mich aber meine Kollegin natürlich nicht hören, die saß ja im Keller, und bei dem Krach von den Maschinen ... Da bin ich eben zurück ins Geschäft und hab den nach ner Leiter gefragt, damit ich über die Fabrikmauer rüberkomme. Der hat sich zuerst gesträubt, wenn das jemand sieht, daß da jemand über die Mauer steigt. Ich hab gesagt: »Ne, das sieht schon keiner, und ich muß da ja rein ...« Naja, dann bin ich halt mit der Leiter da rüber, der Sohn von dem Geschäft hat mir die Tasche hochgegeben. Und so ist das dann noch mal gut gegangen. Aber können Sie sich vorstellen, wie alleine man da war?
Auf jeden Fall hab ich dann, nachdem ich das ne Zeitlang alleine gemacht habe, dem Chef die Meinung gesagt. »Stellen Sie sich doch mal den ganzen Abend hierhin«, sag ich, »da soll noch einer Lust bei haben. Sie gehen spazieren, und ich weiß nicht, was Sie machen, und ich muß hier unten stehen. Das ist doch bestimmt kein Vergnügen!« Hat er aber nichts gesagt. Dann wollte er haben, ich sollte bei ihm in Haushalt kommen, hab ich gesagt, Pinkelpötte schwenken würde ich nicht mehr tun. Hätt ich die Nase von voll. Ich sagte: »Ich seh nicht ein, daß ich bis abends zehn da arbeiten muß. Für nichts und wieder nichts.« Dann hat er mir gesagt, er braucht unbedingt ein Mädchen im Haushalt, ich hätts auch bestimmt gut. Ich sag: »Und was soll ich mit meiner Wohnung machen? Die soll ich aufgeben?« Da hab ich gesagt, ne, das mach ich nicht, wenn ich einmal ne Wohnung aufgegeben hab, dann krieg ich so schnell keine mehr wieder. Das war schon, nachdem meine Mutter tot war. Und da hat er dann gesagt, er hätte ja ein Mädchen im Haus, aber, meinte er, wenns dem Esel zu gut geht, zieht er aufs Eis! Die wär nämlich besser gekleidet als seine Frau. Ich sag: »Jetzt will ich Ihnen mal was sagen: Wenn ein Mädchen von morgens sieben bis abends arbeitet, die hat ja auch ne Freistunde.« Er sagt: »Na und?« Ich sag: »Die muß den ganzen Monat arbeiten. Dann kannse doch wohl machen mit dem Geld, was sie will! Das steht doch jedem frei was er mit seinem Geld macht, ob er sich nun Kleider für holt oder verraucht es oder vertrinkt es ...« Wir ham uns öfters gekabbelt. Hat er auch mal zu mir gesagt, ich wär Kommunistin. Weil ich so Antworten gegeben habe. Er hatte zu mir gesagt, ob ich auch in die Kirche ginge. Der kam immer so an: »Was macht die Liebe und so ...« Hab ich gesagt: »Ich weiß was Besseres, worüber wir reden könnten.«

Sagt er: »So. Um was handelt es sich?« Ich sag: »Wie wär es mit mehr Lohn?« Da ist er kiebig geworden. Ich bin dann nachher frech geworden. Ich hab schon *sooo* vor dem gestanden. Weil der konnte die Mädchen nicht in Ruhe lassen. Da ist er aber dann zurückgegangen. Der hat gemerkt, daß bei mir schlecht Kirschen essen war.

Lisa lernt Ernst kennen

LISA Na ja, und dann hab ich eben da meinen Mann kennengelernt. Als er eingestellt wurde, bin ich hoch gegangen, hab mal so geschaut ... Ich habs immer geschafft, wenn da jemand Neues reinkam, hat ich immer so ne Begabung zu ... Und dann ham wir uns mal unterhalten. Und dann hat er mal gefragt, ob ich mit ihm mal ausgehen wollte. Und jetzt war mir das so unangenehm, weil man kannte mich ja mittlerweile bei uns schon alleine durch diesen Mann. Und ich wußte ja, aus welchem Hause er stammte, die Mutter war sehr fromm gewesen, das wollt ich ihm nicht antun, daß der nachher auch noch ... daß man über ihn sprach. Ob ich mit ihm ausginge! Und gleichzeitig hat er noch gefragt, ob ich große Ansprüche stellen würde ... das weiß ich noch ganz genau!

wir lachen

ERNST Weiß ich gar nichts von!

LISA Ich sag: »Wie kommse denn da drauf?« Sagt er: »Ja, so viel verdien ich nicht.« – »Ach«, sag ich, »ich mach Ihnen nen Vorschlag ...« Das war also für mich die Rettung, ich wollte nicht, daß er ins Gerede kam. Ich sag: »Wie wär das denn, wenn Sie mal zu mir hinkommen!« – »Ja, darf ich das?« Und dann hatten wir uns verabredet, und das Schönste war, er hatte Sportskollegen, und die Familie wohnte bei uns im Haus. Und da verkehrte er immer. Ich hatte ihn da schon öfters gesehen gehabt. Und an dem Abend ist er gekommen und hat mich besucht. Da hab ich vorher mit dem Mann Schluß gemacht. Ich hab gesagt, ich mach jetzt Schluß, ich hab jemanden kennengelernt, das war aber noch nicht mein Mann, da waren zwischendurch nur mal ganz kurz noch zwei andere. Da ist der Ernst gekommen, hat mich besucht. Ich weiß noch, wie er meine Wohnung bewundert hat. Ich hätts hier wie im Paradiese, so was Ähnliches hat er gesagt ... nicht, Papa?

wir lachen

ERNST Ja, wenn man das verglich mit den Verhältnissen, wo wir gewohnt haben. Mein Elternhaus war Eigentum von so ner Erbengemeinschaft, also Geschwister von meiner Mutter gewesen. Wir haben z. B. in ner Wohnung gewohnt, da war der Boden durchgesenkt. Da mußten wir auf einer Seite die Tischbeine absägen, damit er einigermaßen grade stand.

LISA Damit die Suppe im Teller grade stand!

ERNST Und wenn man zur Toilette mußte, dann mußte man über so nen Gang, da war der Fußboden so schief, da mußte man sich an der Wand festhalten, sonst wär man umgekippt. Aber wenn man da gewohnt hat, da war man das so gewöhnt, da war der Gang dann grade gemacht worden, dann hat man sich schon vorher in die Kurve reingelegt, dann ist man rausgefallen.

wir lachen

LISA Und dann ist er öfters gekommen, und jetzt im Haus! Unter mir wohnten Leute, da war ich auch fast wie ein Kind zu Hause. Die waren immer nett zu mir. Und die hatten auch Kinder, zwei, nen Sohn und ne Tochter. Und der hat gesagt zu seiner Mutter: »Du, ich hab den Ernst gesehen, der ist gar nicht bei N. reingegangen, wo mag der bloß hingegangen sein?« Ist er eine Treppe höher gegangen! Und dann hat sich nachher das herumgesprochen. Und dann hat mir die Mutter von den Sportskollegen ins Gewissen geredet, er wär ein unschuldiger Junge, und so was alles.

FRANZ Wie alt wart ihr beiden denn da?

LISA Ich war 27.

ERNST 26. Du warst 26, und ich war 23.

FRANZ Ich hätte geglaubt, sie wäre die Jüngere von euch beiden.

LISA *lacht* Jetzt hört bloß auf!

ERNST Ich bin ja auch schwer in Arbeit eingespannt.

LISA Ja, ich nicht?! Ich hab schon drei Kinder zur Welt gebracht! Ist das nix?

sie lacht

ERNST Und wer hat sie gemacht?

LISA Ja, komm, da war ja wohl nicht viel bei, nicht? *wir lachen* Na ja, wie ist das dann weitergegangen? Dann ging das eben hin und her. Die Mutter von ihm ist dann zur Schwester gezogen, weil die hatte Zwillinge bekommen, und das ist ja so viel Arbeit, und da war er dann alleine. Und dann ging das dann immer hin und her.

Seine Kollegen ham das dann auch spitz gekriegt, daß wir beiden zusammen gingen, aber die Tante, die wohnte in dem Haus. Und wenn ich dann da rüberging, dann hat die immer geguckt, was wir machen. Dann hat er »leider« die Türe zugeschlossen ...

ERNST Und dann ist sie sauer gewesen, daß sie da nicht reinschauen konnte.

LISA Was los war. Da war sie wütend! Und dann war ich in anderen Umständen ... Das ging ganz schnell bei uns. Dann hat das nicht geklappt. Aber er hat seine Mutter benachrichtigt, wann sie mal wieder runterkommt nach Werden. Und da hat die sofort gedacht, da ist irgend etwas, da muß man sofort runterfahren. Und da hat er gesagt: »Meine Mutter kommt!« Jetzt sollte ich da vorgestellt werden! Ach ... ich hab gebetet, ich hab gedacht, hoffentlich kommen die nicht, hoffentlich kommen die nicht! Ich hab nämlich ganz genau gewußt, was mir da bevorsteht.

ERNST Ich hab gesagt, sie soll kommen. Da war sie zu feige zu. Da mußte ich sie noch holen!

er lacht

LISA Ich hab gebetet, hoffentlich kommt er nicht, weil ich genau wußte, was er vorhatte. Und dann kam er denn und sagte: »Komm mit!« Na ja, dann bin ich vorgestellt worden. Die ganze Familie saß da. Schwager war auch da ... mußten mich halt alle begutachten, wie das dann so ist. Dann bekam die Familie das spitz, dann ham sich einige dazu geäußert, dann hat meine Schwiegermutter gesagt, na, mit deiner Schwiegertochter, da war es auch nicht so ... sind wir da lieber ruhig. Und ich hab meiner Schwiegermutter gleich von vorneherein alles erzählt, da bin ich offen und ehrlich drin, sonst würd ich Ihnen das ja nicht erzählen. Manch einer würd ja sagen, was geht ihn das an ...

FRANZ Was hat Ihnen eigentlich am Ernst besonders gefallen?

LISA Wenn ich ehrlich sein soll ... er war halt eben nett und so naiv. Also mir gegenüber so naiv.

FRANZ Wie war das denn dann mit dem ersten Kind?

LISA Da hatte ich ne Fehlgeburt. Da waren wir aber noch nicht verheiratet, und deshalb ist die Mutter gekommen. Und nach der Vorstellung wurde gleich Verlobung gefeiert. Da mußten wir runter zum Rhein kommen, wo die Schwester war, zu Weihnachten ham wir da Verlobung gefeiert, und im Mai ham wir geheiratet, und ganz schlicht und einfach. Weil die Mutter so fromm war, da hab ich ihr den Gefallen getan, hab ich kirchlich geheiratet.

Aber nicht bei uns, sondern in Tirol. Im Zillertal.

ERNST Das war ganz gut. Jetzt mußten wir doch auch beichten. Aber ich stand damals doch quasi schon in Abneigung zur Kirche. Jetzt mußten wir beichten gehen. Der Pfarrer war aber in Ordnung. Ist nichts gegen zu sagen. Ganz einfacher, und wirklich spartanisch hat er gelebt. Der hat dann immer gefragt, und ich hab nichts gesagt. Auch, was das sechste Gebot anbelangt, hab ich nichts gesagt. Hab mir gedacht: Das geht ihn nichts an. Meine Frau geht dann hinterher beichten – die sagt alles! *wir lachen* Also, so was ist ja im Grunde wurscht. Der wird sich das auch gedacht haben, also, der ist nicht so, daß der mir alles auf die Nase bindet. Ich bin doch ein ganz anständiger Mensch: Ich nehm niemanden was weg, mir nimmt man höchstens was weg.
lacht

LISA Also, Eva war dann unterwegs, und ich hab bis zuletzt gearbeitet, bis sechs Wochen vor der Zeit, und dann hab ich aufgehört.

ERNST Ich bin von der Knopffabrik aus noch nach Duisburg, da bin ich bloß ein Monat geblieben, und dann bin ich nach Mülheim. Da war Eva gerade unterwegs, da ham die in Duisburg so nen Werkzeugmacher gesucht für ihren Düsenbau. Die ham da so Kunststoffleisten, so PVC-Leisten gemacht. Aber die Kameradschaft da hat mir nicht gefallen ... Und da bin ich das erste Mal mit nem Kommunisten zusammengekommen. War zwar nur einen Monat da. Und alles ging gegen den vor: Schau dir mal die DDR an und so, nicht, und ich auch immer. Und dann unterwegs nach Hause, sind da zusammen gegangen, ham wir uns dann weiter unterhalten. Da hat der mir so Argumente gebracht, wo ich drauf eingegangen bin. Und hab mir die Sache überlegt. Und dann hab ich so ne Zeitschrift in die Hände gekriegt über die DDR. Die war aus der DDR. Und die hab ich mir durchgelesen und hab mir doch Überlegungen gemacht. Das war 1962 gewesen. Und da ging es eigentlich rund: Daß die Arbeiter die Macht brauchen, daß man entsprechend politisch wählen muß, damit das passiert ...

Tochter Eva (14)

FRANZ Interessiert dich eigentlich Politik?

EVA Im Moment noch nicht!

FRANZ Was interessiert dich jetzt?
LISA Das sie nächstes Jahr ne Stelle kriegt!
FRANZ Welche Schule hast du denn dann fertiggemacht?
LISA Volksschule.
ERNST Laß doch die Eva sagen!
FRANZ Wär es dir lieber, wenn dein Papa kein Kommunist wäre?
EVA Ne.
LISA Soll so bleiben, wie er ist, ne?
EVA Ja, soll so bleiben, wie er ist.
FRANZ Sind deine Eltern glücklich, so wie du es empfindest?
EVA Manchmal.
FRANZ Und du?
EVA Manchmal.
FRANZ Was willst denn werden?
EVA Zahnarzthelferin.
FRANZ Da kriegst ja nie einen Job, oder?
EVA Werden wir sehen.
FRANZ Bist du gut in der Schule?
EVA Ach ja . . . mittelmäßig.
FRANZ Warum hast du keine Mittelschule oder so gemacht?
EVA *kichert* Weil ich zu dumm war.
FRANZ Das ist ja jetzt ein Schmarrn. Hast keine Lust gehabt oder ham die Noten nicht gereicht?
EVA Ich hab das Rechnen nicht kapiert und . . . na ja.
LISA Ich bin selbst nachher zur Lehrerin hingegangen und hab gefragt, und die hat gesagt, das wär schon richtig, sie dazulassen. Unter Garantie wär sie wieder runtergekommen. Er wollte unbedingt, daß sie auf die Mittelschule kommt. Und ich hab gleich gesagt, bei so ner Rechennote und dann auch Deutsch, was hat sie denn dann davon, wenn sie nachher wieder zurückkommt. Sie war auch immer ziemlich sensibel, aber das hat sich jetzt geändert. Sie ist sehr . . . lebendiger geworden. Setzt sich auch zur Wehr, läßt sich nichts mehr gefallen . . . Weil ich es ihr immer wieder gesagt habe: »Laß dir ja nichts gefallen. Wenn du im Recht bist, wehr dich!«
ERNST Das wird sie auch zum Teil selbst erkannt haben.
EVA Hab ich. Hab ich selbst erkannt. Weil ich hab gemerkt, vorm Jahr oder vor zwei, so wie ich damals war, so kanns nicht weitergehen. Ich hab mich von allen rumschubsen lassen, und das hat mir nicht mehr gepaßt.

ERNST So löst das eine Extrem dann das andere ab . . .

LISA Bei mir war das so, ich war ja früher auch so ruhig und so still, ich wurd ja auch so rumgeschubst bei den Mädchen, meistens waren die älter, so ein, zwei Jahre. Und wenn die was machten, dann durfte ich meistens nicht dabeisein, das war alles so gemein. Dann hab ich mich nachher nur noch mit Jungens abgegeben, hab mit denen gespielt. Das hat mir auch Spaß gemacht. Dann kam ich mit den Mädels gar nicht mehr zu Rande. Auch heute – ich komm besser mit Männern aus als wie mit Frauen. Denen kann ich auch die Wahrheit sagen, so wie mir das gefällt. Das kann ich bei ner Frau nicht.

FRANZ Die anderen beiden Kinder sind dann schon in Traunreut geboren?

LISA Ne, der Michael ist hier im Kreiskrankenhaus Burghausen geboren. Eva und Peter sind in Essen geboren.

Ehealltag?

FRANZ Wie lang seid ihr schon verheiratet?

EVA Dieses Jahr 15 Jahre, nicht?

ERNST Ja.

LISA Ich hab immer gesagt, ich hab mir das nicht vorstellen können, daß ich es so lange ausgehalten habe, *lacht* aber was bleibt mir denn anderes über? Ich bin abhängig von meinem Mann!

EVA Das wär ich erst gar nicht geworden.

ERNST Was bleibt denn anderes über?

EVA Sie hätte doch auch was anderes machen können.

LISA Ja, du sagst das so. Sie hätte, sie hätte. Wer hat mir denn z. B. früher bei meinen Hausaufgaben geholfen? Meiner Mutter war es doch gleich, ob ich bis abends neun oder zehn auf der Straße war. Hauptsache, die hatte ihre Ruhe und ihre Nachbarn, wo sie hingehen konnte . . .

FRANZ Wenn Sie hier so festsitzen den ganzen Tag und nur den Haushalt machen, also eine Arbeit, von der auch nie was überbleibt, die man immer wieder neu machen muß, haben Sie da nicht manchmal das Gefühl, Sie könnten in die Luft gehen?

LISA Ich bin auch manchmal soweit. Ich hab aber auch keinen Mut . . . Also, wenn er gestern nicht gesagt hätte, komm, zieh dich an, wir fahren jetzt nach Traunstein zum Golden Gate Quartett, ich hätte die Karten verfallen lassen. Alleine wär ich nicht gegangen.

FRANZ Ham Sie keine Freunde oder Freundinnen hier?

LISA Ne. Ich hab mir nen Freund immer so vorgestellt, daß man dem oder der was anvertrauen kann, ohne daß sie es dann weitererzählt. Und da hab ich Enttäuschungen erlebt, da hab ich heute noch dran zu knabbern. Jetzt red ich über meine Probleme, aber da hab ich noch mit niemandem drüber gesprochen.

ERNST Bin ich niemand?

LISA Na, außer mit dir, aber man möchte auch mal jemanden haben, wo man sich mit aussprechen kann.

ERNST Auf jeden Fall ist es so: Sie ist in Traunreut nicht zufrieden, und ich bin zufrieden in Traunreut. Ich hab so viel Bekanntschaft hier, hab ich nicht ein Zehntel davon in Essen gehabt.

LISA Aber der Ernst ist auch so. Er ist so oft schon irgendwo eingeladen, ich würd ja mitgehen! Aber der hat kein Interesse daran. Das sind seine Interessen: Flugzeug, Gebirge. Sich mal mit jemandem zusammensetzn oder öfters mal, packt er nicht.

ERNST Das ist so, ich bin doch mit denen aus Partei und Gewerkschaft zusammen.

LISA Ja, du gehst, weil du mußt! Wenn du Versammlung hast, bist du mit den Leuten zusammen. Du bist in der Firma, bist mit Leuten zusammen. Diskutierst den ganzen Tag ... Du hast immer wieder Abwechslung.

ERNST Soll ich um deinetwillen mir andere Bekannte aussuchen, mit denen ich vielleicht nichts gemeinsam hab? Das ist doch deine Sache! Du mußt dir doch deine Bekannten aussuchen, die du gerne hast, dann komm ich auch da hin! Entweder du mußt meine Bekannten akzeptieren oder du schaffst dir auch welche an!

LISA Ich geh ja auch mit zu deinen Bekannten. Und die Frau Müller, die ham wir schon eingeladen, die ist noch nicht hiergewesen, dann sagte sie, wir sollen mal kommen, dann sind wir da kurz gewesen ... Wo wir überall schon hinkommen sollten! Aber du hast keine Zeit. Du hast immer was anderes im Kopf, und meistens vergißte es auch wieder. Ich mach alles mit: Ich geh mit wandern, ich geh mit fliegen, ich geh mit bergsteigen – wenn ich mal keine Lust hab, bleib ich zu Hause.

FRANZ Aber für Sie ist es doch sicher schwieriger, einen Bekanntenkreis zu finden als für Ihren Mann in der Arbeit usw.

LISA Ich könnte, aber ich bin ja zu träge!

ERNST Vor allem meinst du von allen Leuten, daß sie dir was anhaben wollen. Daß sie dich vielleicht komisch anschauen, du bist ja die Frau vom Kommunisten ...

LISA Ich bin ja mein ganzes Leben schief angeschaut worden. Wenn man sich das mal so überlegt: Von Kindheit an ham die Leute die Mäuler aufgerissen, weil sich meine Eltern nicht verstanden ham, dann kam die Zeit mit mir, als ich da in dem Alter war ...

EVA Mich ham sie auch schon gefragt: Was wählt denn dein Vater? Hab ich gesagt: Was wählt denn deine Mutter? *wir lachen*

ERNST Ich sag immer: Wer Schmidt wählt, wählt Strauß. Schaun wir die Weimarer Republik an. War da nicht auch die SPD der Wegbereiter für den Faschismus?

FRANZ Dann müßtet ihr ja ein ziemlich getrübtes Eheverhältnis haben!

ERNST Wieso?

FRANZ Wenn du sie als Wegbereiter für den Faschismus hältst! Oder kann man Politik so aus der Ehe raushalten?

ERNST Eigentlich nicht. Aber ich geh zum Beispiel mit einem fliegen, der wählt CSU. Deswegen würd ich den nicht heruntersetzen und sagen, daß er dumm wär. Vielleicht nur in einer Beziehung uninformiert. Unwissend, weil er nicht erkennt, seine Interessen zu wählen.

FRANZ Aber deine Frau wird ja tagtäglich durch dich informiert!

ERNST Die Information alleine bringt es nicht. Der Mensch wird auch geprägt. Wenn er zu ner bestimmten Zeit geprägt wird, dann wird er sich an das klammern wie an einen Rettungsring. Da kann man dann nichts mehr machen.

Probleme

LISA Ich hab schon erlebt, was für Ungerechtigkeiten es gibt. Z. B. mein Vater hat bis nachts zwölf Uhr schwarz gearbeitet, bei Geschäftsleuten. Damals, wo die Leute nichts zu essen hatten, da haben die gehortet. Da waren die Speicher voll mit Lebensmitteln, aber am Verkommen! Wo sie wirklich anderen hätten helfen können. Da macht man sich ja Gedanken. Dann bin ich auch immer kritischer geworden. Wenn ich z. B. einkaufen ging und mal schlechte Waren bekam, hab ich sie wieder zurückgebracht. Und dann stellte die Chefin von dem Laden die Ware wieder da in den

Schrank, wo ich sie rausgeholt hab. Hab ich gesagt: Und der nächste, der kommt, kriegt die Ware wieder angedreht. Das ist doch nichts Reelles!

In den Fabriken hab ich mich auch zur Wehr gesetzt. Das war ja auch der ganze Trieb, immer von einer Firma zur anderen. Was geben die denn da schon drum, ob unsereins nen krummen Rükken kriegt. Da machen die sich doch nichts draus. Das ist Unwissenheit von unsereins gewesen. Damals fühlte man sich so stark und so kraftvoll, und man hat geschuftet und gearbeitet, ist krank geworden dadurch. Aber man hat sich keine Gedanken drüber gemacht, weil einen niemand aufgeklärt hat, woher könnte das wohl sein. Und heute steh ich da, ich krieg nicht einen Pfennig für mein Bandscheibenleiden. Erst mal falsch behandelt worden von den Ärzten, und erst in Bayern hab ich erfahren, daß ich nen Bandscheibenschaden habe.

FRANZ Sie müßten doch eigentlich mal eine Rente bekommen, wenn Sie 15 Jahre gearbeitet haben.

ERNST Wir haben da nen Fehler gemacht, als wir geheiratet haben. Wir ham uns die Rente auszahlen lassen, um quasi ein Startgeld zu haben, das waren 2500 Mark.

LISA Und ich wollte nicht. Und der am Amt, der wollte mich unbedingt beeinflussen: »Lassen Sie das sein, Sie werden das mal später bereuen!« Ich sag: »Nein, mein Mann möchte das, das ist entschieden worden, ich mach das eben jetzt.« Ich wollte absolut nicht, aber meine Schwiergermutter sagte: »Nein, tu das, du wirst sowieso nicht viel kriegen . . .« Die hat heute so eine gute Rente. Deshalb bin ich abhängig von meinem Mann. Ich hab nichts und bin nichts. Nehm wir mal an, ich würd mich jetzt trennen lassen von meinem Mann. Und ich könnt jetzt plötzlich nicht arbeiten gehen mehr, ich wär krank, wär arbeitsunfähig. Ich krieg doch nicht einen Pfennig Geld. Müßt ich zur Sozialfürsorge hingehen. Hat er mir ja auch mal vorgeschlagen. Weil ich halt ihm das mal öfters unter die Weste reibe, daß wir das gemacht ham. Dann sagt er: »Dann gehste halt auch wie andere zum Sozialamt.« Da geh ich aber nicht hin. Ich bin noch nie abhängig von anderen gewesen. Seitdem ich verheiratet bin, bin ich abhängig. Ich seh das mit dem Sozialamt so: Ich lieg dann anderen Leuten auf der Tasche, die müssen dann dafür arbeiten, damit ich von denen das Geld kriege.

FRANZ Aber bis zum Sozialamt ist doch ein weiter Weg! Da müssen

Sie sich ja erst mal von Ihrem Mann scheiden lassen, und wenn Sie geschieden sind, müssen Sie arbeiten gehen, und wenn Sie nicht arbeiten können, müssen Sie aufs Sozialamt. Außerdem muß der Ernst bei drei Kindern ja auch zahlen. Wie kommt ihr da jetzt dazu?

ERNST Wenn irgend etwas ist, entweder mit Politik oder sie ist so schlecht gelaunt, dann hält sie mir das vor, daß wir sie gezwungen hätten, sich auszahlen zu lassen.

LISA War ich ja auch.

ERNST Gezwungen ist es nur dann, wenn du nicht willst und wir sagen: du mußt. Aber du hast nicht gemußt, du hast es selbst mitgemacht.

LISA Ja, das könnt ihr jetzt gut sagen. Deine Mutter hat in dem Moment das Geld gesehen. Die hat immer gesagt, haste was, dann biste was, und wenn du nichts hast, dann bist du auch nichts. Und die steht auch heute noch auf dem Standpunkt. Du weißt ja, wie ich darüber denke. Und du hast ja selbst zugegeben, daß deine Mutter so ist: Wenn irgend jemand was vorzeigen kann, dann ist er auch was.

ERNST Das war auf jeden Fall das Geld, von dem wir die Einrichtung gekauft haben, das Schlafzimmer.

LISA Und das Schönste war, als wir dann hier runtergezogen sind, ist meine ganze vollausgestattete Wohnungseinrichtung fürn Appel und n Ei abgegeben worden, und wir mußten für neue Möbel Schulden aufnehmen. Bloß weil ihm meins nicht paßte.

ERNST Du siehst, das ist der Punkt. Wenn es sich z. B. in unserem Gespräch um Politik dreht und sie ist dagegen und sagt: »Am liebsten würd ich abhauen!« Und dann sag ich: »Ja dann hau doch ab.« Sagt sie: »Kann ich doch nicht, weil ich von dir abhängig bin.« Ich mein, das ist tatsächlich so. Auf der anderen Seite bin ich genauso abhängig, wo die Kinder da sind.

LISA Und dann sagt er mir immer, wenn ich schon mal sage, du lieber Himmel ... Vor kurzem da stand ich da und hab so gefroren, sagt er: »Mein Gott, zieh dir doch mal was an!« Ich sag: »Ich hab nichts!« Dann wird er wild. »Du machst das immer extra«, sagt er, »um mir das vorzuwerfen.« Dabei mach ich das nur deshalb, weil ich ein bißchen Geld als Rücklage haben will. Es kann ja plötzlich irgendwas eintreten. Dann steht man da und hat keinen Pfennig Geld.

FRANZ Würden Sie weggehen, wenn man Ihnen 50 000 Mark geben

würde und ne ordentliche Stelle, würden Sie dann für ein, zwei Jahre weggehen? Und die Kinder würden gut versorgt werden.

LISA Schwer zu sagen. Ich bin ja immer drauf und dran, ich möcht meinen Bruder so gern mal besuchen, der wird jetzt 50, und ich hab ihn schon 6 Jahre nicht mehr gesehen. Aber ich sag mir, kann ich die denn so alleine lassen jetzt gerade so vor Weihnachten ...

ERNST Was für ne Frage! Das ist überhaupt so. Keine Frage, ich verbrauch meinen Teil vom Geld, und sie könnte das auch tun. Aber sie tuts nicht. Und ich krieg das dann vorgehalten. Auch wenn sie mal Geld von meiner Mutter kriegt, tut sie es garantiert in den Haushalt.

FRANZ Würden Sie gerne einen anderen Mann haben?

LISA Nein, eigentlich bin ich wirklich mit ihm zufrieden.

FRANZ Warum jammern Sie dann so viel?

LISA Vielleicht, weil ich so isoliert lebe, daß ich zu wenig nach draußen komme.

FRANZ Warum kommen Sie nicht auf die Parteiveranstaltungen? Der Ernst erzählt da immer, Sie leiden drunter, daß er so viel weg ist. Sie würden sich beschweren, daß er dauernd auf solchen Veranstaltungen ist.

LISA Das hab ich vielleicht zu Anfang gesagt, aber jetzt?

ERNST Da hat sich im Grunde noch nichts dran geändert. Du sagst zwar nichts mehr, aber oft gibt es Streit deswegen. Oft sagt sie bei irgendwelchen politischen Geschichten: »Wenn du das machst, stürzt du uns noch alle ins Unglück. Dann holen sie dich, und uns holen sie hinterher.« Hab ich gesagt, dann laß dich scheiden, dann kann man dir und deinen Kindern nichts anhaben. Aber wenn es tatsächlich mal zum Faschismus kommen sollte, dann werden dir deine Kinder sagen: »Was hast du unternommen, um das zu verhindern?« Das sind laufende Streitpunkte. Oder, wenn ich ein Flugblatt verteil und da steh ich nur mitm Namen drunter. Sagt sie: »Die Leute könnten ja annehmen, daß wir das sind, und wenn sie an mir vorbeigehen, dann schaun sie mich schon ganz komisch an.« Solln sie doch schaun. Sehen sie wenigstens mal, wie ein Kommunist und seine Frau aussehen. Genauso wie sie auch.

LISA Ich geh auch nicht in die DKP, weil ich Angst hab. Ich hab schon Angst, wenn der irgendwo auf ne Versammlung geht, daß er abends nach Hause kommt, und sie ham ihm ein blaues Auge geschlagen. *lacht* Ist ja unser Ernährer, können Sie das nicht verstehen? Der sagt: Du bist so berechnend ...

ERNST Da dürfte ich auch nicht aufn Berg gehen, nicht zum Fliegen, könnt mir ja mal ein Modell an Kopf fliegen ...

LISA Ach, ich hab schon drüber nachgedacht, krieg ich ja ne Rente.

ERNST *lacht* Die kriegste nach was Politischem auch ...

LISA Meinste? *lächelt auch*

Treue

FRANZ Würden Sie sich scheiden lassen, wenn Ihr Mann fremdginge?

LISA Weiß ich nicht, was ich da machen würde. Ich glaub, das gäb ein Drama!

sie lacht

ERNST Das gäb kein Drama.

LISA Auf jeden Fall steht fest, wenn man mal längere Zeit verheiratet ist, ist es nicht mehr so, wie es mal war. Und deshalb ist er darauf gekommen, es wär schon besser so, wenn der eine Partner mal jemand anders kennenlernen würde ... Ich sag: Das bleibt ja nicht nur beim einen Mal! Wenn dus einmal gemacht hast, dann kommste vielleicht aufn Geschmack, und was dann? Du sagst jetzt: Ich bin nicht eifersüchtig, mir macht das nichts aus, aber wenn das nachher doch mal der Fall sein sollte? Dann würd er mir das dann vorwerfen, wo ers mir vorher eingeredet hat. Und einmal hat er mir sogar einen geschickt.

ERNST Das ist ja ein Schmarrn. Ich rede frei. Und wenn mir jemand sagt, na dann besuch ich mal deine Frau, sag ich, geh doch hin, wenn du Chancen hast ...

LISA Und eines Tages stand der vor der Tür. Blau wie eine Haubitze, und sagt sofort, als ich die Tür aufmache: »Grüß Gott, Frau A., kann ich mit Ihnen schlafen?« Ich dachte, mich trifft der Schlag! Aber wenn einer einen in der Krone hat, seh ich ihn sowieso nur für halb an. Und ich bin ja nicht kleinlich. Ich sag: »Kommse doch erst mal rein.« Dann kam er mit der Sprache raus: Zuerst hatte er gar nicht den Mut, aber dann hätte er mit meinem Mann geredet, und der hätte gesagt, er könnte das ruhig mal versuchen. Er sagte die ganze Zeit: »Können wir nicht schlafen?« Ich sag: »Schlafen? Ich koch Ihnen erst mal ne Tasse Kaffee.« Dann hab ich ihn gefragt, wie er überhaupt darauf kommt. Ja, er hätte sich erst mal Mut antrinken müssen. Sag ich, also, da brauchen Sie sich bei mir keine Hoffnungen zu machen, mir reicht mein Mann schon. Da hab ich voll und ganz genug. Und dann hab ich ihn festgehalten, bis mein Mann kam. Und der andere hat sich ja so geschämt. Als ich mal vor der Firma stand, hat er dann getan, als würde er mich nicht kennen.

Schluß

EVA Mutti sagt auch immer, wenn er dahin und dorthin geht, was sollen da die Leute denken, was er da macht und so ... Ich mach, was mir paßt, ich mach nicht, was anderen Leuten gefällt!

LISA Ja, du machst aber gar nichts, das ist auch nichts.

EVA Ich mach viel! Du weißt gar nicht, was ich so mache!

LISA Gestern hab ich zum Beispiel gesagt, geh doch mit zum Golden Gate Quartett! Willste auch nicht.

EVA Da hab ich keine Lust zu. Das interessiert mich einfach nicht. Ich will ... ich will ... na ja ... Ich weiß nicht, ich geh lieber ...

ERNST Dahin, wo deinesgleichen sind.

LISA Ja, aber da waren auch so viel Ki ... äh, Jugendliche.

EVA Ach, die interessieren mich doch gar nicht. Sind doch alle altmodisch.

FRANZ Gehst du in die SDAJ?

EVA Ne.

FRANZ Warum nicht?

EVA Ich glaub, ich nehm das alles noch gar nicht so für ernst, weil ich es noch nicht so mit erlebt hab, wie es ist, wenn man nichts hat und so. Mir gehts jetzt noch gut. Wenn ich jetzt sagen würde, ich helf zu meinem Vater – gut ich kann zu meinem Vater helfen, aber wenn ich jetzt nen Vater hätte, der in der NPD wäre, dann würd ich doch wahrscheinlich auch zu dem helfen. Ich hab noch keine eigene Meinung. Ich muß noch kennenlernen, welche Parteien welche Interessen vertreten – und ...

FRANZ Willst du zuerst das Leben kennenlernen und dann die Partei?

EVA Ja, mein ich, ja. Ich will nach München ziehen.

FRANZ Warum?

EVA Da ist alles lebendiger als hier. Hier ist nichts los! Hier ists so langweilig. Hier kennt man ja schon jeden. Ich mein, ich kenn nicht jeden, aber ... ich weiß nicht.

FRANZ Wie ist der Zustand »unlangweilig«?

EVA Wenn man was anderes sieht, wenn man wohin fahren kann. Ich fand das zum Beispiel ganz toll, wie ich dieses Jahr nach Essen fahren durfte.

LISA Ganz alleine!

EVA Nicht immer so wie hier: Ich komm von der Schule heim, esse, geh wieder in die Schule, und so geht das hier die ganzen Tage. Das ist langweilig. Schule langweilt mich auch schon. Ich lern zwar was, aber im Grunde genommen ist es immer wieder dasselbe. Nicht was ich lerne, sondern wies mir beigebracht wird.

FRANZ Ja, wie stellst du dir das vor, wie kannst du nach München ziehen?

EVA Erst mal muß ich alles wissen, wie das mit dem Finanzamt und so was funktioniert. Sonst kann ich nicht nach München ziehen, weil ich da ja niemanden habe. Aber ich mein, wenn ich die Lehre hier fertig hab und dort auch ne Arbeit bekomme ... Oder ich würd auch nach Essen ziehen. Bloß nicht in Traunreut bleiben! Hier gefällts mir nicht.

FRANZ Meinst du, du würdest jetzt in München alleine zurechtkommen, abgesehen vom »Finanzamt«, einfach ganz alleine in ner Großstadt, neue Leute kennenlernen und so?

EVA Irgendwie würde das schon gehen. Man lernt ja überhaupt viele Leute kennen, bei der Arbeit und so. Ich find das gar nicht schlimm, wenn man niemanden kennt. Irgendwie kriegt man immer Anschluß.

LISA Man darf aber auch nicht so unbesorgt durchs Leben gehen. Man muß sich auch Gedanken machen, mit wem du da gehst, und wen du da kennenlernst. Man muß da heute sehr vorsichtig sein.

EVA Ach, du denkst gleich wieder an vorsichtig sein.

LISA Ja, ich hab da ja meine Erfahrungen. Mal hat mich ein Betrunkener, ein Freund von meiner Schwester, der mochte mich wohl, so quasi überfallen und wollte mich in ne Kneipe schleppen. Ich weigerte mich aber. Und der ließ mich nicht los, so fest hat er mich gehalten, ja, er brächte mich nach Hause. Und vor der Haustüre gab er mir 5 Mark! Und das war schon zuviel. Und da hab ich ihn fast die Treppe runtergeschmissen. So was kann ich nicht vertragen. So was ekelt mich an, wenn mich jemand für käuflich hält. Das ist für mich ne Beleidigung.

Eine alte Kommunistin und ihr Sohn, der doch Wirt wordn is Fanny und Franz

FRANZ Was tut denn – wenn ich das sagen darf – eine alte Kommunistin im finstern Hinterland, oder im schönen Chiemgau?

FANNI Also, ich trag meine dreizehn UZ aus, dann mach ich die Parteikassierung und dann *kleine Pause* – das is eigentlich alles, was ich mach. Natürlich Unterschriften sammeln, wenns an die Wahlen geht, daß mir kandidieren dürfen. – Ja mei, ich bin seit 1940 in A., aber eine geborene Haushamerin. Unterm Krieg bin ich ins Heereszeugamt verpflichtet worden, und wies so geht, dann hab ich mir in A. um eine Wohnung gschaut und bin halt bliebn. Mein Mann is 1943 gfallen. *sie lächelt* Eine lange Zeit, aber ich hab nimmer gheirat. Zerscht hats natürlich bloß gheißn, der is »vermißt«, aber ich hab mich schon auskennt. Ich hab gwußt, daß er nimmer kommt. Ja, der is im Donezbeckn in Rußland bliebn. In der Partei war er zwar ned, aber er war kein Nazi ned, sonst hätt ich ihn gar nicht mögn. *sie lacht* Ich bin seit 1931 in der Partei, also damals in der KPD. *sie schaut mich an* Mein Gott, damals war was los, vor 33 in Hausham, gell! Da hab ich – und da warn mir noch nicht verheirat – dann einmal gsagt: »Du, heut ham mir Mitgliederversammlung!« Mei, das is halt ein richtig voller großer Saal gwesn – mir warn ja nicht immer so klein wie heut – und eine Mordsstimmung, und dann ham mir die Internationale gsungen. Und ich fest aufgstanden und die Faust weit außer ghalten, und dann hab ich so schief hingschaut zu ihm *sie lächelt,* und dann is er ganz langsam und krumm auch aufgstanden und hat links und rechts gschaut, und dann hat er auch die Faust nauftan, nicht so hoch wie ich, aber auffe! Mei, Hausham war ja damals ganz stark, wenn auch viele Indifferente dabei warn, da warn über hundert Genossen *sie denkt nach*, mehr warn das, weißt, das war ja vor allem vom Kohlenbergwerk damals! Die wo alle eingangen sind, wie auch in Penzberg. Unser Lokal hat die Grubenschenke gheißen. Da war der Beimler Hans, wenn dir das noch was sagt!

Pause

Und dann is halt 33 kommen, und dann war es aus. Ich hab da nicht illegal gearbeitet, weils die jungen Genossen, also der Hans, der hat die nicht hergenommen. Ich glaub nicht, daß ich nicht genug verläßlich gwesn wär, aber da hams Ältere hergnommen.

FRANZ Wie bist denn du 31 in die KPD kommen?

FANNI Mein Onkel war drin, meine Mama auch, die hat ja in der Sortierung im Bergwerk garbeit . . . Das weiß ich noch gut, da war einmal Streik, die Frauen ham alle gstreikt, und dann sinds beim Direktor auf den Zaun hinaufgstiegen von dem seiner Villa und ham gschrien: »Hunger hamma! Hunger hamma!« Und ich natürlich fest mitgetan, weil meine Mam war ja auch auf dem Zaun oben, und ich auch auffe gstiegn aufn Zaun und auch gschrien: »Hunger hamma! Hunger hamma!« Und das war wahr, gell! Die ham Kurzarbeit ghabt damals, gell, und aus der Kurzarbeit is der Hunger entstandn! Und bei uns wars ned rosig, mein Vater is im 1. Weltkrieg schon gfallen, da hat die Mama mich allein aufziehn müssen, und Rente hats keine gebn, gell! Mein Gott, ich hab nix glernt natürlich, ich hab bloß garbeit, Biermädchen war ich in Tegernsee, im Hotel zur Überfahrt, da war ich drei Sommer dort . . . Immer bloß im Sommer, gell, im Winter hats keine Arbeit geben. Da war ich ungefähr fünfzehn, kannst es dir ausrechnen, dreizehn bin ich geboren, und mit 17 bin ich in die KPD gangen. *sie lacht*

FRANZ Welche Gründe warn denn ausschlaggebend für den Parteieintritt?

FANNI Mein Gott, ich stamm aus einer Arbeiterfamilie, und ich bin in die Versammlungen gangen, und es hat mich interessiert, und ich war vorher auch schon in der Sozialistischen Jugend. Des war also noch von der SPD aus, dann war ich im Arbeiterturnverein . . . Ich bin halt schon so aufzogn wordn, daß ich gwußt hab, was Kapitalismus is und was is die Arbeiterschaft. Also, das is von der Mutterseitn ausgangen, der Papa war ja gfallen, und aus dem seiner Eckn war alles recht christlich und Kirch und weiß der Teufel! *sie lacht* Und die Madeln im Arbeiterturnverein ham gredt, gell: Die Kommunisten wärn schlecht und so. Und ich hab mir denkt, ja warum san jetzt die schlecht? Und da hab ich dann das Denkn angfangt . . . Aber der Arbeiterturnverein war auch sonst verschrien in Hausham. Mir sind mit ganz kurze Höserl gangen, und dann ham sich welche aufgregt, wenn mir durch

Hausham marschiert sind mit unsere kurzn Hosn! *sie lacht* Aber uns hat das nix ausgmacht. Im Gegenteil, ich hab meine Hosn noch weiter hinaufgezogen, immer noch ein bißl weiter, damit man meine Füß sieht und sich die alten Weiber recht ärgern. Im Januar 34 hab ich dann gheirat.

FRANZ Wie war das dann bei die Nazis, bist du verfolgt worden?

FANNI Ich kann eigentlich sagen, ich hab meine Ruh ghabt. Ich weiß bloß noch, wie ich gheirat hab, hat die Mama mir vom Bürgermeister Papiere gholt, und da hat der gsagt: »Für welche Tochter?« Da hats gsagt: »Ich hab doch bloß eine!« – »So«, hat er gsagt, »dann is das die, die wo immer mit dem Sowjetstern umeinanderlauft! Sagns ihr, die soll sich bessern!« Und einmal hab ich obn in meim Zimmer das Liedl gsungen: »Der kleine Trompeter«, und da hat mich eine Nachbarin verklagt. Und dann is die braune Schwester kommen zu mir, und die hat dann gsagt: »Frau M., singens bloß das Lied nimmer, weil sie sind schwarz angeschrieben!«

FRANZ Braune Schwester?

FANNI So ein Nazi halt, gell, das hat so gheißen, die ham was Braunes in der Uniform ghabt, die warn überall, auch auf dem Gsundheitsamt zum Beispiel.

FRANZ Wie geht denn das Lied, das du da gsungen hast?

FANNI *denkt nach* Von all unsern Kameraden ... *nun fängt sie an und singt es mir vor* war keiner so lieb und so gut als unser kleiner Trompeter, das – ah, Moment – das lustige Hakenkreuzblut ... Um Gottes Willen! Rotgardistenblut – das lustige Rotgardistenblut! So was Blödes!? – Weißt, warum mir das jetzt passiert is? Weil die Nazis ham doch das dann umgetauft und alle unsere schönen Melodien, die hams uns gstohlen. Mei, wie geht das Lied weiter? Da hams ihn dann begraben. Das kennen ja alle, bloß mir fallts nimmer ein. Man wird halt alt. *sie lacht*

FRANZ Habt ihr euch eigentlich nach dem Verbot noch getroffen?

FANNI Nein, da war nix mehr. Also, halt nicht für mich. Andere natürlich schon. Da is bald einer ein halbes Jahr ins KZ kommen, und dann hams ihn wieder auslassen, und der hat mir was verzählt, aber, hat er gsagt, sag kein Wort, was ich dir verzählt hab, sonst bin ich morgen wieder drin!

FRANZ Aber die eigentliche Verbindung zur Partei, die war für dich bis 45 vorbei?

FANNI Ja. Die hats nimmer gebn. Mein Gott, ich hab dann halt garbeit und glebt und mich klein gmacht, so gut es gangen is. Erst 46, da war die erste Gemeindewahl, da hat mich der Z. – nachdem er meine Adresse auf der Gemeinde erfahren hat – besucht und gfragt, ob ich kandidieren mag. Und ich hab gsagt: Selbstverständlich. Da hab ich vier Stimmen gekriegt! *sie lacht* Und da war die meine dabei. Dann is aber schon ein bißl aufwärts gangen, da warn dann auch mehr Genossen, gell, und die Ortsgruppe is dann aufbaut worden mit Unterstützung aus München. Aber da warn halt dann auch solche Genossen dabei, die sich was erhofft ham von der Partei, eine Wohnung zum Beispiel. Mir warn dann vielleicht 15 Genossen. Und wie mir dann ein bißl eine Kraft ghabt hätten, gell, da is 56 kommen. Und mir warn wieder verboten. Das ham mir aber schon gwußt, daß das kommt, da ham mir eine Deckadresse kriegt von München. Aber was hat das gnutzt, es war wieder aus. Mir Genossen ham uns natürlich schon troffen, gell, mir ham ja mitnander verkehrt, gell, oder daß mir ned zamglaufen wären, wenn was Wichtiges war ... Und mir ham auch unser Meinung weiter vertreten, gell. Da sind oft Leut kommen und ham uns gfragt: Was sagts jetzt ihr zu dem oder dem?! Und mir ham auch nicht nur den »Kleinen Trompeter«, sondern auch die Internationale gschmettert, wenn es sein hat müssen. Und die Polizei, das muß ich sagen, die war kulant. Trotzdem: Gleich nachm Verbot sinds um achte in der Früh dagwesen und ham alles durchwühlt – in meiner Wohnung war ja sozusagen unser Büro – gell. Ich war auch 1. Kreissekretär, drum sinds gleich zu mir kommen. Die Schreibmaschin hams beschlagnahmt, Bücher, Flugblätter, was halt so da war. Aber mir ham ja schon gwußt, daß mir verboten werden, und da hab ich natürlich das wichtige Material, die Adressen und so schon vorher versteckt. *sie lacht* Blöd warn mir nicht. Im Speicher ham mir Ziegel weg und was wichtig war dort eingemauert.

FRANZ Was ham denn die Nachbarn gsagt?

FANNI Ich hab ja so liebe – das möcht ich gar nicht wissen!

FRANZ Ich mein, ein Kommunist sollt sich ja sein Leben lang bilden und entwickeln, es sollt immer vorwärtsgehn. Fanni, hats denn in dieser ganzen Verbotszeit eigentlich noch eine Zeitung geben, in der man wenigstens unser Meinung lesen hat können, womit man sich auseinandersetzen hätt können.

FANNI Nix hats geben. Doch: Von der Botschaft ham mir »Sowjetunion heute« zugschickt kriegt. Sonst nix. Mei, man hat sich ja schützen müssen. Da sind oft ein paar kommen in der Zeit, die ham gsagt, sie möchten in die Partei eintreten, und ich hab gsagt: »Unser Partei is verboten, da is nix zum eintreten!« *sie lacht* Ja, da ham mir die Leut wegschickt wegen der Sicherheit. Schau, da war ein Genosse, der hat meinen Sohn beim Verfassungsschutz hinghängt, wie der in der DDR auf Parteischule war. So was hats auch geben. Ja, und da kommen sie dann eines schönen Tages daher in der Früh um sechse mit acht Autos, aus München, der Verfassungsschutz. Zu gleicher Zeit sind die zu mir, in die Wohnung von meim Sohn und zu noch drei Genossen und Razzia! Hausdurchsuchung, ned einmal aufs Klo hab ich dürfen allein, da is eine Frau mitgangen. Um drei warns fertig, und meinen Sohn hams mitgnommen nach München. Ham ihn aber gleich wieder laufenlassen müssen, weils nix beweisen ham können. Aber in Abständ von vierzehn Tag warn die noch oft da in der Zeit dann. Schau, da hats auch noch andere Folgen geben: Ich hab hier nie eine Arbeit, also nie ein Arbeitsverhältnis kriegt. Ich hab Heimarbeit gmacht, weil unterm Krieg hab ich beim Knacke und Peitz in der Näherei garbeit. Und in A. is eine Kleiderfabrik. Ja, da bin ich hin und hab mich beworben. Da hams mich Probenähen lassen und gsagt: Prima, Frau M., ganz prima. Sie hören von uns! Und die Frauen in der Fabrik ham sich denkt: Das is recht, wenn die M. kommt, die heizt ein bißl ein! – Von wegen, ich hab nie mehr was ghört von denen und bin nicht eingstellt worden. Das sind auch Folgen, weißt. Da warn meine zwei Kinder, der Franzi und mei Tochter, die sind 32 und 33 geboren, und der Mann gfallen . . . *sie lacht* Gut, ich hab schon Fürsorge kriegt, gell, bis ich die Rente kriegt hab, aber es is nicht leicht gwesn. 56 Mark hab ich kriegt Fürsorge nach der Währungsreform! Mei, da bin ich dann herumglaufen und hab bettelt, daß mir wer was zum Nähen oder zum Flicken gibt. Eine Nähmaschin hab ich nämlich ghabt. Das war wichtig. Jetzt, im Alter, gehts mir besser. Ich hab 680 Mark Rente. Das geht. Ich bin ja eine Kriegerswitwe! *sie lacht*

Gell, und dann is die Zeit kommen, da ham mir dann für die Wiederzulassung der KPD gekämpft, mit dem Richard Scheringer war die erste Versammlung. Die war gut besucht! Da warn auch richtige Bürger da, die ham bei der Diskussion gredt – sogar Nazi sind aufgstanden und ham gsagt – sie finden es nicht richtig, daß die KPD verboten is. Sogar alte Nazis ... In Reichenhall war eine Versammlung – ganz voll, in Rosenheim auch. In Traunstein! Und dann is, wie hat jetzt das gheißen ...

FRANZ Die ADF?

FANNI Genau, naja, und dann weißt es ja selber, oder?

FRANZ *nickt*

Pause

FRANZ Fanni, deine Mitgliedschaft in der Partei hat – vor allem durch die beiden Verbote – ja auch ganz schön was von Alleinsein. Eigentlich das Gegenteil von dem, was die Kommunisten wollen. Dafür können wir nichts. Trotzdem: Hast du dir nie gedacht, mein Gott, warum bin ich bloß in diesem Laden, wos nur Nachteile gibt für mich?

FANNI Um Gottes willen, was meinst denn du? Ich bin stolz, jederzeit stolz, daß ich Mitglied der Kommunistischen Partei bin. Wie kannst denn so was überhaupt sagen?

FRANZ Also, ich find die Frage recht logisch.

FANNI *schaut mich an* Ich hab natürlich schon auch gschimpft gell, und mir denkt, da hams jetzt wieder einen Mist gmacht. Das schon! *kleine Pause* Und ehrlich gsagt: Ich hab mich auch schon über Maßnahmen in der DDR nicht zurechtgefunden. Daß ich mir denkt hab: Das is nicht richtig. Und auch bei uns in der Partei. Oft hab ich mir denkt: Keine alte Sau kommt! Z. B. beim letzten Wahlkampf. Glaubst du, daß einmal ein einziger Genosse kommen wär aus München für eine Veranstaltung. Keiner! Freilich, woanders is nötiger als bei uns, gut, aber mir ham ja schließlich auch einen Wahlkampf gführt, wenn auch einen ganz leisen. Der Franzi hat mir natürlich schon gholfen, mein Sohn. Obwohl, der war ja ganz aktiv früher, und jetzt is er Gastwirt, da kann er nimmer. Aber seine Linie hat er noch. Da gibts nix. Und der diskutiert im Gasthaus, wenn es sein muß. Also, wenn es ein bißl geht, dann vermeidet er es, aber manchmal, wenn einer einen echten Schmarrn sagt, politisch, dann geht er hin und redt mit dem. Und dann schauns alle und machen den Mund auf und sagen: »Franzi, du hast recht.« Aber was solls? Mir kommen hier ned weiter, weil mir Alten älter werden und weil mir keine Jungen ham.

FRANZ Und was, meinst, machen wir falsch?

FANNI Falsch? Mir sind nicht aktiv. Ich allein kann nicht aktiv sein. Was nutzt das, wenn ich allein mit die Flugbladdeln herumlauf?

FRANZ Wie viele sind wir jetzt noch in A. Genossen?

FANNI Vier.

FRANZ Sterben wir aus in A.?

FANNI *schaut, dann nickt sie*

FRANZ Warum?

FANNI Das is wirklich schwer zum sagen. Schau mich an. Ich hab zwar alles in meinem Kopf noch drin, aber ich bring es nicht mehr heraus. Ich mein, ich kann nicht mehr diskutieren, ich bin draußen. Mein Sohn, der kann es, aber der hat keine Zeit, weil der Wirt is. Gut, ich kann vielleicht etwas Einfaches sagen, aber die große Parteipolitik, also – das kann ich nimmer. Ich bin draußen, ich hab keine Aufgabe mehr, und ich könnt auch keine mehr übernehmen. Der Mensch wachst aber nur durch seine Aufgaben, und die hab ich nicht mehr. Ich hab auch keinen Kontakt mit den jungen Leuten. Wie mein Sohn noch aktiv war, da ham mir die Gewerkschaftsjugend ghabt, also Kontakt, aber das hat sich alles aufgehört, seit der Franzi ein Wirt is. Der steckt mit seim Kopf in seim Gasthaus drin, und das is seine Heimat. Dem Franzi seine Frau war auch Genossin. War. Aber dann is ein Genosse gestorbn, und ich hab ihn in München abmelden müssen. Und da hat meine Schwiegertochter gsagt: Mich kannst auch gleich abmelden. Da kann man nix machen, das is eine Israelitin, und die kommt da nicht drüber weg mit die Araber. Das hat keinen Zweck.

FRANZ Und die Enkel, wie is da?

FANNI Die eine is zehn, die andere is schon älter, die is schon fortschrittlich, aber mei –

Pause

FRANZ Is das nicht alles ein bißl traurig?

FANNI *schaut mich an* Ich bin froh, wenn ich jede Woch meine dreizehn UZ verkauf. Schau, da is eine dabei, die is Hausmeisterin im Gemeindehaus. Da muß ich mich immer hineinschleichen, damit mich keiner sieht. Weil dann wär die kompromittiert, moants. Und andere, da muß ich eine halbe Stunde reden, damits das Fufzgerl außer tun für die Zeitung. Nicht wegen dem Geld, aber die wollen mit mir reden, gell. Die wollen mich.

FRANZ Und wenns dich einmal nimmer gibt?

FANNI Dann wirds für uns noch stiller, hier in A.

Der Wirt Franz (und Kommunist)
Vorspiel

Dem Franz schwant Unheil ... er baut gleich vor:

FRANZ Also, mit mir könnts nicht viel machen, gell. Ich unterstütz die Partei insofern – wie soll man sagen? Manchmal so und manchmal so, je nachdem, was halt los is. Das sag ich gleich, damit mir nicht durcheinanderkommen ...

KROETZ Ich komm nicht, weil ich dich aktivieren will.

FRANZ Ich sags nur vorher, daß keine Mißverständnisse gibt.

Wie wird man Kommunist?

FRANZ Also, an was ich mich besonders in der Nazizeit erinner, is, daß meine Mutti immer eine gewisse Antisympathie ghabt hat gegen die Polizei. Und dann, daß die Mutti Leut versteckt hat. Ned politisch bloß. Da is einmal einer ein Monat bei uns untertaucht, was is der heut? Zeuge Jehova. Und dann weiß ich noch, wie die Amerikaner bei uns einzogen sind in A., ham alle eine weiße Fahne heraus tan, gell, und ich hab mich gwundert, weil die Mutti hat zwar auch die weiße Fahne außer tan, aber mit Hammer und Sichel – und dann sinds kommen und ham gsagt, mir müssen Hammer und Sichel weg tun, des is aber ned gangen, weil des die Mutti naufgmalt hat. Mei, was soll ich sagen, die Mutti war halt eine aktive Kommunistin, und so bin ich auch dazu kommen. Ich war dann in der Lehr. Hab Elektriker glernt. Und dann is die FDJ gegründet worden, und ich war, glaub ich, vierzehn Jahr alt, wie ich in die FDJ eingetreten bin. Mei, da warn dann noch Freund, gell, und man muß sagen, die FDJ war ja damals stark. Mir ham eine der größten Veranstaltungen gleich am Anfang aufzogen, die es überhaupt in A. gebn hat. Mir waren über 25 Mitglieder damals. Wenn die aktiv sind, da kannst schon was auf die Fiaß stellen. Mei, ich war ein guter Turner, ich hab schaugeturnt, und einer hat gezaubert, und einer war Tangotänzerspezialist. Jeder hat sich halt was ausdenkt damals ... Des war der erste Anflug für mich. Natürlich hat sich dann auch die Spreu vom Weizen getrennt. Und ich bin dann halt doch irgendwie wohl politisch bewußter wordn, und dann is auch einmal einer kommen, der hat gsagt, ich soll, weil ich ja ein guter Turner war, einmal in die DDR in eine Sportschule fahren. Der hat mir allerdings viel vorgmacht, was nicht gstimmt hat. Ich hab damals, 51

– und da wars mit der Arbeit ja ned so leicht – einen Pfundsposten ghabt, den hab ich dann kündigt wegn der DDR. Dabei war ich bloß auf so einer kleinen Sportschul und bloß sechs Wochen.

KROETZ Sportschule?

FRANZ Na ja, mir wollten ja damals unbedingt im Sport Fuß fassen und das heißt natürlich vor allem, daß man politisch auf Draht is. Man kann auch sagen: Sport ham mir auch gmacht. *er lacht* Aber ich bin wieder heimkommen und hab keine Arbeit mehr ghabt. Da warst natürlich sauer. Ja, und dann bin ich Hauptamtlicher worden mit dem Auftrag, also praktisch Sportpolitik zu machen. Des war natürlich schwierig. Hint und vorn hast dich nicht auskennt. Aber mit der Zeit ... Nach der Sportschul bin ich dann auch Mitglied der Partei worden. Also mit 18. Na ja, und wie ich hauptamtlich zur FDJ kommen bin, da war die ja schon verboten. Ich glaub, die is – wann jetzt – 52 schon verboten wordn.

KROETZ Sag mal, wie macht man illegal Sportpolitik, das hört sich wie ein Witz an.

FRANZ Freilich. Ich hab den Obern sogar gsagt: Alles schön und recht, aber was wir treiben, ist witzlos. Mir treffen uns in der Früh, dann ratschn mir und machen die Politik durch und dann sagen mir: Jetzt machen mir Organisation, und mir ham nie gwußt, was mir tun sollen. Das einzige, was mir noch zambracht ham, waren praktisch Aktionen, die mir noch vorher einmal ausgedacht ham ... Es hat natürlich auch teilweise Erfolge geben, und zwar innerhalb der Gewerkschaft. Mir ham natürlich da nicht die offizielle FDJ-Politik vertreten, aber immer versucht gute Beschlüsse zum erreichen. Es war nicht ganz umsonst, das muß man sagen, aber trotzdem – nicht umsonst hat ja die Tätigkeit der FDJ 56/57 dann total aufgehört, das heißt, man hat auch den Apparat aufgelöst. Aber ich hab schon vorher, also 1954, gsagt: Ich mag nimmer. Weil ich da kein Erfolg nimmer seh. Und zwar war das: ich bin von der FDJ aus noch zu einer Parteischule delegiert worden in die DDR, und da hats gheißen, wie ich zurück bin: Es lauft ein Haftbefehl für dich. Aber es nutzt nichts, da mußt dich stellen, mir müssen dich als Person wieder legal machen. Es hat keinen Sinn, innerhalb der Partei illegal zu arbeiten und die Person selber is auch noch illegal. Das is zweimal schlimm, auch wenn ein Haftbefehl hinter dir lauft. Der is aber gar nicht mehr hinter mir glaufen, weil er aufgelöst war. Da hams uns alle einmal ausghoben *die Fanni hat vorher davon erzählt*, aber uns dann nix beweisen können. Da sind mehrer Prozesse glaufen, aber Fehlanzeige.

KROETZ Das Vertrauen – du warst ja blutjung damals – muß ganz schön groß gewesen sein, das die Partei in dich ghabt hat.

FRANZ Das Vertrauen hat ausgestrahlt von meiner Mutti. Aber was nutz des, wenns keinen Sinn hat. Ja, dann hab ich bei der FDJ aufghört, und dann bin ich hier Kreisvorsitzender von der Partei worden. Da war die Partei noch legal. Das war dann nur noch ehrenamtlich. Beruflich hab ich damals zum großen Teil gstempelt und ein bißl garbeit. Und dann is ja eh die Partei verboten worden, und da war Sense. Verbindung hats auch keine gebn – gut, daßd irgendwie deine politische Meinung vertreten hast, je nachdem, wiest gstanden bist, is klar, aber es war halt keine angeleitete Arbeit oder irgend etwas. Und da hab ich einmal einen schönen Rausch ghabt, und da hab ich gsagt: Jetzt leckt mich alles am Arsch, ich pack meine Koffer und fahr in die DDR. Des war 58. Und dann bin ich in den Zug eingstiegen und hab mir denkt, jetzt mach ich einmal den Flüchtling auf umgekehrt. Bei der Grenz bin ich ausgstiegen und hab gsagt: So, jetzt bin ich da. Jetzt könnts machen mit mir, was ihr wollts. Ich mag nimmer retour. Dann ham die zerscht einmal mit mir zum Diskutieren angfangt. Aber ich hab ja eine Schwester drüben. Und zu der hams mich geschickt, obwohl ich es nicht wollt. Mein Gott, die hat vielleicht gschaut. Und dann hats gheißen, das geht alles über Berlin und das dauert. Und dann hams meinen Ausweis gleich einmal entwertet, und sechs Wochen war ich schon drüben und hab nicht einmal arbeiten dürfen. Und dann hams mich also gnädig arbeiten lassen. Aber zur FDJ hab ich nicht dürfen, zur Partei auch nicht, bloß zur Gewerkschaft. Immerhin. Und zum Sportverein. Und in Eisenhüttenstadt war mit dem nicht viel los, aber dann hat mich dort die Akrobatengruppe entdeckt, und dann sind mir durch die ganze DDR gfahren und aufgetreten. Das war schön. Und plötzlich kommt ein Brief: Ich muß sofort nach Berlin. Also bin ich hin. Abteilung West der SED. Und was hats da gheißen? Sofort ab nach dem Westen. Mir schmeißen dich nicht raus. Aber sei dir darüber klar: Du kannst nicht zur SED, du kannst dich nicht entwickeln, geh heim. Was hab ich tan? Mein Paß war entwertet, Bürger der DDR auf deutsch gsagt, dann hab ich mir das Scheinerl gebn lassen, wie das damals war, mit dem die DDR-Bürger ausreisen ham dürfen. Und mit dem bin ich dann rübergfahren wieder. Und jetzt bist wieder da. Hast auch keine Arbeit nicht. Ein dreiviertel Jahr war ich bloß drüben. Und hier war ich dann wieder mit einem ungültigen Paß und dem Schein.

KROETZ Du warst also Zonenflüchtling? Hast das gsagt.

FRANZ Idiotie als Kommunist! Ich hab einen Schmee gmacht: Die Mutti is da und allein und so. Da is vor allem ums Stempelgeld gangen. Denen am Arbeitsamt is das wurscht, obst in Mannheim oder in Eisenhüttenstadt freiwillig zum arbeiten aufhörst, du wirst gsperrt. Aber mit dem Schmee hab ich dann mein Stempelgeld auch noch kriegt.

Pause

Und wie ich drüben weg bin, hats dann gheißen: Wenn ich hier bin, wird sich einer melden. – Und keiner hat sich gmeldet. Ich sag dir: 59 keiner, 60 keiner, 61 keiner. 62 ist der erste gekommen. Und der hat den Kontakt hergestellt, und dann ham mir wieder so einen illegalen Wasserkopf gebaut für das ganze Gebiet da herunten. Drei Leut, mir sind für das Gebiet da herunten verantwortlich. Mir ham uns troffen und untereinander gredet. Und das war alles. Sicher, mir ham einige Verbindungen ghalten, und mir ham ein paar Delegationen in die DDR vermittelt. Aber sonst. Und 64 is einer aufgetaucht, der hat gsagt: Du mußt auf Schule fahren. Peng. Damals war meine Frau grad schwanger. Ich war noch nicht verheirat, aber sie war schwanger. Und ich hab wieder eine gute Stell ghabt, das kommt dazu. Aber bitte, ich bin auf Schule gfahren. 64 auf 65. Ich war wieder in der DDR. Ein Jahr auf Schule. Wie ich zurück bin, hab ich sogar die gute Stell wieder kriegt. Aber dann is wieder mal die Polizei kommen. Alles durchsucht. Wies halt so geht. Und trotzdem nix derwischt. Einsperrn hams mich also nicht können. *er lacht* Guad, die Situation is besser worden, die Partei war rege, und mir ham die große Kampagne gestartet zur Wiederzulassung der KPD. Und dann ham mir da heraußen Versammlungen abgehalten, die eine Schau waren. Mit so viel Leut! Wenn mir heut noch so viele herbringen täten ... Wie mir illegal waren, ham mir sehr viel nach außen gearbeitet. Nicht daß überall KPD gstanden is, aber es war eine Bewegung da. Und plötzlich über Nacht hat der Sprung sein müssen, daß mir uns DKP gnannt ham und wieder da warn. Sie ham es uns ja offiziell von der Regierung gsagt: Nennts euch nicht KPD, sondern DKP oder irgend etwas. Und die Genossen ham ja lang überlegt. Aber schließlich, es geht darum, die gleiche Politik machen zu können, und ned um den Namen. Hinter der Entscheidung steh ich. Und dann is so dahin gangen mit der Neugründung. Und es is immer leichter wordn und leichter worden, aber so leicht wars auch ned. Mir ham überall, wos möglich war, Versammlungen organisiert, weil unsere Leut warn ja alle versteckt, die mußt ja erst wieder finden, die müssen wieder auftauchen. Und dann ham mir sie einzeln besucht und wieder zamgeführt. Das war schon eine schwere Arbeit. Ich bin rumgfahren wie ein Trottel, nicht umsonst 108 000 Kilometer in einem Jahr. Da war ich dann auch wieder hauptamtlich. Das war alles 68. Und aufgehört hab ich am 1. Januar 1972.

KROETZ Warum?

FRANZ Mei, warum?! Mir is es zuviel worden. Ich hab schon ein dreiviertel Jahr vorher zum W. gesagt: Ich mag nimmer, es is mir zuviel. Der W. hat es mir zwar momentan nicht geglaubt, aber es war so. Ich hab es unheimlich am Herz gspürt, und ich hab die Fahrerei nicht mehr vertragen können. Wenn ich oft nach München gfahren bin, ich hab zweimal aussteigen müssen zum Speiben.

KROETZ War die Partei daran schuld, hat dir die zuviel zugemutet?

FRANZ In dem Moment, wo ich merk, meine innerliche Kraft laßt nach, das heißt, daß es nur noch reine Routine is, und ich fang an wie manche Genossen, die ich kenn, die bloß noch bla bla bla sagen und die es nicht merken, dann is es Zeit, daß man entweder in einen Betrieb zurückgeht oder man arbeitet sonst wie und tankt sich eben wieder auf. Man braucht das. Und wer sagt, er braucht es nicht, der is für mich ein Depp. Es gibt Menschen, die es ständig können, gut, aber die wo es nicht können, die sollen wissen, wann sie diesen beschwerlichen Weg aufhören müssen. Und daß dir bei der Partei nichts geschenkt wird, das is ein ganz ein klarer Fall. Und dann: Es kann dir auch nichts geschenkt werden, du bist nicht bei der SPD, und drum kann dir nichts geschenkt werden, weil nix da is. Und ich persönlich selber hab die Kraft nicht mehr gespürt. Ich hab gemerkt, wenn ich das angenommen so weiter tu, daß ich dann der Partei mehr schad wie nutz.

KROETZ Is es wirklich nur physische Erschöpfung gewesen?

FRANZ Also, jedenfalls war es keine politische Erschöpfung. Es geht nicht darum, daß ich gmeint hätt, die Partei hat eine falsche Linie oder so.

KROETZ Depressionen nach Wahlergebnissen zum Beispiel?

FRANZ Nein, nein, bestimmt nicht. Ärgern tu ich mich, aber sonst ... Aber das kann es nicht sein. Schau, wie lang ich schon dabei bin, wenn es das wär, dann müßt ich, wenn ich was von Kommunismus hör, heut gleich sagen: leckts mich am Arsch und die Fotzn nicht mehr aufmachen. Aber so is es nicht.

KROETZ Des tut mir leid, aber wenn jemand so viel und so gut für die Partei gearbeitet hat, dann glaub ich es ihm einfach nicht, wenn er sagt, nur aus physischer Erschöpfung hat er aufgehört.

FRANZ So ein Thema ist nicht in einem Satz erschöpft. Wenn mir uns wirklich die Frage stellen: Was geht im Menschn vor?, dann müssen wir uns gwiß sein, daß der Mensch Mensch is und jeder Mensch seine menschlichen Schwächen hat. Und den Menschen zu charakterisieren is halt trotzdem schwer, auch wenn der Mensch Kommunist is – und nicht der Kommunist, wie mir uns vorstellen, daß er vielleicht in 2000 Jahr ausschaut oder in tausend oder vielleicht noch eher. Es spielen natürlich so viele Dinge mit rein, daß natürlich eine gewisse Resignation – ich weiß es nicht, ob es Resignation is, aber wo man einfach einmal selber nicht mehr kann. Und das geht so weiter, daß der Mensch vielleicht wirklich gar nicht mit seinem Bewußtsein erfaßt, daß ein bestimmtes Aufgeben oder irgendwas – was er sich gar nicht zutrauen würde, daß es so is. Aber den nächsten Gegner, der ihm eine falsche Antwort gibt, den fahrt er gleich so zusammen, daß der gar nimmer lebendig wird. Und so wird der Mensch in der Organisation der Partei abgenützt, und daß der Mensch abgenützt wird, is Tatsache. Über das kommen mir nicht hinweg. Und das is kein Problem nur innerhalb der Kommunisten. Das is allgemein. Das is eine Objektivität, das tät ich finden. Und man ärgert sich auch, wenn es mehrere sind, über bestimmte Personen. Man ärgert sich, daß die Vorstellungen, die man selber hat, daß man die nicht durchbringen kann. Wie macht man das Beste, indem man nachgibt oder indem man recht hat? Das spielt alles ohne Zweifel eine Rolle, ohne Zweifel, daß ich auch resigniert hab – scheiß die Wand an –, wenn die andern alles besser wissen. Was gibts bei die Funktionen für Wasserköpf zum Beispiel. Ich seh es nicht ein, daß ich ersten und zweiten und dritten Vorsitzenden mach und acht andere Funktionen hab, aber keine Mitglieder. Und jeder Funktionär in der DKP soll es sich merken: Wenn er arbeitet, dann nur mit Kraft und Überzeugung, und wenn er merkt, daß das nachlaßt, dann soll er sagen, is es nicht möglich, daß ich mich irgendwie wieder auftankn kann, ich kann nicht mehr im Moment, damit er später wieder für die Partei zur Verfügung steht als Mensch. Ich bin brutal, das geb ich zu, aber es gibt Wahrheiten, da kann man nicht herum.

KROETZ Und jetzt?

FRANZ Ich bin Wirt. In erster Linie. Wirt und nebenbei Kommunist.

KROETZ Was tust du jetzt noch für die Partei?

FRANZ Nix. Auf deutsch gsagt. Wenn mich jemand fragt, eine Antwort geben, aber es müssen konkrete Auskünft sein. Ganz konkret.

Pause

KROETZ Deine Frau is aus der Partei ausgetreten ...

FRANZ Meine Frau hat, was das Politische anbelangt, sich noch nie recht interessiert. Und da hat sie auch zu wenig Hirn. Dazu wahrscheinlich. Und da sie einfach Jüdin is und sich die Juden immer so verfolgt gfühlt ham, wirkt das innerhalb meiner Ehe noch mit. Und weil sie diesen trottelhaften Glauben haben, daß sie immer noch das auserwählte Volk sind, is es noch schlimmer. Sie sind nicht intelligenter und besser wie die andern, das is einfach nicht wahr, sie sind auch nicht besser und schlechter wie zum Beispiel die Araber und auch nicht anders wie die Deutschen. Aber man muß einmal darüber nachdenken, warum sie so stur sind, warum daß sie praktisch, wenn sie ihre Politik so weitermachen, wieder ihre Nation aufs Spiel setzen, das müssen sie wissen. Die Ruth is beigetreten aus Liebe zu mir, und je mehr daß mir uns streiten, um so mehr tritts wieder aus. Und ich kann brutal sein und sag es ihr: Wenn der jüdische Staat keine andere Politik nicht macht, dann verschwindet er im Meer, aber er kann die Kurve noch kriegen, hoffentlich.

Gschichten ...

FRANZ Ja mei, Gschichten, ja mei, wenn ich da jetzt an alle dran denken tät, da gäbs viel zu erzählen. *kleine Pause* Das war 1952. Mei Mutti war in Berlin bei meiner Schwester, also die hat 51 dort gheirat. Und Weihnachten is kumma, und ich allein. Sakra di, hab ich mir denkt, die Mutti ned da, die Schwester lang ned gsehn, ihrn Mann überhaupts noch nicht. Ich will zu Weihnachten nach Berlin ... Und damals wars ja noch nicht so, daß mir Aufenthaltsgenehmigungen braucht ham von der DDR, sondern es hat einen Interzonenpaß braucht und der is vom Landratsamt ausgsfellt worden. Und de Hund in Traunstein, gell, die ham mir natürlich kein geben ... Jetzt bin ich dagstanden. Ich hab mir denkt: Scheiße, was tust jetzt? Aber, hab ich denkt, du kennst einen Genossen in Hof, mit dem war ich in Penzberg schon einmal beinand. Der kennt sich aus. Heilig Abend will ich drüben sein. Gut, ich fahr nach Hof zu dem. Mitm Zug. Geh zu dem Genossen und sag: »Du, kannst mich ned über die Grenz bringen?« Der fragt, ob ich was dabei hab von der Partei. Ich hab aber nix. Gell, da sagt er, »da kann ich nix tun. Aber einen Rat kannst haben. Du schlafst bei mir und um fünfe in der Früh, da nimmst dir ein Taxi und laßt dich nach – den Nam von dem Ort hab ich vergessn – fahrn, da lauft dann eine Straß genau an der Grenz entlang. Zahln tust vorher – steigst aus und rennst einfach ummi!« So getan, so gemacht. Auf einmal tuts einen Tuscherer, und ich war schon am Bodn. Verstehst mich? Peng hats tan, was glaubst, wie mir der Arsch gangen is. Hams schon gschossn auf mich, die drübern. Na hab ich gsehn, wies daherglaufen sind im Schnee. Sagt der eine, ich kann mich noch gut erinnern: »Hast ein schönes Massl ghabt, daß mir dich nicht erwischt ham!« Na hat er glacht und gsagt: »A bißl drüber ham mir schon zielt ...« Gut, ich muß auf die Polizeistation. Ich sag, wie es is, einen Brief von meiner Schwester, die wo mich eigladn hat, hab ich ghabt. Dann hams eine Stund telefoniert. Dann hams mich zum Staatssischerheitsdienst nach E. bracht. Des war schon der Heilige Abend, gell. Und da rufns Berlin an und wieder und wieder. Dann sagt einer: Fahrst mit den Genossen mit! Ich hab mir noch gar nix denkt dabei, auf einmal sind mir in einem so grauen Gebäude *lacht* und da hams mich fünf Tag eingsperrt. Aber an Silvester war ich dann doch in Berlin. Die warn halt vorsichtig, gell ... Mei, bei die Weltfestspiele 51, da san ja Tausende so über die Grenz. Und mir mit unserm schwarzn Landratsamt, gell, die ham ja damals noch gmeint, mir kenntn uns aus der DDR was abschaun ... Na ja, mir ham sie schon auch ausgschmiert. Das Schönste da in A. war, wie kurz nachm Verbot von der KPD ein Feuerwehrumzug war. Gell, da war natürlich der Weg, wo der Umzug war, gschmückt mit Girlandn und so, wies halt so is. Und am Marktplatz sind dann auch alle Fahnen ghängt, gell. Und mir ned dumm, in der Nacht, wie schon alles hergricht war, ham mir mit einem Flößerhakn, also, wo man Baumstämm, Flöß ebn, damit hakelt, ham mir eine von die Fahnen mitten aufm Marktplatz runter und ham dafür die FDJ-Fahne hinghängt. *er lacht* Des hams zehn Minuten vor dem Umzug gmerkt. Da is dann der Feuerwehrwagn ausgrückt, und mit der Leiter hams dann unser Fahne weg und irgendeine andere wieder hin. Und mir sind drunten gstanden und ham glacht. Und die Leut auch ... *er lacht* Da warns natürlich blamiert mit ihrem Umzug.

KROETZ Aus der Legalität gibts keine lustigen Sachn zum erzählen?

FRANZ Die Legalität, ja mei – ich bin jetzt ebn hauptberuflich Wirt. Willst noch was?

KROETZ Ein Weißbier noch!

FRANZ Genau ... *und er verschwindet hinter der Theke.*

Nach dem Gespräch gehen wir ins Gasthaus zurück, das die Bevölkerung von A. (nahe Traunstein) »Roter Stern« nennt, obwohl es »Schifferwirt« heißt ... Dort sitzen die Schnellers, die wir aus dem allerersten Gespräch kennen, mit der Fanny an einem Tisch und ratschen. Ich setz mich dazu, während der Franz (also der Wirt) hinter der Theke verschwindet.
Noch einmal will ich die gute, alte Fanny prüfen ...

Nachspiel

FRANZ Sag einmal, Fanny, sollen die zwei nicht besser SPD wählen?

FANNY Du bist ja narrisch, warum denn? Warum die uns wählen sollen, des kann ich dir gleich sagen: Wenn wir einmal, sagen wir mal, vielleicht zwei Prozent mehr Stimmen hätten wie sonst, dann täten die oben das Rotieren anfangen und täten sagen, was ist los? Also, die Arbeiter sind nicht mehr zufrieden, da müssen wir unbedingt was ändern. Der Meinung bin ich.
Pause
Weil die SPD die gleichen Dinger macht, weil die auch dem Großkapital nützen tut, weils die Berufsverbote erklärt haben und ... was denn noch alles? – Investitionen gebens die Unternehmer, und dabei kommt überhaupt nichts raus, im Gegenteil, die Arbeitslosigkeit, die bleibt, also, die machen nichts anderes als wie die CSU! ... Weißt du Franz, ich hab alles so im Kopf, aber

ich kann einfach nimmer so diskutieren, ob dus glaubst oder nicht. Aus der Arbeit bin ich draußen. Meine Arbeit ist z. B. die UZ verkaufen und die Kreiskassierung machen, und du weißt halt, der Mensch der wächst immer in seine Aufgaben. Und keine anderen Aufgaben hab ich nicht.

Pause

Also weißt, Franz, über was ich mich heut so geärgert hab, ich sag dir was, ich war direkt hinterher seelisch krank, über den B. Habts ihr des gehört, was der B. alles gesagt hat? Sagts einmal, war der heut betrunken?

UTE Der eine, der dich so blöd angeredet hat ...

FANNY Ich hab ja nicht einmal die Hälfte davon gehört, aber des, was ich gehört hab, das hat mich dermaßen schockiert, so hab ich den überhaupt noch nicht gekannt. Na, der hat doch selten blöd dahergeredet ... Mensch, war des nicht gemein? Des war doch richtig gemein, was der alles gesagt hat. Aber ich kanns nicht wiedergeben, was er gesagt hat.

PETER Da brauchst dich nichts scheißen, Fanny, der redet immer so daher.

FANNY Na, so geschert hab ich ihn noch nie reden hören.

PETER Ach ja, ich glaub, der redet wegen was anderem auch genauso.

FANNY Übrigens, wißts ihr das, daß bei uns während der Versammlung *vor ca. drei Wochen, wo ich die Schnellers kennenlernte* dreimal angerufen worden ist? »Sind hier die Kommunistenschweine?« Ich bin ans Telephon, zweimal, und des dritte Mal geht die Bedienung hin, dann hats wieder geheißen: »Sind hier die Kommunistenschweine?« Dann hat die Polhammerin gesagt: »Nein, hier ist die Frau Polhammer.« Und der Stimme nach trau ich mir wetten, es war der B.

UTE Der immer so blöd daher redet. Dem ist es schon zuzutrauen.

FANNY Der hat immer noch so eine Wut, weil wir ihm Lokalverbot gegeben ham.

UTE Da habts ja recht!

FANNY Der wollt ja wieder kommen, aber der Franzi hat gesagt, des kommt überhaupt nicht in Frage, mit dem seine Sprüch, der hat am Tisch »Zuchthausbruder« zum Franzi gsagt!

PETER »Zuchthausbub!« –

FANNY »Zuchthausbub« gesagt, nichts anderes hörst nicht von

dem, und außerdem redet der ja unsere Stammgäste genauso an.

UTE Mich ja auch! Weißt es eh, wie er mich am Fasching angeröhrt hat . . .

FANNY Ja, aber des Schönere war des, mir reißens also, sagen wir mal, mindestens jeden zweiten Tag alle Plakate runter. Heut nacht nicht. Wies jetzt ausschaut, weiß ich nicht. Jedenfalls steh ich heut in der Früh, um drei steh ich auf, dann pack ich meinen Kübel und tu alles plakatieren, was sie heruntergerissen haben, weil eher hats gar keinen Wert nicht. Weil, verstehst, die Burschen, die gehen ja erst so spät heim. Ja, was meinst denn, wasd Leut zu mir gesagt ham, wie ich plakiert hab? Da hams gesagt »Judensau« zu mir. Und ich geschaut, aber ich hab die Leute nicht gekannt. Zu mir »Judensau«, das mußt du dir vorstellen! So eine Blödheit. Aber ich hab überhaupt nichts gesagt. Ich hab mir gedacht, steigts mir auf den Hut oder . . . des hat mich ja so geärgert. Des hab ich dann der Ruth erzählt, daß zu mir »Judensau« gesagt ham, und dann hat sie gesagt, ja, ich habs ja dem Franzi gleich gesagt, es kommt überhaupt nicht mehr in Frage, die kommen mir nicht mehr rein, also ich nehm keine Versammlung mehr von der Kommunistischen Partei! . . . Ich hab nichts gesagt. Ich muß mit ihr arbeiten, mit meiner Schwiergertochter, auf alle Fälle, ich muß mit ihr auskommen, und ich muß auch sehr viel schlucken. Also, ich sag dir ja gleich, ich mag das Wort DKP vor ihr gegenüber überhaupt nicht in den Mund nehmen, denn wenn, dann sagt sie irgendwas Dreckiges drauf, und dann muß ich mich so ärgern, aber ich sag nichts. Das friß ich alles hinein und sag keinen Ton, ich hab auch nie ein Wort gesagt, daß wir Versammlung ham.

UTE . . . oder damals, wie der Peter ausgeweißelt hat, (er hatte ja die mißratenen Pfannkuchen an die Wand geworfen . . .) da hab ich ein Bier geholt, da hats gesagt, hat der Peter Hausarrest, dabei hat der Peter das Bad ausgeweißelt und die Küche. Da stehts da und sagt ganz laut im Lokal: »Hat der Peter Hausarrest?« Fanny, das geht nämlich auch nicht, gell, sind wir uns ehrlich.

PETER Nein, gehn tut das nicht . . .

FRANZ Genau.

Ein roter bayrischer Großvater erzählt
Der Luggi

LUGGI Direkt eingetreten bin ich in die KPD im Jahr 28. Vorher war ich aber schon bei der »Roten Hilfe«. Damals war sogar die SPD noch eine marxistische Partei. Die Menschen waren überhaupts viel mehr links eingstellt wie heut. Die SPD überhaupt, gell. Was is denn das heute? Das is doch keine Arbeiterpartei mehr. Die Zeit ... Ich bin 1902 geboren. Im Februar werd ich 75. Eine denkbar arme Jugend. Der Vater is 1912 gstorben, geboren 1867. Die Mutter 1868. Eine Wirtstochter von Oberwössen. Der Großvater war Wirt in Oberwössen ... Kennst dich du aus in Oberwössen?

FRANZ *schüttelt den Kopf*

LUGGI Mein Vater is Zimmermann wordn und war Sozialdemokrat. Des is damals so etwas gwen wie heute mir. Sieben Kinder warn mir und keine Rente fürd Mutter, wie der Vater tot war. Ich hätt eine Lehrstell wolln, aber das hats ja damals ned gebn. 1916 bin ich als Dienstbub zu eim Bergbauern kommen ... die ham einen Knecht ghabt, der war einzogn. Da hab ich in dem Winter mit zwei Roß schon bergfahren müssen. Koane 15 Jahr, Prüglfahrn, also Baumstämm aberziagn vom Berg mit die Roß. Mei, des is a Arbeit für starke Mander, aber koan Buam. Nachat hab ich bloß leichte Schuah ghabt, Mantel hats ned gebn, Unterhosn hats ned gebn – und so einen Meter Schnee und mehr – des war mehr. Wenn eine Fuhr aufglegt war und man is dann aufgsessen, hat man grad übern Schnee nübergsehn. Also zwei und drei Meter Schnee. Und ich mit die Roß nicht umgehn können, ned glernt ghabt. I hab an Brauna ghabt, an recht an starkn. Der is gscheiter gwen wia i. Der hat alles gwißt, an Weg seine Muckn, der is gstandn, wenn a Kettn außer is, der hats Tempo gmacht ... *er lacht* Wirklich, gscheiter wia i ...

Ja, des war bei Winkelmoos. Die ganze Woch war ma aus,

gschlaffa und kocht, in der Früh um halbe drei außer, Roß füttern und eingspannt is wordn. Da ham mir oft scho zwoa Fuhrn hinter ins ghabt, bis richti Tog wordn is. Und de Arbad war schwer, des ko ma si heit nimmer vorstelln, unds Essn war aa ned so, gell. Milch und Butter hams scho ghabt, gell, wegn da Milchwirtschaft. Aber sonst.

FRANZ Wo habts denn da gschlafn, unterwegs.

LUGGI Da war a groß Unterstellhaus, mid am großn Stall und oam Raum. Da is kocht und gschlaffa wordn drin. Und die Roßdeckan san da trocknet wordn, die warn ja pritschnaß – ein Riesenofen war da drin, da is wahrscheinlich jedn Tag ein Ster Holz verbrennt worden. Aber stell dir vor, de Luft da drin. I hab die erstn Nächt gmoant, daß i derstick. Der Dampf von de Roßdeckn, von vielleicht fünfzehn Roß. Und die Leit... Aber kalt wars ned, obwohls koa Deckn oder so gebn hat. Loatstubn hod mas ghoßn...

FRANZ Is da den ganzn Winter Holz gfahren wordn?

LUGGI Des hams oft gar ned herunterbracht, wenn der Winter ned guad gwen is. Und wenns gschniebn hat, des is aa passiert, um die Weihnachtszeit, da hams ned hoam derfa an Weihnachtn und Neujahr, da hams durchfahrn miassn über die Feiertag, damits an Weg ned einschneibt. Bei meim Bauern hob is ja guad ghabt, aber andere... I hob mid dem andern Knecht, der aba eizogn war, a eigene Kammer ghabt. Aber de andern Roßführer von andere Bauern, de ham so was ja gar ned kennt, de ham ihr Lebn lang im Roßstall gschlafa, auf am Strohsack ebn oder so nebn de Roß. Des war so, wenn oana a Bett ghabt hod, des war a Auszeichnung... Und des Leit warn ja so rückständig. De is ja a gfährliche Arbad gwen, aber glaubst, de hättn do nochgebn? A jeder hod no mehra aufladn miassn wia da ander, und grod no mehra. Glaubst, wos i am Anfang für an Angst ghabt hob! Marterl san aufm Weg herganga, woaße no... De Bratzn zum Bremsn ham ned greicht, wenns gach ganga is, da san no Kettn gwen, de sa außer zum Schnalzn gwen, wenns Not war. ...Ja, und mit der Dummheit, dem Kriag, und danach bin ich dort bliebn bis 1921. Aber dann hab ich mir doch denkt: Jetzt geh ich einmal weg von die Bauern, daß ich weg bin. Und auch was verdien einmal. Weil bei die Bauern hats ja außer Kost ned viel gebn. Im Jahr ein paar Schuah, ein Paar so Werktagschuah, de man eh in der Arbeid aufbraucht hod, und ein paar Hemdn.

FRANZ Und Geld gar keins?

LUGGI Doch, in der Woch drei Mark. Mit einer Mark is angangen, dann eine Mark fünfzig und so weiter . . .

FRANZ Damit man einen Vergleich hat: Was hat denn das Bier damals kost?

LUGGI Die Maß hat 26 Pfennig kost so um 17 und 18 . . . Heut kauft sich der Arbeiter halt viel leichter ein Auto wie damals ein Fahrrad, des hat nämlich damals 180 Mark kost . . .

FRANZ Was hast denn du vom 1. Weltkrieg mitkriegt?

LUGGI Ja, mitkriegt . . . durchs Essn halt, was alles ned gebn hat . . . De ham ja damals ned – wia sagt man jetz do – ned einteiln kenna, und auf einmal war nix mehr da. Im zwoatn Kriag hams ja enteilt, da warn die Markn schon hergricht. Und des Brot, sagn mir einmal, war im zweitn auch knapp, aber es war doch no a Brot. Im ersten Weltkrieg, mei, des Brot, des hod ja gar ned zamghalten, da hast einen Leib in eine Schüssel tun müssen. Lauter Brockan bloß . . . Da hams angeblich, Kastanienmehl, Eichelmehl hat man gsagt neitan und Sägmehl auch, hats ghoaßn, ich woaß ned, ob es stimmt. Da ham mir dann auch Runklrübn gessn, so schlecht war die Zeit. Zucker hats koan gebn, Butter nimmer, Margarine hams angeblich aus die derschossena Roß gmacht . . . Und fia an Buam wia mi hods ja überhaupt koa Möglichkeit gebn. Ich hob a Zeugnis ghabt mit lauter Oansa und Zwora, und ich hab mich leicht glernt, weil mir hod koana gsagt: Geh lerna . . . Ich hab mir das Lernen stehln müssn und bin gschimpft wordn. Mia ham arbeitn miassn. Da warn ja reiche Bauernbuam mid in der Schul, und da warn manche wirklich so blöd wiad Nachd finster. Da hod der Lehrer zu dene gsagt: Des macht gar nix, wennts nur in Religion guad seids, ois andane brauchts es ned, des brauchan bloß die Heita . . . (Armen)

FRANZ Dein Vater is mit –

LUGGI mid 45 is der gstorbn.

FRANZ Genau. An was denn?

LUGGI Ja, der war Zimmermann, und da is im November noch ein Hof abbrennt. Und da hams vorn Winter no wieder aufbaut. Gell, da hams ja von sechse bis um sechse garbeit, die Handwerker. Da hats um neune a Maß Bier und a Bauernbrot gebn und zMittag wieder und Namedog . . . Ja mei, und de schware Arbad und de Kältn scho, da hod si mei Vater die Lunga gschreckt, und da is er im Januar zwölfe gstorbn dro.

FRANZ Du sagst, die Mutter hat keine Rente ghabt. Wie hat sie euch durchbracht damals. Ihr warts ja –

LUGGI Mir warn siebene. Ich bin wegkomma zu einer Tante, damit ich aufghobn bin und nix brauch. Oa Schwesta war verheirat, oane is Sennerin gwen bei am Bauern, und oane war Hausmadl beim Apotheker. A Bruada von mir is a wegkumma ... I hobs ned guad ghabt, so vui Arbad: Kindsen hobe miassn, kocha hobe miassan, putzn und obwaschn – mei schönste Zeit, des war de Zeit, wo i in der Schul war, von mir aus hätt de Schul den ganzn Tag dauern kenna! Und oft is passiert, daß mir mid nüchterna Magn ind Schul ham miassn, weils in der Fruah nix gebn hod. Oda daß ma am Mittog hoam san, und da war aa koa Essn aufm Tisch – die Muatta hod wo garbeit. Aber mia ham uns doch zum helfn gwußt, gfischt hamma, und i woaß no, daß mir in der Schul scho a Gwehr ghabt ham und aa hin und wida wos gschossn ham. Derwischt hams uns nia! Mir ham ja so schnell laufn kenna! *er lacht* An Bruadan hob i ghabt, der war no zwoa Jahr jinga wia i, aber ein solchans Luada! Der war flink wia a Wiesl. In der Zeit um Ostern wars am schönstn, do is so oft Fastenpredigt gwen am Nachmittag, und do warn damals ja no alle Leid in da Kirch. Und mia Lausbuam ham des ausgnutzt: Da wars stad, da ham mir fischn und wildern kenna. Ja, und siebzehn is nachad as Rankln losganga an die Sonntäg. A hoibs Jahr vorm Eiziagn, is des losganga in jeder Gmoa. Do ham hoid alle von oam Jahrgang gega anand grankelt, und wer von koam gschmiassn wordn ist, der is Hogmoa worn und hod a Gickerl (Gockel) kriagd, wo a se aufn Huad gsteckt hod. Und Reit im Winkl is damals Bezirkshogmoa wordn. Weil da ham dann de oana mid die andan aus andane Gmeindna grafft, also de Hogmoan, wias ghoaßn hod, und wer nachad do gschmissn wordn is, der hod sei Gickerl abgebn miassn. Und da warn manche, de ham an Huad rundum voll ghabt mit Gickerl. So war des damals. Und an Kriag hamma ausschiaßn ghört nachad 18. Da war i auf da Alm und da war in Italien die Offensive, und im Herbst is ja de Lufd scho dinn, und da ham mir allerweil as Schiaßn ghört von Italien her, Herrgod, Herrgod, jetzt kemmas! hads ghoaßn, und der Bauer hod gjammert: Unser Viech nehmas ins, und de Haisa werdn ozundn ... Und mit dem is nachad des Kriegsende allmählich kema fia mi ... Und wia dann am 9. November die Revolution war in München, da ham mir nix gwißt davon. Radio, Fernsehn hods ned gebn, a Wochablattl is kemma mid kirchliche Nachrichtn, sunst nixe! Bis nachad aus Minchn a paar Soldatn hoamkemma san, des uns verzählt ham. Und bis der Pfarrer in der Kirchn aberpredigt hod, daß die Bolschewiken Revolution gmacht ham und so weiter ... Und dann is der Pfarrer – des woaß i no – von Haus zu Haus ganga und hod se von de Leit die Bücher zoagn lassn, de wos lesn. A Kontrolle, wennst so wuillst. Wennst dir des vorstellst. Aber da war nirgends was zum beanstanden, weil de Bauern ham ja bloß Gebetsbücher ghabt ... De ham ja nix gwußt, die andern auch ned. Die ham ja mit der Sprach ned heraus können, so warn die. Wenn de ein Zehntl vom Wortschatz von unserer deutschen Sprach ghabt ham, is das viel. De ham sich ned ausdrückn kenna. Und der Pfarrer war zfriedn. Und da hod aa koana was gsogd, do hod a jeder seine zwoa oder drei Bücheln bracht und dem Pfarrer zeigt. So war des damals.

Pause

Nachad is mir bei de Bauern eben zu blöd wordn, und ich hab da am Ort an Maurermeister gfrogd, ob er mich nimmt. I moan, der Maurermeister hod mi dann gnomma, aba i muaß sogn, vorher hobe natürle bei hundert andane gfrogd. Nachm Kriag war des nimma, daß ma für die Lehr zahln hod miassn. Drum hob i aa am Anfang nix glernt, sondern lang eigentli an Hilfsarbeiter gmacht. Da hob i dann aa scho a guads Geid ghabt: In der Stund ein Fuchzgerl. Des war 21 auf 22. Ich hob mich schon durchghaut, ich hab ja auch Musi gmacht, des hob ich auch gmacht. Ich hob Trompetn gspielt. Zerscht Klarinettn glernt, dann hams gsagt, des brauchans ned, aber an Trompeter dadns braucha, da hobe mi umgstellt. Des is ganga. Und wia dann später die große Arbeitslosigkeit war, da hab ich mir des, was ich braucht hab für mich, alloa mid da Musik verdeant! Mir ham eine erstklassige Musi ghabt, des hod ghoaßn Musikkapelle Grassau. Mir ham sogar Opern aufgführt, Grassau, des war ein hochmusikalisches Dorf!

FRANZ Wia bistn überhaupt zur Musik kommen?

LUGGI Mei, mia Bubn, weil alle so furchtbar musikalisch warn, da ham alle irgendwas gspielt, schon früh. Ein jeder halt, wer koa Musi macha hod kenna damals, des war gar kein vollwertiger Mensch bei uns.

FRANZ Wie war denn die Maurerlehr?

LUGGI Vor allem hod koana an Lehrvertrag ghabt, ned oana. Der

Moasta hod prinzipiell koan Lehrvertrag gmacht, jeder hod Hilfsarbeiter gmacht und nebenbei glernt ebn. Do hods ghaoßn: Wennst was taugst, lernst scho, und wenn ned, brauchst a koan Vatrog. Und a Landmaurer is eh viel vielseitiger wie a Stadtmaurer. Mia ham ja alles miassn: malern, mauern, putzen, Zementarbeiten, Betonarbeiten, praktisch alles. Mir ham auch noch Backöfen oder Waschkessel gmauert. Gwölb gmacht. Bloß an Tarif, der is natürlich aufm Land ned zahlt wordn. Von nermands. Dabei hods den gebn, i war auch oana von die ersten in der Gwerkschaft. Land- und Forstverband hods damals ghoaßn. I bin doch wirklich überall ausgebeutet wordn, wo i war, und da hods nachm Kriag ghoaßn: 48-Stundn-Woch muaß her! und des hod doch mia gfallen, da bine doch dazua. Da ham doch vui Arbeiter noch von Sehn auf Sehn garbeit. Arbeit, solang man gsehn hod, im Sommer, wenns um viere hell war, is um viere losganga bis aufd Nacht. Des stellt ma sich gar nimmer vor. Nachad hod die Gewerkschaft woin, daß die Hälfte vom Gehweg zahlt werd! Des hod natirle geklungen in unsere Ohrn. *er lacht* Des hod uns gfallen. Da san vui dazu, und ich hab des Gfühl ghabt, da ghör ich hin. Des war ganz logisch.

Pause

Ja, 27 hobe dann mei Frau gheirat. Fünf Kinda hamma, des Ältest is scho Fuchzge, und mir feiern nächstes Jahr die goldene Hochzeit. Des war a schwere Zeit damals. I hob des Haus kriagd, wo mir jetz sitzn, aber wia des ausggschaut hod! Wo i da neigricht hob, dafür häde zwoa neue baun kenna.

FRANZ Wieso hast du ein Haus bekommen?

LUGGI Mei, des war damals a Sachei, a runterkummas. Hodm Vatern gehört ghabt. Is runterkumma, wia der gstorbn war und die Muatta alloa war. Furchtbar runterkumma. Und wia i na Maurer war und gheirat hob, bine eizogn und hobs hergricht nachat. Ja mei, und mid da Muatta, de war ja no do, da Frau und fünf Kinder als oanziger Ernährer! I hob vui Akkord gmacht dann, aber damals hod ma dafia ja ned die Hälfte von heut kriagd – also, scho auf die Preise umgrechnet.

Parteieintritt

LUGGI Grassau war immer schon ein rotes Dorf. Ich war nicht der erste. Absolut nicht. Da is nachad ein Ortsverein gegründet wordn, und da hams mir die Rote Hilfe anvertraut, weil ich ein Organisationstalent ghabt hab, was auf dem Land dünn gesät is. Und nachad bin ich ebn folgerichtig zur Partei komma.

FRANZ Einfach so? – Heut tut sich die DKP doch schwer. Und damals erst?! War das wirklich so einfach, wie du es darstellst?

LUGGI Des war damals viel einfacher wie heit. Da is die SPD schuld. Damals war das eben fast normal, wenn man zur KPD ganga is. Die SPD war auch noch eine Arbeiterpartei. Das war nix bsonders. Das war normal. Das war eine Massenbewegung damals, kein verlorener Haufn, das war ansteckend, da hat man hin müssn. Und die Arbeitslosigkeit, de hod ja so vui Leit zum Nachdenga bracht, nach links und, wia ma wissn, no mehra nach rechts. De ham ja Zeit ghabt. Und das Elend. Hosd a Arbeid ghabt, wars recht und schlecht mit da Familie, hosd koane ghabt, hosd koa Unterstützung ghabt, des hods ja noch ned gebn damals. In der Stadt hams sies schon ghabt, glaub ich, aber da heraußen bei uns hod koana wos davon gwußt von dem, daß des gibt. Später hods nachat scho an Unterstützung gebn bei der Weltwirtschaftskrise. Da ham Ledige nachad 6 Mark die Woch kriagd, und oana wia i mid die Kinder hod 28 Mark kriagd. Des is scho ganga. Aber des war bloß 11 Wochn lang, danach is de Unterstützung radikal kürzt wordn. Und du hast nachweisn miassn, daßd 26 Wochen im Jahr garbeit hasd, sunst host gor nix kriegt. Des war ned leicht. 31 und 32 wars unmöglich.

FRANZ Wie du sagst, sind viele auch nach rechts geschwenkt. Warum – wenn ich dich das fragen darf – bist du nicht zur NSDAP gegangen wie so viele andere?

LUGGI Mei, i bin doch von frühester Jugend ausgnutzt wordn von alle. Und ganz dumm bin ich auch ned gwesn, ich hab schon gwußt, wo der Has langlauft und daß die Nazis für mich ned in Frage kumman. Des war schon so drin in mir. – 32 ham mir einmal für Studenten gspielt, und die warn damals ja alle konservativ. Und dann ham mir dene auch das Deutschlandlied spieln müssen. Da bin ich aufgstandn, habs Instrument wegglegt und bin ganga. Ich hab gsagt, das mach ich nicht. Und a Bauer – a guada Bauer – der is aa ganga. So war die Stimmung damals.

Aber die andern hams gspielt. *lacht* Natirle ham sich die Nazi sowas gmerkt! Damals warn aber bei der Roten Hilfe – also ich glaub, ich hab 78 Mitglieder zambracht nur in Grassau! Des warn mehr wie in der KPD. Und ich hab Leüt kennt damals, die wo Nazis gwen han, und mit dene ich sonst direkt speziell gwen bin. Direkt speziell. Mir ham uns zu guad kennt vom Menschlichn her, da war keine große Feindschaft.

FRANZ Das ist schwer für mich zu verstehen. Oder stimmt es denn, wenn man sich das so vorstellt, daß eben damals die KPD und die NSDAP sozusagen zwei »revolutionäre« Parteien waren, gegen das Konservative?

LUGGI Das stimmt, des warns beide. Aber mir aufm Land, mir ham uns halt menschlich alle so guad kennt, während sie in der Stadt direkt Gegner warn. Gegner warn mir ja auch, aber als Menschen ham mir uns kennt. Ich hab in Schleching mehrer von der NSDAP kennt, des san pfundige Menschen gwen, bloß ham die das glaubt, hundertprozentig glaubt, was der Hitler gsagt hat. Also, ich red jetzt von 30 und die Zeit wohlgemerkt, die Zeit mein ich. Und ich bin auch gleich 33 im März verhaftet wordn. Da war ich in Marquartstein.

FRANZ Arbeiten?

LUGGI Nein, nein, da war ich arbeitslos. Ja damals, wenn da noch einer Arbeit ghabt hat, ham die Leut gsagt: Schauts den an, der hat noch eine Arbeit!? Drum is ja die NSDAP auch hinkommen. Wenn der Brotkorb so hoch hängt wie damals, ist ein jeder käuflich. Und wenn mir das Geld von die Nazis ghabt hättn, hättn mir es vielleicht gmacht. Die ham doch jedem was versprochn und zuagschoben und unterbracht die Leit in der SA und SS. Und bei uns, wenn bei uns oana gfrogd hod, was mir ihm bieten, dann ham mir sagn müssen: Gfängnis können mir dir bieten und Kampf! Und wer warn denn die Nazis? Die wos Geld ghabt ham und die Fabriken und die Güter. Des warn doch die. Und wennst damals einem eine Arbeit bloß versprochen hast, und wenns zu einem Hungerlohn war, dann hat der doch mit die Wölf gheult. 32 war die NSDAP in Grassau die stärkste Partei, aber die zweitstärkste warn mir Kommunisten.

Pause

Ja mei, und des war Samstagnachmittag in Marquartstein, beim Kartenspielen bei Bekannte. Ich hab in Marquartstein ein Torf-Grundstück ghabt und da oft Torf gstochn in der schlechten

Zeit, damit was zum Tauschn da war. Und vui Leit kennt. Und da sagt die Hausfrau: Schaugts naus, die SA marschiert. De is aber vor dem Haus stehnbliebn und ein Polizist, den ich kennt hab, kommt einer und sagt zu mir: »Luggi, mir müssn dich mitnehmen!« – Wer woaß, obs mi ned verprügelt hättn, die Banditen von der SA, des is ja damals oft vorkomma, aber der Polizist hod mi gschützt. Aber mit hobe miassn in Polizeigewahrsam. Und wie ich komm, da warn schon sieben Genossen da. Und dann hams uns per Schub nach Traunstein, und da war das Gfängnis propfenvoll. Aber oans muaß i sogn: Da ham uns Leit, also Bürger, Geld gschickt und Brotzeit und Zeug, Leit, die alles anders warn wie Kommunisten!

Pause

Zwoa Monat und achtundzwanzig Tog war ich dann im Gfängnis.

FRANZ Hats da eine Begründung, eine Anklage oder so was gebn?

LUGGI Die ham damals keine Begründung mehr braucht.

FRANZ Und plötzlich hams dich wieder entlassen.

LUGGI Da hab ich ein Glück ghabt. Da war in der Nacht einmal weiß der Teufel was los. Grad zuaganga is. Ja, was is denn da? – Tatsächlich war das die Zeit, wie das Lager Dachau errichtet war, und da hams Bestimmte deportiert in der Nacht. Und bei mir war das so: Die Musikkapelln hat sich eingsetzt für mich, weils mich braucht ham. Ich hab ja ein wichtiges Instrument gspielt. *er lacht* Und im Gfängnis hams mir auch nix nachweisn können, daß ich irgendwas gmacht hab, außer meiner Ansicht. I bin halt ned nach Dachau kumma, sondern am 1. Juni entlassn wordn. Des war einfach Glück. Da bine sicher . . .

Aber des Entlassn war aa so was. Da kimmst aussi, und auf einmal muaßt die Hand aufhebn bei jeder Gelegenheit und »Heil Hitler« hintn und vorn, und was sollst spieln als Musikant? Des Horst-Wessel-Lied vielleicht? Na, hobe denkt, ich mag nimmer. Aber mir warn Kameraden und warn zamgschweißt, und so hab ich doch mittan. Und das war auch ein Vorteil für mich.

FRANZ Und die Nazilieder hast dann doch gspielt? Spieln müssen?

LUGGI *schüttelt den Kopf* Na, des hobe ned fertig bracht. Mir san rund zwanzg Mann gwen in der Kapelln. Und da hobe bei der Nazilieder einfach ned blasn. Hob ma denkt, merkt eh koana. Aber bei de Saunazi warn ebn aa musikalische Leit. Und wia i wieder einmal ned blas, da steht oana hinter mir, i denk ma, was soll des? Und da klopft mir der aufd Schulter und sogd: »Du paß auf, wennst du ned blast, na blasn mir dir oan! I hab di genau beobacht. Du blast ab heut! Host me!« – Des war ein hoher Nazi. I hobn ned kennt, aber andane. Na ja, und vo da an, da hob ich dann doch hin und wieder oan außergschmettert aus Angst ... So is ebn im Lebn. *schaut, nickt, lächelt* Natirle hätt ich dann auch eine Arbeit braucht, wie ich wieder heraußn war. Die Kinder ... *schnauft* Des is absolut unmöglich gwen. Der Führer hod erna doch versprocha, der SA und so, wenn er and Macht kummt, kriegns a Arbad. Und da san natürli dann bloß de Saukrüppeln in Frog kumma, de wo a Arbad kriagd ham. Und jeder andane überhaupt ned, und a Kommunist scho dreimoi ned. Was hod ma? Gestempelt ebn. Des is a Zeidlang so dahin ganga, aber nachad is mid der Arbeitsbeschaffung eben aa wieder vui baut wordn, und da hams nachad natirle Maurer braucht und koana SA-ler. *lacht* De ham ja alle nix kenna, drum warns ja dabei. Und da is nachad mei oida Moasta eines schönen Togs kumma und hod gsagt: »Luggi, i brauchad noch an Maurer, kummst?« Und i bin hi. Aber vorher, so 33 oder 34, da hats de Deutsche Arbeitsfront ja gebn, und da ham alle dabeisein miassn, und da san aa die Tarife geregelt wordn. Geregelt is guad! Von 1 Mark und 14 is der Facharbeiter zurückgeregelt worden auf sage und schreibe 66 Pfennig! Als Maurer – und da gibts heut noch Menschen, die sagn, wia da Hitler kumma is, da is uns guad ganga. Des is aber wirkli ned der Fall ...

Später bin ich ja dann eh zwangsverpflichtet worden, wie es mit der Rüstung und die Autobahnen losgangen is. Und da weiß ich noch, die Hilfsarbeiter aus Niederbayern und wo sie die alle zamgfangt ham, die ham 50 Pfennig ghabt Stundenlohn ... Und die Leut, wenn schlecht Wetter war, die sind noch Kartoffelnbetteln gangen. In der Nazizeit! In Baracken sind mir unterbracht gwen. Daheim hat jeder Familie ghabt. Und wenn schlecht Wetter war, ham mir nix verdient. Und warn noch auswärts! Und wenn man übern Sonntag auch weg war, hat man in der Woch 10 Mark und fünfzig Auslöse kriegt. Und des Bier hat kost damals 48 Pfennig der Liter, und ein Hilfsarbeiter hat 53 Pfennig verdient in der Stund. Der Unterschied zu heut ...

Pause

Ich war halt dann dienstverpflichtet im Rüstungsbau nach Aschau bei Kraiburg – also, da is eine Fabrik baut worden. Vorher bin ich beim Autobahnbau verpflichtet gwen bei der Firma Holtzmann, und da hab ich nicht in meim Beruf arbeiten dürfen, sondern als Hilfsarbeiter mit Schubkarrn und Schaufel. – I moan, dahoam oder in der Umgebung hab ich nia arbeiten dürfen, das is klar, immer auswärts, wegn dem Politischn. – Ja, und an der Baustell war dann irgendwas zum tun, ich woaß nimmer wos, und des ham de andern, also de SA-ler oder was warn, die die bessern Arbeiten gmacht ham, ned kenna. Und i hobs erna zoagt. Und dann is der Architekt kumma und hod gmerkt, daß de oalle auf mei Kommando hörn, und dann hat er gsagt: »Ham Sie des glernt?« Dann hab ich gsogt, waar scho recht, freile, ich bin doch Maurer. Na hod er gschaugd. Und vom nächsten Dog an bin ich tatsächlich Maurer gwen und auch so zahlt wordn. Glück. Weil des war damals ja für uns Kommunisten eine gesetzlose Zeit, du hast ja kein Recht ghabt auf nix. Die ham mit dir tun können, was wolln ham, wennst nix mehr gnutzt hosd, bist ebn ins KZ marschiert. Da is ma vorsichtig wordn ... Ich bin in der Zeit dann überhaupts nimmer fortganga und hob auch sonst mei Maul ghalten. Wenn di oana ned leidn hod kenna und dir einen Strick had drahn wolln, der hod doch bloß sogn miassn: Der hod übern Hitler gschimpft! – Nachad is oana wia uns gholt wordn und nimmer kumma. – Aber trotzdem: Mir san jahrelang noch informiert gwen von der Partei, da Sch. und ich. Da hams ein ganz ein dünnes Papier ghabt und des war ganz kloa zamgnudelt, aber wos do alles draufgstanden is, so viel schon mit oana ganz kloana Schrift! Aber des san bloß noch i und a Kolleg von mir gwen, de des kriagt ham in Grassau, soviel mir bekannt is. Die andern ned. Woaßt, wia de Zeit immer schlimmer wordn is, da hod si bei uns aa so mancher nachad doch draht und war nimmer verläßlich. Und die Bestn, die warn ja eh schon weg und eingsperrt. In Grassau warn doch 78 bei der Roten Hilfe und vielleicht 50 in der Partei, und bloß mia zwoa ham no Informationen kriegt! Drum sag ich immer: Die Menschen, die das alles mitgmacht ham und überlebt ham und immer noch Kommunisten sind, die sind wirklich geläutert – Hochachtung!

Pause

FRANZ An welcher Autobahn hast du denn gebaut?

LUGGI Bernau – Siegsdorf die Streck. Die Pläne von die Autobahnen, das war ja alles schon fix und fertig, da hat der Hitler ja gar nix damit zu tun. Die wär so und so kommen. Bloß hams die Nazi natürlich leicht ghabt: Die Gwerkschaftsführer hams derschossen und die Löhne halbiert und die Leut zwangverpflichtet. Da kann ein jeder leicht bauen ... Und ich hab immer gern und lang arbeiten wollen, ich habs ja auch braucht, mit so einer Familie und wenn es hintn und vorn fehlt ... Siebzig und achtzig Stunden in der Wochen, das war für mich keine Seltenheit. Ich bin dann sogar Polier worden ... Des warn ned alles SA-ler, die andern, da warn schon auch welche da, die was können ham. Aber viele ham halt gar keine richtige Lehr gmacht oder sie ham durch die lange Arbeitslosigkeit ihren Beruf ned ausüben können und sind hinten bliebn, und ich bin halt doch immer vorn gwen. Obwohl doch auch ich die schönsten Jahr so wenig Gelegenheit ghabt hab, daß ich mich weiterbild. Na ja, jedenfalls, ich hab dann auch guad verdient, midm Polier und die vieln Stundn. Hab ich am Anfang 25 Mark ghabt, hab ich plötzlich 60 und 70 Mark in der Woch ghabt. Ich erinner mich an einmal in der Kantine und da hab ich sogar den höchstn Zahldog ghabt von alle. Also, de magern Zeitn warn da vorbei ...

FRANZ Hast dich da noch irgendwie geäußert, daß du Kommunist warst?

LUGGI Mei, mir ham zum Beispiel noch für unsere Leut in die KZ gsammelt – übrigens auch in der Zeit, wo mir arbeitslos warn. Auch von dem ham mir noch was hergebn, und wenns bloß 20 Pfennig warn. Mir ham was hergebn. Heut is leicht, wo ein jeder im Verhältnis zur selbigen Zeit im Geld schwimmt ... Heut is ma mit der Arbeitslosenunterstützung noch mindestens zehnmal so gud dran, wie mir damals. Das is Tatsach.

FRANZ Was hast denn du in der Zeit eigentlich gewählt?

LUGGI Leer abgebn, den Stimmzettel. Wenns mich ned zwungen ham. Einmal hams mich zwungen, da hams gsagt, ja, wer kummt denn da, der braucht ned ind Kabine, gell?! – Und dann hab ich vor ihnen wählen müssen und hab halt das gwählt, was wolln ham. *lächelt, schweigt kurz* Es war ja eh wurscht, auch wenn 50 Prozent dagegen gwen wärn, hättns immer ihre 99,9 Prozent ghabt ... Und i moan, i muaß aa sogn, i hab in der schlimmstn Zeit Leut ghabt, die mir auch was gsteckt ham, wenn was in Gang war, und des warn koane Kommunisten ... Da muaß i der Wahrheit die Ehre lassen, mir hat oft oana gholfa und i woaß ned, warum.

FRANZ Ja, ich hab ja absichtlich einen Genossen ausgewählt, der die

Hitlerzeit nicht im Gefängnis und KZ verbracht hat. Ich wollt darstellen, wies den Kommunisten draußen ging. Wie es ihnen »drin« gegangen ist, das wissen wir, das muß natürlich auch immer wieder dargestellt werden, aber mir schien doch einmal interessant, die andere Seite zu zeigen.

Pause

LUGGI Wenn ich ehrlich bin, ich hab auch einmal freiwillig offen gwählt. Da hab ich einen Zuträger ghabt, der hat gsagt: Wähl einmal offen! – Sonst können mir dich nimmer halten ...

Pause

Ja, ich bin dann noch an andere Stellen verpflichtet worden, und da warn dann auch viele, die »wehrdienstunwürdig« waren, also des warn ja auch Kommunisten und so ... Da hats dann schon Kontakte gebn unter uns. Sogar der Oberbauführer da, der muaß aa irgendwie jedenfalls mit uns sympathisiert habn, weil der hat mich dann eine Akkordpartie zamstelln lassen. Und der hat mich dann ein Geld verdienen lassen, mei, hab ich da verdient ... I moan, i war natürli Maurer und kein schlechter, und des ham die Nazis ja auch braucht. Und de werdn sich gsagt ham, laß man für uns arbeiten, den Hund! Des is besser, als wenn er im KZ is. Aber mit dem Arbeiten hob ich mir halt wahrscheinlich auchs Lebn grett.

Ich glaub, des war dann 1940, da is das Bier dünner wordn. Und mir als Akkordpartie ... es Essn war aa ned besonders, trotz der Schwerstarbeiterzulage. Und ein Maurer, der braucht einfach ein Bier. Und dann is des Dünnbier eingführt wordn. Und stell dir vor, da ham meine Leut gsagt: »Aus is, jetzt wolln mir nimmer Akkord arbeiten!« Verdient werdns auch einen Haufen ham, und wenn der Mensch ein Geld hat, dann freut ihn ja das Arbeiten auch nimmer so. Es is halt so weit komma, ich hab zum Bauführer gehn müssen und sagn: »Die Leut mögn nimmer.« – »Ja, des geht doch ned, mir müssn doch fertig werden, du woaßt as doch!« hod er gsagt. I sog drauf: »Des Bier hat uns zamghalten, Herr Bauführer!« Stell dir vor: Am andern Dog ham mir des Bier wieder ghabt, des guade! *er lacht herzlich*

FRANZ Das wirds dann bloß noch für die SS-Bonzen und für euch gebn haben. Im Ernst: Du beschreibst jetzt so umfangreich, wie fleißig du für die Nazis gearbeitet hast. Als Kommunist?! –

LUGGI Recht hosd mid der Frog. So wars nämlich auch ned. Mir warn eine ganz verschworene Bande, de Partie. Und ich hab immer gsagt: Gell, mir machen alles so schlecht und billig, wias nur gehd! Mir ham pfuscht wia die Karrner, des is sicher! Da hosd ja politisch ned viel sagn miassn, je schlechter was gmacht is, um so schneller gehts. Und wenns schnell geht, gibts mehra Geld! *lacht* Des had ein jeder gern gmacht. Und recht lang hats ja ned halten müssen – es is ja doch des meiste bald drauf gsprengt wordn. So lang hats leicht herghalten.

Pause

Ja, und 41 krieg ich dann den Einberufungsbefehl, nach Strupp, Landesschützenersatzbataillon Nummero 7 bei Berchtesgaden. Na bin ich 6 Wochen in Ausbildung gwen, und mei Familie hat 112 Mark Unterstützung kriagd! Und mir nach 6 Wochen ab nach Polen nach Zackopani. Mir hats gfallen, Berg und ein schöner Dienst, und ich das erste Mal in einem richtigen Ausland. Gegn die Arbad war des die reine Erholung. *lacht* Mir is schon lang nimmer so guad ganga wia da bei der Wehrmacht.

FRANZ Das is komisch, da fällt mir was ein. Ich war doch beim Bauerntheater als Schauspieler. Und da war eigentlich in jedem Schwank, den mir gespielt haben, folgender Satz: »Wenn der Krieg ned gwen wär, hätt ich gar nix gsehn von der Welt!« – Ich fand diesen Satz immer furchtbar. Aber er war jedesmal ein großer Lacher. Und jetzt bestätigst du als Kommunist wieder diesen schrecklichen Satz. *lacht*

LUGGI Wenns aber stimmt. Mir san doch nia rauskumma aus unsere Ort. Und so schwer die Zeit war, ich vermiß nicht, mir tats leid, wenn is ned mitgmacht hätt. Weil wenn es einem einmal gut geht und man hat nix Schweres mitgmacht, dann weiß man es ja gar nicht.

FRANZ Ich möcht da nicht so schnell drüber weggehen. Es ist mir bei einigen unserer Genossen, etwa auch beim Richard Scheringer in seiner Biografie, nicht klar und verständlich, daß Kommunisten nicht nur im KZ – wenn ich es einmal so formuliere –, sondern auch in Hitlers Wehrmacht als Soldaten waren. Das ist mir unverständlich. Wie geht denn so was zusammen? War denn das kein innerer Konflikt?

LUGGI Natürlich is das ein innerer Konflikt. So wie du das sagst, is das schon logisch, aber wenn man in der Maschinerie drin is, is das ganz anders. Wenn ma drin is, is ma drin. Gell, so is des!

Pause

FRANZ Wie hat denn praktisch so ein Krieg für dich als Kommunisten ausgeschaut?

LUGGI Da kann ich leichter antworten. Es hat Partisanen gebn, da hab ich genau gwußt, daß es welche sind, und die hab ich natürlich nicht entlarvt, sondern deckt, wos ganga is. Man hat draußen schon auch was machen können.

FRANZ Is denn das nicht eine schöne Ausrede?

LUGGI Ich hab eine Russin kennenglernt, de war bei uns als Köchin verpflichtet. Und weil ich in Deutsch gut war, war ich in Russisch von uns alle der Beste. Mir ham ja russisch Unterricht kriagd sogar. Und de Frau war dann mei Freundin, und mir san sehr zufrieden gwen miteinand. De war auch furchtbar intelligent, und da hab ich manches ghört von der.

Pause

Ja, und am 22. Juni 41 hoaßts Abfahrt: Die Nacht durch im Zug, koana woaß wohin. In der Früh hört man es schiaßn. Mir san in Sanok am San.

Da ham mir noch nix gwußt, daß gegn die Russn Krieg is. Des ham de selber ned gwußt in der Nacht. Überm San san die Russn gwen, herübn mir. Nach zwoa Dog ham unsere Voraustruppn übergsetzt und mir hintnnach. Ich war bei der 168. Sicherungsdivision. Massenhaft Gefangene gmacht. Die andern san weiter, und mir ham aufräumen müssen. Aufm Weg in die Ukraine – damals hats ja ausgschaut, der Krieg is noch 41 gar – san viele Wälder, mei was warn da Russn versprengt. Da san mir mordsmäßig beschäftigt gwen. Ham aa Verluste ghabt. Mei, da hat es Sachn gebn! – Da san Hitlerbuam, i woaß nimmer, via der Haufn gheißn hat, an uns vorbei an die Front zogen. Mit 17 oder 18 Jahr und de ham Karten gspielt unterwegs. Um Gelder, da ham mir gar ned hindenkn können. Na hamas gfrogd, wos des her ham. »Die Judn ham doch Geld!« hams gsagt. Des warn gar keine Menschn mehr im üblichen Sinn, de Buam, des warn Fanatiker. Mir ham Zehntausende Gefangene ghabt, de Buam ham de dahintriebn mit Steckan, de russischn Gfangana, und ham drauf gschlagn wia auf Küh. Da hat man zuschaun müssn als Mensch. Da hab ich mir denkt: So is, wenn man Menschen so herricht. – Es hat doch ghoaßn, die Russen und die Judn, die ghörn ned zu die Menschen und die Bolschewiken. Und de Buam ham danach ghandelt. De ham des glaubt. Mein Gott! Hat ein Ruß nix gsagt, hams erm eine reighaut, hat er »Heil Hitler« gsagt, hams ihn zamghaut und gsagt: Du Sauruss, du traust dir Heil Hitler sagn! –

Die ham nimmer gwußt, was sagn oder tun, daß ned derschlagn werdn. – I hab alle Menschn anständig behandelt, da kann mir keiner was nachsagn. Des war ja aa koa Kunst, de arma Leit! Was hab ich hergebn – i hob sogar die Judn was gebn. Mei Zugführer war aa ned aso, wia ma sies gern vorschdeid. Der hod mi kennt. Drum hod der zu mir gsagod: »Holns Juden!« Also zum arbeiten für uns. Na bini dahin, ind Häuser. »Nix ich Jud, nix!« hams gsagd. Im Getto warn die alle schon. Bine hin. Kinder schon gschrien, wies mich sehn. Hab ich mir denkt: Was is denn das? Ich tu doch niemand was. Na is eine so mutige Frau komma. Die hat so häbräisch-deutsch gredt. Was ich möcht?! – Ich sag, daß ich zwei Männer und drei Frauen für Arbeit brauch. Na hams welche außergsucht. Die ham mich aber gebetn, daß ich sie wieder heimbring. Hab ich denkt: guad. Aber warum? Weil sonst kommt vielleicht wer anderer von einer andern Kompanie, der wo sie sieht und mitnimmt. Die ham nix zum essen kriegt oft, wos arbeiten ham müssen, Tag und Nacht durcharbeiten, und dann werdns heimgschickt und dann trifft's einer auf dem Weg von einer andern Einheit und dann müssens wieder mit. Einfach rechtlose Menschen, eben . . .
Ich hab den Zugführer dann gfragd: »Was zessen müssen mir ihnen doch auch gebn, oder ned?!« – »Ja«, hat er gsagt, »geh zum Koch, da muß doch was übrigblieben sein.« Am Bahnhof waren Feldeisenbahner, da is ja alles von Weitspur auf Normalspur erst umbaut worden, und die waren schon lang da und mir erst ein paar Tag. Und da geh ich hin und frag sie, was sie die Juden, die wo für sie gearbeitet haben, bisher geben haben. Sagt der eine: »Wenns fertig sind, einen Tritt in Arsch!« Oha, hab ich denkt, so einer bist du, aha! – Aber bei mir sans anständig behandelt gwen und san ma na so dankbar gwen, weil sies ned kennt ham. Des war schon bsonders. »Daß solchane Deutsche auch gibt . . .« Und ich war immer schon der Ansicht, daß man dene Menschen helfen soll, die wos am notwendigsten ham.

Pause

Ja, gell, und da war ebn Vormarsch und Vormarsch. De ham vorn schneller gsiegt, wia mir nachkumma san am Anfang. Und ich muß sagn, in meiner Kompanie hats das ned gebn: Das sind Russn, mach ma kurzn Prozeß und umlegn! Des hats bei uns ned gebn. Ja, na ware am Dnepr. Und im Herbst 41 ham Ukrainer hoam derfa in dem Gebiet. Ich war Streifenführer, und mir ham die Fähren kontrolliert. Kummt da eine Fähre mitten in der Nacht an. Da hätten de gar ned unterwegs sein dürfn. Sagt ein anderer zu mir, ein Franke: »Woaßt was, schieß mas eine in Dnepr, dann ham mir eine Arbeit weniger.« Stell dir vor: Die Leut freun sich, daß heim dürfen . . . Nein, hab ich gsagt, und bin nimmer weg von der Fähre in der Nacht. Des hört sich vielleicht für dich einfach an, aber des war ned einfach. An Hund, wenn oana daschossn hod, hod ma gsagt: A so a gscherter Kerl! und an Ruß, wenn oana daschossn hod, hod ma gsogsd: Guad hosd as gmacht. De Stimmung is ja mit Worte ned zum wiedergebn. (*Pause*) Und so kann man viel machen, aber Voraussetzung is der Mensch, des muaß ned a Kommunist sei, bloß a Mensch, des langt. A Kolleg aus Marquartstein war in oana Fabrik in der Gegnd als Aufseher. Da warn Juden beschäftigt. Mei, hod der zu mir gsagd, gehts mir guad, a so a schens Lebn hobe no nia ghabt. Des war kein schlechter Mensch, des war bloß der Kriag, der den verdorben hat. Sagt er mir, da san so schöne Jüdinnen in der Fabrik, und er hat sich eine außersucht, ein Madl mit sechzehn Jahr. Mit der is er furt, und dann hat ers mißbraucht, de hat ja kein Recht ghabt. Aber, sagt er, stell dir vor, die hat mich mit keinem Blick mehr gewürdigt. Ja, hab ich mir denkt, die hat mehr Charakter ghabt wia du, du Lump. Kein Lump nicht vor dem Krieg, wohl gemerkt.

Dann warn mir am Don, und da hats im November schon durch das Eis die Brückn verrissn. 40 Grad und mir den ganz Dog draußn. Do koa ma aa koan Kriag mehr führn als unsereiner, mit der Temperatur, da war der Ruß uns überlegn. Da san so vui derfrorn im Winter 41 auf 42. Da ham mir einmal ein Lazarett besucht, mei, hats da gstunkn, nix wia derfrorene Fiaß und Arm. An Weihnachten 41 ham mir des verbrennte Getreide gfressen, was sunst die Russn als Straf dafür kriagd ham, daß die Silos vorm Rückzug anzundn ham. Nix sunst. Schnee und alles abgschnittn. Zum Verpflegungfassen 85 Kilometer weit, ned durchkumma . . . Und mir ham ja koa Winterkleidung kriagd, die ham mir erst kriagd, wias schon Frühling war und taut hat.

Ja, wias na schön langsam schon zum Krigsende komma is, da war ich dann in Jugoslawien stationiert. Und ehrlich, da ham mir denkt: Wärn mir bloß noch in Rußland. Da war eine Partisanentätigkeit . . . Vor uns die Engländer und hint herum die Partisanen! Und rundum! Und am 2. Februar 44 ham mir die Insel

Quarr gnommen, das heißt sind mir gelandet, der sogenannte Feind hat sich ja grad umziehen müssen, daß es Zivilisten waren, Zivilisten-Partisanen. Und am 6. Februar 44 bin ich von die Tito-Partisanen gfangen worden. Des war vielleicht was! – Das wird oft so falsch beurteilt. Wenn aber die Partisanen so gegn uns gehandelt hätten wie mir gegn sie, dann lebert ich heit nimmer. Aber ich leb noch. Bei uns hats keine gfangenen Partisanen gebn, jedenfalls is mir nix davon bekannt gwen. Ich bin dann von die Partisanen zu die Engländer kumma nach Italien, dann nach Afrika – am 3. Mai 44 sind mir in Neapel eingschifft wordn ...

Pause

Also, wia i bei die Partisanen gfangen war, da hams den Tito seinen ganzen Stab grad derwischt, erm selber hams ja als Frau verkleidet aussischmuggeln können. Und da hätten mir ebn gegn den Stab austauscht werdn solln – vielleicht hams uns deswegn ned derschossn damals. Aber dann is das mit dem Austausch wegn die Deutschn nix wordn. Und dann ham die Partisanen trotzdem gsagt: Wer austauscht werdn will, geht auf die eine Seitn vom Lager, und wer von die Nazi genug hat und bei uns bleibn will und bei uns arbeiten, auf die andere Seiten. Na sans ausnander. Und mein bester Freund im Lager, der is zu die, wo austauscht wordn hättn werdn solln. Da geh ich nüber und sag: »Ja, du Depp, glaubst denn du, was de sagn! Du spinnst doch, du wirst nie austauscht!« Und er hats mir ned glaubt. Obwohl es mir sogar ein Kärntner glaubt hat, ein wirklich beschränkter Mensch, der mit seiner Sprach nie außerkommen is. Und was war? Die wo sich austauschen hätten lassen wollen, sind derschossen wordn. Mir nicht. Krieg is Krieg, und im Frieden weiß keiner was vom Krieg. Sag ich. Das war beim »Austauschn« ja die Sach, daß man die strammen Nazi außerkennt von die andern. Das war der Sinn. Aber es war ebn für die Partisanen kein Tag und kein Ort sicher und das Fressen eh nicht. Wohin also da mit die Gefangenen, wenn der Krieger kein festn Ort hat. Menschn, die bloß heim wollen, die mit die Nazis nix ghabt ham, die warn aber auch bei dene, wo »Austausch« gschrien ham. Ein junger Linzer war dabei, ein so ein netter Kerl, keine 20 Jahr, der hat auch gmeint, Austausch heißt auch heim. Da sind die Partisanen zu dem nüber und ham gsagt: Warum du wolle weg, müsse wieder Krieg. Bleibe do, habe gud. Na, hat er sagt, der Linzer, er will heim, und die Zähn muß er richten lassen und einen Urlaub hat er gut ... Was war! Ein paar Tag später war er tot. Da heißts denkn, daß man sein Hirn anstrengt! Aber die Partisanen ham in ihrer Heimat um ihr Heimat kämpft. Das war ein großer Vorteil, mir wollten doch alle, mir warn ja teilweise schon vier und fünf Jahr im Krieg, heim, und die warn daheim. Krieg daheim is leicht, Krieg in der Fremde is koa Kriag. Die Heimat ko ma verteidign, da is wurscht, wos ma sunst dengd, sofern ma a Arbeiter is und koane andern Interessn hod, die Fremde is ned zum verteidign, weils eben fremd is ...

FRANZ Und der Internationalismus?

LUGGI Der is geistig schön, und ich bin dafür. Aber menschlich hat er seine Schwierigkeiten ...

Kriegsende

LUGGI Da ham viele gjammert und sogar gwoant: Des gibts doch ned, des gibts doch ned, de ganzn Opfer können doch ned umsonst gwesn sein! So hats in der Propaganda immer ghoaßn: Kein Opfer is umsonst. *er lacht* I hab ned gwoant, des kosd da denga, i war heilfroh. I war bis November 45 in Kriegsgefangenschaft bei die Engländer, und dann sind mir – weil ich schon zu die über Vierzigjährigen ghört hab – mit die ersten Rücktransporte über Italien hoam.

Ja mei, des war was, ned einmal des Geld hab ich mehr kennt. Man hat ja schon so lang nimmer damit zu tun ghabt, in die Lager hats ja ein eigenes Lagergeld gebn ... Und dahoam nachad, da hods ja hint und vorn gefehlt. Und da sollst von heit auf morgn wieder dei Familie versorgn. Ich hab nicht gwußt, wo anfangen ... Und der Arbeit war ich ja auch entwöhnt, nach fast 5 Jahr. Hättst wo garbeit, nachad wärst sowieso verhungert! *lacht* Weil von einem Wochenlohn hättst dir vielleicht noch ein Pfund Butter kaufen können. Ich hab eine Zeit braucht zum wieder eingwöhnen. Und mei Frau war auf dem Gebiet tüchtig, im Kriag und auch danach: Es is immer ein bißl was da gwen – mir ham nicht direkt Hunger glittn. Also, meine Kinder san scho manchmal zu de Bauern zum betteln, aber ich war mir da zu stolz ... Ich hab sagt: Des werd ned ewig dauern ... und ich hab wieder auf meim Torfgrundstück zum stecha angfangt und hab was zum taischeln ghabt! Nachad habe vom Forstamt an Haufa Holz angwiesen kriagd, da war oana, der hod gsogd: Du hosd gnua aushaltn miassn! Mei, nachad hab ich Schnaps brennt ... Ich wollt halt zmindest ned, daß die Familie sagd, jetz, wo der Vater wieder do is, gehts uns schlechter wia vorher. Des woid i auf kaon Fall. War aa ned so ... Aber wo i de Kraft hergnomma hob, woaße nimmer. Mei, mußd da aa vorstelln, meine fünf Kinder *er hat 5 Damen* ... san ja aa grad in da schlechtesten Zeit hergwachsn ... De warn ja a so dirr, da hosd scho gmoand, de kriagns auf da Lung. Und aa Ausbildung hättn die Ältesten aa braucht. Es warn halt nix wia Sorgn. Aber oalle sans wordn. Amoi hobe Schweindln eitauscht und aufgfuttert und nachad hoamli gschlacht. Da hod de ganze Familie drei Wocha lang Schweiners gfressn ... *er lacht* Fett hams ja braucht die Kinder. Jedenfalls: A Arbad in meim Beruf hod se nimmer rentiert zu der Zeit. As Arbeiten hätt ich mir gar nicht leisten können. Mei Torf hod uns hoid iba Wassa ghaltn in der Zeit!

Pause

Na ja, und dann hat sich halt des Lebn allmählich wieder normalisiert, und dann is ja aa mei Zeid als kommunistischer Gemeinderat da in Grassau kumma. Mir ham da eine richtige Einheit geschmiedet. Da hats ghoaßn, zwoa Kommunisten – mir waren zu zwoat drin – beherrschen das ganze Rathaus. *er lacht* Mir ham mit dem BHE und mit der SPD zamgarbeit. Und zwar ned schlecht. Ohne uns hat die SPD koa Mehrheit ghabt mitm BHE, vorher ned, und wia mir verbodn warn, dann 56 auch nimmer. Es is ma natirle in der Wiederaufbauzeit nachad auch zugute kumma, daß ich ja Maurer war und was verstandn hab. Rechnen hab ich auch guad kenna. Da is zum Beispiel eine zentrale Wasserleitung angstanden. Mei, bevor die andern gschaut ham, hab ich mit meim Kolleg des alles ausgrechnet ghabt, die Finanzierung und alles. Da hams natürlich gschaut. Da ham ned amal die Schwarzen was dagegn setzn kenna ... Bei der Abstimmung is nachad 9 zu 7 für uns ausganga. Da san die andern erst danach wach wordn. Ich hab immer gsagt, des is koa Rathaus, des is ein Rasthaus. *er lacht* Nebn mir hams einen Direktor von der Radio Körting hingsetzt ... Der hat immer Volksschüler zu mir gsagt, weil er ein Doktor war. Und der bringt kurz danach einen andern Antrag ein wegn der Wasserleitung. Und kruzetürken – ich schau ihn an – und der is tatsächlich bedeutend billiger wia der unsere. Was is jetz da? Des war kurz vor der Sitzung. Um Gods wuin, wia stehn denn mir Kommunistn da in Grassau, wenn die Körting an ge-

meindegünstigern Antrag stellt wia mir. A so a Blamage! Mir is ganz schlecht wordn, und ich hab den Antrag durchgschaut und grechnet und grechnet – weil was zum schreibn hab ich immer dabeighabt, auch wenn ich nix geschriebn hab, hab ich so tan, als ob, des hat die andern scho durcheinanderbracht *er lacht* – und tatsächlich, da war in dem Antrag ein Fehler. Ein richtiger Fehler ... Jetz is zur Abstimmung kommen. Koana hod was gmerkt außer mir. Wer will noch was sagen? Niemand. Doch, der ich. Ja, sag ich, der Antrag vom Dr. X liegt vor. Da müßt man fast zustimmen, alle Achtung, wenn, ja wenn – des wenn hab ich bestimmt fünfmal gsagt – der Herr Dr. X rechnen kannt. Der Doktor X war überhaupt ein bißl aufbläht und rotgsichtig, aber da is er ganz blau wordn. Ich hab mich nicht stören lassen. Bitte, Herr Doktor X, wenn Ihnen ein Volksschüler des sagen darf ... De und de Summe und so weiter, wia der Rechnvorgang ebn war, des woaß i nimmer – ergibt des und des und daraus folgt nach der Meinung eines Volksschülers des und des. »Und jetzt empfehle ich Ihnen, lassens den Antrag noch einmal von den Herrn in der Körting durchrechnen, und dann red ma weiter ...« Da hättst eine Maus bieseln ghört in dem Augenblick. Der Bürgermeister hat was auf mich ghalten und hat de Sach vertagt. Der Fehler war wirklich drin, des hams dann auch zugebn müssen. Der war natürlich ned ganz einfach, gell, da hat schon ein Hirn herghört. Des hams lang wissen wollen, wia ich da draufkommen bin, obs ned einen Verrat von ihrer Seitn gebn hätt. Hats aber ned. Ich hab des ja selber alles nächtelang für mein Antrag durchgrechnet, und so bin ich draufkommen. Ich war der einzige von de 17 Mann im Gemeinderat, der draufkommen is! *er lacht* Des hättens einem Volksschüler ned zuatraut. Und i moan, daß des damals und heut no oft von de Schwarzn und ihre heutign Rechenzentren gmacht werd: Da werd künstlich aso kompliziert grechnet, daß a oafacher Gemeinderat, der koa Rechenzentrum hod, eh nimmer mitkummt. Des is Absicht. Und ich moan, de san damals über ernan eigner Betrug gstolpert. *er lacht* Heut kammert ich natürlich nimmer mit – aber des is ja, der kleine Mann, der Arbeiter, der ko im Gemeinderat oft ned mitredn, weil er ned mitkummt. A bei einfache Sachan im Grunde. Des wird künstlich kompliziert, damit a jeder Angst hod wos zum Sagn, weil er sich blamiern könnt, und lieber mit »Ja« stimmt. So machan des de Schwarzn.
Pause

Ja, beruflich hab ich nimmer recht gut können, weil ich ein Andenken aus der Gfangenschaft mitbracht hab: ein Asthma, des dann aufs Herz is. Mir warn an Winter über im Lager ohne Deckn auf blanke Bretter. Da is des passiert. Ich war runde zehn Jahr krank. Ein bißl garbeit und viel krank. *er lacht* Aber ich hab da auch Zeit ghabt ebn für Gemeinderatsarbeit. Denga kosd auch im Bett!

Pause

56 is dann ja die Partei verboten worden. Aber uns hams erst 57 ausm Rathaus ausgeschaltet. Weil der Bürgermeister gsagt hat: »Auf die kann ich nicht verzichten.« Stellt man sich das vor. Ein SPD-ler, der sogar ein kleiner Nazi war, aber sonst ein prima Kerl. Stellt man sich das vor?! *nickt* Da war dann no a Bürgerversammlung, und da hod der Bürgermeister sogar gsagt: »Mir stelln euch koa Zeignis aus, weil des nix nutzt, aber wenn mir euch eines ausstellen tätn, nur das allerbeste!« – Hat er gsagt. Und die Stimmung, woaßt, de war scho für uns, no 57. Aber mei, Verbot is Verbot. Es hat dann noch Ermittlungen gebn bei mir wegn Staatsgefährdung und eine Hausdurchsuchung. Das war schlimm. 33 hat man es verstanden. Aber nachad 57, in einer sogenannten Demokratie, als politisch Verfolgter, wo ma bloß für die Leit und für die Demokratie garbeit hat, noch eine Hausdurchsuchung! Und es is schon so, und des muaß ma auch die Junga heit sagen: Was der Hitler an uns ned kaputtmacha hat kenna, also körperlich und geistig und die Organisation und die Kraft in der Bevölkerung, des hat da Adenauer dann vollendet. Wenns heit umeinanderlamentieren, daß die Kommunisten so wenig san, da wer i ganz narrisch. Mir warn zwoa mal zwölf Jahr verbotn! Die Leit ham si entwickelt und die Probleme und des Lebn. Und mir Kommunisten ham schweign miassn und ham Tütn klebt . . . Da tät ich noch lang fragn, warum mir heut so wenig han. Wenn des 56er Verbot ned gwen waar, da warn mir doch heit in unserm Gemeinderat ned zwo, sondern fünfe. Des garantier i. Na ja, des hams ja auch gwußt, und drum hams uns ja verbotn. Und jetz lachens, weil mir nimmer aufd Fiaß kumman, de Dreckhameln. Schwarze genauso wia Sozis!

Pause

Übrigens: Bei der Polizei in Grassau hat mir einer zu wissen gmacht, daß die Kriminaler aus Traunstein kommen und bei mir Hausdurchsuchung machn. *er lacht* Drei Tag vorher schon. Ich hab natürlich die unwichtigen Sachan offen liegenlassen, gell, damits ausschaut, als wissert ich nix. *er lacht* – Na ja, na is ebn wieder die Illegalität kumma, da wär ned viel zum verzähln, und 68 bin ich dann in die DKP eitretn . . . *nickt*

Drei Wünsche

LUGGI Ja, in der Gegenwart wenig. Aber für früher tät ich mir wünschen, daß ich mich viel mehr hätt weiterbilden können, dann hätt ich der Gemeinschaft viel mehr nützn kenna und meiner Familie mehr bieten kenna. Nachad häd i ma no gwunschen, daß 33 ned der Faschismus, sondern der Sozialismus gsiegt hätt, na waar der Krieg ausbliebn . . . Und als dritts: Daß nie mehr einen Kriag gibt, so wia mei Generation zwoa derlebt hod. Daß des glangd und gnua is und die Menschn des eisegn.
Pause

k&w Deutsche Literatur der Gegenwart

Hans Dieter Baroth: Streuselkuchen in Ickern

Roman. 360 Seiten. Gebunden.

Zwei Jahre nach dem Erfolg seines ersten Romans *Aber es waren schöne Zeiten* legt Hans Dieter Baroth sein zweites Buch, den Titel *Streuselkuchen in Ickern,* vor. Auch dieser Roman ist im Ruhrgebiet angesiedelt und erzählt vom Leben einer Bergmannsfamilie in einem der typischen Reviervororte. Aber während Baroth im ersten Buch die Geschichte seiner eigenen Kindheit und Jugend, seines engeren Familienumkreises erzählte, spannt er diesmal den erzählerischen Bogen von der Jahrhundertwende bis zur Gegenwart. Das Buch ist ein Stück Klassengeschichte, denn Baroth sieht die Menschen als Gefangene ihrer proletarischen Herkunft, der sie nicht entkommen können, aber er beschreibt sie immer zugleich als unverwechselbare, lebendige Menschen. Vor allem dadurch gewinnt das Buch seine Überzeugungskraft.

Hans Dieter Baroth: Aber es waren schöne Zeiten

Roman. 300 Seiten. Gebunden.

Die Presse reagierte auf das Erscheinen von Hans Dieter Baroths ersten Roman *»Aber es waren schöne Zeiten«* begeistert. Heinrich Vormweg schrieb: »Ein Roman, der der Literatur der Arbeitswelt eine neue Perspektive gibt«. Und Max von der Grün: »Ich bin begeistert... Es ist ein schönes Buch, auch wenn es eine Welt beschreibt, wie sie trister nicht sein kann, ein menschliches Buch, auch wenn es eine unmenschliche Welt zum Inhalt hat... Es ist ein Geschichtenbuch, das zum Geschichtsbuch wird, im besten Sinne, es erzählt ein Stück früher Vergangenheit und Leben unserer Tage. Ein Buch, das bleiben wird.«

k&w
Verlag Kiepenheuer & Witsch